本书编委员会

顾 问
栾永玉

主 任
邓爱民

委 员
张大鹏　李明龙　周丽丽　舒伯阳
刘培松　李莺莉　王子超　龙安娜
张代玲　李　洁　李新然　殷德香
管健舒　许雅晗　张乐婷　管　君

国家社会科学基金项目"乡村旅游可持续发展路径创新与政策协同研究"部分研究成果【项目编号：18BJY201】

中国旅游智库区域规划文库

旅游精准扶贫规划
武汉方案

LVYOU JINGZHUN FUPIN GUIHUA

WUHAN FANGAN

邓爱民　龙安娜
中共中南财经政法大学工商管理学院旅游管理系支部委员会　编著

华中科技大学出版社
http://www.hustp.com
中国·武汉

内 容 简 介

旅游扶贫,规划先行。本书系统地总结了武汉市的旅游扶贫经验与模式,详细介绍了武汉市贫困村的旅游扶贫规划编制理念、原则与路线。同时,本书还汇集了中南财经政法大学工商管理学院旅游管理系党支部针对武汉市贫困村精心编制的旅游扶贫规划案例。

图书在版编目(CIP)数据

旅游精准扶贫规划:武汉方案/邓爱民,龙安娜,中共中南财经政法大学工商管理学院旅游管理系支部委员会编著.—武汉:华中科技大学出版社,2020.9
(中国旅游智库区域规划文库)
ISBN 978-7-5680-6076-9

Ⅰ.①旅… Ⅱ.①邓… ②龙… ③中… Ⅲ.①不发达地区-旅游业发展-研究-武汉 Ⅳ.①F592.763.1

中国版本图书馆 CIP 数据核字(2020)第 058233 号

旅游精准扶贫规划:武汉方案
LüYou Jingzhun Fupin Guihua:Wuhan Fangan

邓爱民　龙安娜
中共中南财经政法大学工商管理学院　编著
旅游管理系支部委员会

策划编辑:	李　欢
责任编辑:	李家乐
封面设计:	刘　婷
责任校对:	阮　敏
责任监印:	周治超
出版发行:	华中科技大学出版社(中国·武汉)　电话:(027)81321913
	武汉市东湖新技术开发区华工科技园　邮编:430223
录　　排:	华中科技大学惠友文印中心
印　　刷:	武汉市金港彩印有限公司
开　　本:	787mm×1092mm　1/16
印　　张:	23.25　插页:2
字　　数:	577千字
版　　次:	2020年9月第1版第1次印刷
定　　价:	158.00元

本书若有印装质量问题,请向出版社营销中心调换
全国免费服务热线:400-6679-118　竭诚为您服务
版权所有　侵权必究

出 版 说 明

随着中国步入大众旅游时代,旅游产业成为国民经济战略性支柱产业。在社会、经济、体制转型之际打造中国旅游智库学术文库,可为建设中国特色新型智库做出积极贡献。中国旅游智库学术文库的打造,旨在整合旅游产业资源,荟萃国际前沿思想和旅游高端人才,集中出版和展示传播优质研究成果,为有力地推进中国旅游标准化发展和国际化进程,推动中国旅游高等教育进入全面发展快车道发挥助推作用。

"中国旅游智库学术文库"项目包括中国旅游智库学术研究文库、中国旅游智库高端学术研究文库、中国旅游智库企业战略文库、中国旅游智库区域规划文库、中国旅游智库景观设计文库五个子系列。总结、归纳中国旅游业发展进程中的优秀研究成果和学术沉淀精品,既有旅游学界、业界的资深专家之作,也有青年学者的新锐之作。这些著作的出版,将有益于中国旅游业的继续探索和深入发展。

华中科技大学出版社一向以服务高校教学、科研为己任,重视高品质学术出版项目开发。当前,顺应旅游业发展大趋势,启动"中国旅游智库学术文库"项目,旨在为我国旅游专家学者搭建学术智库出版推广平台,将重复的资源精炼化,将分散的成果集中化,将碎片化的信息整体化,从而为打造旅游教育智囊团,推动中国旅游学界在世界舞台上集中展示"中国思想",发出"中国声音",在实现中华民族伟大复兴"中国梦"的过程中,做出更具独创性、思想性及更高水平的贡献。

"中国旅游智库学术文库"项目共享思想智慧,凝聚学术力量。期待国内外有更多关心旅游发展,长期致力于中国旅游学术研究与实践工作研究的专家学者们加入我们的队伍中,以"中国旅游智库学术文库"项目为出版展示及推广平台,共同推进我国旅游智库建设发展,推出更多有理论与实践价值的学术精品!

华中科技大学出版社

序　　言

　　党的十八大以来,以习近平同志为核心的党中央把脱贫攻坚工作纳入"五位一体"总体布局和"四个全面"战略布局,作为实现第一个百年奋斗目标的重点任务,作出一系列重大部署和安排,全面打响了脱贫攻坚战。为了深入贯彻习近平总书记"精准扶贫"战略思想,进一步发挥"田野党建"在引领学科建设、人才培养和社会服务等方面的重要作用,我校工商管理学院旅游管理系党支部按照学校党委和工商管理学院党委要求,在"双带头人"教师、党支部书记邓爱民教授的带领下,充分发挥旅游管理学科特色和专业优势,将教师党员学术研究、专业实践教学、学生人才培养与党建活动深度融合,有效地调动整个旅游管理系重视农村基层发展,助力乡村旅游扶贫。

　　为帮助贫困地区加快旅游业发展,尽快实现脱贫致富的目标,在《国家旅游局办公室关于开展旅游规划扶贫公益行动的通知》号召下,自2017年以来,我校旅游管理系党支部在学校与学院党委的支持下,多次组织有丰富旅游规划经验的教师与学生团队深入武汉市贫困村开展公益旅游扶贫规划工作,为贫困村旅游扶贫精准把脉,科学建议。目前,我校旅游管理系党支部已为武汉市江夏区、黄陂区、新洲区、蔡甸区以及武汉市对口帮扶的大悟县等地区的共80个贫困村编制了67个旅游扶贫规划(本书列举57个),提供了来自中南财经政法大学的学研支持和解决方案。

　　正是在这样的基础上,我校旅游管理系总结出了一套全面、详细的关于武汉市贫困村旅游扶贫经验、特点及其旅游扶贫规划编制基础与思路的城市贫困村旅游扶贫方案。为了能够给更多地区提供经验借鉴,实现经验共享,特编写了《旅游精准扶贫规划:武汉方案》一书。该书不仅是我校旅游管理系党支部深入贫困乡村开展扶贫工作取得的成绩结晶,也是我校践行"以党建引领精准扶贫,以学科推动脱贫攻坚"理念的实践成果。

中南财经政法大学党委书记
2019年10月25日

目录

第一章 国内外旅游扶贫规划经验 /1
- 第一节 国外旅游扶贫综述 /1
- 第二节 国内旅游扶贫综述 /10
- 第三节 武汉市旅游扶贫经验 /17
- 第四节 旅游扶贫规划经验总结 /23

第二章 武汉市贫困村旅游扶贫规划基础 /26
- 第一节 武汉市贫困村分布 /26
- 第二节 武汉市贫困村旅游资源分布特点 /28
- 第三节 武汉市贫困村旅游扶贫潜力 /32

第三章 武汉市贫困村旅游扶贫规划思路 /36
- 第一节 武汉市贫困村旅游扶贫规划依据 /36
- 第二节 武汉市贫困村旅游扶贫规划理念 /38
- 第三节 武汉市贫困村旅游扶贫规划原则 /40
- 第四节 武汉市贫困村旅游扶贫规划路线 /41

第四章 武汉市贫困村连片旅游规划 /43
- 第一节 科技创意农业园：张湾街乌梅村—雄岭村—禾稼村 /43
- 第二节 佛境茶乡，养生福地：冯岗村—姚河村 /50
- 第三节 农业公园：汉楼村—七湾村—管寨村 /57
- 第四节 田园综合体：辛冲街上塘村—高桥村 /63
- 第五节 古窑文化体验基地：浮山村—夏祠村 /70

第六节 生态+度假:石寨村—桐子岗村—汉子山村—油麻岭村—王家河村/78

第七节 养殖+度假:老河村—东山村/85

第五章 现代农业种植区贫困村旅游规划/92

第一节 现代农业种植区:新洲区概况/92

第二节 现代农业种植区贫困村旅游规划特点/92

第三节 现代农业种植区贫困村旅游规划案例/93

第六章 环湖生态观光度假区贫困村旅游规划/171

第一节 环湖生态观光度假区:江夏区概况/171

第二节 环湖生态观光度假区贫困村旅游规划特点/171

第三节 环湖生态观光度假区贫困村旅游规划案例/172

第七章 木兰文化生态旅游区贫困村旅游规划/230

第一节 木兰文化生态旅游区:黄陂区概况/230

第二节 木兰文化生态旅游区贫困村旅游规划特点/230

第三节 木兰文化生态旅游区贫困村旅游规划案例/231

第八章 经济技术开发区贫困村旅游规划/323

第一节 经济技术开发区:蔡甸区概况/323

第二节 经济技术开发区贫困村旅游规划特点/323

第三节 经济技术开发区贫困村旅游规划案例/324

参考文献/360

后记/364

第一章
国内外旅游扶贫规划经验

旅游扶贫规划是旅游扶贫理论长期发展的产物,是旅游扶贫理论重要的实践表现。由于理论的形成受所在社会的政治体制、经济环境、历史文化等因素的影响,因此,在不同的理论发展阶段、不同的发展环境下,旅游扶贫规划会呈现出不同的内容或是有不同的表现形式。但无论如何变化,所有旅游扶贫规划都不会脱离提高经济收入、消除贫困这一最基本的目标。

第一节 国外旅游扶贫综述

一、国外旅游扶贫理论发展

国外旅游业的快速发展使一些学者较早开始探讨旅游与扶贫的逻辑关系。20世纪60年代起,旅游与减贫的理论首先开始在经济学的领域得到广泛研究。基于旅游促进经济增长这一理论假设,众多学者开始利用计量经济的方法定量分析旅游与经济发展各指标之间的关系,用众多案例证明了旅游业的发展对促进经济增长着实有着重要作用。而且,据Harry Clement(1961)对太平洋和远东地区旅游支出的经济影响估计,旅游者每消费1美元能够带来3.2美元的经济效益。这种由旅游发展带动经济成倍增长的现象,Archer(1974)在总结英国威尔士的Anglesey和Gwynedd地区旅游经济效应的基础上,将其称为旅游乘数效应。正因为旅游业具有较强的乘数效应,能够推动经济的快速增长,越来越多的学者认为可以将旅游作为一种脱贫致富的方法,带动贫困地区脱贫。但随着对旅游与减贫的持续深入研究,Robert Chambers(1979)发现,由于在农村发展旅游并非由当地人的意愿所主导,这一意愿仅仅是非农村人口基于对农村条件和知识了解所提出的。在这样一个背景下发展的旅游是满足非农村人口需求的旅游,它并不能带给农村更好的发展,反而还形成了对农村的一系列偏见,更重要的是它加剧并隐藏了农村中所存在的大量贫困问题。Akama(2004)更是认为按照非贫困地区人口所认定的旅游方式去推动贫困地区发展旅游业,只会让旅游业成为一种新的殖民方式。[1] 并且随着旅游业成为当地产业布局中的主导产业,不仅更多的资源会被外来者利用,而且还会使得原住居民过度依赖旅游经济,不断加大当地"新殖民主义"的发展。[2] 如此一来,反倒形成了"漏斗效应",即大部分所获收益都将流入外来开发者的口袋中,旅游业作为减少贫困的工具也就无法充分发挥它的功效。[3] Pluss 与 Backes(2002)就曾强调世界上 80% 的人口都在有着极端贫困人口的 13 个国家之中,至少有 10 个国家无法通过旅游业来减少它们的贫困人口。

即使利用旅游来实现减贫这一目标还存在着许多问题,但毋庸置疑的是,旅游的确是贫困地区消除不平等、解决贫困问题的较好方式之一。据世界旅游组织 2000 年的统计,旅游业是 50 多个较贫穷国家经济发展中的三大贡献者之一。虽然在一些发达国家,旅游业占其 GDP 的比例仅有 10%,但在一些落后的发展中国家,旅游业所占 GDP 的比例可以高达 40%。可见,对于大多数贫困程度较高的地区来说,旅游业显然还是一个促进其经济增长的重要手段。而且,除了对经济发展有直接的促进作用,旅游业的发展还有利于改善贫困地区生活环境[4](T. Knowles,1999)、提高其教育水平[5](D. Airey,2011)、促进其性别平等[6](S. Dunn,2007)、保护与传承当地文化(E. M. Duncan,2009)。

那么,如何真正通过旅游实现贫困地区减贫,有哪些必须重视的因素?Paul Winters 等(2013)认为要考虑三个问题:①是否具有发展旅游的宏观背景;②是否具有促进旅游发展的资产与制度条件;③可以发展何种类型的旅游。[7] 这是因为,这些因素或多或少都会影响贫困的缓解。Clancy(1999)认为要使旅游对减少贫困人口有所帮助,必须注重旅游产业结构的调整与改革。[8] D. Harrison、S. Schipani(2007)认为,旅游扶贫要将社区与私营部门有效结合,如此才能实现旅游扶贫机制长期有效的运行。[9] J. Mitchell、C. Ashley(2010)认为旅游扶贫最重要的就是建立好穷人从旅游业中获益的不同途径。Kanunah 和 Sindiga(1999)强调所有权和权利分配是决定谁能够直接获得旅游收入的关键,[10]尤其是当地社区权利被认为是旅游利益公平分配的基础。

---

[1] Akama J S. Neocolonialism, Dependency and External Control of Kenya's Tourism Industry: A Case Study of Wildlife Safari Tourism in Kenya[J]. Tourism and Postcolonialism: Contested Discourses, Identities and Representations, 2004(1).

[2] Palmer C A. Tourism and Colonialism: The Experience of the Bahamas[J]. Annals of Tourism Research, 1994(4).

[3] Regina Scheyvens. Exploring the Tourism-Poverty Nexus[J]. Current Issues in Tourism, 2007(2-3).

[4] Knowles T, Macmillan S, Palmer J, et al. The Development of Environmental Initiatives in Tourism: Responses from the London Hotel Sector.[J]. International Journal of Tourism Research, 1999(4).

[5] Airey D. Education and Training for Tourism[J]. SourceOECD Industry, Service & Trade, 2011(20).

[6] Dunn S. Toward Empowerment: Women and Community-based Tourism in Thailand[D]. Eugene: University of Oregon, 2007.

[7] Winters P, Corral L, Mora A M. Assessing the Role of Tourism in Poverty Alleviation: A Research Agenda[J]. Development Policy Review, 2013(2).

[8] Clancy M J. Tourism and Development: Evidence from Mexico [J]. Annals of Tourism Research, 1999(1).

[9] Harrison D, Schipani S. Lao Tourism and Poverty Alleviation: Community-Based Tourism and the Private Sector [J]. Current Issues in Tourism, 2007(2).

[10] Isaac Sindiga. Unplanned Tourism Development in Sub-Saharan Africa with Special Reference to Kenya[J]. Journal of Tourism Studies, 1999(1).

二、国外旅游扶贫模式

通过更加深入地关注旅游业可能带来的好处,旅游已然成为贫困地区一种重要的减贫工具。但要真的达到减轻贫困这一目标,需要考量除了经济以外所有与贫困问题相关的因素,并形成一个典型的发展模式以供更多贫困地区作为参考。1999年,英国国际发展局在可持续发展委员会报告中正式提出"旅游扶贫"。自此以后,该概念得到世界各国及组织日益广泛的推广,并有所针对地提出和实施了一系列将旅游发展与地区扶贫紧密结合在一起的旅游扶贫模式。目前,国际上应用较为广泛的是PPT模式(Pro-Poor Tourism)和ST-EP模式(Sustainable Tourism and Elimination Poverty)。除此之外,通过不断的实践与摸索,也形成了一些新的旅游扶贫模式。

(一) PPT模式

旅游发展的实践经验表明,提出PPT模式之前所发展的大众旅游模式和生态旅游模式并不能有效地解决旅游地的贫困问题。因为大众旅游带来的旅游经济收益分配不均、拉大贫富差距等问题,而生态旅游模式则主要关注地方文化和环境的保护,旨在减少人类对环境影响的同时又能够不妨碍旅游业的正常发展,不能带来显著的减贫效果。但这并不意味着旅游对于减贫不起任何作用,因为各种经济数据显示,旅游有着强大的经济推动力,是一种重要的减贫手段。正是在这种背景下,1998年英国国际发展局(DFID)连同国际环境与发展研究所(IIED)、英国海外发展研究所(ODI)一起委托相关学者进行了英国出境旅游与减贫的研究,并在1999年发表了《可持续旅游与脱贫——国际发展局报告》,该报告不仅肯定了旅游业发展所带来的减贫效果,而且更清晰地指出了只有贫困人口收益成为旅游发展的核心目标时,才能够实现旅游减贫的功能。由此,旅游扶贫第一次得到了明确的表达。

而想要通过PPT模式实现贫困人口受益的目标并不是一件简单的事,必须充分了解PPT模式的特点。David Harrison(2008)通过总结大量的文献得出了PPT模式的8大特性:①PPT模式离不开资本市场的支持。虽然PPT不是一种资本市场自发形成的模式,但这并不意味着它的发展目标与资本市场是相互排斥的。相反,正是在资本市场的支持下,贫困人口才有更多的就业与创业的机会。②PPT模式不是贫困人口的"单打独斗",而需要更多旅游要素的支持,融入更广泛的旅游系统当中去。③PPT模式不是一个具体的理论或者模型。相反,它可以是任何一种能够让贫困人口获益的旅游形式。因此可以说,只要大众旅游或者生态旅游可以在较大程度上使得贫困人口受益,那么也可以认为它们是PPT模式的一种形式。④PPT模式无法用一种固定方法进行评价。PPT模式需要依靠多种方法或者途径去收集相关数据,才能全面地说明贫困人口是如何逐步参与到旅游业当中并实现脱贫的。⑤PPT模式在实现贫困人口受益的同时也会使非贫困人口获益,且非贫困人口会比贫困人口获益更多。⑥PPT模式对于贫穷的定义不局限于经济收入,而是涉及基础设施、教育、文化等多方面。⑦PPT模式不只关注贫困个人与家庭,同样也关注整个集体的利益。⑧PPT模式需要利益相关者的广泛合作,包括国家、地方政府、私营部门、企业等。只有将它们理想地结合起来,才能确保贫困人口能够从旅游业中受益。

从PPT模式的特点可以看出,PPT模式既不是某种旅游产品,也不是旅游业的一个组成部分①，它实质上就是任何一种能够使贫困人口广泛受益的旅游形式。

（二）ST-EP 模式

旅游扶贫合作组织（PPTP,the Pro-Poor Tourism Partnership）是在 PPT 模式提出时成立的，该组织在英国国际发展局（DFID）的资助下着重对旅游投资者、旅游管理人员、政府以及旅游者等相关利益群体关系进行研究。在该组织研究的推动下，2002 年世界旅游组织在约翰内斯堡倡议开展 ST-EP 运动。ST-EP 模式进一步强调了旅游的可持续性发展，提出将可持续旅游作为减贫的一种手段，不仅要通过经济资助、项目示范、招商引资，而且还要通过能力建设和培训、改善旅游对社会文化的影响等来促进当地经济发展。为了保证 ST-EP 的顺利实施，会议还提出了三个重要内容：第一是将贫困问题纳入世界旅游组织的援助计划之中；第二是成立 ST-EP 基金会，为旅游扶贫的研究与合作提供保障资金，不断地实现旅游减贫的目标；第三是建立 ST-EP 信托基金来专门援助那些消除贫困的技术项目。

ST-EP 主要通过七个运行机制来确保贫困人口的收益：①当地人可在旅游企业就业；②当地居民或企业雇用当地人向旅游企业提供商品和服务；③当地人直接向游客销售商品和服务；④当地人建立和经营旅游企业；⑤对旅游收入或利润征税，有益于社区；⑥旅游企业和游客的自愿捐赠或支持；⑦旅游业对基础设施的投资使社区受益等。②

那么，ST-EP 与 PPT 有什么异同？无论是 PPT 还是 ST-EP 模式，它们的目标都是为了促进贫困地区的发展，但是侧重点不一致。PPT 模式以贫困人口为核心，重点解决贫困人口的发展问题，其他方面的发展如社会、政治、环境仅仅只是影响减轻贫困过程的因素。而 ST-EP 的核心是把可持续旅游作为减贫的一种手段，用以解决旅游发展中出现的社会、文化、环境等负面问题。同时，ST-EP 更强调为旅游扶贫示范项目提供启动资金。③

（三）旅游价值链扶贫模式（VCA）

在推进旅游扶贫的过程中，一些学者认为想要建立旅游与贫困地区（人口）之间的联系，必须清楚了解二者之间的价值联系，才能有的放矢地去消除贫困。价值链作为一种分析工具，可以用来识别生产到消费这一交易过程中所有的利益相关者。因此，应用价值链理论（VCA）开展旅游扶贫已成为国际旅游扶贫发展的新方向。通过多方面的探索，其目前已形成了一种全新的旅游扶贫模式。

ODI（2009）的报告指出，旅游价值链分析主要包含五个内容：①直接价值影响，即旅游消费对生产变化产生的直接影响；②间接价值影响，即重复消费对生产变化的影响；③与地方经济中各部门的相互关系；④诱导效应，即直接或间接获得旅游收入所带来的家庭经济活动的支出；⑤乘数效应，即记录旅游活动所带来的二次经济效益。

N. A. Halim（2014）通过总结 ODI（2009）和 C. Ashley（2008）的报告得出了旅游价值链

---

① 王铁. 基于 Pro-Poor Tourism（PPT）的小尺度旅游扶贫模式研究[D]. 兰州：兰州大学，2008.
② Organization W T. Tourism and Poverty Alleviation: Recommendations for Action[J]. Tourism & Poverty Alleviation Recommendations for Action，2004（3）.
③ 李会琴，侯林春，杨树旺. 国外旅游扶贫研究进展[J]. 人文地理，2015（1）.

扶贫模式的三大实施阶段,[①]即诊断阶段、识别与评估阶段、规划阶段(见图1-1)。

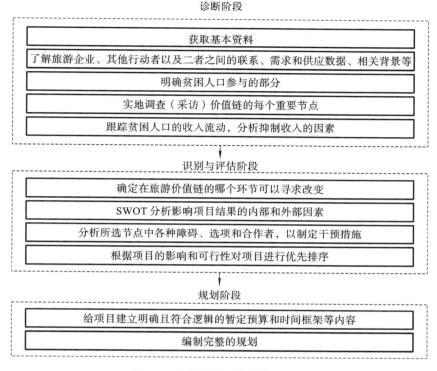

图1-1　旅游价值链扶贫模式阶段

从旅游价值链的分析内容及实施过程来看,旅游价值链扶贫转换了以往局限于贫困户利益、单个旅游项目的狭窄视角,更加注重价值产生的每一个环节,这也就意味着能够挖掘出更多可以发挥扶贫功能的环节,也就能让更多的贫困人口进入旅游市场。

三、国外旅游扶贫规划经验

(一)美国经验

贫困是所有国家都面临的社会难题,即便是较为发达的美国也不例外。只是不同于其他发展中国家仍苦于解决绝对贫困的问题,美国所面对的贫困问题是一种相对贫困。这些相对贫困的人口主要分布在其南部地区,为有效解决相对贫困问题,20世纪90年代以来,美国大力推动其南部旅游资源丰富的地区发展旅游业,并取得了显著的效果。具体来说,美国的旅游扶贫主要有以下五个经验值得借鉴。

1. 成立专门的旅游开发管理机构

专门的旅游开发管理机构是实施旅游扶贫开发的主体。美国的旅游业管理分为联邦、州政府及地方政府等层次。国家(联邦)层面不设官方旅游局,而是设旅游产业功能组,在州及地方层面上设有专门的旅游管理机构。除此之外,在一些重要的旅游城市也会设置专门

---

① Halim N A. Tourism as a tool for poverty alleviation using value chain analysis: a case study of Setiu Wetland, Terengganu, Malaysia[D]. Tasmania: University of Tasmania, 2014.

的类似机构来管理与开发地方的旅游资源并开展相应的旅游扶贫工作。

2. 旅游规划管理科学规范

开展旅游扶贫工作需要编制科学的旅游扶贫规划。美国十分重视规划设计的统一与科学性,会根据不同的管理层次设置相应的规划部门,即在国家管理局中设专门的规划中心,各州(区)管理局中设规划室,在基层管理局中则设置规划小组。在这种组织形式之下,规划体系不仅统一,还因为有了地方管理部门与群众的直接参与,使其更具操作性,以确保规划的顺利实施。

3. 开发不同形式的旅游项目

美国南部地区具有丰富的旅游项目,这主要源于美国在实施旅游扶贫的过程中注重对特色资源的挖掘,会依据不同的资源禀赋规划不同的旅游发展主题。例如在亚利桑那州开发大峡谷漂流等类型的探险旅游,在萨凡纳开发文化旅游,在特利科普莱恩斯开发生态旅游等。

4. 政府提供优质的旅游培训

为了促进旅游业的发展,美国各级政府部门会定期进行相关的业务培训并提供一定的旅游资金支持。如从1992年起,美国旅游主管部门就连续多年举办旅游人才培训班,为各州、各县市培养优质的旅游人才。同时,美国政府还专门成立了"乡村旅游发展基金",提供优惠贷款和补贴,以促进其乡村旅游的发展。

5. 对相对落后地区施行特殊政策

美国大部分的地区是不允许开设赌场的,但由于一些地区在发展生态旅游、乡村旅游方面的优势不足,如拉斯维加斯、雷诺市,其所在的地方政府可以根据实际情况制定赌博合法的扶持政策。1931年开始,拉斯维加斯所在的内华达州就允许拉斯维加斯合法经营博彩业,仅十年时间,拉斯维加斯就从一个破落村庄转变成为一座以博彩业为中心的集旅游、购物、度假为一体的世界知名城市。

(二)英国经验

英国是较早开始探索如何解决贫困问题的国家之一,"旅游扶贫"就是首次由英国机构提出来的。在此之前,英国先后制定了《济贫法》《国民保险法》《国民救助法》。1834年《济贫法修正案》取代过去的《济贫法》,《济贫法修正案》相对于《济贫法》更加完善,是包含国民工伤保险、国民救济、家庭补助、社会保健、国民保险等在内的社会保险和社会福利制度。[1] 虽然英国的济贫制度在不断完善,但其贫困问题并未完全解决,而且在工业化和城镇化的不断推进过程中,英国开始出现环境恶化、交通拥堵、房价过高等社会问题,于是,乡村旅游开始成为英国解决其贫困、环境等问题的重要抓手。在利用旅游解决社会矛盾的过程中,英国主要采取了三种方式。

1. 制定相关法律,提供旅游发展制度保障

为了促进乡村的发展,1932年英国政府颁布了《城乡规划法》,明确指出了城市向乡村扩张的严重后果,必须有效遏制城市向乡村扩张,确保乡村农林业用地能够满足乡村需求,并且还要保护乡村地区具有历史意义的建筑。随后,为推动乡村发展,英国决定开展乡村旅游并围绕着游客、设施、运营等方面制定了一系列法律法规。如在其乡村田园景区管理法规

---

① 明拥军. 新疆贫困地区反贫困研究[D]. 乌鲁木齐:新疆农业大学,2006.

中明确指出,田园景区必须建立卫生流动厕所和干净的饮用水设施。在田园景区的建立和经营中必须严格考核每个农户,保证田园景区的良性发展。① 同时,英国要求各级政府需要依据国家政策因地制宜地制定促进地方乡村旅游发展的法律法规,并给予严格监督和管控,为乡村旅游发展提供一个良好的法律环境和制度保障,这有力地推动了乡村经济的发展。而在此过程中,为了缩小不同地域之间的发展差距,英国还制定了贫困地域政策,根据不同地域的实际情况给予了多种支持,有效地推进了旅游扶贫的发展。

2. 重视教育培训,提高人口自我脱贫能力

英国在旅游扶贫的过程中,仍然高度重视教育与就业的培训,不仅为所有的贫困人口提供公平的受教育的机会,而且还颁布了《就业与培训法》等法律法规,为贫困人口发展旅游业提供相关的技能培训。同时,英国还制定了较为灵活的补贴政策,以激励贫困人口持续就业的意愿,实现自主脱贫。在这一系列政策的推动下,这些贫困人口获得发展旅游的相关技能,除了可以被旅游企业雇佣之外,还可以申请补贴实现自主创业。

3. 政府机构与非政府组织的有效结合

英国旅游扶贫的发展除了政府对贫困问题的高度重视,还有各个非政府组织所做出的贡献,它们在整个旅游扶贫过程中起着很重要的作用。在旅游扶贫的发展过程中,非政府组织最重要的作用就是能够帮助政府弥补不足之处。相对于政府组织来说,非政府组织更易唤起旅游企业、机构的责任感,更能督促当地政府出台政策鼓励私营企业扶助穷人。同时,非政府组织有更多途径对贫困人口进行更具有针对性与实操性的培训,提高贫困人口的技能水平。正是如此,英国非常重视对旅游行业自律、服务组织等非政府组织的建设,这也是英国旅游扶贫能够取得成功的重要原因之一。

(三)印度经验

不同于美国、英国等发达国家,发展中国家由于经济发展环境较弱、绝对贫困人口更多等原因使得其旅游扶贫更具挑战性和复杂性,因此发展中国家旅游扶贫经验更加值得探讨。印度作为世界上贫困人口比例较高的国家之一,十分重视旅游业的发展,目前旅游业已经为印度提供了3000多万个工作岗位,2013年到2014年之间,印度外国游客达到697万人次,较2012年增长了163.3%②,旅游业正在成为印度消除贫困的重要产业。2006年,印度在其Kumarakom地区发起了让贫穷的人成为旅游政策受益者的"负责任旅游倡议"。③ 在该倡议的推动下,Kumarakom地区直接受益的人数已有1350人。印度旅游扶贫的主要经验如下。

1. 政府积极与村民协商和沟通

虽然印度国家旅游部门规定在Kumarakom地区开展旅游扶贫的试点工作,但是在具体的实施过程中,由于当地居民认为这种政策并不能给他们带来好处,所以他们非常不愿意接受这种新的政策和旅游发展方式,RT计划的实施也因此受到阻碍。为了解决这个问题,当地官员前期仔细调查了整个地区的状况,包括贫困人口数量、农民产业发展问题,以及企业与群众的关系。随后,当地官员同村务委员会代表一起开展了协商会议,有针对性地对该计

---

① 贺红茹. 英国乡村田园景区开发经验及对中国的启示[J]. 世界农业,2018(2).
② Badar Alam IQBAL. Indian Tourism in Global Perspective [J]. Journal of Tourism, 2016(21).
③ Michot B T. Pro-Poor Tourism in Kumarakom, Kerala, South India:Policy Implementation and Impacts[J]. Journal of Alternative Perspectives in the Social Sciences,2010(3).

划进行了详细的说明,直到代表们理解了该计划的意义与目标,RT 计划才得以顺利实施。①

2. 各级政府都建立相应的专项管理部门

印度旅游资源不仅得天独厚,而且类型丰富,各地基本上都会把发展旅游业放在十分重要的位置。为了有效管理与加强监督,印度全国各层级都会建立相应的负责任旅游委员会,以进行不同层面的管理。同时,各级管理部门之间也会保持紧密合作,以确保旅游市场的开发、基础设施的建设、技术投入和创新等方面都能够持续推进。

3. 建立与旅游行业相关的"负责任组织"

印度的旅游扶贫过程中也非常重视非政府责任组织的参与。因为各种公益性组织和民间社会组织的参与,不仅能够加强对政府与企业的监督,还能确保相关法律法规的有效实施,间接协助政府推进了负责任旅游的实施,有效地促进了地方经济社会的繁荣发展。②

(四)泰国经验

泰国拥有丰富的景观资源和民俗文化资源,是世界上著名的旅游目的地。20 世纪 60 年代初,泰国开始发展旅游业。在旅游经济的带动下,20 世纪 80 年代泰国就已全面解决了其绝对贫困的难题。20 世纪 90 年代以来,泰国除首都曼谷以外,国民收入的 70% 都来自旅游及相关行业③,旅游已然成了泰国的支柱性产业。虽然泰国通过发展旅游取得了巨大成就,但截至 2014 年,泰国生活在贫困线以下的人口仍然大约有 710 万人④,且国内贫富差距显著。为了缩小贫困差距,带动更多人脱离贫困,泰国开始逐步规划旅游经济与社会协调发展的战略。

1. 推动国际化旅游发展,调动全民积极性

泰国基本上以旅游立国,国家非常重视旅游发展,立志将泰国打造为高质量的、可持续发展的、世界级的旅游目的地。为此,泰国将参与旅游建设规定为每个公民的义务,并且将旅游的教育作用上升到国家认同的层面,以此来调动泰国公民主动参与到国家的旅游建设当中来,这也就意味着泰国的旅游扶贫是"强制性"的,无论你是否为贫困人口,都应积极参与旅游业的发展。

2. 大力投资旅游基础设施,促进旅游发展

泰国举国发展旅游业,深知基础设施是发展旅游的重要前提。据统计,泰国政府每年投资在基础设施领域的开支可占其全年 GDP 的 10% 左右。2016 年泰国投资近 1300 亿泰铢用于基础设施建设,2017 年泰国投资了 8957.57 亿泰铢用于推动其交通项目建设。2018 年泰国政府表示未来五年将斥资 1.5 兆泰铢用于修建新的国际机场、港口、道路和铁路等基础设施,以推动其三个东部沿岸省份的经济增长,摆脱贫困。

3. 增加生产性就业岗位,为贫困人口提供就业机会

发展旅游业和建设基础设施能够带来大量的岗位,为泰国众多的贫困人口提供了就业

---

① Michot B T. Pro-Poor Tourism in Kumarakom, Kerala, South India: Policy Implementation and Impacts[J]. Journal of Alternative Perspectives in the Social Sciences, 2010(3).

② 王超,王志章.我国包容性旅游发展模式研究——基于印度旅游扶贫的启示[J].四川师范大学学报(社会科学版),2013(5).

③ Duim V R V D, Caalders J. Tourism Chains and Pro-poor Tourism Development: An Actor-Network Analysis of a Pilot Project in Costa Rica[J]. Current Issues in Tourism, 2008(2).

④ 于长存.国外扶贫经验对我国精准扶贫的启示——以美国、印度、泰国为例[J].对外经贸,2017(8).

机会,因此,这也是使泰国成为亚洲失业率较低的国家之一的原因。2017年,酒店及餐饮业就业人数增加了7万人,泰国当年的失业率仅为1%。而根据泰国观光与体育部预估,随着投资的增加与旅游业的持续发展,就业岗位也会连年增长,到2021年这一增长率将达15.5%。

（五）老挝经验

老挝位于中南半岛的东北部,毗邻中国、越南及柬埔寨,是东南亚唯一的内陆国。受历史因素的影响,老挝经济落后,贫困人口较多。1986年,老挝开始实行对外开放政策,并尝试实施以旅游业来带动其他相关产业发展的战略。通过该战略,老挝国内基础设施得到显著改善,贫困人口也显著减少。据统计,老挝的贫困率从1992年的46%下降到2015年的16%。同时,贫困村也在继续减少,全国8600多个行政村中,已有6000个村实现了基本脱贫。① 2018年老挝共接待入境游客370万人次,全年旅游收入达7.57亿美元。如今,旅游收入已经成为老挝国家财政收入重要的组成部分。而纵观老挝旅游发展可以发现,老挝旅游业的快速增长具有以下几个特点。

1. 进行市场体制改革,加大对外开放

自20世纪90年代老挝进行市场经济体制改革以来,老挝获得了大量的外来投资,对外贸易也日益活跃。为了让外来投资更加适应老挝的环境,老挝主动、自愿地接受并遵循一系列的国际准则,通过放宽各种政策,使其经济发展得到有效促进,同时也促进了老挝入境旅游的发展。

2. 积极与国际组织合作,促进民众就业

老挝也非常重视非政府组织,非常善于利用非政府组织的一些功能来促进本国的经济发展。比如,为筹集更多海外资金以弥补国家资金缺口,老挝政府经常利用国际非政府组织积极争取国际经济援助。根据中国现代国际关系研究院课题组的研究数据,62个外国非政府组织在老挝设立了141个合作项目,资金总额达7000多万美元,遍布老挝的18个省市和特区。② 而这些组织在老挝开展的项目,一般情况下周期长、资金投入大,为便于项目的有效开展都会雇用当地老挝的员工。

3. 大力发展区域旅游业,扩大旅游市场

老挝作为一个内陆国家,是东南亚中唯一一个没有海岸线的国家,这在很大程度上限制了老挝滨海旅游的发展。为了化劣势为优势,老挝另辟蹊径,利用自己的地理位置,大力推进联通周边邻国的陆路交通建设。目前老挝所建成的衔接中、泰、柬、越等周边国家的陆路运输系统,已经成为衔接大湄公河次区域国家并可出海的交通运输枢纽,摇身一变成了一个陆路通道国家③,这不仅有效解决了老挝的地理劣势问题,而且还为老挝旅游发展提供了新的市场机遇。

---

① 宋思杰.老挝地方财政收入管理的研究[D].昆明:昆明理工大学,2014.
② 孔志坚,徐志亮.国际非政府组织在老挝的活动及其影响[J].南亚东南亚研究,2018(4).
③ 孟达威.老挝人民革命党对老挝经济改革开放的探索[D].北京:中央民族大学,2013.

第二节 国内旅游扶贫综述

一、国内旅游扶贫理论

20世纪80年代,旅游业开始在我国得到发展。"七五"计划首次将旅游业纳入国民经济和社会发展计划中,推动了我国旅游开发的热潮。在该时期,我国一些旅游资源丰富但较为贫穷的地区得到了国家和地方政府的大力支持,如张家界市(原大庸县)。与此同时,我国真正意义上的旅游扶贫工作得以启动,旅游扶贫的深入探索之路也由此开始。

(一)何谓旅游扶贫

从字面上简单来看,旅游扶贫就是利用旅游业来扶持贫困群体,但如此解释就忽略了旅游扶贫的真正内涵。为了明确旅游扶贫的真正内涵,给予我国旅游扶贫正确的指导,国内很多学者都对旅游扶贫的内涵进行了探索。1995年,国家旅游局(现文化和旅游部)正式将"旅游扶贫"写入《中国旅游业发展"九五"计划和2010年远景目标纲要》(以下简称《纲要》)之中,吴忠军(1996)结合《纲要》的要求提出了旅游扶贫的定义,他认为旅游扶贫就是通过开发贫困地区丰富的旅游资源,兴办旅游经济实体,使旅游业形成区域性支柱产业,实现千家万户和地方财政双脱贫致富。[1] 高舜礼(1997)在定义旅游扶贫时认为应该在"贫困地区"之前添加"具有一定旅游基础"的前提,而且这个贫困地区的范围应该扩大到所有的"经济欠发达地区"。[2] 蔡雄、连漪等(1997)则明确给出了旅游扶贫的整个环节应该是贫困地区充分利用其旅游资源,大力发展旅游业,吸引发达地区的人们前来旅游和消费,使旅游资源产生效益,使旅游商品的生产、交换、消费在贫困地区同时发生,逐步实现部分财富、经验、技术和产业的转移,增加贫困地区的"造血功能",从而使其脱贫致富的一个过程。[3] 随着PPT模式的提出,国内关于旅游扶贫的内涵开始同国际标准相结合,开始将扶贫的对象聚焦于贫困对象而并非整个贫困地区[4],因为这些学者也开始意识到旅游扶贫重在"贫"。但何为"贫"?刘向明(2002)认为旅游扶贫扶的应该是基础条件相对较好的"相对贫困","绝对贫困"一般来说都不具有发展旅游的基础。[5] 毛焱、梁滨(2009)则将国内的旅游扶贫与PPT模式进行了细致的比较,详细地说明了国内外旅游扶贫中"贫"的区别:从受众来看,旅游扶贫的对象是贫困地区,而PPT模式的对象是贫困地区的贫困人口。从定位来看,我国旅游扶贫强调经济脱贫的目标,而PPT模式则注重经济、观念和文化脱贫等综合脱贫表现形式。从成效来看,我国旅游扶贫以经济增长为尺度,焦点在于贫困地区旅游收入增长,而PPT模式以有利于贫困人口发展为尺度,焦点则在于贫困人口的净利润。另外,虽然二者都强调参与,但我国旅游扶贫强调的是"社区参与",而PPT模式则强调的是"贫困人口参与"。[6] 可见,不同的发展目标、不同的发展对象会赋予旅游扶贫不同的内涵,不能因为所赋予的内涵不一样就否定

---

[1] 吴忠军.论旅游扶贫[J].广西师范大学学报(哲学社会科学版),1996(4).
[2] 高舜礼.对旅游扶贫的初步探讨[J].中国行政管理,1997(7).
[3] 蔡雄,连漪,程道品,等.旅游扶贫的乘数效应与对策研究[J].社会科学家,1997(3).
[4] 郭清霞.旅游扶贫开发中存在的问题及对策[J].经济地理,2003(4).
[5] 刘向明,杨智敏.对我国"旅游扶贫"的几点思考[J].经济地理,2002(2).
[6] 毛焱,梁滨.PPT战略:基于人口发展的旅游扶贫观[J].求索,2009(6).

某一种定义而接受另外一种定义。因为这些定义之间其实并无冲突,它们只是在不同社会需求之下的产物,它的内涵会随着社会需求的改变而不断改变。

(二)旅游扶贫效果如何

旅游究竟能不能扶贫?我国学者同国外学者一样,在评价旅游扶贫效果时,最初也是从经济学的视角入手分析。早期,他们常通过定性分析的方法论述旅游与消除贫困之间所存在的乘数效应[1],认为较少的旅游业投入就可以实现经济的繁荣,旅游扶贫大有可为。而随着旅游扶贫的不断推进,乘数漏损[2]、环境破坏[3]、社会矛盾激增[4]等负效应逐一显现,"旅游扶贫"这一方式遭到质疑。但不可否认的是,旅游业的发展的确能够实现整体经济增长,具有消除贫困的潜力[5],只是发展方式出现了问题,例如旅游扶贫目标对象不明确、"帮富不帮贫"时有出现、政府及政策引导上的误区、过度引进外来投资、利益分配不均、盲目开发旅游产品等。[6] 为了最大限度地发挥旅游扶贫的正效应,黄渊基、匡立波(2018)辨析了旅游扶贫的机理,明确了旅游扶贫的减贫效应并认为旅游扶贫并不应只关注经济减贫效应,还需注重社会减贫效应、生态减贫效应和文化减贫效应。[7] 范俊、汪璐等(2011)[8]建立了旅游扶贫长效机制的系统框架,以保持旅游扶贫持续健康稳定发展。梁明珠(2004)认为想要保证旅游扶贫与贫困农民之间的协调发展,必须建立"三农"利益保障机制。[9]

(三)怎么实施旅游扶贫

旅游是能够扶贫的,就看如何去扶。陈国生(1998)结合重庆的实际情况提出旅游扶贫首先要强化机构建设,理顺管理体制,加大对贫困地区旅游业发展的政策倾斜,然后在保护环境的前提下,确立有竞争力的旅游项目,进行从业人员的培训。[10] 韦荣锋(2014)也认为旅游扶贫不仅要充分发挥政府的主导作用,正确处理好旅游扶贫各方的关系,还要注意对生态环境的保护。另外,他还认为旅游扶贫单独开展的效果往往不太明显,必须注重旅游扶贫与其他扶贫方式相结合,以提高旅游扶贫的总体效果。[11] 除此之外,谢诗晓(2016)认为旅游扶贫还可以同全域旅游结合起来。[12] 曾瑜晢、杨晓霞(2014)针对渝东南民族地区的特点提出了该地区旅游扶贫的"3223"战略路径,即明确当地政府、企业、居民三个角色定位;加强新农村建设与旅游扶贫、政府投资与民间融资两大结合,突出土家族与苗族两大少数民族文化;在景区带动的基础上,因地制宜地采取生态旅游、乡村旅游、民族文化旅游三种旅游扶贫模式。[13] 刘天、杨添朝(2016)则认为旅游扶贫的模式不应该是固定不变的,而应该在不同的发

---

[1] 蔡雄,连漪,程道品,等.旅游扶贫的乘数效应与对策研究[J].社会科学家,1997(3).
[2] 张小利.西部旅游扶贫的乘数效应分析[J].商业时代,2007(7).
[3] 金希萍,李映兰.旅游扶贫应注意的问题[J].四川财政,2001(3).
[4] 师振亚,刘改芳,焦凯夫.碛口旅游扶贫得失探讨[J].经济师,2008(5).
[5] 蔡雄,连漪.穷乡僻壤奔小康——黄山汤口村发展旅游的调查[J].旅游研究与实践,1997(1).
[6] 徐玮.浅析我国现阶段旅游扶贫效益的影响因子[J].商业文化(上半月),2012(1).
[7] 黄渊基,匡立波.旅游扶贫的作用机理及减贫效应探析[J].南华大学学报(社会科学版),2018(1).
[8] 范俊,汪璐,周蓓蓓.旅游扶贫长效机制的系统分析框架构建[J].中国商贸,2011(18).
[9] 梁明珠.生态旅游与"三农"利益保障机制探讨[J].旅游学刊,2004(6).
[10] 陈国生.重庆市黔江民族地区的旅游资源开发与旅游扶贫对策研究[J].贵州民族研究,1998(3).
[11] 韦荣锋.推进旅游扶贫应注意三个问题[N].广西日报,2014-12-30.
[12] 谢诗晓.坚持问题导向,做好旅游扶贫[N].中国旅游报,2016-11-30.
[13] 曾瑜晢,杨晓霞.渝东南民族地区旅游扶贫的战略路径选择[J].重庆文理学院学报(社会科学版),2014(3).

展阶段对扶贫模式进行调整。

（四）旅游扶贫绩效评估体系

旅游扶贫的推进程度、实施效果需要科学的评估体系对其进行评价，才能发现问题，解决问题，早日实现我国全面建设小康社会的目标。目前，我国所进行的旅游扶贫绩效评估类型主要分为目的地扶贫绩效评估和贫困人口扶贫绩效评估[①]，由此还对应产生了两种评估指标体系。进行目的地扶贫绩效评估时，常采用农民受益、利益分配机制、资源可持续利用及产业关联度[②]等指标来进行评价。在进行贫困人口扶贫绩效评估时，通常从居民的旅游扶贫经济效应、社会效应、环境效应，以及参与能力、参与意愿、参与权利等方面的感知而展开[③]。在进行旅游扶贫绩效评价时，通常可采用定量分析方法，如层次分析法、因子分析法、多元线性回归等去客观反映旅游扶贫的效果，同时也可以结合定性分析进行多维度的绩效评价。

二、国内旅游扶贫模式

在旅游扶贫理论的指导下，通过多年的旅游扶贫实践，我国众多的贫困村因地制宜，已摸索出多种旅游扶贫模式，按照不同的划分方式[④]主要可以分为以下模式。

（一）按旅游扶贫相关主体划分

旅游扶贫过程中存在多方主体，这些主体参与程度不同，其旅游扶贫效果也不一样。目前来说，根据旅游扶贫相关主体进行划分可以分为政府主导模式、企业主导模式、社区主导模式及多主体参与模式。

1. 政府主导模式

政府主导模式主要是指由政府出面进行有效的组织、协调及管理各项旅游资源，通过制定产业政策或者规划、战略等方式进行参与的旅游扶贫模式。[⑤] 帮助贫困人口改善生活状态是政府的重要责任。由于政府在社会经济中具有突出的资源整合、资金聚集的能力，因此在旅游扶贫过程中，大部分的贫困村都会发展政府主导模式。操婷（2017）通过评估云南省以政府主导型模式进行旅游扶贫的乡村，肯定了政府主导对地区经济、社会、环境和居民素质的显著影响。她认为政府主导主要基于两个原因：一是当前我国旅游扶贫工作仍处在初级阶段，扶贫过程中离不开政府的参与和控制；二是由于市场经济本身欠缺调节机制，旅游扶贫需要政府发挥调节作用和干预机制。[⑥]

2. 企业主导模式

在我国贫困村旅游扶贫过程中，也有部分贫困村是以企业主导来开展扶贫工作的。企业主导模式是指某一地区的旅游扶贫由企业自主进行规划与建设，发展资金由企业筹集，社会秩序由企业维护，企业成为这一地区主要的建设主体和管理者。[⑦] 一般来说，企业主导模

[①] 陈友莲，向延平.旅游扶贫绩效评价概念、类型、流程与重要性分析[J].湖南商学院学报，2012(4).
[②] 何红，王淑新.集中连片特困区域旅游扶贫绩效评价体系的构建[J].湖北文理学院学报，2014(8).
[③] 包军军，严江平.基于村民感知的旅游扶贫效应研究——以龙湾村为例[J].中国农学通报，2015(6).
[④] 杨建春，王佳联.民族地区旅游扶贫研究回顾与展望——基于文献计量分析[J].贵州民族研究，2019(8).
[⑤] 赵灏璇.政府主导型开发模式下内蒙古杭锦旗乡村旅游扶贫发展问题研究[D].呼和浩特：内蒙古大学，2019.
[⑥] 操婷.政府主导型扶贫模式对乡村旅游发展的影响研究[D].昆明：昆明理工大学，2017.
[⑦] 王铁梅.企业主导下的村庄再造[D].太原：山西大学，2017.

式更有效率,能够实现专业化运营,但容易造成企业与地方居民利益分配不均等问题。因为在此契约关系中,旅游企业资金实力较强,通常占主导地位,而贫困户的议价能力弱。另外,企业主导的乡村旅游可能持续发展性会比较弱,因为旅游企业可能会存在短视行为。①

3. 社区主导模式

社区参与是实现旅游扶贫目标的有效途径,因而有的贫困村选择以社区为主导的旅游扶贫模式。社区主导模式是指从社区的角度考虑旅游发展,以居民作为主体参与到社区旅游规划、旅游开发等涉及旅游发展重大事宜的决策、执行体系中,在承担旅游扶贫责任的同时,能够公平地分享旅游业发展所带来的各种利益,进而实现消除贫困的目标。②但在实践过程中,由于信息不对称、缺乏必要的行政管理与完善的社会参与机制以及居民参与意识过低等原因,该模式更容易扩大地方的马太效应。③

4. 多主体参与模式

由于旅游扶贫单方面力量的介入在实践的过程中仍存在很多的问题与无法解决的矛盾,一些贫困村就开始尝试多主体共同合作参与的模式,通过优势互补、资源共享来实现脱贫的目标。如重庆巫溪县观峰村通过发展"政府＋企业＋村(集体资产)＋贫困户"四方联动的旅游扶贫运作模式,2017年带动村中发展农家乐的贫困户增收3万元。而没有能力创办农家乐的贫困户,通过入股的形式也实现了年均增收1万元。与此同时,利用乡村旅游产业扶贫资金,采取"利益兜底"方式,分别入股在地方的农庄中,每年还可以给170户贫困户带来3500元的收入。④

(二) 按旅游扶贫资源类型划分

不同贫困村所拥有的旅游资源类型不同,在进行旅游扶贫时可以有多种开发模式来实现脱贫目标,如生态旅游、养生旅游、文化旅游、体育旅游、休闲度假旅游等模式。湖南汨罗的玉池山包含6个贫困村,自然生态环境优美,旅游资源十分丰富,通过实施生态旅游扶贫模式将其打造成为全国乡村生态旅游扶贫的示范点。⑤甘肃平南镇孙集村通过发展生态旅游扶贫模式,实现总销售收入1200多万元,解决就业岗位200个,2017年农户纯收入增加1036元。⑥随着人们生活水平逐渐提高,养生旅游顺势而生,一些乡村开始充分挖掘健康资源并利用自己良好的生态环境另辟蹊径发展养生旅游扶贫。例如我国台湾地区的长庚养生文化村,该村设有村民代表参加的村民管理委员会,设村主任一人,实行自主经营和管理。在管理上分为有酬工作和志愿义工服务,同时村内居民们还可以通过开展义工活动,当累积到一定工时就可以减免部分管理费用。⑦我国大多数贫困村也是传统村落,这些传统村落具有丰富的文化,因此也可以发展文化旅游扶贫模式。如贵州文家坝村通过充分挖掘地方的傩文化,打造成为中国傩城,自2016年中国傩城试营业以来,提供了就业岗位4000余个,近

---

① 林萍萍,陈秋华,王慧.产权视角下乡村旅游经营模式比较[J].台湾农业探索,2016(6).
② 漆明亮,李春艳.旅游扶贫中的社区参与及其意义[J].中国水运(学术版),2007(6).
③ 李菁.少数民族社区农户参与旅游发展问题研究[J].昆明大学学报,2008(2).
④ 童洪志.渝东北贫困地区深度扶贫"四方联动"模式研究[J].中国农业资源与区划,2019(8).
⑤ 李欢,黄光胜.基于PPT战略的乡村生态旅游扶贫研究——以汨罗市玉池山村为例[J].岳阳职业技术学院学报,2018(6).
⑥ 秦州区扶贫办."浪马河滩"的"蝶变"——秦州区平南镇孙集村抓党建促脱贫攻坚成效明显[EB/OL]. http://www.tianshui.gov.cn/art/2019/5/29/art_400_220537.html,2019-05-29.
⑦ 刘培森.台湾桃园长庚养生文化村实践与展示[J].城市住宅,2014(9).

90%的村民返乡就业创业,人均纯收入增加了近三倍,全村贫困发生率降至2%以下。①2016年,国家旅游局(现文化和旅游部)与国家体育总局预估,到2020年,我国体育旅游总人数可达到10亿人次。因此,部分乡村开始探索"体育+旅游"扶贫的新模式。如国家级贫困村——重庆万盛经开区关坝镇凉风村依靠得天独厚的山水自然资源优势,通过"体育旅游+精准扶贫"开发模式,2017年共接待游客约40.06万人,接待考察团队143个,实现旅游综合收入4807万元,带动吸纳就业1200余人。除此之外,为顺应观光旅游向休闲度假旅游转变的趋势,有的地区选择通过休闲度假旅游扶贫模式带领当地群众实现脱贫目标。

(三)按旅游扶贫发展条件划分

1. 旅游景区带动型

旅游景区带动型的扶贫模式是指通过开发与打造景区,带动当地及周边居民从事或开展吃、住、食、游、购、娱六个方面的活动,从而实现脱贫的过程。如四川省康定市的俄达门巴村,全村共有贫困人口37户,144人,是典型的高寒藏区贫困村。在以藏族木雅文化为主题的俄达门巴景区项目的带动下,从工程建设施工开始,就开始吸纳当地劳动力,帮助当地人增收。在景区运营期间,又把37户建档立卡贫困户优先安排在景区从事保安、保洁、餐厅和游乐项目服务员等服务性工作,使得人均每年可增收2000多元。②

2. 旅游交通带动型

旅游交通带动型主要指的是贫困村可依托旅游线路,美化村周围沿线交通,通过接待"过路游客",发展"过路经济"的脱贫模式。四川甘孜州汉戈村依托国道227旅游环线大力发展旅游业,结合观光和体验两种形式,创新农旅、牧旅相结合的旅游产业新路子,打造了5000米的绿化带和百亩鲜花带。依靠花海门票、停车场、广告租赁、赛马场等旅游收入,2017年实现全村脱贫。

3. 旅游城镇带动型

旅游城镇带动型主要是指贫困村依托区域城镇客源市场,大力发展乡村旅游,打造休闲度假经济,从而获得旅游收入实现脱贫。四川武胜县因地制宜联合白坪乡与飞龙镇打造了涵盖29个行政村的白坪-飞龙乡村旅游度假区,形成"三园一基地"的产业布局和"一城一镇多新村"的镇村体系。目前,在该度假区中已开办乡村酒店、农家乐、乡村客栈等77家,初步探索出新村建设与休闲农业、乡村旅游互动相融合的新农村建设路子。③

4. 旅游商品带动型

旅游商品带动型指的是贫困村通过挖掘当地特色资源并将其制作成特色旅游商品,从而解决和带动更多贫困群众就地就业创业,实现贫困家庭持续增收的模式。四川峨边彝族自治县的解放村和底底古村是当地的彝族风情体验村,为了推动这两个村早日脱贫,当地政府采取了旅游商品带动型的扶贫模式,即让当地村民围绕彝族美神等文化标志和茶叶、春笋等农业产品及彝绣、银饰等地域产品,打造峨边文化创意纪念品、特色食品与土特产品三大系列乡村旅游商品来增加贫困村民的收入。2016年,解放村、底底古村被评为四川省旅游

---

① 程龙."文化+旅游"扶贫模式的实施成效与对策研究——基于文家坝村的案例分析[J].现代交际,2019(2).
② 周燕,燕巧,彤轩.俄达门巴村的嬗变之路——省委统战部、省社会主义学院牵头联系贫困村开展旅游精准扶贫[J].四川统一战线,2016(9).
③ 冯奎,黄鹏飞.把牢关键 凸显特色 创新机制 武胜县白坪—飞龙的产镇村融合实践与启示[J].国家治理,2016(28).

扶贫示范村。[1]

三、国内旅游扶贫规划经验

旅游扶贫规划是实施旅游扶贫的基本保障,是贫困村发展旅游、实现脱贫的前提和基础,同时也是旅游扶贫理论付诸实践的体现。自我国提出旅游扶贫以来,许多学者都以"旅游扶贫规划"为主题进行了探索。综合现有的研究可以整理出国内目前编制或设计贫困村旅游扶贫规划的普遍经验。

(一)旅游扶贫规划编制的原则

旅游扶贫规划不同于旅游规划,它除了要关注旅游资源的开发,更重要的是它要同乡村经济、社会和环境发展相结合,核心目标是通过旅游实现脱贫。相较于旅游规划,旅游扶贫规划可为贫困地区提供更为良好的发展框架,避免重蹈粗放性、随机性、破坏性发展的历史覆辙。[2] 因此在编制旅游扶贫规划时,王建成(2017)认为编制乡村旅游扶贫规划,核心是"扶持",抓手是旅游,在规划编制中应遵循六大统筹原则,即统筹发展与保护,统筹自身与区域,统筹脱贫与致富,统筹市场、村民与政府,统筹整村扶贫与精准扶贫,统筹经济社会发展与整体发展原则,进而保障脱贫的彻底性及可持续性。[3] 杨子毅(2016)结合乡村规划、扶贫规划及产业规划的要求提出了旅游扶贫规划的五大原则,即精准扶贫、完善基础原则,自然生态、和谐发展原则,乡土特色、一村一品原则,政府主导、社区参与原则,因地制宜、突出文化原则。[4] 原国家旅游局副局长吴文学曾要求编制旅游扶贫规划时要遵循"保护、务实、有效"的原则。[5] 通过对比各学者所提出的编制原则可知,无论提出多少原则,对于编制旅游扶贫规划来说,扶贫脱贫、环境保护、主体参与、因地制宜等原则都是不可缺少的。

(二)旅游扶贫规划编制的思路

如何做好旅游扶贫规划?一些学者不断地将理论与实践经验相结合,逐渐明确了编制旅游扶贫规划的思路。汪茂(2015)认为,首先,旅游扶贫规划的重点是提升旅游接待能力,在这方面应多一些创新意识。其次,旅游扶贫规划一定要紧密结合当地经济发展条件,适当超前,量力而行。再次,旅游扶贫规划要同美丽乡村建设紧密结合起来,做好产业融合。最后,要及时对不适合市场需求的项目、产品及时予以修正、调整、剔除,避免盲目开发,重复建设,减少资源浪费。[6] 黄兴旺、权武(2017)通过调查贵州民族地区旅游扶贫规划的实施情况,认为在编制民族地区旅游扶贫规划时,规划应同地方区域旅游主题相融合。同时,旅游规划要因势施策、准确把握规划的效用,以促进扶贫工作的深入开展,多方位促进脱贫目标的实现。[7] 孙奎利、杨德进、吕扬(2017)结合目前旅游扶贫规划建设存在的问题,明确了编制旅游扶贫规划的思路:第一,根据旅游资源基础,提取文化特色,确定发展目标与定位;第二,

---

[1] 缴美娜.将旅游商品开发有效融入旅游扶贫示范区创建——以四川峨边彝族自治县为例[N].中国旅游报,2018-03-29.
[2] 原群.旅游扶贫三要素:规划、人才、市场[N].中国旅游报,2013-06-28.
[3] 王建成.乡村旅游扶贫规划编制要点与思路初探[J].城市建设理论研究(电子版),2017(30).
[4] 杨子毅.旅游扶贫背景下的乡村旅游目的地规划研究[D].合肥:安徽农业大学,2016.
[5] 邢丽涛.旅游扶贫规划先行[N].中国旅游报,2015-12-07.
[6] 汪茂.旅游扶贫规划要算好"加减乘除账"[N].中国旅游报,2015-04-22.
[7] 黄兴旺,权武,轩玉鑫,等.对贵州民族地区旅游扶贫规划编制的几点思考[J].山西建筑,2017(21).

分析客源市场,确定市场形象与主题;第三,结合自然生态环境,合理布局,对主体项目进行策划;第四,全产业链项目管理,实现项目深层次开发;第五,创新旅游扶贫开发运营模式,健全旅游扶贫促进机制。①

(三)旅游扶贫规划编制的内容

根据不同旅游扶贫规划编制的思路,专家学者们在编制内容上也各具特色。张光英、李美秀等(2016)编制了红色旅游扶贫规划,包括村情概况、资源概况、优势分析、劣势分析、发展定位、项目设计及规划效果评价等内容。②范军勇、宋莉、田椿椿(2017)的旅游扶贫规划包括地区概况、地区资源及比较分析、产业与贫困人口分析、产品策划与引资管理体系、建设扶贫旅游通道、全域村庄发展谋划、产业融合规划、全域空间规划等内容。③魏来、廖源等(2017)所编制的旅游扶贫规划内容包括样区概况、旅游发展条件分析及发展定位、功能分区与空间组织、主导旅游产品规划、旅游精准扶贫模式研究五大模块。④王秀明、石峰(2017)认为在精准扶贫的政策指导下,乡村旅游扶贫规划应当完善三个内容。首先要增加贫困人口现状和贫困成因的分析,并要精准到点、到户。同时,也要增加旅游扶贫潜力分析。其次,旅游项目的设计中应重点照顾贫困人口。最后,乡村旅游规划中还应确立乡村旅游的扶贫模式,以确定每一个贫困家庭应该以怎样的方式参与到旅游开发中来,保证乡村贫困人口的长期受益。⑤

(四)旅游扶贫规划建设中存在的问题

2015年国家旅游局(现文化和旅游部)实施的《旅游扶贫试点村规划导则》指出,编制旅游扶贫要以扶贫为出发点和立足点,以旅游为切入点和主要方式,以旅游发展带动试点村扶贫富民为根本目标,以解决问题为导向,强调扶贫的针对性、项目的落地实施和对试点村旅游发展的实际指导。但目前仍然存在旅游扶贫规划按照旅游规划来编制、前期缺乏详细调研、盲目追求不符合实际的项目、缺乏严格的旅游扶贫规划评审环节⑥及照抄照搬⑦等问题。同时,也还存在囿于行政区划,缺乏区域资源统筹和整合、村庄既有空间和内生动力挖掘不足等可进一步加强的地方。⑧

---

① 孙奎利,杨德进,吕扬.四川省烟峰彝家新寨乡村旅游扶贫规划与设计探析[J].规划师,2017(11).
② 张光英,李美秀,沈德福,等.基于精准扶贫背景下的红色乡村旅游规划研究——以宁德市桃花溪村为例[J].湖南农业科学,2016(6).
③ 范军勇,宋莉,田椿椿.地区脱贫规划试验——贵州省贞丰民族文化旅游扶贫试验区的规划实践[J].中国名城,2017(5).
④ 魏来,廖源,朱悦,等.贵州民族特色村寨山地旅游扶贫模式探析——以六盘水市海坪村旅游扶贫规划为例[J].怀化学院学报,2017(3).
⑤ 王秀明,石峰.基于精准扶贫视角的乡村旅游规划完善研究[J].河北旅游职业学院学报,2017(1).
⑥ 马耀峰,刘军胜,白凯,等.我国旅游扶贫对象、主体、规划、指向和效益的审视[J].陕西师范大学学报(自然科学版),2016(6).
⑦ 汪茂.旅游扶贫规划要算好"加减乘除账"[N].中国旅游报,2015-04-22.
⑧ 杨正光,王智勇,张毅.旅游精准扶贫背景下的村庄"内涵式"再生规划策略[J].规划师,2018(12).

第三节 武汉市旅游扶贫经验

党的十八大以来,以习近平同志为核心的党中央把脱贫攻坚工作纳入"五位一体"总体布局和"四个全面"战略布局。脱贫作为实现第一个百年奋斗目标的重点任务,我国对其作出了一系列重大部署,旅游扶贫就是其中之一。湖北省委、省政府高度重视旅游扶贫工作,在省内全力推行实施"旅翼"扶贫工程,其中就包括"百村旅游规划公益扶贫行动计划"。武汉市积极响应上级号召,经过各区政府和相关部门遴选,分批为相应贫困村制定精准扶贫旅游规划。

武汉市贫困村主要分布在黄陂、新洲、江夏、蔡甸4个新城区22个革命老区街(乡、镇),实现全面脱贫任务重大。发展乡村旅游是实现精准扶贫的有效路径,2017年,武汉市旅游发展委员会(现武汉市文化和旅游局)开始实施旅游规划扶贫项目,涉及武汉市4个新城区贫困村。近三年,经过各区政府和相关部门遴选,分批确定了适合进行旅游开发规划的贫困村共70个,并"量体裁衣"结合各村特点制定旅游扶贫规划共57份(见表1-1)。

表 1-1 旅游扶贫规划分布

区域	年份	贫困村旅游扶贫规划	涉及村庄数	规划数
蔡甸区	2017	白马山村、七壕村、土东村、渔樵村	4	4
	2018	老河村—东山村、罗汉村、乌梅村—雄岭村—禾稼村、杨庄村	7	4
	2019	三屋台村	1	1
黄陂区	2017	唐保社村、姚湾村、源泉村、芝麻岭村	4	4
	2018	凤凰寨村、涝溪河村、六家砦村、双村、羊角山村、赵店村	6	6
	2019	桃园河村、赵畈村、竹园村、驻程岗村、大简湾村、姚老屋村、李文三村—团山村	8	7
江夏区	2017	官南村、浮山村—夏祠村、陈六村	4	3
	2018	光华村、红星村、湖岭村	3	3
	2019	光明村、何桥村、光星村、联合村、余咀村、海洋村	6	6
新洲区	2017	福临村、毛家冲村、石头咀村、长岗山村	4	4
	2018	陈田村、董椿村、冯岗村—姚河村、汉楼村—七湾村—管寨村、金岗村、上岗村、上塘村—高桥村	11	7
	2019	叶岗村、郭岗村、蔡咀村、曾畈村、熊畈村、大雾山村、宋寨村、石寨村—桐子岗村—汉子山村—油麻岭村—王家河村	12	8
总计			70	57

一、旅游扶贫规划取得的主要成效

(一)旅游发展助力脱贫攻坚,乡村人均收入显著提高

根据武汉市文化和旅游局数据统计显示,武汉市2018年接待国内游客2.85亿人次,同比增长10.88%;接待海外游客276.75万人次,同比增长10.57%;实现旅游总收入3163.11

亿元,同比增长12.45%。武汉旅游市场高速稳定增长。同时,根据武汉市农业农村局数据统计显示,2018年"十一"黄金周期间,武汉乡村休闲游接待游客达494.07万人次,综合收入达18.72亿元,同比分别上升102.83%和113.71%,较2017年来说大幅增长,说明乡村休闲旅游的需求正在不断提升,发展旅游扶贫市场基础稳固。根据武汉市统计局数据显示,2017年,武汉市农村常住居民人均可支配收入为20887元,同比增长9.06%。2018年,武汉市全年实现贫困村出列87个,脱贫人数2.16万人。

（二）产业发展模式转型升级,美丽乡村建设初显成效

乡村环境是乡村旅游可持续发展的基础,各村旅游扶贫规划还涉及了环境美化与保护规划。得益于旅游业的发展,各贫困村意识到了保护生态环境和改善人居环境的重要性。旅游项目的建设要求采用本土化材料和生态技术、控制本地生产生活污水排放、建立垃圾转运站、提高规划区绿化率等措施,多管齐下确保生态环境不受污染。同时,各贫困村积极实施美化、绿化、亮化、净化工程,切实推进改路、改水、改厕、垃圾处理、污水治理等工作,人居环境质量正在逐步提升。此外,生态农业园等旅游扶贫项目的开展推进了各贫困村循环农业、绿色农业的发展。按照绿色、有机农产、水产、果林生产技术规程,严格控制投入品的数量,对农业果林业废弃资源循环再利用,使用有机肥,提高土壤有机质含量,切实改善了农业生态系统,保证农业可持续生产。美丽乡村建设成效初显。

（三）公共服务体系逐渐完善,全面增进贫困村民福祉

旅游扶贫工作的展开首先带来的是旅游配套设施的完善。各贫困村先期选择基础条件较好、发展空间大、有经营能力的农户进行示范,培育了一批农家乐经营示范点。在江夏区,各村农家乐成片发展如火如荼,吸引了大批周边城市游客前往。同时,各村依据市场需求,充分利用现有居民住宿设施发展乡村民宿,对其规模、类型及档次进行了合理配置,并在建筑风格和自身功能上做到与当地人文自然环境相协调。如黄陂区木兰乡姚湾村依托临木兰湖优势,充分利用现有民居进行改造开发,发展起了精品民宿。旅游配套服务设施的完善使得游客满意度不断提升。同时,借助乡村旅游发展的契机,各贫困村积极完善基础设施建设,提升公共服务水平。宽化、硬化、绿化、网络化的道路交通逐步形成;给排水设施、电力通信等设施建设稳步推进;乡村厕所整改、村组分类垃圾箱设置、垃圾转运得到重视,切实增加了村民福祉。各村还通过相关政策积极吸引大学生、青年群体返乡创业,开展现代技术、休闲旅游服务培训,致力打造一批有文化、懂技术、会经营的新型农民队伍。值得注意的是,旅游扶贫吸引了更多的人流、物流、信息流进入各贫困村,推动当地农村产业结构的转型升级,加快各村与武汉新城区的连接步伐,城乡协同发展正在实现。

（四）优秀传统文化有效传承,乡风文明建设效果显著

各贫困村旅游扶贫规划都做到了因地制宜、量体裁衣,充分挖掘出了各村的文化特质和内核,达到了"一村一品""一村一策"的要求,走出了异质化、特色化的发展之路。如江夏区的浮山村、夏祠村正在湖泗古窑址核心地带,依托古瓷文化开展起了乡村文化旅游;蔡甸区七壕村地处沉湖湿地保护区,是武汉极佳观鸟点,凭借湿地文化走起了湿地科普教育为主导的旅游发展路子。此外,新洲区冯岗村、姚河村的茶文化、佛文化、黄陂区姚湾村的木兰文化,以及其他各贫困村涉及的农耕文化、田园文化、水产文化、红色文化等都得到了有效的挖掘、保护和传承。各村村民也在乡村旅游的发展过程中增强了本土文化的认同感、文化自信

心和乡土自豪感。

（五）基层党组织凝聚力加强，乡村治理体系得到完善

各贫困村党组织作为精准扶贫的攻坚堡垒，积极深入扶贫各项环节之中，合理利用党和政府有关旅游扶贫的政策措施，大力推动乡村旅游的发展，引领贫困群众踊跃参与到旅游产业的发展中来，带领贫困群众自力更生，克服"等、靠、要"等依赖心理，实现自主脱贫。同时，大力实施"领头雁"工程，建立了一支由回乡大学生、致富能人、退休干部为核心的乡村领导队伍，以产业能手和外出能人为骨干的"主力军"。在江夏区安山街余咀村，致富能人、身家千万的餐饮老板曾军受邀回村担任村党支部书记，带领村民共同致富。他带领着村干部加紧推进已有规划落地。目前，该村已快速流转土地千余亩，部分土地已种上果树，后期还将种植观赏树木、花卉，打造蔬菜采摘园、稻虾共作园等。村民受益良多，对村干部有信心，对余咀村的未来有信心，基层党组织的凝聚力不断加强。此外，各村旅游扶贫驻村帮扶机制不断完善：建立了职责明确的工作机构，包括由市级政府牵头，会同扶贫、旅游、发改、农业、林业、国土等各相关部门成立的旅游扶贫开发领导小组，并在各村设置了旅游扶贫开发办公室。同时还有各村旅游行业协会及村民会议和村民代表会议；为强化民主管理，切实推进各旅游项目的实施，还不断健全社会大众的参与机制，包括咨询、讨论、监督机制，乡村治理体系不断完善。

（六）主体参与机制初步形成，旅游规划项目稳步推进

从扶贫主导者来看，武汉市政府整合资源全力开展精准扶贫、精准脱贫，出台《中共武汉市委武汉市人民政府关于全力打赢精准扶贫攻坚战的决定》（武发〔2015〕8号）、《武汉市2017—2018年美丽乡村建设与奖补标准》（武农财〔2017〕13号）等文件，实施"市民下乡、能人回乡、企业兴乡"的"三乡工程"，为武汉市精准扶贫、旅游扶贫的开展指明了方向。各贫困村村民在政府的引导下，也开始认识到了发展乡村旅游的益处，参与热情日益高涨，村民回乡投身旅游创业情况增多。在江夏区光华村，大学生能人张朝回乡流转1200亩土地建起柑橘园，已吸纳42位村民及贫困户参与生产，年人均增收3万元。就旅游企业而言，在政府政策的指引扶持下，积极参与投资推进旅游项目落实。依据各贫困村村情，发展起了生态休闲游、历史文化游、赏花游等多类型旅游产品。如黄陂区蔡店街吸引企业兴乡，实施生态振兴，建设3大4A级景区助力扶贫。从旅游者来看，武汉市旅游市场正处于高速稳定增长的阶段。武汉市2018年接待国内游客2.85亿人次，同比增长10.88%；接待海外游客人数276.75万人次，同比增长10.57%；实现旅游总收入3163.11亿元，同比增长12.45%。武汉市发展旅游扶贫市场基础良好，前景明朗。政府宏观主导、市场部门联动、旅游企业配合、贫困人口参与的联动体系正在形成，旅游扶贫规划实施得以稳步推进。

（七）旅游精准扶贫模式创新，区域合作助力共赢发展

从2017年开始，武汉市连续为全市80个建档立卡贫困村进行旅游扶贫公益规划。在这个过程中，不断探索旅游精准脱贫新模式。基于贫困村大多数位于武汉周边偏远地带，远离市内核心景区，但与"1+8城市圈"兄弟城市比邻这一情况特征，传统的"景区带村、能人带户"的旅游扶贫模式已经不能满足各贫困村实际的发展需求，而是应该把握身边的机遇、依托周边城市圈发展"区域文旅合作＋景区带村、能人带户"新模式。以蔡甸区三屋台村为例，村庄自然资源丰富、生态环境良好，经过武汉市文化和旅游局的帮扶，村内水电路等基础

设施建设及村容村貌等都大为改观,已经具备依托旅游产业发展实现脱贫致富的基本条件。考虑到三屋台村紧邻仙桃市百万花海景区,开展旅游扶贫规划时初步确定了村庄依托和服务于百万花海景区,大力发展旅游精品民宿和特色农庄、农家乐的基本方向,改变以往传统的"以我为主"的思路,因地制宜地"借力"发展。接下来,武汉市文化和旅游局将进一步加强武汉和仙桃两地的旅游协作交流,在两地旅游市场开拓、百万花海景区提档升级、两地旅游标识标牌建设、景区直通车开通等方面交流协商,推进两地旅游一体化建设,共同促进旅游精准扶贫和互利共赢发展。加强与"1+8城市圈"兄弟城市合作,大力推进"区域文旅合作+景区带村、能人带户"新模式,实现文化旅游精准扶贫和区域合作共赢发展,是武汉市在旅游精准扶贫模式探索道路上的有益尝试和大胆创新。

二、武汉市旅游扶贫的长效机制

贫困具有长期和动态的特征。将旅游产业作为主导产业扶贫,如何建立长效机制从而有效实现各贫困村稳定脱贫是贯穿旅游扶贫规划各个阶段的主要问题。建立旅游扶贫的长效机制,强调要保持旅游扶贫稳定健康可持续发展,旨在能长期保证旅游扶贫各项工作正常展开运行并发挥预期功能,旅游扶贫各参与主体之间形成相互联系、相互促进的有机整体,从而促使各贫困村精准脱贫并巩固成果不再返贫。

(一)动力机制

1. 政府部门:发挥宏观主导作用,注重完善驻村帮扶机制

政府部门作为旅游扶贫的主导者,要发挥宏观调控作用,为旅游扶贫的开展创造良好的政策环境、落实财政资金支持及进行宏观的监管。此外,对于各贫困村而言,要完善驻村帮扶机制,注重激发村庄内生发展动力。发挥党员先进模范带头作用,提升村庄承接扶贫项目和资源的能力。

2. 旅游企业:实现自身发展需求,助推乡村旅游产业振兴

旅游企业作为旅游扶贫的中坚力量,是旅游扶贫工作的直接践行者和参与者,联结着旅游市场和各贫困村贫困户,包括进行旅游投资、旅游项目开发和游客输送。因此旅游企业要优化旅游产品,开发旅游市场,为贫困居民提供就业岗位、优化创业条件、提供获得资产性收益,从而助力旅游扶贫工作、推动乡村旅游产业发展。

3. 贫困人口:提升自我增值能力,积极参与乡村旅游发展

各贫困村贫困户是旅游扶贫的对象,更是扶贫的主体,因此要充分调动贫困农民的参与热情。要积极为农户进行旅游扶贫政策普及宣传,同时,根据各家各户的参与意愿与实际情况,引导各村集体和贫困人口利用资金、技术、土地、林地、房屋及农村集体资产等形式参与到乡村旅游发展中来,为其设计合理的参与机制,包括"公司+农户"模式、村集体模式、个体农庄模式、股份制模式、合作社模式等,实现精准扶贫,不落一户。

4. 旅游者:加强市场营销推广,促进稳定客源市场形成

稳定的客源市场是旅游业赖以生存和发展的基础。旅游者作为旅游市场的需求者和直接的消费者,是旅游扶贫动力机制中的重要参与者。因此,要通过节事会展营销、事件营销、媒体营销等形式,完善乡村旅游市场营销体系,进一步提高乡村旅游的影响力和美誉度,构建乡村旅游品牌,吸引更多游客前来,特别要注重武汉市中心城区市场和周边各大城市市场,以及亲子游、自驾游市场。

（二）行动机制

1. 精准识别，充分了解贫困村和贫困人口的特点

发展旅游扶贫的首要工作就是了解贫困村村情和贫困人口的类型及特点。包括各村的地理、气候、土地、地质、水资源等自然条件，产业经济结构现状、村民收入水平和生计方式、农业产业特点等经济现状，以及人口数量、交通状况、水电气路设施、社区服务等社会现状。此外，摸清各村的贫困现状及贫困人口的致贫原因。切实了解上述要素情况才能有效地展开旅游扶贫工作，才能帮扶贫困人口成为乡村旅游发展的参与者和生力军。

2. 因地制宜，寻求合适的旅游脱贫模式和路径

针对乡村资源、市场和区位交通进行详细分析，确定各贫困村旅游发展方向，如景区观光、休闲度假或是运动娱乐等，并有重点、有主次地开发相应的旅游项目。在此基础上，根据贫困户实际条件，制定贫困户可参与、可受益的旅游脱贫详细方案。

3. 稳步推进，构建乡村旅游发展程度评估体系

为了稳步有序推进各村旅游扶贫工作，实现乡村旅游可持续发展，就要构建乡村旅游发展程度评估体系，包括旅游经济指标（旅游人次、旅游收入、旅游带动就业人数等）、旅游环境指标（景观质量，废弃物处理，大气、水源、声环境质量，动植物保护等）和旅游服务指标（旅游服务设施的建设、旅游交通、游览活动、旅游安全、旅游购物、综合管理、游客满意度等），通过以上指标对各贫困村旅游发展情况进行检验评价，促使各村能够发现差距和问题，并不断加以改进和完善，促进乡村旅游健康可持续发展。

（三）保障机制

1. 资金支持，落实财政资金引导社会资本投入

充分发挥财政资金的引导作用，用好、用足、用活国家政策，积极申请与乡村旅游工程相关的补助资金，不断改善各贫困村的旅游公共服务基础设施。科学整合各种项目资金侧重于乡村旅游开发，因地制宜地选取项目，建立资金"绿色通道"。积极吸引社会资本投入乡村旅游开发工作。加大对贫困户和乡村旅游产业的信贷支持力度，引导各界组织为乡村旅游发展提供资金，最大限度地解决乡村旅游资金难题。

2. 引智扶智，建立旅游人才分级分类培训机制

邀请高校教授、旅游业界领军人物、一线旅游工作管理者等旅游专家针对不同的培训对象，因材施教开展分级分类培训：对各贫困村村干部和旅游扶贫带头人开展旅游扶贫政策解读、产品建设与宣传营销、协会建设等专题业务培训；对乡村旅游经营户进行餐饮、住宿、休闲娱乐、导游讲解、菜品开发等旅游接待服务实用技能培训；对普通农户提供本地风土人情和民俗文化相关旅游基础知识和职业道德教育普及培训。同时，通过"三乡工程"引智到乡，不断提升乡村旅游从业人员队伍的综合素质，为乡村旅游发展提供智力支持。

3. 规划落实，完善旅游扶贫监督执纪问责机制

武汉市文化和旅游局与各区政府应负责监督旅游扶贫的整体推进情况和工作进度，并进行问题解决；村党支部和村委会应监督旅游扶贫的日常事务处理进度和特殊情况、资金和物质的合理使用；广大村民应监督工作人员的工作效率和不合规行为。实现旅游扶贫各要素自我监督和相互间的规范。同时，对各旅游扶贫工作责任主体分别明确问责情形，中共武汉市纪律检查委员会和武汉市监察委员会对督查中发现的问题依法依规严肃处理。

4. "扶上马再送一程",持续推进后续政策支持保障

要提高扶贫开发工作的稳定性,构建有利于稳定脱贫的制度环境。继续贯彻落实中央"摘帽不减政策"的工作要求,在贫困村出列、贫困人口脱贫之后,按照标准不降、政策不变、措施不减、联系不断的工作要求,"扶上马再送一程"。继续有效落实精准扶贫、精准脱贫各项政策,确保扶贫政策和扶贫模式的稳定性和连续性。

三、武汉市旅游扶贫的启示

(一)坚持六大发展理念指导规划编制

武汉市旅游扶贫规划的编制始终坚持以乡村振兴、生态保护、文化特色、产业融合、协调发展、"多规合一"六大理念为指导。其中,以乡村振兴理念为核心点,打造"一村一品,一村一策"工程,调整农村产业结构,增加农民收入,改善农民生活水平,走中国特色扶贫减贫之路;以生态保护理念为着力点,在旅游开发的过程中始终秉持"生态保护"的理念,坚决杜绝和避免一切破坏生态环境的旅游开发行为,实现农村区域的健康可持续发展;以文化特色理念为支撑点,在项目创意、产品开发和环境优化等方面始终贯彻文化特色理念,开发具有当地农耕文化和生态文化特色的,可供游客体验、寻乐、觅趣的产品项目,满足不同年龄阶层游客的文化参与感和体验度;以产业融合理念为基准点,充分发挥"旅游+"的辐射作用,延伸旅游产业链条;以协调发展理念为落脚点,促进各村、各旅游分区的均衡发展;以"多规合一"的规划理念为根本点,推进规划区经济社会发展、城乡建设、土地利用、生态环境保护等规划"多规合一"。正是在这六大发展理念的指导下,武汉市的旅游扶贫规划才能与乡村建设的要求更加契合。

(二)建立实施的动力与保障长效机制

旅游扶贫规划能够取得如此显著的成效,离不开规划中所建立的实施动力与保障长效机制。一方面,建立长效的实施动力机制是推动旅游扶贫规划落地及后期规划完善调整的重要方法。同时,动力机制还是旅游项目管理成功的重要保证。由于项目的实施过程是由多主体参与的,只有保持各方关系合理,才能形成合力促进旅游项目稳定实施。另一方面,由于旅游扶贫规划的实施是一个长期的过程,它并不可能一蹴而就。为了确保整个过程的平稳运行必须形成一个集监督、管理、防范及评估于一体的保障体系。

(三)注重规划间有效链接与有机统一

武汉市的旅游扶贫规划在编制的过程中十分注意地区规划之间及与上位规划的有效衔接。因为任何规划都不能在脱离相关规划基础上进行编制,尤其是旅游扶贫规划。旅游扶贫是一个涉及农业、林业、交通、文化产业、商业等多个领域的工程,编制规划时应考虑相关法律法规、政策、技术标准和重要文件、文献、上位规划等相关的资料,以及与旅游相关的国家专业通则和标准。只有建立在多规融合的基础上,旅游扶贫规划才能有效推进乡村产业的融合发展,特色项目才有可能落地生根。

(四)充分发挥旅游规划战略引领作用

规划是未来旅游扶贫工作开展的重要指导性文件,它能够为每一个贫困村确定旅游发展的思路与主题形象、合理进行功能区域划分与旅游项目的布局,同时也能够为旅游配套设施、运营管理及环境美化与保护等提供依据,以避免扶贫过程中的盲目开发。因此,武汉市

在推进旅游扶贫工程的过程中始终坚持发挥旅游规划战略引领的作用,十分重视贫困村旅游扶贫规划的编制。为此还积极响应了省里的"旅翼"旅游扶贫工程,开展了三年的旅游规划扶贫公益行动,为整村推进脱贫做出重要的贡献。

第四节 旅游扶贫规划经验总结

在理论研究方面,国外旅游扶贫的研究视野较为开阔,不仅关注旅游目的地的发展,而且还经常从整个国家乃至国际的层面展开研究。研究内容涉猎广泛,不仅研究旅游与经济层面的内容,而且还从政治、文化、社会、环境、系统、心理等多角度深入看待旅游与扶贫之间的关系。尤其是国外的研究经常围绕政府、非政府组织、企业等私人部门及贫困人口本身对消除贫困问题的影响进行研究。在旅游扶贫实践方面,无论是发达国家还是发展中国家,都十分强调制度保障与专项管理,重视环境保护的重要性,善于发挥政府在扶贫过程中的作用。更值得一提的是,国外大部分的旅游扶贫都有非政府组织的参与,可见非政府组织在国外旅游扶贫中的重要性。

国内早期的旅游扶贫研究基本上是围绕着如何实现地区经济增长来进行研究的,无论是研究观点还是内容都具有一定的固化思维。加上对旅游扶贫缺乏正确的认识,我国早期的旅游扶贫规划常常偏离"扶贫"的重心,导致贫困地区旅游发展不可持续,贫困问题也未能解决。而随着对旅游扶贫研究的不断深入及对国内旅游扶贫的实践总结,旅游扶贫研究内容、方法及形式等都越来越多样化并开始形成一定的理论体系。在正确理论的指导下,我国的旅游扶贫规划逐渐开始取得一些值得借鉴的经验,越来越多成功的扶贫模式、样板工程出现。但相对来说,国内旅游扶贫的研究还可以涉猎更广阔的范围,这对未来旅游巩固脱贫、扶持深度贫困规划来说具有重要的意义。如对旅游扶贫案例进行跟踪研究。虽然当前已有很多的案例研究,但这些都是针对一定时间所进行的论证与分析。在某个时间段得出的结论不一定满足它长期的发展规律,这需要稳定且持续的跟踪才能够完全了解其完整的发展规律,确定某种规划方式是否真正适用地方脱贫。除此之外,还要重视对非政府组织的研究。非政府组织对于旅游扶贫具有不可替代的作用,它可以作为政府与贫困人口之间的桥梁,一方面可弥补政府职能的不足之处,另一方面又可以代表贫困人口与政府进行协商,更好地落实扶贫政策。

虽然对于旅游扶贫理论与实践的研究还有很多不足之处,但综合国内外旅游扶贫理论的研究及开发实践,仍然可以总结出一些关于贫困村旅游扶贫规划的值得借鉴的经验。

一、正确理解旅游扶贫理论

所有的规划都有理论,理论是规划编制的指导思想,偏离事实规律或者本身就是错误的理论都有可能导致规划的不易操作甚至本身就是无效的。正因为如此,才会有学者源源不断地进行有关旅游扶贫理论的深入与创新研究,以期为实际应用进行正确的指导。王铁(2008)就曾指出,当前我国旅游扶贫规划出现的偏离重心的问题的原因就在于旅游扶贫的理论前提存在偏差,地方政府旅游扶贫出发点存在错误。① 因此,在进行旅游扶贫规划之前

---

① 王铁.规划而非开发——对旅游扶贫规划中的几个问题的探讨[J].旅游学刊,2008(9).

要深入理解旅游扶贫的理论,进行经验交流,才能在编制旅游扶贫规划时更好地防范与规避风险。

二、立足实际进行深入调研

造成贫困的原因多种多样,因此,在编制旅游扶贫规划之前,必须深入贫困地区了解其贫困情况、发展需求及资源状况。然后根据贫困村的致贫原因、资源类型等,挖掘地方特色并在此基础上进行创新,打造出属于当地独一无二的旅游产品,形成旅游品牌,创造贫困地区的核心吸引力。与此同时,规划适合该地区的旅游业态,设计适宜的旅游项目,制定有效的脱贫保障机制。

三、强调贫困人口参与程度

国内外的旅游扶贫实施都十分强调贫困人口的参与。PPT模式就是旨在通过促进旅游的发展来帮助贫困人口脱贫。而我国在精准扶贫时期的旅游扶贫同样要求帮扶对象的识别要精准,使得旅游扶贫更具有指向性和针对性,切实帮助真正贫困的人口实现脱贫致富。科学的旅游精准扶贫是一个动态变化的过程,需要针对不同的贫困状态,灵活地采取不同的扶贫手段,如此才能达到精准扶贫、精准脱贫的目标。

四、践行生态环境保护理念

各个地区的旅游扶贫实施经验说明,不恰当的旅游扶贫方式会破坏地方的生态环境,不应该牺牲自然环境来实现经济增长并消除贫困。在对贫困地区进行旅游扶贫时,要以经济效益为核心,但与此同时,更应该注重旅游开发的环境效益。贫困地区本身因为较为偏远等原因,历史、文化、生态等资源保存较好,具有更高的价值,所以在进行旅游扶贫时,一定要坚持绿色发展观并加强政府管理引导,尽可能地减小对旅游资源的破坏,实现乡村旅游的可持续发展,让各贫困村既有"绿水青山"的"颜值",又有"金山银山"的价值。

五、加强乡村基础设施建设

基础设施是旅游扶贫的基础,直接关乎贫困村的旅游产业能否长久发展,因此必须完善基础配套设施,改善乡村区域生活环境,提升贫困地区的可进入性。泰国、老挝等国家在发展旅游时就十分重视交通设施的建设,每年都会对基础设施尤其是交通设施进行投资。我国在《国务院关于促进旅游业改革发展的若干意见》中也强调要统筹利用惠农资金,加强卫生、环保、道路等基础设施建设,完善乡村旅游服务体系。

六、发挥旅游产业带动功能

实践经验表明,单一的旅游扶贫业态效果不佳,应当多种业态共同发展。旅游产业具有强大的带动功能,通过"旅游+"的形式可以推动乡村农业(牧业)、林业、手工业等产业的发展,不仅能够帮助贫困户获得旅游收入,而且还能增加贫困户其他的收入来源。同时,丰富的旅游业态能够满足不同游客的需求,也可以保证贫困村有稳定的客源。

七、改革创新地方管理机制

无论是国外还是国内的贫困村,在进行旅游扶贫时都需要完善或者创新保障机制,才能够有效落实旅游扶贫工作，监督旅游扶贫工作的开展。如美国为实施旅游扶贫就撤销原有的国家旅游局，设旅游产业功能组进行专项管理。武汉市在实施旅游扶贫时，就非常注重建立旅游扶贫的长效机制，以长期保证旅游扶贫各项工作的正常开展、运行并发挥预期功能。

八、重视区域旅游扶贫合作

区域之间的旅游资源在空间分布上存在着差异，分散独立的开发难以形成集聚效应。通过区域合作既可以实现资源共享，降低开发成本，还可以提高整体实力，实现互利共赢。我国的旅游城镇带动型模式与泰国、老挝和邻国形成的大湄公河次区域合作都说明了可以通过区域之间的旅游合作来实现消除贫困的目标。因此，在进行旅游扶贫规划时，也可以充分考虑贫困村周围村落的旅游或经济发展情况。如果符合条件，也可考虑进行区域合作以发展集聚效应，提高贫困村旅游扶贫的效果。

九、需要多元主体广泛参与

旅游扶贫不仅仅需要政府的力量，也需要社区、企业、各类组织的广泛参与。因为单一主体的拉动实质上很难推动旅游扶贫规划的实施，也就不可能实现脱贫的目标。而多主体的参与又会涉及利益分配的问题，因而在进行旅游扶贫规划时既要考虑多主体参与，也要制定多主体之间的利益协调与分配机制，以规范和引导不同的利益群体，避免各主体之间产生利益矛盾。

第二章
武汉市贫困村旅游扶贫规划基础

武汉市作为湖北省省会,是我国中部地区唯一的副省级市和特大城市,地理区位优越、交通发达,素有"九省通衢"之称,是我国内陆最大的水陆空交通枢纽和长江中游航运中心。同时,武汉市历史文化资源丰富,拥有名胜古迹339处、革命纪念地103处,有282处国家级、省级、市级重点文物保护单位。正因为具有浓郁的楚文化特色的人文景观,1999年武汉市被评为首批中国优秀旅游城市。截至2018年年末,武汉市共有国家A级旅游景区46个,其中5A级3个,4A级19个,3A级24个。虽然武汉市近年来经济增长显著,城市经济发展迅速,但据2015年摸底数据显示,武汉市共有建档立卡贫困人口86115人,贫困村271个,贫困问题仍然存在。由于武汉市具有良好的旅游发展基础,因此可利用该优势大力发展乡村旅游消除贫困,进而巩固提升。

第一节 武汉市贫困村分布

图2-1 武汉市主城区—远城区分布

武汉市的贫困村主要分布在黄陂、新洲、江夏和蔡甸区。从空间分布上来看,这四个区域均属于武汉市的远城区,离武汉市行政中心、商业中心、金融中心、文化中心等都较远(见图2-1)。

从发展时间来看,黄陂、新洲、江夏和蔡甸过去都是武汉市郊县,分别在1998年、1998年、1995年、1992年撤县设区,才正式纳入城市化管理范围。从历史文化来看,这四个区域中有非常多的革命老区街(乡、镇)。综合以上原因,武汉市的271个贫困村主要集中在这四个区域的22个革命老区街(乡、镇),具体分布如表2-1所示。

表 2-1 武汉市贫困村数量及分布情况表

区	街道	数量	村 名
黄陂区（88）	蔡店街	12	泉水店村 郭河村 源泉村 陈冲村 长生村 姚老屋村 骆田村 李文三村 五四村 赵店村 港口村 李谷堡村
	姚集街	12	乐河村 邓咀村 淳河村 崇杰村 大屋畈村 青联村 八里村 牌楼村 石屋山村 寨东村 长冲村 双河村
	长岭街	10	韩畈村 创造村 大屋岗村 虎桥村 竹园村 桃园河村 赵畈村 羊角山村 仙河店村 狮子山村
	木兰乡	12	桥店村 磨盘村 柳畈村 王湾村 七里冲村 甲山村 白石庙村 富家寨村 同兴集村 旋峰寺村 马鞍寨村 姚湾村
黄陂区（88）	王家河街	10	青云村 李寨村 万寿寺村 涝溪河村 唐保社村 大陂村 大雨尖村 应咀村 龙泉村 高炉钱村
	蔡榨街	10	桥头村 官河村 芝麻岭村 杨九河村 水口寺村 凤凰寨村 团山村 大屋畈村 博士湾村 何湾村
	罗汉街	10	伏东村 伏西村 北新村 水口村 钟岗村 新建村 皇庙村 坦皮村 桥李村 沈黄村
	李集街	12	上古寺村 大简湾村 驻程岗村 大黄湾村 冯家河村 铁江湾村 金银岗村 旗杆熊村 六家砦村 大邱湾村 东门砦村 徐家岗村
新洲区（88）	仓埠街	15	上店村 上岗村 陶岗村 高陈村 胡彰村 丛林村 林埠村 凉亭村 蔡教村 南湖村 前岗村 叶岗村 福临村 金岗村 盛咀村
	李集街	11	卫星村 春光村 建群村 八屋村 建新村 何程村 团强村 刘溪村 胡田村 潮泥村 吴太村
	凤凰镇	5	陈田村 郭岗村 毛冲村 四屋村 刘湾村
	三店街	17	董椿村 竹园村 宋渡村 东门村 杨岗村 李明村 曹岗村 栾岗村 施阳村 长塘村 徐贵村 石河村 黄岗村 杨湾村 蔡河村 李畈村 院墙村
	潘塘街	7	七湾村 管寨村 汉楼村 谢畈村 姜墩村 易河村 曾岗村
	徐古镇	8	万岗村 乌钵窑村 谢店村 桃花寨 雷术村 琵琶垴村 将军山村 长岗山村
	旧街街道	15	新集村 曹井村 三河口 寨岗村 熊畈村 曾畈村 狮子岩 栗树山 莲花塘 戴湾村 石咀村 姚河村 旧街村 左河村 汉子山村
	辛冲镇	10	胡仁村 龙岗村 浏湖村 三合村 邢榨村 绿山村 高桥村 上塘村 铁河村 蔡咀村
江夏区（49）	山坡街	23	光华村 元丰村 五星村 群星村 群力村 丰收村 红星村 跃进村 向阳二村 大咀村 光辉村 大咀渔业村 绿化村 湖岭村 胜丰村 官南村 陈六村 新华村 贺站村 建国村 建设村 红旗村 保福祠村（梁子湖风景区）
	湖泗街	14	夏祠村 官堤村 浮山村 官山叶村 王通村 大屋陈村 邬桥村 均堡村 何堰村 肖家垱村 山城村 南山村 科农村 海洋村
	舒安街	12	彭塘村 五里墩村 嗣孟村 贡如村 瓦窑村 何桥村 王班村 分水村 合力村 官山村 祝庙村 八秀村

续表

区	街道	数量	村 名
蔡甸区（46）	消泗乡	12	港洲村 汉洪村 渔樵村 罗汉村 九沟村 挖沟村 洪南村 曲口村 七壕村 三合村 洪河村 杨庄村
	张湾街	12	四红村 新集场村 白马山村 雄岭村 禾稼村 刘集村 练武村 八大村 上游村 新河村 红星村 徐尹邓村
	侏儒街	22	东山村 马赛村 余门村 百宝村 匡湾村 中刘村 高灯村 榨坊村 中湾村 金鸡村 土东村 铁炉村 胜洪村 周门村 五姓口村 新帮村 镇宁堡村 群力村 国光村 群丰村 三屋台村 四百弓村
总计			271

第二节 武汉市贫困村旅游资源分布特点

一、武汉市旅游资源类型

根据国家标准《旅游资源分类、调查与评价》(GB/T 18972-2017)的有关规定,对武汉市旅游资源按照主类、亚类、基本类型的层次进行分类,通过普查统计,武汉市旅游资源共涉及8个主类、19个亚类,共计至少322个资源单体(表2-2)。

表2-2 武汉市旅游资源分类情况

主 类	亚 类	基本 类型	主要旅游资源单体
A 地文景观	AA 自然景观综合体	AAA 山丘型景观	乌梅山、九真山、嵩阳山、梅子山、凤凰山、木兰山、云雾山
	AC 地表形态	ACE 奇特与象形山石	木兰古门
B 水域景观	BA 河系	BAA 游憩河段	长江武汉段、汉江武汉段、索河、泾河、漳水河、南岸嘴、道观河风景区
	BB 湖沼	BBA 游憩湖区	东湖、月湖、墨水湖、龙阳湖、莲花湖、南太子湖、琴断口小河、南湖、汤逊湖、沙湖、严西湖、木兰湖、木兰天池、梁子湖风景区、少潭河、知音湖、大茶湖、水果湖、菱角湖、后襄河等76个游憩湖区
		BBC 湿地	涨渡湖湿地自然保护区、沉湖湿地自然保护区、武湖湿地自然保护区、上涉湖湿地自然保护区、草湖湿地自然保护区、金银湖湿地公园、杜公湖湿地公园、府河湿地保护区、东湖湿地公园、后官湖湿地公园、藏龙岛湿地公园
	BE 海面	BEC 小型岛礁	天兴洲、宋渡岛

续表

主 类	亚 类	基本类型	主要旅游资源单体
C 生物景观	CA 植被景观	CAA 林地	武汉九峰山国家森林公园、素山寺森林公园、武汉将军山国家森林公园、青龙山森林公园、马鞍山森林公园、武汉九真山国家森林公园
		CAB 独树与丛树	汉阳树
		CAC 草地	木兰草原
		CAD 花卉地	武汉大学樱花大道、东湖梅园、东湖樱园、东湖牡丹园、东湖荷花、汉口江滩芦苇花、木兰云雾山杜鹃花海、木兰天池杏花、锦里沟樱花、清凉寨中华樱花、青山公园杜鹃花、江夏两湖八景、蔡甸消泗乡油菜花海
	CB 野生动物栖息地	CBA 水生动物栖息地 CBB 陆地动物栖息地 CBC 鸟类栖息地	涨渡湖湿地自然保护区、沉湖湿地自然保护区、府河湿地保护区、后官湖湿地公园
D 天象与气候景观	DA 天象景观	DAA 太空景象观赏地	清凉寨星空露营地、梁子湖日出日落
		DAB 地表光现象	武汉长江灯光秀
	DB 天气与气候现象	DBA 云雾多发区	云雾山
		DBC 物候景象	花卉苗木种植四季景观
E 建筑与设施	EA 人文景观综合体	EAA 社会与商贸活动场所	汉正街商圈、江汉路商圈、武汉广场商圈、中南路商圈、光谷商圈、徐东商圈、王家湾商圈
		EAB 军事遗址与古战场	江岸区八七会议会址纪念馆、武昌区毛泽东旧居、武昌区中央农民运动讲习所旧址纪念馆、武昌区辛亥革命武昌起义纪念馆、首义广场、江夏区中山舰纪念馆、武汉革命博物馆、中共五大会址纪念馆、中共中央军委办事处旧址、中央军事政治学校旧址、中共中央机关旧址纪念馆、八路军武汉办事处旧址纪念馆、汉口新四军军部旧址纪念馆、木兰山风洞革命活动旧址、上甘岭特功八连纪念馆、姚家山新四军第五师司政机关旧址、武汉二七纪念馆、苏联空军志愿队烈士墓、警予烈士陈列馆（警予中学）、汉阳红色战士公墓
		EAC 教学科研实验场所	武汉大学、华中科技大学、华中师范大学、武汉理工大学、中国地质大学（武汉）、中南财经政法大学、华中农业大学、中南民族大学等高校以及湖北省社科院、湖北省农科院、中科院武汉植物园等科研机构

续表

主　类	亚　类	基本类型	主要旅游资源单体
E 建筑与设施	EA 人文景观综合体	EAD 建设工程与生产地	武汉开发区（汉南区）
		EAE 文化活动场所	湖北省博物馆、湖北省美术馆、江汉关博物馆、武汉科技馆、武汉博物馆、武汉美术馆、武汉大学万林艺术博物馆、中国地质大学逸夫博物馆
		EAF 康体游乐休闲度假地	武汉欢乐谷、武汉玛雅海滩水公园、金银湖高尔夫俱乐部、梁子湖龙湾度假村
		EAG 宗教与祭祀活动场所	归元寺、宝通寺、古德寺、景德寺、卓刀泉寺、莲溪寺、灵泉寺、龙王庙、长春观、柏泉天主教堂
		EAH 交通运输场站	武汉天河机场、武汉站、武昌火车站、汉口火车站、武汉轮渡码头、武汉金家墩客运站、宏基长途汽车客运站
		EAI 纪念地与纪念活动场所	武昌区毛泽东旧居、宋庆龄故居、警予烈士陈列馆（警予中学）
	EB 实用建筑与核心设施	EBA 特色街区	户部巷、吉庆街、楚河汉街、光谷步行街、汉口里、昙华林、黎黄陂路
		EBB 特性屋舍	大余湾、锦里沟土家风情谷、石门古镇、江汉路民国建筑群
		EBD 独立场、所	汉秀剧场、琴台大剧院、湖北省奥体中心、光谷国际网球中心
		EBE 桥梁	武汉长江大桥、武汉长江二桥、鹦鹉洲长江大桥、天兴洲长江大桥、二七长江大桥、月湖桥、晴川桥、古田桥等
		EBH 港口、渡口与码头	武汉港、汉口港、武汉新港、沌口港、阳逻武汉新港等
		EBI 洞窟	白云洞
		EBJ 陵墓	苏联空军志愿队烈士墓、汉阳红色战士公墓
		EBK 景观农田	江夏区五里界生态农庄群
		EBM 景观林场	马鞍山森林公园、武汉九峰山国家森林公园、黄陂木兰山林场
		EBN 景观养殖场	黄陂区木兰养殖场、江夏孔雀养殖地
		EBO 特色店铺	蔡林记、老通城、四季美、汪玉霞
		EBP 特色市场	武汉花鸟市场、徐东古玩城

续表

主类	亚类	基本类型	主要旅游资源单体
E 建筑与设施	EC 景观与小品建筑	ECA 形象标志物	大江大湖大武汉、武汉,每天不一样
		ECB 观景点	汉口江滩、武昌江滩、东湖放鹰台
		ECC 亭、台、楼、阁	黄鹤楼、晴川阁、武汉园博园
		ECD 书画作	湖北美术馆藏品系列
		ECE 雕塑	吉庆街风情雕塑群
		ECF 碑碣、碑林、经幢	黄鹤楼公园古碑廊
		ECG 牌坊牌楼、影壁	国立武汉大学牌坊
		ECH 门廊、廊道	梁湖画廊
		ECI 塔形建筑	龟山电视塔
		ECJ 景观步道、甬路	汉口江滩、武昌江滩
		ECK 花草坪	武昌洪山广场、汉口中山公园
		ECL 水井	柏泉古井
		ECM 喷泉	武汉首义广场喷泉
F 历史遗迹	FA 物质类文化遗存	FAA 建筑遗迹	江汉路民国建筑群、梁子湖古瓷窑址群、红色旅游建筑遗址群
		FAB 可移动文物	曾侯乙编钟、越王勾践剑、云梦睡虎地秦简等武汉市各大博物馆藏品
	FB 非物质文化遗存	FBA 民间文学艺术	池莉作品集(《汉口情景》等)
		FBB 地方习俗	"过早"饮食习俗
		FBD 传统演艺	知音号体验剧、赛龙舟、放龙灯、唱京剧、划莲船
		FBE 传统医药	马应龙
		FBF 传统体育赛事	武汉马拉松、武汉渡江节、武汉网球公开赛、龙舟赛
G 旅游购品	GA 农业产品	GAA 种植业产品及制品	洪山菜薹、泥蒿、莲藕
		GAC 畜牧业产品与制品	新农牛肉
		GAD 水产品及制品	甲鱼、梁子湖大闸蟹、武昌鱼、红尾刁子鱼、小龙虾、汤逊湖鱼丸
		GAE 养殖业产品与制品	五里界粉蒸肉、黄陂三鲜
	GB 工业产品	GBA 日用工业品	荷嫂牌洗涤产品
	GC 手工工艺品	GCB 织品、染织	扎染制品、汉绣
		GCG 纸艺与灯艺	剪纸
		GCH 画作	指画

主 类	亚 类	基 本 类 型	主要旅游资源单体
H 人文活动	HA 人事活动记录	HAA 地方人物	毛泽东、宋庆龄、黎元洪、董必武、张之洞、项英、陈潭秋、李先念等
		HAB 地方事件	武昌起义、举办第七届世界军人运动会
	HB 岁时节令	HBA 宗教活动与庙会	大年初五归元寺拜财神、汉口里庙会
		HBC 现代节庆	武汉渡江节、武汉国际杂技节、武汉国际旅游节、武汉乡村旅游节、武汉草莓音乐节、木兰文化旅游节、花朝节
总计	19个	70	322

二、贫困村旅游资源分布特点

（一）贫困村旅游资源以自然资源为主

从武汉市整个旅游资源的类型分布来看，人文旅游资源主要集中在市区，而自然旅游资源包括地文景观、水域景观、生物景观、天象与气候景观，主要集中在四个远城区，尤其是分布在这些贫困村中或是附近。除此之外，许多贫困村由于开发较晚，一些特色建筑和传统文化保存得较为完善，因此也具有一定的人文旅游资源。

（二）贫困村旅游资源地域组合良好

虽然从整体上来看，贫困村的旅游资源基本上以自然资源为主，但由于每个区域的地势地貌、水域分布、历史文化等不一样，各区域的贫困村及同区域内的村与村之间的旅游资源展现形式上还是存在着很大的差异。因此，武汉市贫困村可以进行不同类型的旅游资源组合，扩大其旅游影响力。

第三节　武汉市贫困村旅游扶贫潜力

在精准扶贫的背景下，乡村旅游有了新的发展契机，乡村旅游也成为推动乡村精准扶贫发展的重要实现路径。分布在黄陂区、蔡甸区、江夏区、新洲区的贫困村是武汉市扶贫工作的要点难点，但同时也是旅游资源较为富集的地区，发展乡村旅游进行精准扶贫，潜力巨大。依据各村旅游资源特点，进行旅游发展规划，成为促进各村招商引资、创新发展，实现以旅游发展带动贫困村扶贫富民从而实现乡村振兴的"金钥匙"。

一、政策优势

2011年乡村旅游开发扶贫被纳入我国政府发展报告《中国农村扶贫开发纲要（2011—2020年）》中，这为乡村旅游与农村扶贫搭建了政策桥梁。此后，从2015年至今，国务院、国家旅游局（现文化和旅游部）、国家发展和改革委员会、国土资源部等部门陆续发布或联合发布了一系列的政策，诸如《中共中央国务院关于实施乡村振兴战略的意见》（中发〔2018〕1号）、《关于进一步做好当前旅游扶贫工作的通知》（旅发〔2018〕27号）、《国务院关于印发全国农业现代化规划（2016—2020年）的通知》（国发〔2016〕58号）等文件，这些文件涵盖了乡村旅游、休闲农业等诸多方面，为乡村扶贫旅游提供了支持和保障。

湖北省级各相关部门，武汉市级各相关部门也积极响应国家号召。《湖北省旅游业发展"十三五"规划纲要》要求"努力把旅游业建设成为湖北省战略性支柱产业，充分发挥旅游业在扩内需、稳增长、增就业、减贫困、惠民生中的积极作用"，"围绕建设旅游支柱产业，进一步加大政策扶持力度，建立和完善系列政策措施"。《湖北旅游扶贫新十大行动》中指出要"持续推进旅游与农业、文化等产业的全面深度融合，支持深度贫困地区旅游产品培育。力争到2020年，深度贫困区的旅游扶贫重点村基本建成完整的旅游产业体系，初步形成区域性的乡村旅游目的地"。自提出旅游扶贫以来，湖北省已综合投入累计超过60亿元，培育完善了旅游公益扶贫等诸项旅游扶贫机制。[①] 不仅开展了湖北省休闲农业与乡村旅游产业扶贫示范区的创建活动、出台了休闲农业与乡村旅游扶贫示范区的标准，还实施了"百千万"旅游扶贫工程，即百村旅游规划公益扶贫、百企结对帮扶、千人教育培训、万名旅游创客。目前，已形成省级的支持政策文件包括《中共湖北省委湖北省人民政府关于全力推进精准扶贫精准脱贫的决定》（鄂发〔2015〕19号）、《省人民政府办公厅关于进一步促进农产品加工业发展的意见》（鄂政办发〔2017〕62号）、《关于支持深度贫困地区旅游扶贫行动方案》（鄂扶组发〔2017〕24号）等。已形成的市级支持政策文件有《武汉市推进农产品加工业发展办法》（武政规〔2017〕18号）、《武汉市2017—2018年美丽乡村建设与奖补标准》（武农财〔2017〕13号）、《武汉市旅游名镇名村和特色街区创建实施方案》（武政办发〔2009〕128号）等。

国家和地方大力推进旅游扶贫，扶贫政策导向向乡村旅游扶贫倾斜，这些政策无疑对旅游扶贫具有引导和推动作用，助推乡村旅游业的加快发展和实现农民的增收致富。

二、产业优势

2017年中央一号文指出要发展农村新产业新业态、推进农村第一、第二、第三产融合发展。同时，十九大报告所提出实施乡村振兴战略，要坚持农业农村优先发展。乡村产业发展大有可为。武汉市位于湖北省东部、长江与汉水交汇处，地处鄂东南丘陵经江汉平原东缘向大别山南麓低山丘陵过渡地区，中间低平，南北丘陵、岗垄环抱，北部低山林立。属北亚热带季风性（湿润）气候，具有常年雨量丰沛、热量充足、雨热同季、光热同季、冬冷夏热、四季分明等特点。境内江河纵横、湖港交织，形成湖沼水网。优越的地理气候环境让武汉具有良好的生态资源基底。

得益于此，各区贫困村都具备一定的农业产业基础，发展种植业（包括果蔬种植、茶树种植、花卉苗木种植等）和水产养殖业（包括鱼虾蟹养殖等）是贫困村比较普遍的增收模式。为今后采用"旅游＋""生态＋"的思维和模式，推动农业、农产品加工、旅游、文创、教育、康养、体育、商贸、房地产等产业进行融合，促使第一、第二、第三产业在旅游发展中相互关联、形成链条、融合发展，拓展农业原有的研发、生产、加工、销售产业链，以产业发展带动农民脱贫致富创造了良好的条件。

---

① 李伟，罗鑫.湖北旅游扶贫投入超60亿多地成"景区带村"示范[EB/OL]. http://www.china.com.cn/travel/txt/2016-09/07/content_39250141.htm,2016-09-07.

三、资源优势

根据各贫困村旅游资源调查结果发现,贫困村普遍资源类型多样,涵盖类型广。兼具地文、水域、生物等自然景观和建筑、历史遗迹、节事活动等人文景观。同时,各村又各有其特点和侧重点。虽然知名度和影响力有所欠缺,但是优美的田园风光和独特的农耕文化使得贫困村旅游资源具有一定的观赏游憩使用价值和历史文化科学艺术价值。总而言之,各村较为良好的资源组合为旅游发展奠定了基础。

四、区位优势

(一)地理区位

武汉是我国经济地理中心,拥有得天独厚的地理优势。由于其位于长江与汉水两江交汇处,凭借其四通八达的水陆交通条件,自古就有"货到汉口活"的说法。以武汉为中心向外辐射,方圆1200千米的范围内涵盖了全国70个大中城市,其中包括25个省会城。

(二)交通区位

武汉市是长江水道与京广铁路的交汇点,借助其临港、临空及四通八达的铁路网的区位优势,武汉市一直致力于构建成为我国中部的国际交通枢纽、华中地区物流的运营枢纽和管理中心。目前,武汉已拥有天河国际机场,武汉、武昌、汉口三大火车站,武汉港等交通基础设施,多条公路干道穿越境内,是中国内陆最大的水陆空交通枢纽。依赖于这得天独厚的交通运输优势,贫困村可借助各所在区内便利的交通网络实现旅游区与武汉中心城区的快速连接,进而辐射整个华中地区乃至全国。未来如能实现地铁线路的无缝对接,完善和提升贫困村与各所在区内其他旅游目的地内部交通的有机连接,形成多条环线,方便游客进出,吸引企业投资,将会为贫困村的旅游业发展带来显著的效益。

(三)旅游区位

近年来,武汉市加大对多元化旅游项目的投资,旅游产品种类丰富,产业结构得到有效优化。同时,通过创建旅游标准化试点城市和智慧旅游试点城市,武汉市城市景观不断得到美化,城市休闲功能不断得到提升,旅游公共服务体系不断得到健全,城市旅游形象传播深入人心,已成为中部地区最大的城市旅游目的地。

五、市场需求

(一)我国乡村旅游市场

随着我国居民生活水平的不断提高,乡村旅游也得到迅速扩张。2013年我国乡村旅游人数就已增长到10亿人。2015年我国休闲农业与乡村旅游人数突破20亿人大关,达到22亿人。截至2018年,我国乡村旅游总接待人数达到30亿,占国内游客接待人次的54.2%。营业总收入超8000亿元,占国内旅游总收入的13.4%。同时,截至2018年,全国共有10万个村开展休闲农业与乡村旅游活动,休闲农业与乡村旅游经营单位达300多万家。另外还有全国休闲农业和乡村旅游示范县(市/区)共388个、中国美丽休闲乡村710个。乡村旅游业正在逐渐成为旅游业发展新势力。

（二）湖北省旅游市场

自 2016 年出台《湖北省乡村旅游发展规划（2016—2025）》以来，湖北省一直朝着建设全国著名复合型乡村旅游目的地，打造长江经济带乡村旅游集散地而努力。据统计，截至 2017 年，湖北省乡村旅游接待游客近 8000 万人次，收入达到 320 亿元，全省县级以上休闲农业示范点达到 5600 多家。同时，2017 年湖北省全省接待旅游者 6.39 亿人次，实现旅游总收入 5514 亿元，首次突破 5000 亿元大关，居中部第一。当前，湖北省人均出游次数已达 3.9 次，人均旅游消费从 2011 年的 411 元增至 2017 年的 877 元，旅游已经成为人民生活中的必不可少的一部分，旅游市场规模正在不断扩大。

（三）武汉市旅游市场

武汉市旅游业发展迅速，在过去的几年里着力推进项目建设，注重旅游精品打造，推动产业融合发展，打造丰富旅游业态，旅游营销走出新路，城市形象显著提高。2017 年接待游客量达到 250 万人次，旅游外汇收入达到 17 亿美元，旅游总收入达到 2811 亿元，接待国内旅游者 2.6 亿人次，从各项数据中可以看出武汉市旅游业正处于高速增长的阶段。同时，武汉"1＋8 城市圈"也正在持续推动乡村旅游的发展，现在成熟且有影响的景区（点）可达 300 多个，可见，城市圈区域范围内的乡村旅游已经粗具规模。

第三章
武汉市贫困村旅游扶贫规划思路

旅游扶贫规划是引领贫困村旅游发展与扶贫工作有序开展的重要手段,它既不能完全照搬旅游规划,也不能完全照着扶贫规划依葫芦画瓢。当下,我国旅游扶贫要求的是将旅游业作为带动贫困群众脱贫致富的民生产业和扶贫攻坚的重要抓手,贫困人口是核心,旅游业是手段,脱贫是结果。因此,在进行旅游扶贫规划时,要以"精准扶贫"的思想为指导,以试点村所在地区社会经济发展战略为依据,以旅游业发展方针、政策及法规为基础,与当地城乡发展规划、土地利用规划相适应,与其他相关规划相协调,以充分发挥其对旅游扶贫工作开展重要的指导作用。

第一节 武汉市贫困村旅游扶贫规划依据

规划的制定必须在遵循国家法律法规的前提下,依据一定规划标准和相关规划政策文件,以保证规划方向同国家发展要求步调相一致,规划内容与地方发展水平相一致,确保该规划的科学性、可行性与可操作性。

一、法律法规

在乡村发展旅游业首先要遵循与旅游相关的各项法律法规。本次武汉市贫困村旅游扶贫规划主要依据的旅游法律法规有《中华人民共和国旅游法》(2013年)、《风景名胜区管理条例》(2006年)、《旅游发展规划管理办法》(2000年)、《旅游安全管理暂行办法》(1990年)。其次,乡村旅游业的发展涉及农业发展、土地使用、环境保护、基础设施建设等各方面,因此也必须遵循农业、土地、环境等相关法律法规。本次武汉市贫困村旅游扶贫规划主要依据了《中华人民共和国土地管理法》(2004年)、《中华人民共和国水法》(2002年)、《中华人民共和国农业法》(2002年)、《中华人民共和国环境保护法》(1989年)、《中华人民共和国水土保持法》(1991年)、《中华人民共和国水污染防治法》(2008年)、《中华人民共和国森林法》(1984年)、《中华人民共和国野生动物保护法》(2004年)等。

二、规划标准

旅游业是一个涉及"吃、住、行、游、娱、购"的产业,每一个要素都有其建设的规范标准,在进行旅游扶贫规划时必须根据标准设计旅游发展的每个环节,以保证乡村旅游高质量、高水平及可持续发展。本次武汉市贫困村旅游扶贫规划主要依据的规划标准包括:《旅游规划通则》(GB/T18971-2003)、《风景名胜区规划规范》(GB 50298-1999)、《国家康养旅游示范基地》(LB/T 051-2016)、《国家人文旅游示范基地》(LB/T 050-2016)、《国家绿色旅游示范基地》(LB/T 048-2016)、《旅游饭店星级的划分与评定》(GB/T 14308-2010)、《旅游餐馆设施与服务等级划分》(GB/T 26361-2010)、《旅游厕所质量等级的划分与评定》(GB/T18973-2003)、《旅游区(点)质量等级的划分与评定》(GB/T17775-2003)、《旅游资源分类、调查与评价》(GB/T18972-2003)、《标志用公共信息图形符号》(GB/ T 10001.1-2000)、《环境空气质量标准》(GB 3095-2012)、《城市道路和建筑物无障碍设计规范》(JGJ50-2001)、《体育场所开放条件与技术要求》(GB19079.1-2003)、《旅游发展规划管理暂行办法》(2000年)、《武汉市旅游标准化工作管理办法》(2013年)、《景区最大承载量核定导则》(LB/T 034-2014)、《汽车旅游营地建设规范》(2014年)、《中国体育休闲(汽车)露营营地建设标准(试行)》(2007年)等。

三、相关规划政策文件

规划编制除了要遵循一定的法律法规和规划标准之外,也需要同相关的规划政策文件相结合,通盘考虑涉及旅游扶贫的政策内容,强调"多规合一",以实现最优空间布局与资源的有效配置。本次武汉市贫困村旅游扶贫规划主要依据的相关规划政策文件包括:《国务院关于加快发展旅游业的意见》(国发〔2009〕41号)、《国务院关于进一步加快旅游业发展的通知》(国发〔2001〕9号)、《国民旅游休闲纲要(2013—2020年)》(国办发〔2013〕10号)、《国务院关于促进旅游业改革发展的若干意见》(国发〔2014〕31号)、《国务院办公厅关于加快转变农业发展方式的意见》(国办发〔2015〕59号)、《国务院关于印发"十三五"脱贫攻坚规划的通知》(国发〔2016〕64号)、《风景名胜区条例》(2006年)、《汽车露营营地开放条件和要求》(TY/T 4001-2013)、《关于全面深化农村改革加快推进农业现代化的若干意见》(中发〔2014〕1号)、《国务院关于促进旅游业改革发展的若干意见》(国发〔2014〕31号)、《关于加大改革创新力度加快农业现代化建设的若干意见》(中发〔2015〕1号)、《关于开展"国家全域旅游示范区"创建工作的通知》(旅发〔2015〕182号)、《关于开展贫困村旅游扶贫试点工作方案》(国开办司发〔2015〕3号)、《国务院办公厅关于进一步促进旅游投资和消费的若干意见》(国办发〔2015〕62号)、《关于支持旅游业发展用地政策的意见》(国土资规〔2015〕10号)、《国务院办公厅关于进一步促进农产品加工业发展的意见》(国办发〔2016〕93号)、《国务院办公厅关于加强旅游市场综合监管的通知》(国办发〔2016〕5号)、《中共中央国务院关于落实发展新理念加快农业现代化实现全面小康目标的若干意见》(2016年)、《"十三五"旅游业发展规划》(国办发〔2016〕70号)、《中共中央国务院关于实施乡村振兴战略的意见》(2018年)、《2018年全国旅游工作报告》等。

第二节 武汉市贫困村旅游扶贫规划理念

自党的十八大召开以来,习总书记多次就贫困问题作出指示并将扶贫开发作为我国实现第一个百年奋斗目标的重大任务。党的十九大,习总书记又再一次强调要坚持大格局扶贫。多年来,习总书记有关扶贫的相关论述已经初步形成了一套系统的思想,是指导我国进行扶贫开发的重要理论。在习总书记扶贫开发指导思想的基础上,旅游作为扶贫的重要手段之一,必须要以贫困人口为核心,以贫困人口脱贫为目标,以乡村旅游的形式促进乡村产业多元发展、提升乡村经济水平、改善乡村居住环境,完善乡村治理体系。围绕上述指导思想,武汉市贫困村旅游扶贫规划主要遵循以下七大理念。

一、精准扶贫理念

2013年11月,习近平总书记到湖南湘西考察时首次作出了"实事求是、因地制宜、分类指导、精准扶贫"的重要指示。实施精准扶贫是补齐全面建成小康社会短板、决胜全面建成小康社会的重要战略部署,也是化解发展不平衡不充分社会矛盾的重要途径。"精准扶贫"要求因地制宜、因人而异,必须运用科学有效的程序对扶贫对象实施精确识别、精确帮扶与精确管理。这一理论的提出对我国扶贫工作提出了更高、更准确的要求,旅游扶贫也不例外。因此,在进行旅游扶贫规划时,必须要以精准扶贫为出发点,在充分解读和吸收《旅游扶贫试点村规划导则》的基础上进行扶贫旅游规划与开发,通过旅游产业的发展为贫困村、贫困户提供可持续的发展机会与发展空间,通过旅游带动当地经济发展,脱贫致富,完成全面建成小康社会的建设目标。

二、乡村振兴理念

2017年10月18日,习总书记针对我国农村发展现状,在十九大报告中首次提出"乡村振兴战略",强调农业农村农民问题是关系国计民生的根本性问题,必须始终把解决好"三农"问题作为全党工作重中之重;提出坚持农业农村优先发展,实施乡村振兴战略。2018年年初,中共中央国务院印发了《关于实施乡村振兴战略的意见》,部署了"产业兴旺、生态宜居、乡风文明、治理有效、生活富裕"的总体要求。因此,在进行旅游扶贫规划时,要以乡村振兴理念为核心点,吸取十九大报告精神,打造"一村一品,一村一策"工程,借助旅游业关联性强的优势吸收区域剩余劳动力,调整农村产业结构,增加农民收入,改善农民生活水平,促进农村经济发展,为乡村振兴助力。

三、生态保护理念

区域生态环境是其旅游发展赖以生存的土壤,是各类农业和旅游项目高品质的根本保障。同时,党的十八大以来,国家一直强调要改善生态环境,建设生态文明,深入贯彻创新、协调、绿色、开放、共享的发展理念,以加快形成资源节约型、环境保护型社会。因此,旅游扶贫规划的编制要以生态保护理念为着力点,在旅游开发的过程中应始终秉持"生态保护"的理念,坚持在保护中求发展,在发展中求保护,坚决杜绝和避免一切破坏生态环境的旅游开发行为,保证旅游扶贫与环境保护同发展。

四、文化特色理念

旅游发展离不开文化,文化既是一种可开发利用的资源,也是旅游业发展的灵魂。充分挖掘地方文化资源发展旅游,不仅有利于打造特色旅游产品,提升区域旅游竞争力和吸引力,而且挖掘与开发的过程,实质也是对地方特色文化抢救、传承与弘扬的一个过程。因此,在进行旅游扶贫规划时,规划必须以文化特色理念为支撑点,在项目创意、产品开发和环境优化等方面始终贯彻文化特色理念,深入挖掘地方各类文化资源,开发具有乡村农耕文化和生态文化特色的,可供游客体验、寻乐、觅趣的产品项目,满足不同年龄阶层游客的心理需求。

五、产业融合理念

2018年6月7日,国家发布了《农业农村部关于实施农村一二三产业融合发展推进行动的通知》,该通知提出要以农民分享产业链增值收益为核心,以延长产业链、提升价值链、完善利益链为关键,以改革创新为动力,加强农业与加工流通、休闲旅游、文化体育、科技教育、健康养生和电子商务等产业深度融合,增强"产加销消"的互联互通性,形成多业态打造、多主体参与、多机制联结、多要素发力、多模式推进农村产业融合发展体系,努力助推乡村产业兴旺,切实增强农业农村经济发展新动能。旅游业作为一种涉及范围广、带动能力强、关联性大的产业,在实施旅游扶贫过程中可发挥"旅游+"的作用促进乡村产业的融合。因此,旅游扶贫规划可将产业融合理念作为基准点,在整合资源、培育新业态的基础上,应该全面贯彻农业第一、第三产业融合理念,充分发挥"旅游+""农业+"关联性和辐射作用,扩大农业功能定位,延伸旅游产业链条,提高农业附加值,最终打造农旅双链发展驱动力。

六、协调发展理念

习总书记强调协调是持续健康发展的内在要求。协调既是发展手段又是发展目标,同时还是评价发展的标准和尺度。为了缩小区域发展差异,实现区域间的均衡发展,必须推动区域协调发展战略。贫困村作为发展不平衡问题的主要区域,进行规划设计时必须以协调发展理念为落脚点,促进各村、各旅游分区的均衡发展。可通过完善村中交通、水电、网络、服务等基础设施,加强乡村公共服务建设,注重农、林、旅等多种产品的提档升级,逐步提高乡村旅游的发展水平,最终实现乡村的协调发展。

七、多规合一理念

把握好战略定位、空间格局、要素配置,区域统筹,落实"多规合一",是我国进行全面深化改革的一项重要任务。《中共中央国务院关于坚持农业农村优先发展做好"三农"工作的若干意见》指出,在编制乡村规划时,要通盘考虑土地利用、产业发展、居民点建设、人居环境整治、生态保护和历史文化传承,注重保持乡土风貌,编制"多规合一"的实用性村庄规划。旅游扶贫规划作为村庄规划之一,在编制时应当以"多规合一"的规划理念为根本点,推进规划区域经济社会发展、城乡建设、土地利用、生态环境保护等规划的融合,结合资源禀赋条件,联动编制产业、文化、旅游、环境、社会"五位一体",人流、物流、资金流、技术流、信息流"五流互通"的建设规划。

第三节　武汉市贫困村旅游扶贫规划原则

以习近平总书记关于精准扶贫、乡村振兴等工作的一系列重要讲话精神为指导，围绕"精准扶贫、乡村振兴、生态保护、文化特色、产业融合、协调发展、多规合一"七大理念，武汉市贫困村旅游扶贫规划的编制将遵循以下原则。

一、统筹规划、分步实施原则

根据各贫困村的资源条件和市场需求，对其农业产业、土地利用、村湾发展和生态环境保护进行统筹规划，以增强旅游扶贫的针对性、科学性和时效性。然后，在确定贫困村各项目设计、空间布局的基础上，按照项目性质与紧迫性，分步、分阶段地实施各项目的建设，及时发现并解决项目实施中存在的问题，科学有序地推进项目的建设。

二、保护优先、环境提升原则

"绿水青山就是金山银山"，旅游扶贫规划的编制必须以生态保护为优先，牢固树立资源就是优势，生态环境就是资源的思想，将保护生态环境作为旅游与乡村可持续发展的根本举措。然后在保护环境的基础上，以旅游业促进乡村农业、种植业、养殖业等产业的发展，构建农村产业体系，激活农村产业活力，带动农民增收，实现脱贫目标。

三、政府主导、社区主体原则

旅游扶贫是政府主导、群众参与、各方努力的一项社会系统工程。由政府主导，可有效发挥政府整合各部门力量、统筹各项目资金、制定出台政策的功能，提高旅游扶贫效率。而村民是旅游扶贫工作开展的主体，旅游扶贫的各项规划与制度，必须让村民充分参与，充分尊重村民意愿，切实保障村民的合法权益。同时，通过激发村民内生动力，让村民真正成为建设主体、受益主体，增强村民的"造血"功能和自我发展能力，实现自主脱贫致富。

四、整合资金、示范带动原则

充分发挥资金、项目的导向作用，大力培育发展典型，充分发挥其示范带动作用，形成整村推进、同步发展的格局。另外，旅游扶贫项目的建设需要一定规模的资金，贫困村的自有资金无法承担起所有的项目建设，因此就需要整合各类扶贫资金用于贫困村的旅游扶贫。同时，在旅游扶贫的过程中，还需完善扶贫资金的整合使用和监管机制，才能够提高资金使用效益，使扶贫资金利用更为精准有效。

五、因地制宜、分类指导原则

各贫困村资源禀赋不同、贫困状况不同，以及文化背景也不尽相同，在规划时必须遵循贫困村的资源情况因地制宜地开发、利用村中资源，进行合理形象定位，设计适合乡村发展的旅游项目，并还要有所针对的根据贫困村的贫困现状规划贫困户可参与的路径及产业项目，同时加强对贫困户的分类指导，确保每个贫困户都可以参与到旅游扶贫的过程中来。

第四节　武汉市贫困村旅游扶贫规划路线

根据武汉市贫困村旅游扶贫规划的原则,在进行武汉市贫困村旅游扶贫规划编制时,首先要综合考虑整个武汉市的城市规划方向、产业布局,确定贫困村所在行政区的具体发展方向,然后再以每个行政区的发展定位为基础分析贫困村的基础情况与发展条件,针对贫困村的实际情况,策划主题形象和旅游项目,确定功能分区、脱贫模式与路径等规划内容。

一、武汉市城市规划与产业布局

按照武汉市最新编制的城市总体规划(2017—2035年)的布局,武汉市可分为中央活动区、城市副中心、新城中心、组团/市镇中心四个区域,其中新城中心和组团/市镇中心基本涵盖了江夏区、黄陂区、新洲区和蔡甸区四个地区。同时,该规划还具体划分了各区域的生态、文化和经济发展的定位(表3-1)。因此在编制武汉市贫困村的旅游扶贫规划时,要根据各个区域的发展定位,对所在区域内贫困村的旅游扶贫项目进行差异化设计。

表3-1　黄陂区、新洲区、江夏区和蔡甸区的生态、文化和经济发展定位

区　域	生态定位	文化定位	经济发展定位
黄陂区	北部郊野公园群	木兰山文化组团	木兰文化生态旅游区
新洲区	北部郊野公园群	新洲影视文化组团	现代农业种植区
江夏区	南部郊野公园群	江夏山坡文化战略发展区	环梁子湖滨水度假区
			环斧头湖生态休闲观光区
蔡甸区	南部郊野公园群	九真山索河文化战略发展区	江汉平原农业种植区
			经济技术开发区

二、贫困村旅游扶贫规划形式

本次规划主要采取两种形式即连片旅游扶贫规划和单个旅游扶贫规划,其中以单个旅游扶贫规划为主。连片旅游扶贫规划主要用于两种情况,一种情况是贫困村之间地理位置上紧密相连,且各村至少拥有一种与其他村不同特色的旅游资源,通过统筹谋划整体的产业布局、基础设施和新村建设,避免村与村之间同质发展的同时还能增强区域发展的协调性和带动性,从而实现连片整村脱贫。另一种情况是贫困村之间地理位置上紧密相连,但其中有的贫困村的资源不具有旅游吸引力,旅游开发潜力小或是该村贫困户均不具备参与旅游开发的基础条件,因而连同可以发展旅游的贫困村共同建设,通过旅游贫困村的辐射带动非旅游贫困村产业的发展,实现各村增收并脱贫。本次武汉市旅游扶贫连片规划主要集中于新洲区,共有4个。其次是蔡甸区,共有2个。江夏区1个,黄陂区无(见表3-2)。

表 3-2　连片旅游扶贫规划数量及分布

区　域	连片规划村
新洲	冯岗村—姚河村连片旅游扶贫规划、汉楼村—七湾村—管寨村连片旅游扶贫规划、上塘村—高桥村连片旅游扶贫规划、石寨村—桐子岗村—汉子山村—油麻岭村—王家河村连片旅游扶贫
蔡甸	老河村—东山村连片旅游扶贫规划、乌梅村—雄岭村—禾稼村连片旅游扶贫规划
江夏	夏祠村—浮山村

三、武汉市贫困村旅游扶贫规划路线

在了解江夏区、黄陂区、新洲区和蔡甸区的发展定位和明确旅游扶贫规划形式的基础上，定制各贫困村的旅游扶贫规划，不仅可以实现区域规划间的协调发展，保证各村之间的差异化，更重要的是，可以提供更精准和可持续的旅游扶贫方式，保证各村贫困户的增收方式始终与区域发展趋势保持一致。具体路线如图 3-1 所示。

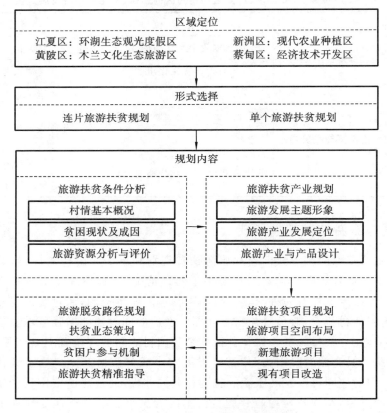

图 3-1　武汉市贫困村旅游扶贫规划路线

第四章
武汉市贫困村连片旅游规划

第一节 科技创意农业园:张湾街乌梅村—雄岭村—禾稼村

一、张湾街乌梅村—雄岭村—禾稼村连片旅游扶贫条件分析

(一)村情简介

1. 自然条件

(1)气候条件。

乌梅村—雄岭村—禾稼村属北、中亚热带过渡性季风气候,具有热丰、水富、光足的气候特征。一年四季分明,早春多阴雨,低温;初夏多梅雨,高温;伏热多热风,干旱;入冬少雨,微寒。常年平均气温为16.5摄氏度,平均降水量在1100—1450毫米,年均无霜期为283天。

(2)地理位置。

乌梅村位于蔡甸区张湾街西南部,坐落于乌梅山脚下,与西湖水系环绕,拟有观山听海的境界;雄岭村位于张湾街南端,距离蔡甸城关6.8千米,无污染源环境;禾稼村位于武汉市蔡甸区城区以西5千米、张湾街政府南1千米处,周边与上独山村、李湾村、新集场村、雄岭村和东山村接壤。

(3)地形地貌。

规划区地处江汉平原东端尾闾,属于丘陵性湖沼平原地貌,地势开阔,土地平坦。良好的地形地势为种植业的发展准备了条件,也有利于推进机械化设备的使用,提高生产效率。

2. 区位条件

(1)交通区位。

规划区位于武汉西南部、蔡甸西北部,地处江汉平原南端,南依长江,北托汉水,长江、汉江夹道而过,距武汉城市中心10千米,距汉口火车站、武汉港各20千米,距天河机场30多千米。新沪蓉铁路大通道穿境而过,到上海或成都只需5个小时。此外,105省道和014县

道将乌梅村—雄岭村—禾稼村与外界相连,交通区位优势明显。

(2)旅游区位。

规划区位于蔡甸区西北部,生态环境良好,旅游资源丰富。乌梅村北靠乌梅山,山里有武汉森林野生动物园,南靠西湖,依山傍水;雄岭村南部紧邻西湖,有典型的海域风光"筲箕海"和"游子洞";禾稼村北部建有地铁保养站,现拟在村内种植区打造现代农业观光园,吸引中小学生前来游学。

3. 经济社会条件

(1)人口现状。

乌梅村共183户617人,其中劳动力234人,外出务工75人;雄岭村总人口702人,其中农户221人,劳力417人;禾稼村386户1286人,是2015年省扶贫开发重点村,现有劳动力594人,外出务工350人。

(2)产业经济现状。

乌梅村的主导产业是种植与养殖业、林果业,全村土地流转1000亩,8家经营户进驻乌梅村,以区域划分种养类、观赏类和采摘类;雄岭村逐渐调整为以精养鱼池、荸荠、莲藕、超甜小西瓜等作物为主导产业的种植结构;禾稼村传统的种植品种为玉米、水稻、棉花、莲藕。

(3)基础设施现状。

乌梅村已配备垃圾转运箱24个,发放垃圾桶183个,保洁员5名,对公路、村湾进行保洁。实现了水、电、电视网络、宽带全覆盖。安装太阳能路灯43盏,对主干道、村湾的进出口进行亮化且在村委会旁安装健身器材,方便群众锻炼身体。雄岭村新建田间道路1600米、新建改建沟渠300米、改造低压线路1000米。在原有太阳能、沼气用户的基础上,新装太阳能热水器80余台,结合"一池三改"新建沼气30余口。建有120千伏安的光伏太阳能电站一座。农田林网等绿化率达98%,生态户厕无公害化达100%。禾稼村完善道路硬化4500米,修建简易公路6300米,新建和维修水陂5座,水坝9300米。另新增设变压器5台,新铺设线路4000多米,修建公共厕所、垃圾集中点,有效地提升了村民的生活质量。

(二)贫困现状及成因

1. 贫困现状概述

乌梅村—雄岭村—禾稼村在响应政府"精准脱贫"政策的号召下,积极行动,采取产业增收、就业创业、政策兜底、医疗救助、助学扶智等措施,扶贫工作取得显著成效(见表4-1)。

表4-1 乌梅村—雄岭村—禾稼村脱贫数据统计

村庄	年份	2014	2015	2016	2017	2018	合计
乌梅村	脱贫户数	2	2	2	5	1	12
	脱贫人数	4	4	8	10	2	28
雄岭村	脱贫户数	2	3	12	/	/	17
	脱贫人数	8	8	30	/	/	46
禾稼村	脱贫户数	5	6	2	27		40
	脱贫人数	15	12	5	46	/	78

2. 致贫原因

农业基础设施落后,生产效率低下;村民文化素质普遍较低,就业技能、信息渠道缺乏;

农民增收渠道单一,主要依靠传统种植业,致富门路少,收入水平低。因病、因残、因学致贫现象严重;且思想落后,脱贫意识不强,主动性不高,短时间内依靠村民自身难以快速脱贫。

（三）旅游资源分析与评价

1. 旅游资源类型

根据国家标准《旅游资源分类、调查与评价》(GB/T18972-2017)的有关规定,通过全面调研,对乌梅村—雄岭村—禾稼村的旅游资源按照主类、亚类及基本类型的层次进行分类(见表4-2),确定其旅游资源类型覆盖了8大主类中的7个,23个亚类中的13个,110个基本类型中的24个。

表4-2 乌梅村—雄岭村—禾稼村旅游资源类型

主 类	亚 类	基 本 类 型	主要资源单体
A 地文景观	AA 自然景观综合体	AAA 山丘型景观	乌梅山
B 水域景观	BA 河系	BAA 游憩河段	电厂鱼池、黄岭鱼池、筲箕海、游子洞
	BB 湖沼	BBA 游憩湖区	西湖
C 生物景观	CA 植被景观	CAA 林地	翠冠梨、油桃林、脐橙林
		CAB 独树与丛树	宜昌楠、红豆杉、桂花树
		CAC 草地	绿化草地
		CAD 花卉地	对节白蜡盆景、水仙、杜鹃、雏菊、海棠、鸡冠花
	CB 野生动物栖息地	CBB 陆地动物栖息地	野兔、野鸭、野鸡栖息地
D 天象与气候景观	DA 天象景观	DAA 太空景象观赏地	日出
	DB 天气与气候现象	DBA 云雾多发区	白云
E 建筑与设施	EA 人文景观综合体	EAA 社会与商贸活动场所	文化活动广场、体育健身广场、百姓舞台
		EAE 文化活动场所	文化活动广场
		EAF 康体游乐休闲度假地	体育健身广场、广场舞游乐场
	EB 实用建筑与核心设施	EBB 特性屋舍	农家书屋
		EBJ 陵墓	墓园
		EBK 景观农田	太空莲展示
		EBM 景观林场	闵凤园林
	EC 景观与建筑小品	ECJ 景观步道、甬路	休闲绿道
		ECL 水井	水井

续表

主　类	亚　类	基本类型	主要资源单体
G 旅游购品	GA 农业产品	GAA 种植业产品及制品	玉米、水稻、莲藕、卷心菜、四季豆、桃子、草莓、葡萄
		GAB 林业产品与制品	棉花
		GAD 水产品与制品	鳊鱼、鳜鱼、草鱼、鲢鱼
H 人文活动	HA 人事活动记录	HAA 地方人物	吴运铎
	HB 岁时节令	HBC 现代节庆	清明节、中元节、端午节、中秋节、重阳节、春节、元宵节、广场舞表演

2. 旅游资源特色评价

各大主类和亚类下的旅游资源类型丰富，但亚类细分下的基本类型资源稍显不足，地文景观和水域风光资源在规划区内较具有代表性，各类资源在空间地域上自然组合配置良好，在不同区域形成相对不同的特色（见表 4-3）。但区域特色与周围其他发展乡村旅游的地区相比并没有较大的差异性，同质化现象依然明显。

表 4-3　乌梅村—雄岭村—禾稼村旅游资源类型数量与全国标准比较

类　型	主　类	亚　类	基本类型
全国标准中旅游资源总类型数	8	23	110
乌梅村—雄岭村—禾稼村旅游资源类型数	7	13	24
乌梅村—雄岭村—禾稼村旅游资源类型所占比例（%）	87.50%	56.52%	21.82%

二、张湾街乌梅村—雄岭村—禾稼村连片旅游扶贫产业规划

（一）旅游发展主题形象

在规划区内雄岭村与乌梅村接壤区域荷塘众多，水泽广布，莲藕种植产业已成为雄岭村的主导产业。基于此，在莲藕种植产业上规划创意种植区、主题体验区与文化产业区。在禾稼村传统种植农业中引入高科技元素，发展现代农业种植区、观光区、体验区与文化区。同时乌梅村—雄岭村—禾稼村连片区域以多类型的农业为主导产业，适宜深挖旅游观光、休闲、体验、度假等元素，在规划区内打造滨湖休闲度假带、林果产业观光区、乡村度假民宿区，打造一个综合性乡村休闲度假旅游目的地。因此本规划将张湾街乌梅村—雄岭村—禾稼村连片的主题形象定位为"科技创意农业园，休闲度假乡村地"。

（二）旅游产业发展定位

张湾街乌梅村—雄岭村—禾稼村连片区域中，资源、产业、环境、市场等条件各有特色，并且互为补充，为田园综合体的形成奠定了基础。本次连片规划综合乌梅村—雄岭村—禾稼村连片区域所有资源，将其打造成蔡甸区科技农业与创意农业的示范区和武汉市旅游功能最齐全、乡村特色最显著的田园综合体。

（三）旅游产业与产品设计

乌梅村—雄岭村—禾稼村产业与产品开发坚持实事求是、因地制宜的原则，以科技农业、创意农业、果林产业为基础产业，在保护当地乡村性的前提下融入"旅游+"的新理念，配套开发旅游观光、休闲、体验、度假等功能项目，实现"生产、生活、生态"三生共融，"产、城、人、文"的产城互动。

三、张湾街乌梅村—雄岭村—禾稼村连片旅游扶贫项目规划

（一）旅游项目空间布局

根据乌梅村—雄岭村—禾稼村连片旅游扶贫规划的编制需求，在充分考虑规划区的地理条件、资源特色、产业现状等因素的基础上，结合周边建设和旅游市场需求，遵循综合整体性原则、地域空间完整性原则和发展方向一致性原则，构建"一心一园一带四区"的功能布局（见表 4-4）。

表 4-4 乌梅村—雄岭村—禾稼村旅游结构功能分区表

总体布局	功能分区	发 展 思 路
一心	游客集散中心	集旅游信息咨询、旅游景点门票订购、客房安排、外来车辆停放、景区交通换乘等功能为一体，提供票务预订、客房预订、旅游集散换乘、游客接驳等多项服务的旅游综合服务中心
一园	乌梅山野生动物园	依托乌梅山良好的自然生态和现有的武汉森林野生动物园，规划集动物观赏、山岳观光、户外运动、休闲度假等功能为一体的特色旅游项目
一带	滨湖休闲度假带	沿西湖布设滨湖栈道，打造生态绿道系统开发湖光游船线，以西湖良好的水域为空间，在西湖上设置观光游船；两岸建设主题文化区，将西湖沿岸两村的重要景点联系在一起
四区	莲藕创新产业区	以雄岭村和乌梅村的莲藕基地为基础进行规模化种植。开发"农业+旅游"模式，发挥产业创新示范作用，在莲主题观光的基础上衍生出一系列强体验性旅游产品
	林果产业观光区	依托乌梅村现有的林果产业，进行产业深度化开发，延长林果产业链。将林果产业与旅游业进行深度融合，发展旅游体验类项目，开发特色旅游产品，进一步扩大乌梅村林果产业知名度
	乡村度假民宿区	该规划区域乡村民居较多，通过对乡土建筑改造与风格统一化，建设乡村民宿、乡村主题酒店、农家餐厅等。通过乡村街道治理，为度假区建设配套的沿街商店，打造乡村特色的民俗风情街
	禾稼科技农业区	增大农业科技投入，培育科技农业基地，吸引中小学生前来研学观光。建设现代农业科技展馆，馆内根据现代农业理念，配备 LED 屏，滚动展示现代农业成果的图片和影音资料

（二）新建旅游项目

1. 游客接待中心

游客接待中心为两层建筑。游客接待中心一层设有医疗点、咨询处、影视厅、购物中心、游客休息区等，二层配套茶饮区、商务中心、阅览室、哺乳室、会议室等。将其建设为以安全旅游、智慧旅游、文明旅游为主题的对外服务窗口，提供旅游信息咨询、旅游交通票务预订、旅游餐饮住宿咨询等服务。

2. 生态停车场

选址于集散中心南部，设有约800个停车位。采用草坪砖铺设停车位、行道树隔离车位，树隙停车、树荫遮阳。根据不同车型进行停车位分区。分设出入口，有专人管理，停车场建设与周边景观相协调。

3. 莲藕文化产业园

该项目包含青莲文化生活馆、莲海摄影基地、莲藕文化博览园、莲文化主题酒店四个子项目。在青莲文化生活馆策划方面，建设莲主题文化交流、体验馆，另外以青年旅舍形式建设莲花主题住宿设施；在莲海摄影基地策划方面，利用大面积莲花景观，配置摄影服务设施，建设莲主题摄影基地。在莲藕文化博览园策划方面，以古代楚地文化的浪漫、飘逸为主题建设风格，建设莲藕博物馆、莲藕文化走廊，设置莲藕及其他水生蔬菜的实体标本、历史产地、与楚地渊源、莲藕相关绘画与摄影作品、名人字画展示等；在莲文化主题酒店策划方面，以莲为主题意向打造湖景度假酒店。

4. 苗木庄园

建造亲子家庭农庄，给予父母和孩子一个环境优美、空气新鲜的游乐空间。依托于村落与农田，让父母与孩子一同翻地、播种、采摘、煮饭、炒菜，父母与孩子协调合作，不同家庭之间PK竞赛，获胜方可获得精美旅游纪念品，让父母与孩子在相互活动中增强家庭成员之间的感情，一起度过美好时光。

5. 农耕科技文化区

集研究、体验和教学功能于一体，展示语言、戏剧、民歌、风格、祭祀等各类文化元素，同时可以引进现代虚拟科技技术，使游客有身临其境之感，从而加深对农耕文化的理解，增强文化认同。

（三）现有项目改造

1. 莲藕创意种植园

进一步扩大莲藕种植规模，完善品种展示基地、种苗大田繁育基地、绿色高效生产示范基地、高效水产养殖基地的服务接待设施建设，规划科技农业参观、雨亭观荷、水耕体验、荷塘垂钓、水培领养、莲海摄影与采摘等体验性旅游活动。

2. 乌梅山野生动物园

依托乌梅山的野生动物园，进行野生动物园的品牌宣传。可对各种野生动物进行图文介绍，增加游客对野生动物的了解，激发人们保护野生动物的意识。同时设置防护栏将野生动物活动区域与游客观光区域隔断开来，保护游客安全。

3. 乌梅种植示范园

以乌梅产业为主导，进一步扩大乌梅林种植规模，把乌梅产业做大做强，突出乌梅村的乌梅特色。乌梅成熟季节可开展采摘活动,让游客在乌梅园内自助采摘最新鲜、最健康的乌梅,同时还能锻炼身体,陶冶情操,远离城市喧嚣,呼吸新鲜空气,修养身心。乌梅林除了可以开展采摘活动外,还可将多余的乌梅进行深加工,提高乌梅附加值,延长乌梅产业链,实现农民增收。

四、张湾街乌梅村—雄岭村—禾稼村连片旅游脱贫路径规划

(一)扶贫业态策划

1. 林业观光体验业态

重点发展以葡萄等水果种植采摘的生态旅游林业以及休闲体验乐园,以乌梅、莲子采摘、加工等项目打造,向旅游者提供较有观赏价值、体验价值和教育意义的旅游农业及休闲项目。

2. 乡村休闲度假业态

将乌梅村—雄岭村—禾稼村连片区域的现代农业、乡村民宿以及集市场景真实地展现出来,打造趣钓、烹饪、稻禾休闲等乡村体验游憩区,勾起中年群体的童年回忆,丰富旅游的内容,延长旅游者的逗留时间,增加旅游的经济效益。

3. 山地体验项目业态

利用别具一格的山地位置和景色开发山地运动区、森林康养院、星空露营地、森林野生动物园等运动区域建设,旅游者可以体验健身、养生、露营、拓展等项目,体验健身乐趣。

4. 特色旅游商品业态

充分结合乡村背景与当地实际,培育具有地理特色的农产品及其加工品,挖掘具有文化特色的手工艺品,开发具有地区风味的特色小吃,形成完整的旅游商品生产、加工、包装产业链。

(二)贫困户参与机制

1. "公司+农户"模式

社区农户是与当地原始生态、乡村文化民俗、土地等接触最紧密的人,旅游开发中要充分取之于民,用之于民,吸纳社区农户参与到乡村旅游的开发、组织与决策中。在开发乡村旅游资源时,充分利用社区农户闲置的资产、富余的劳动力、丰富的农事活动,增加农户的收入,丰富旅游活动,向游客展示真实的乡村文化。

2. 个体农庄模式

个体农庄模式是以规模农业个体户发展起来的,以"旅游个体户"的形式出现。现阶段以养生民宿为重点,加强旅游项目建设和改造,提高旅游接待和服务质量。通过个体农庄的发展,吸纳附近闲散劳动力,将本地区手工艺、表演、服务、生产等形式加入服务业中,形成以点带面的发展模式。

3. 村集体模式

村集体统一开发、运营与管理,把村集体所有的旅游资源、村民特殊技术、村民劳动量、村民自主投资额转化为股本,合理分配给农民,引导农民作为股东与员工,直接参与乡村旅游的开发决策、生产经营活动和利益分配的一种经营模式。该模式适用于村民配合度较高、区位条件好、乡村旅游资源丰富或具有垄断性、经济基础和基础设施条件好的区域。在利益

分配方面,采取按股份分红与按劳分红相结合的方式,经营和参与主体按各自股份获得相应比例的收益,有利于集体致富。

(三)旅游扶贫精准指导

对于张湾村连片的贫困户根据不同的致贫类型,提供不同的扶贫路径。对于彻底丧失劳动能力的贫困户,考虑让其以房产、田地入股,并给予优惠;家中无房产、田地的,应利用旅游收益和其他政府收入保障其基本生活,提供诸如旅游景区的票务工作人员等;对于因病、因学致贫的贫困户,应支持其恢复健康或完成学业,鼓励其积极投入本地区旅游开发建设,开展旅游相关服务的技能培训教育,为教育条件相对较弱的家庭提供技能培训;对于家庭中仍有劳动力的贫困户,应鼓励其积极参与旅游开发与旅游服务,并应重点培训且将其分配到合适岗位,指导贫困户从事旅游接待、劳动用工和发展特色旅游商品加工等。

第二节 佛境茶乡,养生福地:冯岗村—姚河村

一、冯岗村—姚河村旅游扶贫条件分析

(一)村情简介

1. 自然条件

冯岗村隶属于旧街街道,位于新洲区东南部红色旅游新区腹地,与黄冈接壤,与团上村相连,临近新洲区旅游公路。属典型的亚热带大陆性季风气候,气候温和、四季分明、雨量充沛,自然条件较好,适宜农业生产。全村面积 3.5 平方千米,其中耕地 562 亩,林地 3917 亩。村内水资源较为丰富,其中,观音河自南向北流入沙河,主要用于农业灌溉、排涝泄洪。各村湾均有水塘分布,总面积在 40 亩左右,主要用于农业灌溉及人畜生活用水。村内地势自南向北逐渐递减,整体以山地为主,海拔最高可达 380 米。

姚河村地处旧街街道东部,是典型的山区村。东与大雾山村接壤,南与团上村毗邻,北与狮子岩村交界。全村面积 3.46 平方千米,其中,耕地面积 507 亩,山林 4860 亩,水面面积 200 亩。全村地势由东向西逐渐递减,以山地为主,地势起伏较大,呈现出冲田山地的地貌特征,海拔最高可达 800 多米。村内水资源以河流和水塘为主,其中,姚家河自西向东汇入沙河,主要用于排涝泄洪及农田灌溉;各村湾均有水塘分布,总面积在 100 亩左右。村内水利灌溉以塘堰为主,灌溉条件特差,水利设施损毁严重。

2. 区位条件

冯岗村—姚河村连片区域所在的旧街街道位于京九线旁,境内大广高速与 106 国道纵横交错,距邾城 15 千米,距武汉市中心 70 千米,交通条件非常便利。外部交通与内部交通通达性较高,冯岗村临近新洲红色旅游公路,距离武汉 70 千米,黄陂 52 千米,新洲区 18 千米,形成一小时旅游圈。从冯岗村到姚河村大约 10 千米的路程,驱车 20 分钟即可到达,路况良好。此外,冯岗村和姚河村各个村湾内部已经基本实现村村通,多数路段是水泥路面,路面开阔,出行方便。同时,冯岗村和姚河村所在的旧街街道有着深厚的历史文化底蕴、独特的山水园林资源、众多的古战争和红色革命遗址,境内名胜古迹众多,人文资源丰富,是新洲经济文化大街,鄂东革命老区。除此之外,旧街街道还拥有诸多著名的自然风景区,包括

道观河风景旅游区、少谭河、道观山、烽火山等景区。旧街街道民俗文化浓厚,历经800余载的旧街花朝节吸引着邻近六省群众赶集观光。

3. 经济社会条件

冯岗村全村共有165户723人。全村水泥路面实现湾湾通,道路加宽至4米左右,村民的主要出行方式以摩托车为主,交通较为便利。目前全村已全部通水通电,自来水普及率已达100%,电力设施能够满足村民的日常生活需求。煤气的覆盖率为10%,仍有90%左右的农户以烧柴为主。村内已通有线电视,通信设施完备,手机信号良好,已实现宽带接入。

姚河村全村共计204户864人。村内已实现了村村通、湾湾通,道路加宽至4米,各村湾均已实现水泥路面硬化,交通较为便利。为方便村民生产生活,在村内9个自然湾安装太阳能路灯20盏。为改善村民娱乐生活,建有村民活动广场1个。大力维修水利设施,重点加强对塘家榜水库的维修、清淤、滑坡硬化,硬化方家洼至中渠道400米,河道护砌500米。进行公益事业建设,改善办公环境和服务中心,整治村湾脏乱差,维修公厕和垃圾池。

4. 产业发展现状

冯岗村引进武汉少潭河生态农业有限公司、大雾山茶业有限公司和武汉九和天成投资有限公司,目前建有茶园基地2000亩,白茶、绿茶、黄金茶基地1000亩,年产值120000元,就地转移劳动力近150人。村民的主要经济来源以外出务工、茶叶种植为主,2017年全村人均纯收入19800元,村集体收入达10万元。冯岗村以山上种茶、山下种果的立体种植模式为主,先后种植白茶800亩,油茶2000亩,绿茶200亩,黄金茶300亩,土山桃300亩,年产值近100万元。

姚河村2015年引进武汉市大家山茶业有限公司,主要从事茶叶种植加工及销售。通过扩大茶园种植面积、改造更换劣质品种、完善园区基础设施建设,预计每亩可创收4000至5000元,为农民增收130万元,人均增收1500元。姚河村以茶叶种植为主导产业,兼种植粮、棉、油。村内现有茶园2000亩,其中绿茶800亩,白茶800亩,黄金茶400亩,已形成了统一种植、采摘、加工、销售一条龙,形成规模和特色,以发展壮大村集体经济,带动全村群众增收致富。

(二)贫困现状及成因

1. 贫困现状概述

冯岗村建档立卡贫困户共有11户36人。截至2018年,全村已累计脱贫9户27人。截至2017年,姚河村已脱贫12户37人。

2. 致贫原因

(1)因病致贫是冯岗村和姚河村贫困的首要因素。因不能及时治疗而拖垮自己的身体,由此导致的生活劳动力缺乏。

(2)因残致贫是第二大因素。农村的社会保障机制不健全,医疗保险的保障不足,导致因残致贫的家庭无法负担高昂的治疗费用,使得本就不太宽裕的家庭陷入贫困的漩涡。

(3)缺技术致贫是第三大原因。这部分贫困户普遍文化素质偏低,外出打工与非贫困户存在较大差距,依靠自身致富又缺乏项目和技术,无法改变自身的贫困现状。

(三)旅游资源分析与评价

1. 旅游资源类型

根据国家标准《旅游资源分类、调查与评价》(GB/T18972-2017)的有关规定,通过全面调研,对冯岗村—姚河村的旅游资源按照主类、亚类及基本类型的层次进行分类(见表4-5),共确定其旅游资源数量覆盖了8大主类中的7个,23个亚类中的15个,110个基本类型中的27个。

表 4-5 冯岗村—姚河村旅游资源类型

主 类	亚 类	基本类型	主要资源单体
A 地文景观	AA 自然景观综合体	AAA 山丘型景观	五云山、马头山、刘铁山、城楼寨、上马寺、刀楼寨、关子冲山、仰头山
	AC 地表形态	ACD 沟壑与洞穴	龙宫石洞
B 水域景观	BA 河系	BAA 游憩河段	观音河、奇石沟、姚家河
		BAB 瀑布	龙溪瀑布
	BB 湖沼	BBA 游憩湖区	青龙湖
	BC 地下水	BCA 泉	山泉
C 生物景观	CA 植被景观	CAB 独树与丛树	松树、杉树、山桃树、柿子树、柳树、乌桕、泡桐、百年枸骨树、百年桂花树
		CAD 花卉地	桃花、梨花、桂花、山茶花、荷花、菊花
	CB 野生动物栖息地	CBB 陆地动物栖息地	野山羊、黄鼠狼、野鸡、野猪
		CBC 鸟类栖息地	白鹭鸶、麻雀
E 建筑与设施	EA 人文景观综合体	EAA 社会与商贸活动场所	乡村广场
		EAB 军事遗址与古战场	战壕
		EAF 康体游乐休闲度假地	戴家凹多功能活动场
		EAG 宗教与祭祀活动场所	骑龙寺、佛山禅寺、成佛寺、苦修庵、观音涯、苦修庵佛塔、五云山佛塔
	EB 实用建筑与核心设施	EBB 特性屋舍	荆楚民居
		EBE 桥梁	公门河桥、山河桥
		EBG 堤坝段落	窑塘水库、滚子坳水库、大垱水库、唐家榜水库、上马寺水库、和尚垱水库、棚家大垱水库
F 历史遗迹	FA 物质类文化遗存	FAA 建筑遗迹	城楼寨遗址
	FB 非物质类文化遗存	FBB 地方习俗	花朝节

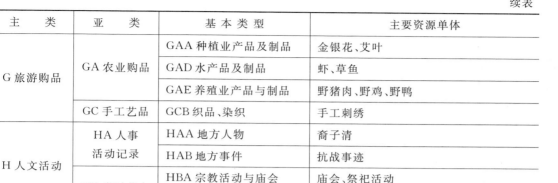

2. 旅游资源空间分布

冯岗村旅游资源分布不集中,村庄中部有山丘隆起,瀑布和植被资源丰富,梯田密布。村庄北部有较多庙寺,人文资源比较集中。桃园河村的旅游资源主要集中在村内河流沿岸,主要分布茶叶和水稻等农业景观资源,村南部的水库等水资源较多,但人文资源缺乏。

3. 旅游资源特色评价

冯岗村—姚河村连片区域自然资源和人文资源都较为丰富,生态环境优美,文化底蕴深厚。区域内古树古迹星罗棋布,诸如古桂花王树、百年枸骨树、古寨、古井、龙宫石洞、城楼寨遗址等,佛山禅寺、苦修庵等古老寺庙神秘清幽,佛教文化给规划区带来了别样的韵味。除此之外,一年四季,新鲜果蔬、特色美食也能很好地满足游客乡村旅游的需求。

二、冯岗村—姚河村旅游扶贫产业规划

(一)旅游发展主题形象

冯岗村作为被龙脉护佑、古寺佛佑的仙山福地,至今保留有龙溪瀑布、龙床奇石、龙宫石洞、百年龙乡桂王树等景观资源,村内古老神秘的佛山禅寺、成佛寺、观音涯、苦修庵寺寺相连,是一处适合养生度假、禅修养心的最佳去处。姚河村作为白茶原产地,村内拥有2000亩茶田,黄金茶、白茶、绿茶连片成山,游客可以采茶品茗,体验农耕生活,感受田园养生的奥妙。因此,本规划提出"佛境茶乡,养生福地"的主题形象。

(二)旅游产业发展定位

冯岗村积极引入田园民俗、文化体验、文化创意、养生度假等旅游新业态,大力发展农文旅融合产业,将冯岗村建设成为全国旅游名村。姚河村通过深入挖掘"三茶"文化内涵,建立三产融合茶业示范基地,促进产业链延伸、价值链提升、增收链拓宽,探索一条适合姚河村旅游扶贫特色之路,初步实现旅游富民目标。

(三)旅游产业与产品设计

冯岗村内旅游资源较为丰富,在分布上存在一定的空间差异性,主要集中在青龙山山脉的区域,村内中间区域的资源则较为缺乏,姚河村资源集中,大部分村湾都以种植茶叶为主。旅游资源分布的差异性使得冯岗村内不同村湾的旅游功能定位有一定差异,因而在旅游项目规划、旅游产品开发时需要因地制宜。对此,设计以下系列产品。

1. 乡村观光产品设计

冯岗村种植了连片大面积的桃林、油茶等苗木花卉,并拥有百年桂花树、枸骨树等古树。姚河村拥有成片的茶田,保持着原生态的田园景观,适合开展田园观光项目。

2. 农耕体验产品设计

冯岗村—姚河村通过设置农情休闲娱乐项目,游客参与到农田认种、鱼苗认养、蔬果采摘、休闲垂钓、采茶品茗等活动,亲身体验传统农耕生活的乐趣。

3. 佛教朝圣产品设计

冯岗村内拥有佛山禅寺、苦修庵、成佛寺三大佛教古寺庙,历史悠久,底蕴深厚,旅游产品设计将自然风光与佛教文化相结合,打造佛教朝觐文化区,开启佛教朝圣之旅。

4. 茶文化产品设计

以姚河村内茶资源为基底,依托茶叶种植基地、茶香体验基地、茶韵产业基地三大板块,通过下乡采茶、茶艺表演、VR茶文化展示馆、茶SPA等活动了解茶道文化。

三、冯岗村—姚河村旅游扶贫项目规划

(一)旅游项目空间布局

根据新洲区旧街街道冯岗村—姚河村连片旅游扶贫规划的编制需求,在充分考虑贫困现状及原因、扶贫潜力的基础上,融入全域旅游、乡村旅游、优质旅游等观念;结合村庄区位条件、发展条件;整合村庄的旅游资源分布、类型结构及其地域组合,遵循综合整体性原则、地域空间完整性原则和发展方向一致性原则,规划形成的整体空间格局为"两心两带四区"(见表4-6)。

表4-6 冯岗村—姚河村空间分布表

空间布局	功能分区	发展思路
两心	冯岗游客服务中心(主)	冯岗村旅游资源的丰富程度、交通便捷程度及经济发展实力较好,将其打造为主游客服务中心,承担主要的游客接待工作
两心	姚河游客服务中心(副)	依托姚河村丰富的旅游资源,借助美丽乡村观光带的连接,将其打造为副游客服务中心,承担部分游客接待工作
两带	美丽乡村观光带	打造为美丽乡村观光带,集交通联动、游憩娱乐、游步自驾等功能于一体的区域
两带	溪谷风情体验带	依托丰富的水域资源,开发观音河漂流、瀑布、奇石观赏等旅游项目,打造集交通联动、区域串联、水域观光、休闲运动于一体的溪谷风情体验带
四区	佛教朝觐文化区	凭借该区域内丰富的佛教文化资源,将该区域打造为集朝拜、禅修、修养于一体的文化体验区
四区	禅茶养生度假区	依托该区域内的茶资源与佛教旅游资源,打造融合禅韵与茶品为一体的禅茶旅游胜地和祈愿福地
四区	农情休闲体验区	将该区域打造为集共享农庄、山桃产业基地于一体的休闲体验区
四区	魅力三茶产业区	打造集茶叶种植、茶香体验和茶产业加工于一体的产业示范园区

(二)新建旅游项目

1. 冯岗游客服务中心和姚河游客服务中心

建设包含旅游信息咨询、资源介绍、线路指引、订票购票、观光车租赁等服务在内的综合服务中心,同时建造入口门楼、旅游厕所、接待中心、生态停车场等基础配套设施,满足游客的接待、集散、体验等需求。

2. 美丽乡村观光带

对现有的交通道路沿线进行绿化、美化,营造出山花烂漫之感,同时设置和畅通驿站供游客休憩之用,龙胤桥、乡依建筑小品可供游客观光游乐,同时增加观光带沿线景观的多样性。

3. 溪谷风情体验带

依托丰富的水域资源,开发观音河漂流、瀑布、奇石观赏等旅游项目,使游客充分感受沿线秀美风光的同时,呼吸清新空气,体验运动的乐趣。

4. 佛教朝觐文化区

凭借该区域内丰富的佛教文化资源,将该区域打造为集朝拜、禅修、修养于一体的文化体验区,游客在这里不仅可以拜佛诵经,感受佛教文化的博大精深,还可以吃斋打禅,享受惬意的"佛系"生活。同时,修建连接佛山禅寺与苦修庵寺的青龙栈道,让游客在欣赏佛教人文景观的同时,又可饱览奇秀山水,体验佛教文化的无限魅力。

5. 禅茶养生度假区

依托该区域内的茶资源与佛教旅游资源,打造融合禅韵与茶品为一体的禅茶旅游胜地,使游客能够放松心情,观赏茶园、品味茶香的同时,感受禅宗文化的浸润,体会青龙文化的韵味。同时,开发百年古树区为祈愿福地,使该区域禅茶福地的形象逐渐深入人心。

6. 农情休闲体验区

充分依托该区域的自然和交通区位,按照"宜农则农、宜游则游"的原则,挖掘农业旅游资源,将该区域打造为集共享农庄、山桃产业基地于一体的休闲体验区。

7. 魅力三茶产业区

依托该区域内优质的茶资源,将该地打造为集茶叶种植、茶香体验和茶产业加工于一体的产业示范园区,为游客提供高品质、特色化的茶乡之旅,同时,通过做大做强茶产业,助力姚河村产业结构调整和升级、农民增收、经济增长,实现脱贫致富的目标。

(三)现有项目改造

1. 禅茶养生度假基地

将原来的成佛寺进行修缮改造,保持特色,修旧如旧,设立诵经堂、上香殿等,让当地居民能够来此上香礼佛。同时每逢初一、十五可以举办特色法会,让香客来此聆听诵经,参加斋戒、放生活动等。以古桂花树、百年猫刺树、龙宫石洞所在地作为祈愿福地,游客来到冯岗村旅游可以祈愿福地感受三"气":一是在桂花树下沾沾贵(桂)气,二是在猫刺树旁避避邪气,三是龙宫石洞带带佛气。

2. 佛教文化朝拜基地

佛山禅寺主要是为香客提供拜佛的场所,将原有佛像进行修缮、完善内部环境,体现佛教文化的庄严、大气与包容。在佛山禅寺山门前凿筑山石台阶,石阶上雕刻青龙浮雕,两旁设置石柱栏杆,通向佛山禅寺,那些虔诚祭拜的香客可以一步一步攀登进入寺庙,在攀登的过程中感受佛教文化的魅力。

3. 佛教文化禅修基地

苦修庵寺作为禅修静养圣地,主要是为游客提供"心灵洗礼"的场所,就是把心灵中的良好状态培育出来。洗净堂分两部分,分别是"小洗"和"大洗"。在"小洗"区,摆放一个个大大小小的洗手池,中间都用石材雕刻成莲花状,水从花瓣间流出,供信徒们洗净。"大洗"区是供参拜者进行全身洗礼的地方。

4. 烂漫山桃基地

灼灼桃林是一片桃林,游客可以来此欣赏到漫山遍野盛开的桃花,满足了游客对于浪漫的幻想,等到桃子成熟的季节,游客可以过来亲自体验甜蜜的鲜桃风味。

5. 茶叶种植基地

茶叶种植基地位于魅力三茶产业区内,主要项目包括主题茶园、茗趣采摘、茶谷迷宫、茶林古道、茶山灌溉展示。

四、冯岗村—姚河村旅游脱贫路径规划

(一)扶贫业态策划

1. 旅游餐饮业态

当地村民以传统农家菜为主,加强特色菜、农家菜、山野菜等菜品开发,重点突出当地生态特色、文化特色、民俗特色,将乡村美食打造成具有特色的旅游吸引物。有经济条件的村民以地方特色文化为主题,开发主题餐厅,设计特色宴席。

2. 旅游住宿业态

当地政府积极引进资金,鼓励贫困户参与开发建设多种多样不同类型住宿设施——主题客栈、休闲农庄、原生态乡村民居等,形成功能齐全、布局合理的乡村旅游住宿体系。

3. 旅游交通业态

有一定劳动能力的村民可以参与乡村旅游的基础设施改善工程建设,如车场、服务驿站、特色风景道、指引系统改造建设等。在冯岗村—姚河村旅游设施中,配套方便快捷的旅游交通设施是前提,交通关系着乡村旅游各个景点的通达性,决定着乡村旅游吸引的游客量。

4. 旅游购物业态

农户可以围绕冯岗村—姚河村内特色茶品牌产品、乡村特色土特产,进行土特产品的制作和销售,增加个人收入,满足消费者旅游购物的需求。

(二)贫困户参与机制

1. "景区+农户"参与机制

按照党支部引领、合作社带动、贫困户受益的方式,将扶贫专项资金、宅基地、资金等作为个人股金入股参与到景区的商业经营中,如景区通过流转农户的土地,在景区商业设施中给予农户优先经营权,或者农户直接通过竞价获得景区部分商业经营权。农户通过自身的劳动力获取景区内的工作,从而获得工作报酬,增加收入。

2. "协会+农户"参与机制

由旧街街道办事处牵头,在外务工成功人士、乡村干部、乡贤等爱心支持,成立扶贫开发

协会,吸纳企业家和社会热心人士成为会员。筹集各类资金,积极对接挂钩帮扶单位。协会可以促进冯岗村和姚河村区域乡村旅游的规范和管理,而且提高乡村旅游的品牌竞争力和影响力。

3. 农户独立经营机制

有能力、有条件的贫困户依据冯岗村—姚河村生态农业和乡村旅游发展的需要,将自家闲置农屋或承租其他村民住宅,开办精品民宿、农家乐、购物商店等,增加家庭的营业收入。对有劳动能力的农户,鼓励积极开展生态特色种植养殖,并形成一定的规模。通过向游客出售自家的农副产品、土特产品而获得收入。

(三) 旅游扶贫精准指导

(1) 鼓励村民积极参与种植"四茶"和旅游经营行业,同时发挥冯岗村和姚河村村委作用,建立属于村集体的实体茶厂,以产业帮助村民解决就业,并做好贫困户服务行业技能培训工作。

(2) 有经济能力和条件的贫困户依据冯岗村—姚河村生态农业和乡村旅游发展的需要,利用自家闲置农屋或承租其他村民住宅,开办精品民宿、农家乐、购物商店等,增加家庭的营业收入。

(3) 对于有劳动能力的农户,鼓励农户积极开展生态特色种植养殖,扩大养殖规模,通过向游客出售自家的农副产品、土特产品而获得收入。

第三节　农业公园:汉楼村—七湾村—管寨村

一、汉楼村—七湾村—管寨村连片村旅游扶贫条件分析

(一) 村情简介

1. 自然条件

管寨村隶属于新洲区潘塘街,距离潘塘街道 17 千米。全村占地面积 2.8 平方千米,耕地面积 1678 亩,其中水田 1334 亩,旱地 344 亩。管寨村水资源丰富,村内有河流 1 条,水渠 3 条,另有水库、水塘若干。七湾村位于潘塘街东北部,村域面积 2.86 平方千米,其中耕地 1425 亩。七湾村水资源较为匮乏,各村湾均有小规模的水塘分布,总面积在 5 亩左右,村内水资源质量不高。汉楼村位于潘塘街东北部,与麻城市白果镇接壤,南与徐古街毗邻。全村占地面积 3.67 平方千米,其中耕地面积 265 亩。

2. 区位条件

(1) 交通区位。

汉楼村—七湾村—管寨村三村所在的潘塘街位于武汉市新洲区东北部,交通便利,京九铁路、大广铁路穿街而过,022 乡道连接汉楼、七湾、管寨三村,这也是连片区域的主要交通干线。三村已基本实现村村通工程。

(2) 旅游区位。

汉楼村—七湾村—管寨村区域内旅游资源丰富、生态环境优美、文化特色鲜明、农业产业发达,拥有问津书院、道观河、将军山、少谭河、城楼寨等著名旅游景点。问津书院是一个

以千年问津书院为载体,以儒家传统文化为主脉,以荆楚文化知识为底蕴,以高品质书院文化观光休闲为主题的旅游景区。少谭河水库景区位于道观河景区西部,群山环绕,景色宜人。少谭河东部有杨家山万鸟园,许多珍稀鸟类在此栖息繁衍,景象壮观。少谭河西南侧有狮子岩,海拔180米,自然风景十分秀美。

3. 经济社会条件

管寨村全村283户1069人,残疾人24人,二级及以上残疾人18人。村内农业资源丰富,拥有大面积的药栀子种植基地,丰美禾畜牧科技有限公司占地面积1100多亩,以养殖肉猪为主。武汉嘉良乐生态种植合作社占地面积1100多亩,以种植精品水果、观光采摘为主,主要有葡萄、草莓、石榴、枣等品种,另外还发展餐饮、垂钓等休闲娱乐。建立栀子种植合作社,种植栀子800亩。

七湾村全村286户1054人。交通通达性较差。村民主要经济来源是外出务工和传统的粮棉油种植。村的主导产业是粮、棉、油等传统种植业,扶贫产业为光伏发电,占地2000平方米,每月平均发电8千度,每年将为村集体经济增加收入9万元。

汉楼村全村560户2063人。常年以油茶、药栀子、红冠桃种植为主要的产业,其中,叶家院、鲁家咀以种植栀子为主,细畈家湾、李正大湾以水产养殖为主,祠堂湾以畜牧业为主,余家老屋、徐汉楼、李家排以种植油茶为主。

(二)贫困现状及成因

1. 贫困现状

潘塘街管寨村贫困户共计19户58人。截至2017年年底,贫困户19户58人已全部实现脱贫。七湾村贫困户18户62人,截至2017年年底,七湾村共计脱贫7户28人。汉楼村贫困户41户115人。

2. 贫困成因

根据潘塘街贫困户数统计结果分析,各村贫困户贫困原因见表4-7。

表4-7 管寨村、七湾村、汉楼村贫困户贫困原因

贫困原因	管寨村			七湾村			汉楼村		
	贫困户数	贫困人数	所占比例	贫困户数	贫困人数	所占比例	贫困户数	贫困人数	所占比例
因病	15	46	79.31%	13	45	72.58%	13	35	30.43%
因学	3	10	17.24%	2	5	8.06%	5	18	15.65%
因残	1	2	3.45%	2	8	12.91%	10	31	26.96%
其他	—	—	—	1	4	6.45%	13	31	26.96%
合计	19	58	100%	18	62	100%	41	115	100%

(三)旅游资源分析与评价

1. 旅游资源类型

根据国家标准《旅游资源分类、调查与评价》(GB/T18972-2017)的有关规定,通过全面调研,对三个村的旅游资源按照主类、亚类及基本类型的层次进行分类(见表4-8)。

表 4-8　汉楼村—七湾村—管寨村三村连片区域旅游资源类型

主　类	亚　类	基　本　类　型	主要资源单体（数量）
B 水域景观	BB 湖沼	BBA 游憩湖区　BBC 湿地	2
C 生物景观	CA 植被景观	CAA 林地　CAB 独树与丛树　CAC 草地　CAD 花卉地	6
	CB 野生动物栖息地	CBA 水生动物栖息地　CBB 陆地动物栖息地　CBC 鸟类栖息地　CBD 蝶类栖息地	4
E 建筑与设施	EA 人文景观综合体	EAE 文化活动场所　EAF 康体游乐休闲度假地	3
	EB 实用建筑与核心设施	EBB 特性屋舍　EBJ 陵墓　EBK 景观农田　EBN 景观养殖场	4
	EC 景观与小品建筑	ECL 水井	3
F 历史遗迹	FA 物质类文化遗存	FAA 建筑遗迹	2
G 旅游购品	GA 农业产品	GAA 种植业产品及制品　GAB 林业产品与制品　GAC 畜牧业产品与制品　GAD 水产品与制品	4
	GC 手工工艺品	GCC 家具	1
H 人文活动	HB 岁时节令	HBC 现代节庆	3
数量统计			
6 主类	10 亚类	24 基本类型	32 资源单体

2. 旅游资源特色评价

(1) 农业旅游价值。

汉楼村—七湾村—管寨村三村连片区域农业资源丰富,除了传统的农作物之外,还拥有药栀子、红冠桃以及各类水产资源。区域内生态环境优美,农耕文化底蕴深厚,民风淳朴自然,为发展乡村旅游奠定了良好基础。

(2) 度假体验价值。

汉楼村—七湾村—管寨村三村连片区域环境良好,风景秀丽,非常适合都市中繁忙的人群来此休闲度假,游客可以吃农家菜,干农家活,体验农家生活,让身心得到完全的放松。

二、凤凰寨村旅游扶贫产业规划

(一) 旅游发展主题形象

汉楼村—七湾村—管寨村三村连片资源基底主要是农业,景色秀丽,田、水、村、宅等景观融为一体,农耕文化底蕴深厚。首先,以建设美丽乡村为目标,通过田园景观塑造、乡村环境改善、民俗风情展示等措施,让游客感受"采菊东篱下,悠然见南山"。陶渊明诗中描述了诗意绵绵、古朴淳厚的田园之美,故曰景秀乡村。其次,三村连片区域最终目标是建设国家农业公园,让游客在乡村住下来,享受"三避三养三洗",即避霾、避寒、避暑,康疗养生、乡情养神、环境养老以及好生态洗心、好空气洗肺、好食品洗胃。打造都市人群游乐园、度假园、欢乐园、乐活园。故将该连片区域主题形象定为"景秀乡村,乐活农园"。

（二）旅游产业发展定位

根据当地资源禀赋,确定合理的产业布局。首先,七湾村作为旅游集散中心所在地,该村产业基础较为薄弱,主要以杂粮种植为主,规划将此区域功能定位为农耕生活体验,来彰显七湾当地的乡土文化特色。其次,管寨村农业资源丰富,产业基底好,休闲农业已具备基础,该区域定位为农业生产、农业科技展示、农耕采摘体验等。最后,汉楼村交通区位优势明显,可联合新洲区其他村镇发展自驾游,因此汉楼村发展定位为乡村休闲度假、农产品加工、休闲购物等。满足周边自驾游、团体游等群体乡村田园观光、创意手工、乡村旅居等需求。

（三）旅游产业与产品设计

在实现潘塘街汉楼、七湾、管寨三村共同旅游扶贫、脱贫致富的过程中,应充分尊重、融合、利用现有的资源与产业,将优势产业环节做深做足,通过旅游规划实现旅游业对全村的带动,从而达到旅游脱贫的目的。以三村田园景观、农业生产活动和特色农产品为休闲吸引物,开发"田园农业＋园林观光＋休闲度假＋农耕体验"产品体系。

1. 田园农业游系列

以田园农业为重点,开发欣赏田园风光、观看农业生产活动、品尝和购置绿色食品、学习农业技术知识等旅游活动,以达到了解和体验农业的目的。

2. 园林观光游系列

以果林和园林为重点,开发采摘、观景、赏花、踏青、购置果品等旅游活动,让游客观看绿色景观,亲近美好自然。

3. 休闲度假游

以"乡味"为氛围基底,打造外旧内新、外质朴内奢华的度假乡居、主题民宿、星空影院等,满足现代都市人群渴望逃离人造空间,到自然乡野度假避世的需求。

4. 农耕体验游

通过参加农业生产活动,与农民同吃、同住、同劳动,让游客接触实际的农业生产、农耕文化和特殊的乡土气息。

三、凤凰寨村旅游扶贫项目规划

（一）旅游项目空间布局

根据武汉市新洲区汉楼村、七湾村和管寨村旅游扶贫总体连片规划的编制需求,结合重点区域的场地条件、周边建设和特色旅游需求,规划形成的整体空间格局如表4-9所示。

表 4-9 汉楼村—七湾村—管寨村连片功能分区表

总体布局	功能分区	发展思路
一心	旅游集散中心	建设集综合服务功能、旅游配套服务功能和旅游形象展示功能于一体的旅游集散中心。建有入口门楼、旅游厕所、生态停车场、游客服务中心、景观广场等基础服务设施
两带	生态旅游观光带	将022乡道打造成为集区域串联、交通轴线、生态观光功能于一体的生态旅游观光带,对现有的交通道路进行适当扩宽、改造,适当设计骑行绿道;并进行景观绿化、生态营造,同时设置摄影采风廊、休闲驿站
两带	滨水田园景观带	通过河道疏通、水岸环境整治及基础设施配套,挖掘出旅游区水系沿线的生态田园、河道水系、村落等景观,打造一条四季绿荫、风景宜人、小桥流水的田园景观廊道
三区	立体农业示范区	以立体农业为发展基础,扩建修整现有农业生产基地,完善基础设施建设,将种养循环技术、有机大棚种植等新型技术运用于农产品的种植和养殖,开发农事体验、农业科普项目
三区	农耕生活体验区	充分利用七湾村现有的农业资源,与旅游相结合,将其打造成集农事体验、休闲度假等功能为一体的旅游主题区
三区	乡村野趣休闲区	借助油茶以及红冠桃的资源优势,打造集种植、采摘、加工等功能为一体的复合型基地

(二) 旅游项目建设

1. 旅游集散中心

建设集综合服务功能、旅游配套服务功能和旅游形象展示功能于一体的旅游集散中心。建有入口门楼、旅游厕所、生态停车场、游客服务中心、景观广场等基础服务设施,其核心是通过建设有效的、便捷的、智能化的、完善的基础配套设施,满足旅游消费者的六要素服务需求;同时也将此打造为旅游者的"交通驿站"。

2. 生态旅游观光带

将022乡道打造成为集区域串联、交通轴线、生态观光功能于一体的生态旅游观光带,对现有的交通道路进行适当扩宽、改造,适当设计骑行绿道;并进行景观绿化、生态营造,同时设置摄影采风廊、休闲驿站等,增强乡村旅游风景轴的生态性、文化性和参与性。

3. 滨水田园景观带

建设水秀步道、生态驳岸、水上泛舟等旅游项目,通过河道疏通、水岸环境整治及基础设施配套,挖掘出旅游区水系沿线的生态田园、河道水系、村落等景观节点,河道两边种植不同的风景树、花卉等,打造一条四季绿荫、风景宜人、小桥流水的田园景观廊道。水上种植形状种类各异的植物,形成图案多变的水上景观。

4. 立体农业示范区

以立体农业为发展基础,扩建修整现有农业生产基地,完善基础设施建设,将种养循环技术、有机大棚种植等新型技术运用于农产品的种植和养殖,开发生态种养循环基地、缤纷鲜果乐园、栀子花海等项目。

5. 农耕生活体验区

充分利用七湾村现有的农业资源,与旅游相结合,将其打造成集农事体验、休闲度假等功能为一体的旅游主题区。建设农耕文化博物馆让游客能够全面地了解农事文化,走进中华民族五千年来的农耕文明。稻香水韵让游客在繁忙的生活中放下压力,体会在稻田里面的乐趣;田园人家给游客提供食宿服务,让其能够很好地体会乡村美食的特色,感受乡村夜晚的宁静与美好。

6. 乡村野趣休闲区

建设生态油茶产业基地、锦绣桃园、星光露营基地等项目,借助油茶以及红冠桃的资源优势,打造集种植、采摘、加工等功能为一体的复合型基地,让游客能够获得全面的旅游感受,除此之外,利用星光露营基地来吸引一部分喜欢户外运动与探险的游客,以此来拓宽旅游市场。

四、凤凰寨村旅游脱贫路径规划

(一) 扶贫业态策划

1. 旅游餐饮业态

邀请农业专家等实地向村民传授果树种植技术,帮助困难群众掌握一定的种养技术,能够将绿色蔬果、水产养殖、药栀子、油茶等资源,转变为旅游商品,推出特色菜品,主打绿色生态菜肴,独立或合作开展食疗馆、鲜果坊、膳食坊等类似的旅游服务经营活动。

2. 旅游娱乐业态

根据之前策划的重点旅游游玩项目,村民可以自行开展旅游游玩娱乐项目,参与到特色花卉苗木种植、鲜果采摘活动中,到农耕文化博物馆向游客介绍农耕文化,引导游客进行农耕体验。也可到星光露营基地务工,维持场面秩序,为游客提供服务。

(二) 贫困户参与机制

1. 从事旅游经营

三村连片区内自然塆较多,村庄成聚落分布,产业分布也较为集中。鼓励村内有经济能力、有条件的村民依据周边独特乡村风光和便捷的区位优势,开设乡村民宿、购物商店等,获得旅游收入。

2. 参与旅游接待

对有一定劳动能力的、不具备旅游经营水平的农户鼓励其参与到农家乐、民宿、农产品展销中心、蔬果采摘园等项目旅游接待服务中,取得农业收入之外的其他劳务收入。

3. 出售自家农副土特产品

通过发展乡村旅游,三村连片区域的人流、车流等会不断增多。使得区域内的葡萄、草莓、"丑八怪"等精品蔬果,油茶、药栀子等杂粮及家禽蛋等农副产品价格上涨,也拓宽了销售渠道。

4. 土地流转获得租金

管寨村成立建良栀子合作社,可吸纳更多的农户将自家土地流转出租;汉楼村和七湾村可成立乡村旅游文化合作社,或引资共建乡村旅游文化公司,流转村内土地实行规模产业化种植养殖。也可以解决农户就业问题,农户可以获得租金收入。

5. 入股分红

对农户中因病、因残等原因丧失劳动力的贫困户和贫困群众,以自有的土地、房屋、资金等作为股权投入,参与到乡村种植合作社、乡村旅游企业的经营开发建设中,通过获取股权分红,从而带动这部分贫困群众脱贫致富。

(三)旅游扶贫精准指导

通过分析汉楼村、七湾村和管寨村三村贫困户基本情况,以"一户一策、精准扶贫"为原则,对已经脱贫的贫困户采取措施防止后期返贫(见表4-10)。对未脱贫的贫困户通过精确帮扶和精确管理指导,进而实现脱贫致富(见表4-11)。

表4-10 已脱贫的贫困户旅游扶贫精准指导

序 号	致贫原因	精准指导
1	因学	产业扶持:落实就业帮扶,做好村民旅游服务行业技能培训工作
2	因残	教育扶持:积极与区、市级教育部门衔接,着力抓好"雨露计划"等贫困户学生读书优惠政策的兑现落实
3	缺资金	
4	缺技术	金融帮扶:帮助解决特惠贷发展种植养殖,开展旅游服务经营
5	缺劳动力	医疗保险:整合城乡居民基本医保基金、医疗救助基金、民政救助基金、残疾人保障金、社会慈善捐助等基金,针对贫困人口建立规范的大病救助办法
6	因病	

表4-11 未脱贫的贫困户旅游扶贫精准指导

序 号	贫 困 户	致贫原因	精准指导
1	王家A	因学	做好学生资助工作,实行教育扶贫,保证贫困户家庭孩子不辍学或毕业后帮其联系工作;有劳动力可申请到就近民宿、餐饮等旅游经营场所就业
2	徐家	因学	
3	王家B	因病	医疗帮扶,协助申请办理大病救助;同时对其进行产业扶持,对于有劳动力者开展农业、旅游实用技术培训,提高贫困户造血能力
4	王家C	因病	

第四节 田园综合体:辛冲街上塘村—高桥村

一、上塘村—高桥村旅游扶贫条件分析

(一)村情简介

1. 自然条件

(1)地理位置。

上塘村位于辛冲街北端,东与旧街街道毗邻,北与三店接壤,西与邾城相连。高桥村地处辛冲街最北端,北与旧街肖畈村相邻,西与三店松林村接壤。

(2) 气候条件。

新洲区辛冲街上塘村、高桥村均属典型的亚热带大陆性季风气候：四季分明，光照充足，热量丰富，雨水充沛，无霜期长，严寒期短，自然条件较好，适宜农业生产。

(3) 土地状况。

上塘村占地3.3平方千米，其中耕地面积1568亩（水田面积约1040亩，旱地约528亩），土地贫瘠。高桥村占地3.6平方千米，其中耕地面积1257亩（水田面积997亩，旱地280亩），约有水面面积300余亩。

(4) 水资源。

上塘村水资源较为丰富，有塘堰45口，蓄水量50万方，村级泵站3座，渠道4200米。高桥村内有河流两条，分别为徐家寨寨河、土河，其中徐家寨寨河自西向东流向土河，土河流进沙河。河流水主要用于农业灌溉。

(5) 地质地貌。

辛冲街上塘村地处丘陵地带，八岗九冲，地势起伏小，地形较为平坦。高桥村属于典型的丘陵地貌，大部分村民位于丘陵或半丘陵地貌。

2. 区位条件

(1) 交通区位。

高桥村与上塘村外部交通与内部交通通达性较高。大广高速、新道公路从高桥村经过，沿着新道公路仅需5分钟的驱车时间便可以到达上塘村村委会，路面开阔，路况良好。此外，高桥村与上塘村内各自然湾之间已基本实现村村通工程，多数路段是水泥路，路况平整，出行便利。

(2) 旅游区位。

高桥村与上塘村所在的辛冲街位于武汉市新洲区东南部，素来有"武汉建筑之乡"的美誉，也被中国建筑协会称为"鲁班镇"。辛冲街与新洲区邾城街连为一体，是武汉市东出鄂东的重要门户。邾城街是有名的历史名城，从秦置邾邑、衡山郡至隋置黄州、黄冈，先后有13个郡、州、县等治所驻此，故史有"锁钥金城，三楚重镇"之称。上塘村—高桥村两村可借助辛冲街与邾城街便利的交通条件，依托邾城街深厚的文化底蕴以及知名景区的旅游吸引力来拓宽客源市场。

3. 经济社会条件

(1) 收入水平。

高桥村2017年村集体经济收入13.1万元，主要来源为投资入股武汉煊翌朗生态农业有限公司保底分红及土地出租。

(2) 人口数量。

上塘村全村共有农户295户1370人，劳动力585人，外出劳动力380人。高桥村全村共有农户304户1298人，劳动力601人，常年外出务工418人。

(3) 交通状况。

上塘村现已实现村村通、湾湾通，道路由3.5米加宽至5米。2017年，通村公路并对公路进行硬化、对路基进行加宽。高桥村也实现了村村通、湾湾通。

(4) 基础设施状况。

上塘村已经完成安装路灯、建设机耕道路及池塘整治等基础设施建设，村内设有村卫生所、百姓大舞台、村文化广场等。高桥村设有村卫生室,2020 年计划投资 50 万新建机耕路、U 形渠、塘清淤。

4. 产业发展现状

辛冲街上塘村和高桥村以种植稻谷、棉花、油菜为主导产业,以种植樱花、红冠桃和黄金茶为特色产业,种植品种单调,产业结构单一,旅游业在全村经济总量的占比还不高,目前旅游业对区域的影响力主要体现在赏樱上,集中在大塘、秦家田等地。因此着眼于上塘村和高桥村社会经济发展的现状,将旅游业定位为精准扶贫特色产业、支柱性产业。通过发展旅游产业促进脱贫减贫,实现从输血式扶贫向造血式扶贫转变。

(二) 贫困现状及成因

1. 贫困现状概述

截至 2018 年,上塘村有 4 户 15 人未脱贫,高桥村已经全员脱贫,统计信息如表 4-12 所示。

表 4-12 上塘村—高桥村连片区域贫困户情况统计

村　　庄	年　　份	贫困人数	贫困户数
上塘村	2014 年	22	70
	2015 年	21	67
	2016 年	18	59
	2017 年	11	34
	2018 年	4	15
高桥村	2014 年	22	77
	2015 年	19	66
	2016 年	17	59
	2017 年	11	37
	2018 年	0	0

2. 致贫原因

由上塘村、高桥村因病致贫比例超过半数,可见规划片区医疗条件差、救助资金不足、救助范围窄等问题十分普遍,现行的医疗体系无法有效帮助村民解决看病贵、看病难的问题。而因残致贫所占比例仅次于因病致贫,可见规划片区残疾贫困人口相对较多,这部分贫困户虽丧失劳动能力,依靠自身脱贫致富能力较弱,但在更大程度上也是由于自身动力不足,依赖性强。

(三) 旅游资源分析与评价

1. 旅游资源类型

根据国家标准《旅游资源分类、调查与评价》(GB/T18972-2017)的有关规定,通过全面调研,对上塘村—高桥村旅游资源按照主类、亚类及基本类型的层次进行分类(见表 4-13)。

表 4-13　上塘村—高桥村旅游资源类型

主　类	亚　类	基本类型	主要资源单体（数量）
B 水域景观	BB 湖沼	BBA 游憩湖区　BBC 湿地	2
C 生物景观	CA 植被景观	CAA 林地　CAB 独树与丛树 CAC 草地　CAD 花卉地	6
C 生物景观	CB 野生动物栖息地	CBA 水生动物栖息地　CBB 陆地动物栖息地 CBC 鸟类栖息地　CBD 蝶类栖息地	4
E 建筑与设施	EA 人文景观综合体	EAE 文化活动场所 EAF 康体游乐休闲度假地	3
E 建筑与设施	EB 实用建筑与核心设施	EBB 特性屋舍　EBJ 陵墓 EBK 景观农田　EBN 景观养殖场	4
E 建筑与设施	EC 景观与小品建筑	ECL 水井	3
G 旅游购品	GA 农业产品	GAA 种植业产品及制品　GAB 林业产品与制品 GAC 畜牧业产品与制品　GAD 水产品及制品	4
G 旅游购品	GC 手工工艺品	GCC 家具	1
H 人文活动	HB 岁时节令	HBC 现代节庆	3
数量统计			
5 主类	9 亚类	23 基本类型	30 资源单体

2. 旅游资源特色评价

上塘村—高桥村两村连片区域自然资源丰富,可以用来发展乡村旅游,但是规划区内缺少多层次的人文资源,旅游资源同质化现象明显,缺少差异性,未打造出具有当地文化内涵的旅游产品。

二、上塘村—高桥村旅游扶贫产业规划

(一)旅游发展主题形象

规划将上塘村—高桥村两村连片区域旅游主题形象定位为"市外田园,慢游稻乡"。"市外"点明了上塘村和高桥村的地理位置,位于武汉市城郊,离新洲区城区约 20 分钟车程,适合开发近郊游;而且"市外"谐音"世外",寓意这里田园风光秀丽,环境优美。"慢游"一词是上塘村和高桥村发展乡村休闲观光游和稻作文化体验游的核心理念,规划区内设置有缤纷樱花园、十里桃花园、欢乐渔趣园、多彩稻田等,游客来此春可赏花、夏可观木、秋可品果、冬可看雪,一年四季有好风景。此外村内设计了桃花主题民宿、樱花摄影基地、稻田演艺秀、葡萄茶座等休闲娱乐设施,给游客创造一种休闲避世、慢享生活好时光的静谧空间,有助于养生、养身、养心、养颜,打造"慢村"品牌。

（二）旅游产业发展定位

结合乡村振兴和精准扶贫工作要求，以生态优先、特色彰显为前提，以田园风光、稻作文化为背景，根据上塘村和高桥村产业发展现状，规划将旅游扶贫规划总体发展定位为通过旅游发展全面带动全村社会经济发展，着力提升第三产业在全村的比重；着力提升第一产业的旅游附加值；着力延伸旅游产业链。

（三）旅游产业与产品设计

1. 乡村休闲游

上塘村—高桥村生态景观丰富，春可赏桃樱，夏可观木，秋可观稻，冬可赏雪。还有大片茶园、葡萄园、垂钓园等，生态古朴的田园景观构成了一幅乡村画。乡村宁静的自然环境和悠闲的生活氛围，成为都市人群乡村旅居的度假地和栖息地。规划在稻田、桃花园等景色优美区域设计主题民宿，在环境幽静的地方规划风情农舍，满足不同消费群体的需求。

2. 文化体验游

稻作文化是农耕文化的典型代表。高桥村以种植水稻为主导产业，规划通过挖掘其深厚的稻作文化，围绕稻田设计多彩稻田观光、稻田娱乐、主题民宿、稻田演艺秀等项目。在这里游客可以亲自体验下田插秧、打场、蔬果采摘、和泥手工、农家垂钓等传统农耕生活，体验乡土、乡情、乡音，也可参观农耕文化馆，感受千百年历史文化的诉说。

3. 文化节庆游

依托区位优势，以农耕文化为基础，在金九银十的季节里，举办新洲区中国农民丰收节辛冲街分会场，举行农产品展销会、民俗活动、文艺表演等，将其打造成为农民的狂欢节、全民的购物节。

三、上塘村—高桥村旅游扶贫项目规划

（一）旅游项目空间布局

在充分考虑两村现有发展条件的基础上，依据两村资源分布特点、产业发展方向、整体布局需求等，综合考虑周边旅游发展和旅游市场需求，规划以乡村旅游扶贫为目的，以突出乡村特色为核心，遵循功能分区原则，打造"一心一轴三区"的总体布局（见表4-14）。

表4-14　上塘村—高桥村旅游结构功能分区表

总体布局	功能分区	发展思路
一心	游客服务中心	作为上塘村—高桥村连片乡村旅游地对外展示的窗口，规划建议将现有高桥村村委会进行提升改造，扩大建设规模。在新道公路北侧修建入口门楼，突显当地旅游的发展
一轴	乡村休闲风情轴	按照道路建设的相关要求和标准，对现有的交通干线进行适当扩宽、改造，依据走向和路形适当设计电瓶车骑行道；并进行景观绿化、生态营造，同时设置休闲驿站、景观小品、电瓶车停靠点等

总体布局	功能分区	发展思路
三区	有机稻田体验区	依托于高桥村现有的稻田种植基地规划有机稻田体验区,整合梳理稻谷农业的核心发展要素和展现形式,通过"旅游+"与纵向产业融合形成稻作文化,开发不同的主导功能
	农情休闲度假区	梳理区域内的地势地脉、旅游资源和特色农耕文化,充分彰显生态农业资源特色和美丽乡村优势,打造独具特色的乡村宜居环境和乡村文化体验场所
	生态观光游憩区	规划该区域为游览观光园聚集部落,在现有资源的基础上,以不同种植景观为依据建设十里桃花园、缤纷樱花园、翡翠葡萄园、欢乐渔趣园,以植物景观为吸引点,开发休闲娱乐项目

(二) 新建旅游项目

1. 游客服务中心

游客服务中心包括接待中心、共享电瓶车、旅游厕所。接待中心位于游客服务中心北侧。外观为明清建筑风格,内部设游客服务台、保安室等。考虑到两村连片规划,在游客服务中心提供共享电瓶车服务站点,便于游客出行。旅游厕所设计应注重实用,要与周边环境相协调,具有良好的可达性。

2. 乡村休闲风情道

乡村休闲风情道包括茶趣园、休闲驿站、电瓶车绿道。依托于村内现有的黄金茶种植,规划休闲风情道旅游节点"茶趣园"。休闲驿站以前后分区布局,前区主要为游客提供电瓶车和车辆临时停靠服务,后区主要是游客休闲场所。

3. 创意稻田体验基地

创意稻田体验基地包括稻田演艺秀、创意稻田小品和稻田经济。在稻田边安放造型各异的稻草人,如孩子喜爱的卡通造型等。在稻田观光旅游项目中融入游客体验,使游客参与到旅游项目当中来。

4. 民俗文化体验园

民俗文化体验园包括神农植物园、农副产品销售中心、彩塑泥玩、农耕文化馆。神农植物园主打以农业科普教育为主的旅游项目,在植物园内种植奇花异草、花卉苗木和蔬果作物等并配有介绍。彩塑泥玩通过手工创作和涂鸦的创意体验形式,满足游客们追忆童年玩泥巴的记忆。农耕文化馆分为展示区和体验区两部分。展示区分古代农业、传统农业、现代农业、乡风习俗四大部分。

5. 多彩田园生活基地

多彩田园生活基地包括稻田小舍、杂粮汇餐厅、自耕农园、稻草工坊。将当地现有农户房屋进行改造或者在田园中选择交通便捷、环境优良的地址建设稻田小舍供游客住宿。杂粮汇餐厅以农家杂粮、养生饮食为主题。稻草工坊是为游客提供稻草产品创作体验与购买的场所。

（三）现有项目改造

1. 有机稻谷种植基地

位于有机稻田体验区内东部区域，主要包括耕读广场、稻渔共生、多彩稻田、"云田园"网销中心等项目。耕读广场位于有机稻谷种植基地的中心区域，主要展现农耕知识与稻谷景观。在稻谷品种上引入种植黑、红、黄、绿、紫五色的稻米，纯天然色泽，无污染、无公害，兼具观赏与食用功能。"云田园"网销中心是建立在传统交易之上形成的创新网络销售渠道，在现代大数据分析和处理的基础上进行稻米市场的方向预测。

2. 休闲度假山庄

选址位于农情休闲度假区南部区域，主要包括静养空间、休闲草坪、风情农舍等项目。静养空间、休闲草坪利用村内现有森林绿地，为游客提供休闲娱乐、呼吸新鲜空气的场所。风情农舍选址于休闲度假庄园中心位置，将农户房屋进行改造升级，主要提供住宿接待、休闲度假等服务。

3. 十里桃花园

选址位于生态观光游憩区北部区域，主要包括桃之夭夭迷谷、淘桃小栈、木心餐厅、花田酒地、桃韵佳苑等项目。逃之夭夭迷谷依托于村内现有的桃花种植园，设置躲藏点和遮挡绿障，形成错落有致的景观和桃林迷谷。淘桃小栈内主要销售有关桃文化的旅游商品，花田酒地为酿酒坊，酿制桃花枸杞酒、蜂蜜桃花酒等。桃韵佳苑以庄园呈现，园内散落客房，设置小型喷泉、观赏鱼池、休闲茶座、乡村书吧等设施。

4. 缤纷樱花园

选址位于生态观光游憩区东部区域，主要包括樱花物语、樱之恋摄影基地等项目。樱花物语即利用樱花开发养生护肤用品和养颜食品，为爱美女性提供最健康、最天然的护肤产品和养生食品，同时园内设置樱花摄影基地。

5. 翡翠葡萄园

选址位于生态观光游憩区东部区域，樱花园以东，主要包括酸甜尽欢、葡下茶座等项目。在现有葡萄园引入更多的葡萄品种，结合市场需求合理规划种植。葡下茶座即在葡萄园下方设置休闲茶座，每个茶座间隔一定距离，茶座分2人、4人或多人茶座，为游客提供休闲场所。

6. 欢乐渔趣园

选址位于生态观光游憩区南部区域，主要包括乐活垂钓、水乡渔吧、水中木栈道等项目。乐活垂钓共设5个垂钓台，垂钓台之间保持一定距离，周边种植树木或设凉棚花架遮阴。水乡渔吧是一家以渔文化为主题的生态餐厅，水中木栈道设计挑台式仿生亲水木栈道，木道贯穿整个水面，游客走在木板上，脚下是潺潺流水、鱼水共乐。

四、上塘村—高桥村旅游脱贫路径规划

（一）扶贫业态策划

1. 旅游餐饮业态

围绕农业资源如五谷杂粮、桃花、樱花、葡萄等开发各种主题餐厅或休闲茶座供游人品尝。进货渠道优先考虑贫困种植户，帮助贫困户拓宽农产品销售渠道。

2. 旅游住宿业态

主题民宿、乡村民居、休闲农庄形成多种类型、功能齐全、布局合理的乡村旅游住宿体系。动员有闲置房屋的贫困户以房屋使用权的方式入股,每年获得固定的分红收入。

3. 旅游娱乐业态

规划设计集田园观光、休闲度假、文化体验、田园养生等功能为一体的动静相结合的娱乐项目。鼓励身体健康、无固定收入的贫困户从事旅游接待服务业。

4. 贫困户参与机制

上塘村和高桥村在旅游精准扶贫中规划了一批民宿、农家乐等配套服务设施。对于民宿,大部分均在传统民居的基础上改建而成,而农家乐经营既有依托自有房屋开展经营,亦有外来个人资本或企业投入建设。规划成立旅游发展协会统一协调管理两村内的旅游经营者,避免恶性竞争,进而形成"协会＋农户"机制。同时,鼓励有条件、有能力的贫困户和贫困群众直接建设、改造精品农庄、农家乐、乡村客栈、民居旅馆、购物商店、文化娱乐设施等,成为旅游文化经营的业主。或者农户集资开办小型农副产品、土特产品等加工基地,成为旅游商品加工经营户,增加非农经营收入而实现脱贫和增收致富。

(二)旅游扶贫精准指导

2018年,高桥村已全员脱贫。上塘村精准扶贫户22户70人,仍有4户15人未脱贫。对4户贫困户做学生资助工作、医疗帮扶等精准指导,详情如表4-15所示。

表4-15　上塘村未脱贫的贫困户精准指导

	贫困户	致贫原因	精准指导
1	李家A	因残因学	做好学生资助工作,实行教育扶贫,保证贫困户家庭孩子不辍学或毕业后帮其联系工作。同时对因残还有一定劳动力的可安排就近就业
2	李家B	因残因学	
3	涂家A	因病	医疗帮扶,协助申请办理大病救助。同时对其进行产业扶持,有劳动力者可申请到就近民宿、餐饮等旅游经营场所就业
4	涂家B	因病	

第五节　古窑文化体验基地:浮山村—夏祠村

一、浮山村—夏祠村旅游扶贫条件分析

(一)村情简介

1. 自然条件

浮山村—夏祠村地处江汉平原向鄂南丘陵过渡地带,属低丘坡岗地区,地势较为平缓,林木茂盛。地处长江中游东南岸,属中亚热带过渡的湿润季风气候。夏祠村水资源十分丰富,建有毛窝垅水库,湖汊塘堰众多,水质良好。浮山村水资源主要分为湖汊、河流、堰塘三类,水面面积达500亩。村境内植被丰富,大量种植经济林,有十多种栽培果树,还种植药用植物。浮山村—夏祠村野生兽类、鱼类资源丰富,品种较多,有鱼类20余种。

2. 区位条件

（1）地理区位。

浮山村—夏祠村位于武汉市东南角、湖泗街北部，夏祠村距湖泗街道6千米，距江夏区中心约50千米，距离武汉市中心城区84.5千米。浮山村距离湖泗街道7千米，距离江夏区中心约60千米，距离武汉市中心城区91.1千米。

（2）交通区位。

浮山村—夏祠村距离107国道互通口的距离分别为9千米、25千米，可通过高速公路联系武汉、咸宁等地；可通过天子山大道直达天子山景区，并可通过天子山大道沟通山舒线，串联徐家磊镇、山坡街道等地；通过梁子湖大道沟通省道314，再由省道314串联湖泗镇、金牛镇，并直达大冶市；通过武咸城际铁路可快速到达武汉、咸宁。

（3）旅游区位。

浮山村—夏祠村位于古窑址群文化旅游区，要深入挖掘湖泗古窑遗址群的历史文化底蕴，突出生态、文化、休闲三大功能，把历史文化、自然资源和现代都市农业有机结合起来，打造集生态文化游于一体的郊游目的地。

3. 经济社会条件

（1）人口现状。

夏祠村共有368户、1122人。2017年有贫困人口共计22户、49人，目前已实现全部脱贫。浮山村共有361户、1083人。其中贫困人口共计26户、59人。两村都存在严重的空心化现象，留守者多为老人、儿童，青壮年多外出打工，劳动力资源稀缺。

（2）经济发展现状。

夏祠村有耕地面积1825亩，其中水田面积1439亩，旱地386亩，人均耕地面积1.63亩。主要以水稻种植业和养殖业为主导产业。村内主要产业基地是解放湖莲藕基地和扶贫到村的光伏发电场、集体麻鸭养殖场。村民主要收入来源是外出务工和务农。浮山村有耕地面积1795亩，林地3000亩，水面面积500亩，人均耕地面积1.66亩。主要以水稻种植业和养殖业为主导产业。村内有现代农业基地，现代农业年创收58万元。

（3）社会条件现状。

浮山村—夏祠村外部交通包括天子山大道、山舒线、省道314、107国道、武咸城际铁路。内部交通基本满足居民生活需求，各村湾之间能有效衔接。村内现无停车场，车辆主要在路边临时停靠和自家院内停车。村民以砍伐树木作为生活燃料，少数有条件的采用罐装气，每个村湾均无天然气管网接入。夏祠村有多处公共厕所，均为旱厕，内部设施简陋；浮山村则暂无公共厕所。每个村湾的生活废水通过明沟、道路等排入菜地及农田中，无集中污水处理设施，且人畜粪便主要以村内统一规格的化粪池收集为主，街巷空间狭小的地方没有设置统一的化粪池。每个村湾已通水通电，覆盖移动信号和接有电信光纤宽带线路。

4. 产业发展现状

浮山村—夏祠村由于地形地势的影响，种植业无法实现大面积的机械化生产，传统农作物种植较为分散，以水稻为主。另外，村域范围内还种植了大量经济林木。浮山村—夏祠村水产养殖业规模较大，以莲藕种植和养殖渔业为主，其中莲藕种植较为集中，而养殖渔业则仍以农户分散经营为主。

（二）贫困现状及成因

1. 贫困现状概述

夏祠村 2015 年共有贫困户 22 户、49 人，占全村总人口的 4.37%，2017 年成功实现脱贫出列。浮山村共有贫困户 26 户、59 人，占全村总人口的 5.45%。

2. 致贫原因

调查结果显示，贫困人口多数是出于经济条件、工作能力、家庭结构等原因致贫，缺乏资金和技术是贫困户致贫的普遍原因，根据贫困原因将贫困户分为因劳动力缺乏无能力型、因疾病折磨负债型、因缺乏技术不善经营型、因供学支出负担过重型、缺乏发展资金型、自主脱贫意识不强型六种类型。

贫困村致贫原因包括自然环境较差、土地资源缺乏、基础设施不完善、公共服务设施不配套、产业结构层次偏低、农业结构调整难度大、财政投入强度偏低、基础设施发展滞后、思想观念落后、自主脱贫意识不强、青壮年外流、劳动力不足等原因。

（三）旅游资源分析与评价

1. 旅游资源类型

根据《旅游资源分类、调查与评价》（GB/T18972-2017）标准，结合景区旅游资源分布状况分析，对浮山村—夏祠村进行了旅游资源综合调查，并对普查情况进行详细归类和汇总（见表 4-16）。

表 4-16　浮山村—夏祠村旅游资源列表

主　类	亚　类	基本类型	主要资源单体
A 地文景观	AA 自然景观综合体	AAA 山丘型景观	大浮山、小浮山
B 水域景观	BA 河系	BAA 游憩河段	大港
	BB 湖沼	BBB 潭池	龙潭、浮山湖
C 生物景观	CA 植被景观	CAA 林地	栗林夏湾经济林、吴松墟竹林、陈月丰湾林地、吴世余湾竹林
		CAB 独树与丛树	栗林夏湾 110 年枫香树
	CB 野生动物栖息地	CBA 水生动物栖息地	解放湖
		CBB 陆生动物栖息地	浮山
		CBC 鸟类栖息地	周庄夏湾林地
		CBD 蝶类栖息地	邱家边林地
D 天象与气候景观	DB 天气与气候现象	DBA 云雾多发区	吴松墟湾、承福咀湾、栗林夏湾、周庄夏湾、新芝堂湾、大屋夏湾、张广湾、邱家边湾

续表

主 类	亚 类	基本类型	主要资源单体
E 建筑与设施	EA 人文景观综合体	EAD 建筑工程与生产地	吴松墟湾梯田
		EAF 康体游乐休闲度假地	吴广湾健身广场
		EAG 宗教与祭祀活动场所	大屋夏湾宗祠遗址、新芝堂湾夏氏宗祠牌匾
	EB 实用建筑与核心设施	EBB 特性屋舍	大屋夏湾7号、下浮山湾竖井四合院、下浮山湾横井四合院、上浮山湾村北老房子、吴广湾兰桂腾芳老屋、张广湾传统建筑群、上浮山湾传统建筑群、下浮山湾传统建筑群、吴世余湾功德榜建筑群
		EBE 桥梁	连心桥、浮山桥
		EBF 渠道、运河段落	陈月丰湾进村水渠、毛窝垴水库
		EBH 港口、渡口与码头	夏家码头、浮山河码头
		EBJ 陵墓	夏麻湾夏握之烈士墓
	EC 景观与小品建筑	ECF 碑碣、碑林、经幢	周庄夏湾宣统年间墓碑
		ECL 水井	周庄夏湾古井、夏麻湾水井
F 历史遗迹	FA 物质类文化遗存	FAA 建筑遗迹	湖泗瓷窑遗址群、夏家码头（周庄夏湾）、大屋夏湾小学遗迹、下但湾遗址、吴氏祠堂（浮山小学）
	FB 非物质类文化遗存	FBD 传统演艺	湖泗吹打、撒帐词
G 旅游购品	GA 农业产品	GAA 种植业产品及制品	周庄夏湾豆腐角
H 人文活动	HA 人事活动记录	HAA 地方人物	夏握之、夏大贵
		HAB 地方事件	梁子湖传说、下但出天子传说、仙人洞传说

2. 旅游资源空间分布

浮山村—夏祠村的旅游资源组合情况较好，自然资源与人文资源相互依存、相互呼应，显著富集的资源门类为遗址遗迹与建筑设施类。自然资源主要分布在村庄中部，数量较少，规模较小。人文资源分散在村庄各处，极为丰富，其中瓷窑址群数量众多、分布广泛，是湖泗街道瓷窑址群的核心区域。浮山村—夏祠村的旅游资源空间分布总体呈现出中间少四周多的特点。

3. 旅游资源特色评价

根据资源调查结果,两村旅游资源涵盖了8个主类、13个亚类、25个基本类型,人文资源和自然资源都较为丰富。

(1)自然资源。

浮山村—夏祠村的自然资源种类众多,拥有以解放湖、大港河龙潭为代表的水域景观资源,以大小浮山为代表的地文景观资源,又有分散在各个村湾的树木和林地景观,且各村湾林地多发云雾。这几类资源各具特色,相互结合或与其他资源相配合,能整体提升浮山村、夏祠村资源体系的竞争力。

(2)人文资源。

浮山村—夏祠村的人文资源主要体现在传统村落中,主要分为遗址遗迹、传统建筑和民间演艺三大类。浮山村—夏祠村地处湖泗瓷窑址群的核心地带,拥有47座瓷窑遗址,并拥有见证当年水运盛况的码头遗址;拥有张广湾、上浮山湾和下浮山湾等保留民居建筑、田园风光特色的传统村落;拥有特色美食以及丰富多彩的民间艺术、民间习俗、传说故事、非物质文化遗产代表传承人等大量非物质文化遗产。

二、浮山村—夏祠村旅游扶贫产业规划

(一)旅游发展主题形象

为了紧抓机遇、加速发展,把握江夏区申报"湖泗窑国家考古遗址公园"的有利时机,保护古窑址,整治周边环境,打造大遗址公园;在旅游产品开发中,以自然山水田园风光为核心,让游客充分领略浮山村—夏祠村的自然田园风情;全面提升浮山村—夏祠村的基础设施和服务设施,并将设施与乡村景观相结合,为发展乡村旅游提供良好的环境。故将浮山村—夏祠村旅游发展主题定位为"品读古窑文化·体验田园生活",旨在将浮山村—夏祠村打造为以"古瓷窑"为主题的乡村休闲旅游目的地,带动浮山村—夏祠村经济发展,实现旅游脱贫与致富。

(二)旅游产业发展定位

立足于浮山村—夏祠村的乡村环境、自然环境和传统农业,在以水稻种植为主体的基础上,发展以自然观光、现代农业观光及体验、休闲运动、乡村度假等为主导的乡村旅游业,推动浮山村—夏祠村的产业转型升级,保持传统农耕方式,调整一定范围内的村湾功能,使农业发展与旅游开发有机结合,结合以水稻、莲藕和经济林特色种植为基础的种植业、以水产和家禽养殖为基础的养殖业和以精品苗木和生态林种植为基础的林业,形成可持续发展的生态农业综合产业,并且在延伸产业中融入特色美食等农产品加工、制瓷等传统手工业,延长六村产业发展链条,实现乡村旅游脱贫致富的目标。

(三)旅游产业与产品设计

1. 农业产业发展

调整部分浮山村—夏祠村稻田、莲藕等传统农业产业形态,打造农业观光与农舍休闲、农耕体验、林木观览体验相结合的模式。以解放湖莲藕基地为基础,进一步开发出垂钓休闲

等体验模式。

根据各村湾的自然条件,对于植被质量较差的缓坡地带,合理规划种植花卉、果蔬等经济作物,形成具有特色的农业产业区域。

以田园农业为主,开发欣赏田园风光项目,开发采摘、观景、赏花、踏青等亲近自然活动,开展农业文化旅游。

2. 加工产业规划

充分发挥原生态农产品的品质价值,发展特色美食和旅游商品购物。依托包括浮山村—夏祠村在内的湖泗街道范围内的民俗技艺传承人,发展以传统工艺制瓷为特色的小型加工作坊,作为旅游商品的展示地和游客民俗技艺的体验地。

3. 产业联动规划

立足浮山村—夏祠村的传统农业、特色农业及现代农业,充分挖掘乡村文化内涵,将农业、文化产业、旅游业三者相结合,形成农旅结合型产业、文旅结合型产业,促进以乡村旅游为主导的联动型产业,重新构建浮山村—夏祠村产业发展新格局。

4. 旅游产品体系

依据浮山村—夏祠村的旅游资源特征,总体形成1个核心主题产品,2个游客服务中心,5个主题旅游区的产品体系(见表4-17)。

表4-17 浮山村—夏祠村旅游产品体系表

旅游产品体系	主 要 产 品
1个核心主题产品	湖泗瓷窑体验游
2个游客服务中心	在夏祠村承福咀湾建立集湖泗瓷窑历史文化讲解、青白瓷制瓷工艺展示和体验于一体的湖泗瓷文化综合展示中心 在浮山村夏麻湾建立集游客休息、咨询投诉、导游讲解、宣传、售票、医疗救援等功能于一体的游客服务中心
5个主题旅游区	遗址保护区、山水观光区、田园休闲区、田园体验区、现代水产发展区

三、浮山村—夏祠村旅游扶贫项目规划

(一)旅游项目空间布局

浮山村—夏祠村域范围内的乡村旅游以《江夏区湖泗街总体规划(2015—2020年)》和《湖泗瓷窑址总体保护规划》《湖泗街瓷窑址群保护与展示项目策划报告》为指导,根据旅游资源分布,进行适当调整,最终形成的旅游规划空间结构为"两心一带五区"(见表4-18)。

表4-18 浮山村—夏祠村旅游规划空间结构分区表

结 构	名 称	发 展 思 路
两心	旅游综合服务中心	浮山村夏麻湾,游客服务和集散中心
	文化综合展示体验中心	夏祠村承福咀湾,瓷窑文化综合展示体验中心
一带	滨水景观带	以浮山村西河港为轴,加强河道清淤,改善水质,提升沿岸景观

结 构	名 称	发 展 思 路
五区	遗址保护区	湖泗瓷窑遗址保护规划中认定的文物保护范围及建设控制地带,严格依照保护规划中的相关内容执行保护,控制开发强度
	山水观光区	以浮山及龙潭优美的自然景观环境为核心的山水景观游览区
	田园体验区	依托吴世余湾、吴广湾、陈月丰湾及周边田地,开展都市田园、农事体验类旅游项目
	田园休闲区	依托吴松墟湾、新芝堂湾、张广湾及周边田地,开展休闲度假、田园观光类旅游项目
	现代水产发展区	分布在解放湖、大港河、毛窝垅水库及其周边,可开发特色水产养殖、休闲垂钓等游览活动

(二)旅游重点项目规划

1. 窑址保护区

此区域内文物保护范围及建设控制地带应严格遵循文物保护规划内的相关要求。在加强湖泗瓷窑址保护的基础上,开展湖泗瓷窑展示旅游项目,建设湖泗瓷器博物馆,新建和打造古窑文化体验项目:展开遗址环境模拟复原,形成展示制瓷工艺流程、历史上的瓷器生产活动、聚落社会形态(日常生活、民俗活动、丧葬仪式、农业生产活动、交通运输与商业活动等)的生动、直观、内容多元的场景展示区。

2. 山水景观游览区

以浮山及龙潭为依托,以观光游览为主题,铺设游步道,结合自身丰富的自然景观资源,打造山水徒步休闲观赏旅游项目。重点项目包括以下几个方面。

(1)浮山特色步道:沿浮山规划游步道并串联起龙潭,适宜位置布置景观亭廊,丰富景点的景观层次。

(2)龙潭观览:清理龙潭水域,整理水域周边景观,适宜位置布置景观亭廊,丰富景点的景观层次。

3. 农业田园观光区

以夏麻湾的相对平坦地势为依托,以田园观光体验为主题,通过建筑改造、景观提升、产品服务、民俗体验、营地建设、设施配套等手法,打造集游客休息、咨询投诉、导游讲解、宣传、医疗救援、自行车租赁等功能于一体的游客服务中心。

4. 现代水产发展区

以夏祠村解放湖、张桥湖为核心,整合水域核心资源,打造集休闲娱乐、水产养殖于一体的现代水产养殖区。重点项目包括以下几个方面。

(1)现代水产园:以原有莲藕、鱼虾养殖为主体,打造现代的养殖模式与休闲垂钓相结合,开展旅游休闲活动。

(2)滨水步道:在解放湖沿岸景观较好的地方设置滨水步道,打造水域休闲景观。并设置观鱼台,方便游客欣赏湖面风光,与养殖水产亲密接触。

(3)夏家码头:在夏家码头原址修建游船码头,增设步行慢道,方便游客观览体验河湖风光。

四、浮山村—夏祠村旅游脱贫路径规划

(一)扶贫业态策划

浮山村—夏祠村旅游业态主要分为:观光、休闲、体验、餐饮和住宿五个方面。合理利用民居建筑,从事旅游商品、民俗手工艺品、特色餐饮、民居客栈等传统业态的旅游经营,完善其旅游配套服务功能,提升浮山村—夏祠村乡村旅游品质。

1. 民居住宿业态

住宿包括多种特色、多种主题,整体上利用现有民居进行改造,在保持建筑外观、风貌和材料与传统建筑相协调的前提下,对建筑内部空间进行多样化的设施,并聘请当地居民参与民宿经营。

2. 休闲体验业态

对自然山水景观进行改造并对人工环境景观进行完善,居民参与建设,提升游客红色生活体验、现代农业采摘、传统农耕体验以及农特产品的购物体验。

3. 特色餐饮业态

对农户种植养殖的农副产品进行产销结合,丰富浮山村—夏祠村基于本地食材下的绿色餐饮、有机餐饮、养生餐饮等多种特色餐饮类型。

(二)贫困户参与机制

浮山村—夏祠村贫困户以房屋、宅基地、土地承包使用权、技术等投入旅游开发,并且可以采用"景区＋农户""景区＋协会＋农户""协会＋农户""以大带小"、独立经营等多种方式参与旅游经营。

对于即将脱贫或已经脱贫的贫困户可按照成功的经验继续执行,对于有意愿进一步改善生活质量的村民,可根据自身特点选择以劳动力、住房条件、个人特长、土地资源等内容参与到乡村旅游活动之中,实现以旅游实现脱贫并巩固脱贫,全面建成小康社会(见表4-19)。

表4-19 浮山村—夏祠村乡村旅游贫困户可参与方式分析表

劳动力情况	旅游致富		
	有住房条件的	有个人特长的	无住房条件、无特长的
有劳动力	可经营农家乐收益	可经营旅游商品收益	可加入合作社收益
无劳动力	出租房屋获得资金	可参与旅游服务收入	政策低保补贴

(三)旅游扶贫精准指导

传统的开发式扶贫、产业扶贫往往导致扶富不扶穷、富区不富民,难以消除深度贫困。其根源在于缺乏完善的从区域经济社会发展到贫困农户脱贫解困的传导机制,应分区、分类、分级实施精准脱贫策略。建议着力建立区域发展助推脱贫解困的内在传导机制,促进浮山村—夏祠村以区域转型发展有力支撑精准扶贫。

(1)完善贫困农户在区域发展中的参与机制,明确贫困农户科学参与精准扶贫规划编制、产业发展、基础设施建设等相关实践的责任、权利和义务。

(2)规范贫困农户参与产业扶贫项目的土地作价入股机制、增值收益分配机制、产业风

险防范机制,提高产业项目扶贫的精准性、有效性、稳定性和持续性。

(3) 深入推进针对贫困群体的组织管理和能力建设工程,破解由于文化、技能、疾病、观念等原因导致贫困户自我发展能力不足、意愿不强及"等靠要"等现实难题。

第六节 生态＋度假:石寨村—桐子岗村—汉子山村—油麻岭村—王家河村

一、道观河五村连片旅游扶贫条件分析

(一) 村情简介

1. 石寨村

石寨村位于新洲区东部山区,全村占地4.2平方千米,耕地面积502亩,山林面积3500亩。地处丘陵岗地,呈西高东低之势,土地为黄土地,整体为小山丘地貌,属典型的亚热带大陆性季风气候,适宜农业生产。石寨村共387户,1720人。村内交通方便,电信、供水、路灯、垃圾桶等基建设施配备完善。现有茶园基地400亩,成立合作社负责茶园管理、采摘、销售、技术指导与营销等。此外,还有村民自主经营的两个服装厂,带动村民就近从业,提高收入。目前,村民的主要生计方式还是以种植和劳务输出为主,村民人均年收入达到16882元。

2. 桐子岗村

桐子岗村位于新洲区道观河东北部,全村占地3.2平方千米,耕地面积793.36亩。现有人口238户,1069人。红色旅游二期公路通到村里,交通方便,通电、通讯、供水、路灯、垃圾桶等基建设施配备完善。村内设有1个污水处理厂,建有党群服务中心,内有青少年空间、综合文化服务中心、妇女之家等活动场所。村民多以种植水稻、玉米为主,受地理条件所限,并没有形成规模化生产,多以自给自足为主,经济效益十分有限。村民收入来源主要是种植、劳务输出,人均年收入14328元。

3. 汉子山村

汉子山村位于新洲区道观河东南部,现有856人,全村占地3.8平方千米,耕地面积325亩。村内基础设施建设完善,交通比较方便,水电全村覆盖。村内设有多功能活动室面积78平方米。汉子山村以发展农家乐休闲业为主导产业,以农家乐休闲产业和种植业为生计方式。

4. 油麻岭村

油麻岭村位于新洲区道观河东北部,全村人口108户,416人。全村山林面积3000亩,耕地面积227亩。进村主路和通往山上油茶园的路面已经硬化,汽车进出村内较为方便。全村已通电,自来水供水来源为水库,路灯、垃圾桶等基建设施实现全村覆盖。油麻岭村村民收入来源主要是种植、劳务输出,人均年收入16000元。

5. 王家河村

王家河村位于新洲区道观河西南部,全村人口96户,386人,占地面积为1.46平方千米。村内道路系统完善,交通比较方便。全村通电和通信现状良好,自来水供水来源为水库,村内覆盖路灯、垃圾桶等基建设施。村内有设党群服务中心,无卫生室。农业种植为村内的主导产业,形式较为单一,相对稳定但低效,村民靠外出务工维持生计,村民年均收入

15885 元左右。

6. 五村连片发展旅游原因分析

新洲区道观河管委会石寨村、桐子岗村、汉子山村、油麻岭村、王家河村五村连片在地理上集中分布在道观河风景旅游区周边，五个村子都有发展旅游业的资源和条件，却没有系统地开发旅游相关项目。连片区域对外交通十分的便利，南接 106 国道，北连 318 国道，西距京九铁路新州火车站 5 千米，距武汉市区、天河国际机场 68 千米。到湖北省的其他多处县级市等地车程均在 1 个小时之内，区位交通条件非常优越。外部交通与内部交通通达性比较高，从五村连片村到达道观河风景区大约只有 5 千米的路程，驱车只需要十分钟即可到达，路况良好，交通便利。村内各个村湾之间已经实现湾湾通，路面开阔，道路平整。因此，可以依托道观河风景旅游区对周边形成的辐射效应，带动五村连片区域旅游的协同发展。科学整合区域内旅游资源和条件，规划乡村采摘游、观光游、休闲度假游等产品，从而带动规划区乡村振兴的进度，助力农民脱贫致富。

（二）贫困现状及成因

1. 贫困现状概述

当前石寨村确定建档立卡贫困户共计 20 户 79 人、桐子岗村共计 15 户 43 人、汉子山村共计 10 户 28 人、油麻岭村共计 18 户、王家河村共计 5 户 10 人。

2. 致贫原因

因病、因残是导致五个村贫困的首要因素，比例高达 90% 以上，这类贫困户由于长期生病或患残疾者，不仅不能通过劳动获得收入，而且医疗费用居高不下，有的甚至债台高筑，自身缺乏足够的精力和体力摆脱贫困。缺劳动力是导致五村贫困的另一个原因，所占比重较小，大多是由于缺乏青壮年劳动力所致，可针对该贫困户的具体情况进行有针对性的帮扶。

（三）旅游资源分析与评价

1. 旅游资源类型

根据《旅游资源的分类、调查与评价》(GB/T18972-2017) 中旅游资源的分类标准，结合规划对石寨村、桐子岗村、汉子山村、油麻岭村、王家河村五村连片区域旅游资源单体的调查统计，共确定连片区域内旅游资源数量覆盖了 8 大主类中的 7 个，23 个亚类中的 14 个，110 个基本类型中的 48 个（见表 4-20）。

表 4-20　道观河五村连片区域旅游资源类型

主　类	亚　类	基本类型	主要资源单体
A 地文景观	AA 自然景观综合体	AAA 山丘型景观 AAB 台地型景观	将军山、奇石牛平台
	AC 地表形态	ACE 奇特与象形山石	奇石牛
B 水域景观	BA 河系	BAA 游憩河段	道观河水库、通禅湖
	BB 湖沼	BBA 游憩湖区 BBC 湿地	道观河沿边湿地
	BC 地下水	BCB 埋藏水体	地下水源

续表

主 类	亚 类	基 本 类 型	主要资源单体
C 生物景观	CA 植被景观	CAA 林地 CAB 独树与丛树 CAC 草地 CAD 花卉地	红杨树、松树、杉树、山桃树、柿子树、柳树、乌桕、泡桐、百年枸骨树、百年桂花树、桃花、梨花、桂花、山茶花、荷花、菊花、生态林
	CB 野生动物栖息地	CBA 水生动物栖息地 CBB 陆地动物栖息地 CBC 鸟类栖息地 CBD 蝶类栖息地	七彩山鸡、非洲鸵鸟、水产鱼虾、猪、牛、羊等家禽栖息地
E 建筑与设施	EA 人文景观综合体	EAA 社会与商贸活动场所 EAB 军事遗址与古战场 EAC 教学科研实验场所 EAE 文化活动场所 EAF 康体游乐休闲度假地 EAG 宗教与祭祀活动场所 EAI 纪念地与纪念活动场所	文化广场、抗日遗迹、科技展览馆、宝石博物馆、新洲鼎好度假村、武钢四海度假村、新大地度假村、报恩禅寺、通禅湖、疗养度假村、保安寨
	EB 实用建筑与核心设施	EBB 特性屋舍 EBC 独立厅、室、馆 EBD 独立场、所 EBK 景观农田 EBL 景观牧场 EBM 景观林场 EBN 景观养殖场	汉子山农家山庄、生态林景观、施家凹民宿、石寨美丽乡村、茶园种植、板栗种植、桃园、植物园
	EC 景观与小品建筑	ECA 形象标志物 ECB 观景点 ECC 亭、台、楼、阁 ECD 书画作 ECE 雕塑 ECH 门廊、廊道 ECI 塔形建筑 ECJ 景观步道、甬路 ECL 水井	观景园、红色公路、长廊、凉亭古井、"唐敕紫霞"汉白玉匾、万尊佛像、佛塔
F 历史遗迹	FA 物质类文化遗存	FAA 建筑遗迹 FAB 可移动文物	烽火台、"唐敕紫霞"汉白玉匾
G 旅游购品	GA 农业产品	GAA 种植业产品及制品 GAD 水产品及制品 GAE 养殖业产品与制品	板栗、茶叶、农副产品、特色农食、小龙虾、鱼干制品

续表

主　类	亚　类	基本类型	主要资源单体
H 人文活动	HA 人事活动记录	HAA 地方人物 HAB 地方事件	李先念、张体学
	HB 岁时节令	HBA 宗教活动与庙会 HBB 农时节日 HBC 现代节庆	清明节、丰收节、庙会

2. 旅游资源空间分布

五村连片区域的旅游资源分布较为分散，村子之间存在资源同质化现象。对连片区域重点旅游资源进行分析，可依据道观河风景旅游区、农业体验、探奇旅游、休闲度假四个维度描述资源的空间分布。

首先，道观河风景旅游区位于连片区域中部，具有优越的地理位置与优良的环境条件，可作为五村旅游发展的优势依托和临近客源市场。其次，农业体验相关的旅游资源集中在石寨村和汉子山村。石寨村具有400亩的茶叶种植面积，汉子山村现有上规模的板栗、桃树、鲜果等农业资源基础，以农业资源为基础，打造具有农业观光、特色采摘、乡野体验型旅游产品。探奇旅游相关资源集中在油麻岭村，村里有"奇石牛"特色石头聚集和相关文化传说，通过创意设计与文化包装和植入，打造奇石文创旅游地，同时开拓户外运动体验项目。最后，休闲度假旅游资源在王家河和桐子岗村体现较多。王家河村距离道观河风景旅游区较近，风景优美，还有一个空心湾，可开发成民宿聚集地。桐子岗村具有良好的山林环境，空气质量好、饮食生态，有着古井、古树、老人长寿等特色，据此打造成周边地区首选的养生度假胜地。

3. 旅游资源特色评价

石寨村、桐子岗村、汉子山村、油麻岭村、王家河村五村连片区域自然资源和人文资源都较为丰富，生态环境优美，文化底蕴深厚。道观河风景旅游区形成的旅游景点和市场规模可在周边形成辐射效应，带动周边旅游的协同发展。但是从资源来看，五村连片区域的旅游资源类型并不丰富且高品质旅游资源并不突出，很难在区域内形成特色旅游资源，因此在旅游开发时应深挖资源优势，结合市场条件倒逼旅游产品与项目，通过创意设计与合理规划，形成区域内有差异、有特色、受市场欢迎的旅游项目，实现规划区域长远的发展。

二、道观河五村连片旅游扶贫产业规划

（一）旅游发展主题形象

石寨村、桐子岗村、汉子山村、油麻岭村、王家河村五村连片区域毗邻道观河风景旅游区，生态环境良好，具有良好的观赏条件，同时村庄内部各有特色，有天然的农田景观、茶园景观、生态森林景观、奇石牛景观以及美丽村湾建设景观，所以在旅游开发中具有较高的观赏价值。区域内旅游开发比较适合的是在农业观光基础上，开发农事体验、茶产品体验、运动体验以及度假体验等产品，使游客在乡村旅游过程中体验到乡村风情、农家乐趣。此外，五村连片山区都拥有良好的生态环境，可利用区域内的农产品种植和地势环境，开发养生度

假产品,让游客沉浸到乡村慢节奏、轻生活的氛围中。所以,确定道观河五村连片旅游发展主题形象为"风景独好道观河,生态佳园旅居地"。

（二）旅游产业发展定位

基于石寨村、桐子岗村、汉子山村、油麻岭村、王家河村五村连片乡村自然、生态资源特色和产业特点,在规划区引入"农业＋旅游"理念,着力提升第三产业在各村的比重,着力延伸旅游产业链,形成以生态观光、农事体验、文化创意、康体养生、教育研学、旅居度假为六大功能主题的旅游产业项目。将旅游产业定位为战略性支柱产业、精准扶贫特色产业和乡村旅游富民产业。通过旅游发展全面带动五村连片区域社会经济发展,通过旅游项目建设、旅游产品创新和旅游品牌打造,推进石寨村、桐子岗村、汉子山村、油麻岭村、王家河村五村连片旅游业全面富民,最终实现乡村振兴。

（三）旅游产业与产品设计

石寨村、桐子岗村、汉子山村、油麻岭村、王家河村五村连片的产业类型仍然以农业为主,经济模式单一,且大多数村里山地生态林种植占用大面积村域面积,农田面积有限,难以形成大规模农业种植与生产,使得第一产业的经济效益低下。旅游业作为高附加值的现代服务产业,不仅可以促进当地经济发展,还可以实现村民当地就业,达到旅游扶贫效果。通过"旅游＋扶贫"发展战略,实现第一、第三产业融合,联动发展,构建以旅游产业为引领,以休闲度假、生态农业为基础的现代产业发展体系,形成了生态种植、特色茶园、板栗基地、生态农庄、文化创意、餐饮住宿等主导产业结构。

通过对石寨村、桐子岗村、汉子山村、油麻岭村、王家河村五村连片区域内旅游资源禀赋、开发条件、客源市场以及旅游业发展态势进行梳理,重构五村连片区域内的旅游产品,形成"生态观光游、农业体验游、乡村度假游"三大产品体系(见表4-21)。

表4-21 道观河五寸连片区域旅游产品体系表

旅游产品体系	主要产品
生态观光游	户外休闲营地、森林氧吧、观星露营地、桃源基地、农业推广中心
农业体验游	板栗嘉园、鲜果乐园、共享农庄、植物迷宫、亲子研学基地
乡村度假游	老年艺术中心、闲云居、养心阁、石意民宿、趣石彩绘墙、奇石博物馆、石间文创馆、石趣餐吧

三、道观河五村连片旅游扶贫项目规划

（一）旅游项目空间布局

在充分考虑规划区的区域定位、产业优势以及地理条件的基础上,融入"旅游＋"、乡村旅游、优质旅游等新型发展理念;结合整体村庄条件、周边建设和特色旅游需求;整合规划区的旅游资源分布、类型结构及其地域组合,遵循科学布局、高效利用、特色突出、市场导向、因地制宜、资源整合等原则,规划形成"一主一副一区两带五村"的整体空间布局(见表4-22)。

表 4-22　道观河五村连片空间分布表

空间布局	功能分区	发展思路
一主	石寨主旅游服务中心	打造集旅游信息咨询、旅游景点门票购买、客房预订、外来车辆停泊、景区交通换乘等功能为一体,提供票务预订、客房预订、旅游集散换乘、游客接驳等多项服务的旅游综合服务中心
一副	油麻岭副旅游服务中心	打造集旅游信息咨询、外来车辆停泊等功能为一体,主要承担石寨主旅游服务中心的补充角色。提供旅游集散换乘、游客接驳等多项服务的旅游综合服务中心
一区	道观河风景旅游区	旅游扶贫规划在项目布局上不考虑将道观河风景旅游区作为建设区域,仅作为五村旅游发展的优势依托和临近客源市场
两带	红色公路交通带	将休闲运动、红色文化教育与旅游观光相结合,通过建设横贯三村的大面积风景画廊以供游客在休闲观光的同时了解乡村红色文化
两带	滨河旅游观光带	打造滨水观景平台,给予游客最好的观景视觉体验,通过改造道路的宽阔度和舒适性来进一步提升村内交通干道的辐射和休闲作用
五村	石寨茶产示范村	以石寨村茶叶种植基础为依托,打造特色茶产种植与示范,项目设计涵盖茶园观光、种植采摘、茶叶加工、茶衍生产品等
五村	桐子岗宜居康养村	规划根据村里良好的山林环境、空气质量、饮食生态等优势和特色,结合村里的相关资源条件进行整合挖掘和项目策划,将桐子岗村定位为宜居康养村
五村	油麻岭奇石文创村	依据村里的"奇石牛"特色石头聚集和相关文化传说,规划将油麻岭村定位为奇石文创村,打造奇石文创旅游地
五村	汉子山生态采摘村	依托汉子山村现有规模的板栗、桃树、鲜果等农业资源基础,发展以生态农业为核心的观光体验项目,打造具有农业观光、特色采摘、乡野体验等功能的体验区域
五村	王家河特色民宿村	结合村内现有的条件,将王家河村定位为特色民宿村,通过利用施家凹村湾内的闲置房屋,在修缮完备的基础上,融入主题元素和创意设计,将区域内建设成为特色民宿聚集村落

(二)旅游重点项目规划

1. 石寨茶产示范村

打造茶叶种植基地,有专门的服务人员提供给游客采茶所需的道具,如斗笠、草帽、茶筐等,跟着茶农一起上山采茶,不仅可以体验采茶乐趣,还能在茶园里暂时忘却城市里的喧嚣,在茶香里放松自我,采的新茶还可以去制作工坊进行加工打包。茶艺文化馆,是一处以茶为主题的文化产品展示和销售的地方。如茶联、茶书、茶具、茶画等,还有以茶图案为装饰的书签、笔记本、遮阳伞等创意生活物品等,文创馆定期举办旅游促销活动,邀请游客提供茶文化产品的制作创意,并给予游客优惠购买的权利以吸引游客。

2. 桐子岗宜居康养村

板栗嘉品,绿色环保、健康安全已经成为现代人的生活追求。在桐子岗村现有板栗园的基础上,扩大种植规模,并与其他蔬果园区连接起来,打造一个以板栗采摘为主的生态采摘园。可以在村内建造蔬菜大棚和水果温室,除了板栗采摘,其他季节也可以进行蔬菜、水果的采摘活动。人们可以在园区体验采摘蔬果的乐趣,与大自然来一个亲密接触。森林氧吧,建立在山林之中,辅以各类简约、朴素且与环境格调相一致的游憩设施,形成一处融于自然的保健养生宝地。

3. 油麻岭奇石文创村

规划设计的奇石观景台位于村内地势较高的地方,登高望远,周边美景一览无余。设置供游客休息的凉亭、摄影平台及休闲茶饮平台,游客可在观景台拍照留念、聊天饮茶,在欣赏美景的同时,享受自然乡野之趣。奇石博物馆,以石头为主题,展览各种各样、形态各异的石头。通过讲解服务、展示宣传、录像播放等方式科普相关地质知识,寓教于乐,让游客在玩中学习,在玩中拓展自己的知识面。

4. 汉子山生态采摘村

桃源基地,以桃树资源为主导,进一步扩大桃树林种植规模,把桃树产业做大做强,突显桃源产业特色。在桃果成熟季节可开展采摘活动,让游客在果园内自助采摘最新鲜、最健康的桃子,春季可观赏满园桃花春色,同时还能锻炼身体,陶冶情操,远离城市喧嚣,呼吸新鲜空气,修养身心。

5. 王家河特色民宿村

水岸人家主题餐厅,建筑临水而建,餐厅整体布局追求清新海洋风,墙壁装饰有风格各异的渔船、轮舵、风帆、船锚等景观模型,吊顶采用蓝白相间的设计,让消费者犹如置身于蓝色海底世界,门口设置活海鲜观赏台,让消费者不仅用味觉,更用触觉、嗅觉来感受海鲜美食并沉浸在欢乐的海洋中,体会特色的水产风味。

四、道观河五村连片旅游脱贫路径规划

(一)扶贫业态策划

旅游新业态能够推动道观河管委会五个村庄从第一产业为主导的传统农业经济向以旅游业为主导的现代服务经济转型发展,让原本缺乏活力的乡村具备造血功能和自我发展能力,从而走上产业化脱贫致富的道路。围绕村内旅游资源和潜在市场特点,可开发易于村民参与的、旅游扶贫效果好的新业态,如农家乐、土特产售卖和特色种植养殖等。随着旅游者的需求越来越多样化与个性化,道观河管委会五个村庄要充分利用地方资源,采取多种融资方式,创新商业模式,着力开发 7 个旅游新业态,包括文化体验游、乡村民宿游、休闲度假游、生态和谐游、研学知识游、红色教育游、康养体育游,推动产业的健康持续发展。

(二)贫困户参与机制

贫困户是旅游精准扶贫的重点对象,是脱贫致富的关键切入点,也是乡村旅游发展不可割裂的核心主体。因此,道观河管委会五个村都必须将农户融入旅游精准扶贫,有利于农户

从"要我脱贫"到"我要脱贫"的转变,提高其脱贫致富的内在动力。

1. "合作社+农户"机制

鼓励以成立合作社(土地合作社、乡村旅游合作社、休闲农业合作社等)参与平台的形式参与,鼓励群体主动参与,逐渐带动贫困农户个体参与,强调带动性。

2. "政府扶持+能人带动+农户经营"机制

通过政府支持开展职业技术培训,激励村民挖掘个人特长,培养其成为旅游经营的主体,未来从事餐饮、住宿等相关产业。

(三)旅游扶贫精准指导

对贫困户的精准指导,要结合贫困户的实际情况,因人而异,由"漫灌"的"输血式"扶贫向"滴灌"的"造血式"扶贫发展,真正使村民脱贫致富。通过政策宣传、考察学习、先进示范等途径,帮助贫困户转变对旅游发展的认识,使其真正理解旅游业发展带来的利益和长远好处,并主动融入旅游开发。相关的旅游扶贫精准指导如下。

(1)针对因病的贫困户,可鼓励与引导其通过土地、危房进行资本入股脱贫,从乡村旅游开发中获得资金与分红。

(2)针对因残的贫困户,可鼓励与引导其结合自身条件选择在旅游景区从事旅游商品销售等工作。

(3)针对自身发展能力不足的贫困户,可通过专业技术培训、资金扶持等途径,鼓励与引导其直接从事相应的旅游项目的经营与管理。

第七节 养殖+度假:老河村—东山村

一、老河村—东山村旅游扶贫条件分析

(一)村情简介

1. 自然条件

老河村—东山村位于武汉市蔡甸区西南部。蔡甸区地处湖北省中部偏东,武汉市西南部。北靠汉江与东西湖区分界,南临东荆河与汉南区相依,东临长江与江夏区隔水相望,西与汉川市交错接壤,东北与汉阳区山水相连,西南与仙桃市毗邻。地处北中亚热带过渡性季风气候带,四季分明,雨量充沛,光照充足,无霜期长,气候条件良好,适合区域内果木农业的发展。规划区北部有山地分布,地势较高。南部多属低湖平原,土地宽阔,地势平坦。地形东宽西窄,呈桃形。

2. 区位条件

老河村位于武汉市蔡甸区洪北农业示范区西北隅,洪北地处蔡甸区南隅,四周大堤环合,东与桐湖农场接壤,西以侏儒河大堤为界,南临洪北大堤与消泗乡隔水相望,北倚西湖垸与侏儒街、永安街毗邻;东山村位于侏儒街道东南方,侏儒街地处蔡甸区西部湖区,位于川、汉、沔三市交界处,是蔡甸乃至武汉市的窗口大街。

3. 经济社会条件

老河村全村现有 118 户,569 人。东山村全村共 443 户,1768 人,其中劳动力 568 人,外

出务工人员 418 人,占总劳动力的 73.59%。村民主要收入来源为外出打工,少数在家务农。2017 年老河村集体经济年收入 30 万元,人均纯收入超 19700 元;东山村集体经济收入 3 万元,农民人均可支配收入为 8800 元。

4. 产业发展现状

老河村目前已有花卉苗木 6000 亩,葡萄产业 3000 亩,形成了万亩林果产业板块;东山村以稻虾养殖为主导产业,养殖面积达 500 亩。

(二)贫困现状及成因

1. 贫困现状概述

老河村 2018 年脱贫户数分别为 3 户和 2 户,东山村 2018 年脱贫户数分别为 16 户和 32 户。

2. 致贫原因

村集体基本无收益,农业基础设施相对落后,功能缺失,农业生产效益低下,导致全村贫困。村民文化素质普遍较低,就业技能、信息渠道缺乏,难以获得高收入工作机会。农民增收渠道单一,致富门路少,农民主要依靠传统种植业,生产结构单一,农业收入低。因病、因残、因学致贫现象严重,短时间内依靠村民自身难以快速脱贫。

(三)旅游资源分析与评价

1. 旅游资源类型

老河村—东山村生态系统保持完好,生态农业资源丰富,空气清新,是人与自然亲近、养生怡心的天然场所,主要旅游资源类型如表 4-23 所示。

表 4-23 老河村—东山村旅游资源类型

资源类型	主要旅游资源
生物景观	葡萄园、稻虾共生、东子山
遗址遗迹	青石矿坑、侏儒山战役遗址
旅游商品	稻田虾、稻田蟹、生态大米
人文活动	传统农业生产、果醋、果酱加工

2. 旅游资源空间分布

老河村区内有大面积的葡萄种植园和苗木花卉基地,为林果产业观光旅游的发展奠定了产业基础。东山村北部有占地面积 200 亩的东子山,山上有青石矿坑,可以建设开展山地运动项目;其他区域广布稻虾蟹养殖基地,是休闲农业观光体验的良好场所。

3. 旅游资源特色评价

(1)观赏价值。

老河村—东山村拥有 500 亩的稻虾养殖基地、6000 亩的花卉苗木基地和 3000 亩的葡萄产业园,具有一定的观赏价值。

(2)体验价值。

老河村—东山村有丰富的旅游资源可以进一步挖掘体验价值,葡萄园基地可以开发葡萄种植和葡萄采摘,稻虾养殖基地可以发展鱼虾垂钓,生态林可以喂鸡养鸭等。

(3) 科学参考价值。

老河村—东山村的地质地貌、气候条件、农业种植等都可以作为科考的研究对象,因此具有一定的科学考察价值。

二、老河村—东山村旅游扶贫产业规划

(一) 旅游发展主题形象

老河村—东山村现有花卉苗木 6000 亩,葡萄产业 3000 亩,可发展花卉苗木旅游观光、果林田园采摘;现有 500 亩的稻虾种植田以及大片的水稻种植田,宜打造集旅游观光、休闲、娱乐、体验、度假为一体的乡村休闲度假旅游地;有著名的侏儒山战役遗址,红色文化底蕴深厚。经过对以上主题形象要素的对比分析,确立老河村—东山村核心的主题形象为"休闲果林地,度假稻禾里"。

(二) 旅游产业发展定位

在对老河村—东山村进行全面产品研发环节之前,首先明确其总体定位,从宏观层面对老河村—东山村现有资源特色进行考量提炼,打造花卉果木种植基地,稻虾养殖现代农业示范园、稻田宜居度假区与山地运动休闲旅游区,将其塑造为武汉市最具"乡愁、乡风、乡情"的休闲度假目的地。

(三) 旅游产业与产品设计

老河村—东山村产业与产品开发以稻虾养殖业、花卉苗木种植为基础产业,在保护当地乡村性的前提下融入"旅游+"的新理念,配套开发旅游观光、休闲、体验、度假等功能项目。

(1) 稻虾养殖业,包括立体种养示范基地、亲子趣味捉虾、稻虾主题美食村。

(2) 果木产业,包括葡萄种植基地、缤果采摘园、葡萄加工体验园、葡萄酒庄园、彩叶观赏园。

(3) 乡村旅游业,包括郊野慢活园、稻禾乐园、帐篷露营基地、野外拓展基地。

三、老河村—东山村旅游扶贫项目规划

(一) 旅游项目空间布局

根据老河村—东山村连片旅游扶贫规划的编制需求,在充分考虑当地资源特色的基础上,结合重点区域的场地条件、周边建设和特色旅游需求,遵循综合整体性原则,形成老河村—东山村空间布局与功能分区表(见表 4-24)。

表 4-24 老河村—东山村旅游项目空间布局与功能分区表

总体布局	功能分区	发展思路
一心	游客服务中心	游客服务中心按照生态共生式建筑的原则,建设集旅游信息查询服务、旅游景点订票服务等服务为一体的游客服务中心
一轴	生态交通轴	将该交通线打造成规划区的生态景观轴,集区域串联、交通轴线、生态观光功能于一体。对现有的交通道路进行适当扩宽、改造,依据走向和地势适当设计游步道

总体布局	功能分区	发展思路
四区	山地运动休闲区	依托区域内东子山良好的自然生态条件,规划开发山岳观光、山地运动等为主题的特色项目,利用东子山的山形地势,建设野外拓展基地,建设帐篷露营地等特色住宿
	虾蟹农业示范区	充分依托自然条件和资源优势,按照"宜工则工、宜农则农、宜游则游"原则,挖掘现有农业资源,打造稻田虾蟹示范养殖基地。开发休闲娱乐类项目,使游客获得更好的旅游体验
	果木产业体验区	优化林果产业布局结构,进一步明确发展方向。依托老河村现有的万亩林果产业,进行产业深度化开发,延长林果产业链
	稻禾宜居度假区	依托区域内大面积稻田,打造一个集体验农耕文化、观赏乡村风貌、品味农家乐趣的休闲体验胜地,让游客在躬耕农田、稻田娱乐中体验淳朴的乡村生活

（二）新建旅游项目

1. 游客服务中心

位于老河村村委会附近,重点项目有:游客中心、入口门楼、景观广场、观光车站、旅游购物街、旅游厕所、生态停车场。集旅游信息查询服务、旅游景点订票服务等服务为一体,提供一系列服务,满足"食住行游购娱"方面的需求。

2. 生态交通轴

（1）休闲驿站。游客可以在这里品尝特色农家餐,进行短暂休息,并设置一些旅游产品专卖店,游客可以购买一些植物园的艺术品和标本等。

（2）骑行绿道。提供自行车租赁服务,游客可租赁自行车或使用自己的自行车在绿道上骑行,沿路观赏路旁美景。

（3）十里游步道。主要为游客的游览增添便利,能够让游客轻松地找到各个分区中的景点并进行观光游览活动。

3. 果木产业体验区——葡萄加工体验园

（1）产品深加工参观园。生产线采用现做现卖的方法进行展示和销售,加工过程在游客的现场监督下透明进行,设有专门售卖当地特色的农产品的地方,推广当地特色农产品。

（2）DIY 工坊。建设水果 DIY 工坊,游客可根据自己的口味与兴趣制作鲜榨果汁、水果雕花、各种果酒、果醋、水果罐头等,方便游客携带馈赠。

4. 果木产业体验区——葡萄酒庄园

（1）葡萄酒作坊。在庄园中建设葡萄酒作坊,游客可以参观传统手工工艺酿酒,也可亲自体验酿酒。

（2）酒庄展馆。包括 5 个永久展厅和 1 个临时展厅,展示古代葡萄酒种植和酿造工具、艺术画作以及讲述葡萄酒历史和未来发展的影像资料,设有葡萄酒品鉴区域,游客有机会亲自品味当地的葡萄酒。

（3）特色葡房。在葡萄酒庄园中建设特色葡房,为游客提供庄园住宿。外部以葡萄藤为主要装饰物,内部装饰以简洁、淡雅的装饰物为主,营造古朴、自然的宜居环境。

5. 果木产业体验区——彩叶观赏园

(1) 缤纷树林。以观光休闲为核心理念,以特色彩叶景观为核心吸引物,种植多彩的林木,设置多个以各种颜色的盆栽、绿植、灌木、石头等进行分隔的区域,将整个区域打造成集观光游乐、休闲体验于一体的综合型休闲景观公园。

(2) 景观小品。提供各类休闲景观设施、景观标识和景观模型等让游客观赏、使用和感受,让游客在观赏的过程中还能获取各类植物的相关知识,了解园区内所使用的物理技术和相应的科技产品等。

6. 稻禾宜居度假区——郊野慢活园

(1) 原乡民宿。保留传统的民居特色,木头屋顶,有石碾等各种传统农具,室内摆设二十世纪八九十年代的老照片、老电视机、收音机、缝纫机、针线篓等进行装饰,处处散发着浓浓的老家气息。

(2) 农夫集市。农夫集市是乡土化的购物街。与乡村民众的赶集相类似,可定期举行,提供的商品以有机绿色果蔬、特色手工艺品为主;可以为游客提供绿色果蔬购买的场所,也可为游客提供与农民交流情感的场所,更好地感受农村、农风。

(3) 亲子家庭农庄。依托于村落与农田,让父母与孩子一同翻地、播种、采摘、煮饭、炒菜,父母与孩子协调合作,不同家庭之间PK,获胜方可获得精美旅游纪念品,让父母与孩子一起度过美好时光。

(三) 现有项目改造

1. 果木产业体验区——缤果科普基地

(1) 葡萄种植基地。将现有的葡萄种植园进一步扩大,立足市场需求和资源优势,合理确定发展品种,打造具有洪北特色、质优量足、走俏市场的葡萄品牌,提升已注册葡萄系列商标"洪玉美提"的品牌知名度。

(2) 缤果采摘园。将现有的甜瓜、琵琶、桑果种植园进一步扩大种植规模,采摘园内种植多种水果,以图文并茂形式对所种果蔬进行介绍,果蔬成熟季节可开展采摘活动。

2. 虾蟹农业示范区——循环农业示范园

依托东山村的农业基础及丰富的水资源,建设种养生态示范基地,包括稻蟹共作、稻虾共作。通过养殖螃蟹、小龙虾、塘鲤鱼等增加效益,同时这种生态循环的种养结合模式,可以提高农产品的质量安全水平,起到保护与修复农田的效果。游客可到基地参观,参与稻苗耕种、鱼虾投放及捕捞等农事体验。

四、老河村—东山村旅游脱贫路径规划

(一) 扶贫业态策划

1. 林业观光体验

重点发展以葡萄、缤果种植采摘为主的休闲体验乐园以及生态林业旅游,进行葡萄采摘、加工、酒庄展馆、缤纷树林等项目打造,向旅游者提供较有观赏价值、体验价值和教育意义的旅游农业及休闲项目。贫困户可参与葡萄采摘、预处理等。

2. 乡村休闲度假

将老河村—东山村连片片区居民在稻田养虾、水稻种植以及集市场景真实展现出来,打

造趣钓和烹饪、稻禾休闲等乡村体验游憩区,勾起中年群体的童年回忆,丰富旅游的内容,延长旅游者的逗留时间,增加旅游的经济效益。贫困户可继续从事水稻种植、集市交易等,作为旅游吸引物。

3. 山地体验项目

利用别具一格的山地位置和景色开发森林瑜伽馆、健身跑道、露营地、拓展地以及砖石创意园等体验项目,旅游者可以参与健身、养生、露营、拓展等项目,体验健身乐趣。贫困户可利用自己对当地地形的熟悉,作为旅游者的向导,获得经济收入。

4. 特色旅游商品

充分结合乡村背景与当地实际,培育具有地理特色的农产品及其加工品,挖掘具有文化特色的手工艺品,开发具有地区风味的特色小吃,形成完整的旅游商品生产、加工、包装产业链。贫困户可进行农产品加工、手工艺品制作等获得经济收入。

(二)贫困户参与机制

根据老河村—东山村的实际情况,可通过"公司+农户"机制、村集体模式、个体农庄模式三种形式设计农户参与机制。

1. "公司+农户"机制

旅游扶贫开发的要义就是通过旅游产业驱动当地经济发展,帮扶贫困人口脱贫致富,实现国家伟大的乡村振兴与进入小康社会的目标。社区农户是与当地原始生态、乡村文化民俗、土地等接触最紧密的人,旅游开发中要充分取之于民,用之于民,吸纳社区农户参与到乡村旅游的开发、组织与决策中。在开发浓厚的乡村旅游资源时,充分利用社区农户闲置的资产、富余的劳动力、丰富的农事活动,切实增加农户的收入,丰富旅游活动,向游客展示真实的乡村文化。同时,通过引进旅游公司的管理,对农户的接待服务进行规范,避免不良竞争损害游客的利益。

2. 村集体模式

该模式是村集体统一开发、运营与管理,把村集体所有的旅游资源、村民特殊技术、村民劳动量、村民自主投资额转化为股本,合理分配给农民,引导农民作为股东与员工,直接参与乡村旅游的开发决策、生产经营活动和利益分配的一种经营模式。在利益分配方面,采取按股份分红与按劳分红相结合的方式,经营和参与主体按各自股份获得相应比例的收益,有利于集体致富。

3. 个体农庄模式

个体农庄模式是以规模农业个体户发展起来的,以"旅游个体户"的形式出现。现阶段以乡村民宿为重点,加强旅游项目建设和改造,提高旅游接待和服务质量。通过个体农庄的发展,吸纳附近闲散劳动力,将本地区手工艺、表演、服务、生产等形式加入服务业中,形成以点带面的发展模式。在旅游业发展到一定阶段后,可以有条件地鼓励发展其他个体农庄,发挥规模效应,提高区域农户参与程度。

(三)旅游扶贫精准指导

1. 指导产业多元化发展

根据老河村—东山村的自然、人文资源,指导其发展稻虾养殖业、果木产业、乡村旅游业,促进其产业多元化发展,提高产品附加值。

2. 指导村民有效利用资金

按照"三个一点"(向上争取一点、镇上补助一点、贫困户自筹一点)思路,指导贫困户通过多种渠道争取资金、有效利用资金。

3. 指导村民提高从业技能

指导贫困户掌握种植、经营、服务等技能,使其有机会参与到葡萄加工、稻虾养殖循环农业示范园、山地体验等旅游项目建设中去。

第五章
现代农业种植区贫困村旅游规划

第一节 现代农业种植区：新洲区概况

新洲区是武汉市的远城区之一，位于武汉市东北部、大别山余脉南端、长江中游北岸，于东经114°30′—115°5′和北纬30°35′—30°2′之间，东邻团风，西接黄陂，南与青山、鄂州隔江相望，北与红安、麻城毗邻交错，地势由东北向西南倾斜，山岗与河流呈"川"字形排列，俗称"一江（长江）、两湖（武湖、涨渡湖）、三河（举水河、倒水、沙河）、四岗（楼寨岗、叶顾岗、长岭岗、仓阳岗）"。全区面积1500.66平方千米，其中陆地占82%，水域占18%。总人口98.57万，辖10街3镇1个经济开发区和1个风景旅游区。

在农业方面，新洲区拥有城楼寨茶、辛冲八眼藕两个国家地理标志证明商标，旧街白茶、升阳冷鲜肉等五个农博会金奖品牌，其农业综合机械化水平达到67%，是全国"平安农机"示范区。目前，新洲区正在实施"南菜北移"战略、凤凰循环农业经济园区建设等项目，稳步推进现代农业建设。2017年，新洲区农业产业化覆盖率已达68%。

第二节 现代农业种植区贫困村旅游规划特点

新洲区除了是武汉市的农业大区之外，其也拥有丰富的历史文化和靓丽的自然风光。为了配合新洲区现代农业种植区的建设，新洲区贫困村旅游扶贫规划具有以下特点。

一、紧密结合新洲区现代农业示范片的建设

2016年12月6日，武汉市农委公布了《武汉市农业和农村经济发展暨国家现代农业示范区建设"十三五"规划》，要求在城市快速出口通道、重要交通干道的沿线区域，统筹打造五大现代农业示范区和蔬菜生产城际合作示范片。其中规定了新洲区要以318沿线（凤凰、仓埠）为界，建设仓埠—李集—凤凰—旧街现代农业示范片和生态休闲体验农业片。

二、重视挖掘新洲历史文化与革命老区文化

新洲区古代时为邾城,拥有3000余年的发展历史。同时新洲地区有近60%的地域和人口位于革命老区,红色资源也十分丰富。目前已有中共新洲区委会、新洲区军事指挥部旧址、红军伤员护理所旧址、将军山将军洞等遗址,且据《湖北省革命烈士英名录》中记载,属新洲区的革命烈士就有1828名。

三、设计开发新洲茶叶产业与旅游融合项目

茶叶产业是新洲区的特色产业,该区现有茶叶基地3万亩,主要分布在旧街街道。2010年,新洲旧街街道城楼寨茶厂"城楼寨碧峰茶"荣获中国(上海)国际茶业博览会金奖,杨山龙岩茶场"杨山玉翠茶"、腾云山生态白茶有限公司"旧街白茶"、百花香白茶有限公司"姚河白茶"荣获中国(上海)国际茶业博览会银奖。因此,新洲区把"发展茶叶主导产业、谋求村企联营"作为其重要的扶贫方针之一,进行旅游扶贫规划编制时将与该扶贫方针相结合,以茶旅融合带动贫困人口脱贫。

第三节　现代农业种植区贫困村旅游规划案例

一、天仙米村,食在金岗——金岗村

(一)金岗村旅游扶贫条件分析

1. 村情简介

(1)自然条件。

金岗村隶属于武汉市新洲区仓埠街,位于武汉市东北郊,村境两湖一岗。全村占地2200亩,耕种面积1927亩。金岗村东接倒水河,是中国最大的人工河,村境内有洪山港渠,长2.2千米。

(2)区位条件。

①交通区位。

金岗村位于武汉市新洲区仓埠街,倒水河畔,武英高速以北,倒水河蜿蜒从村旁而过,离汉口中心城区40千米,离新洲城区约30千米。仓埠街内230国道(原109省道升级而来)直通南北,318国道横贯东西,还有武汉外环高速和武英高速穿境而过,从武汉中心城区至此仅需1小时车程。

②旅游区位。

金岗村所在的仓埠街历史悠久,地理条件优越,文风昌盛,自民国以来素有"小汉口"之称。仓埠文化底蕴厚重,有长江千年古镇的美誉。古城墙、湖北省革命大学、正源中学、楚剧大师沈云陔故居等历史文化古迹保存完好。区域内农业、大湖、湿地、花卉苗木等生态资源优良,是全国闻名的"精品桂花之乡"。仓埠知名景区紫薇都市田园在国内首创将植物编织融入文化和艺术,并获得了"武汉市十大旅游景点"的称号。金岗村一方面可以利用优越的区位条件与这些开发较早且知名度较高的景区合力发展旅游业,另一方面以葛仙米、鱼虾等特色养殖的差异化定位来共享市场。

(3) 经济社会条件。

金岗村的产业以农业为主,有村集体合作社 1 个,引入民营企业 3 家,其中,水产养殖面积 600 亩,葛仙米养殖面积 30 亩。全村人口 1287 人,外出务工人员 320 人,村内常住人口 967 人。

(4) 产业发展现状。

金岗村紧依倒水河,水质良好,水源丰富,村内主要是以种植业、淡水养殖业为主要的支柱产业。2017 年金岗村引进了我家的地(武汉)农业科技有限公司,在金岗村流转了 400 多亩的土地打造花园式蔬菜种植基地,开展高端农业种植。2012 年金岗村成立了湖北省鑫凯飞腾水产养殖专业合作社,流转了 1000 多亩土地作为精养鱼池来发展特色水产养殖,主要包括养殖南美对虾、四大家鱼以及鲈鱼等。2018 年金岗村成立了藻尚健生物科技有限公司来发展葛仙米养殖,将金岗村打造成为集葛仙米研发、养殖、深加工以及养殖观光为一体的综合产业基地。

2. 贫困现状及成因

(1) 贫困现状概述。

金岗村建档立卡贫困户 15 户,43 人,其中一般贫困户 13 户,39 人,低保户 1 户,3 人,无保户 1 户,1 人。

(2) 致贫原因。

金岗村贫困户因病致贫 9 户,24 人,因学、因病致贫 1 户,3 人,因残致贫 1 户,4 人,因缺乏技能致贫 4 户,12 人。除因病残导致家庭贫困外,大多数农民受教育程度都不高,科技致富能力弱,影响了农产品的商品化程度,此外,个别贫困户脱贫意识弱,因学致贫也是常象。

3. 旅游资源分析与评价

(1) 旅游资源类型。

根据国家标准《旅游资源分类、调查与评价》(GB/T18972-2017)的有关规定,通过全面调研,对金岗村的旅游资源按照主类、亚类及基本类型的层次进行分类(见表 5-1)。

表 5-1 金岗村旅游资源类型

主 类	亚 类	基 本 类 型	主要资源单体（数量）
B 水域景观	BA 河系	BAA 游憩河段	1
	BB 湖沼	BBA 游憩湖区 BBC 湿地	2
C 生物景观	CA 植被景观	CAA 林地 CAB 独树与丛树 CAC 草地 CAD 花卉地	6
	CB 野生动物栖息地	CBA 水生动物栖息地 CBB 陆地动物栖息地 CBC 鸟类栖息地 CBD 蝶类栖息地	4
E 建筑与设施	EA 人文景观综合体	EAE 文化活动场所 EAF 康体游乐休闲度假地	3
	EB 实用建筑 与核心设施	EBB 特性屋舍 EBJ 陵墓 EBK 景观农田 EBN 景观养殖场	4
	EC 景观与小品建筑	ECL 水井	5

续表

主　类	亚　类	基　本　类　型	主要资源单体（数量）
G 旅游购品	GA 农业产品	GAA 种植业产品及制品　GAB 林业产品与制品 GAC 畜牧业产品与制品　GAD 水产品与制品	4
	GC 手工工艺品	GCC 家具	1
H 人文活动	HB 岁时节令	HBC 现代节庆	3
数量统计			
5 主类	10 亚类	24 基本类型	33 资源单体

（2）旅游资源特色评价。

①观光价值。

金岗村村内有大量的自然资源，包括风景旖旎的倒水河畔、错落有致的淡水鱼塘、绿油油的蔬菜基地以及郁郁葱葱的林木树苗，游客来此可以享受田园风光。

②体验价值。

金岗村拥有大约几百亩的蔬菜大棚基地以及水产养殖基地，在蔬菜成熟季节游客可以来此体验亲自采摘果蔬，体验自主捕捞鱼虾、休闲垂钓等，都能给来到金岗村旅游的人们最好的旅游体验。

③养生价值。

金岗村拥有大片的葛仙米养殖基地，葛仙米作为其特色优质资源，不仅具有观光体验价值，它还具有固氮能力，含有人体必需的多种氨基酸及多糖等活性物质。具有清火、明目、抗衰老、抗感染等治疗功效。

④科学考察价值。

金岗村成立的葛仙米养殖基地已经成为国内规模最大的室外标准化养殖基地，并成为国内唯一一家拥有室内人工立体养殖葛仙米的企业，此外金岗村还拥有华中地区最大的南美对虾养殖基地，都极具科学研究价值。

（二）金岗村旅游扶贫产业规划

1. 旅游发展主题形象

依托金岗村葛仙米养殖基地，将金岗村定位为天仙米村，意在大力推广葛仙米农产品品牌，着力打造武汉市乃至湖北省乡村旅游"后备箱"工程示范基地，培育、壮大当地旅游购物品牌，推动自驾游游客消费、购买当地特色产品。金岗村在发展乡村旅游的过程中，秉承"实实在在"的心理欢迎来自远方的客人，并以"真真切切"的态度服务好旅游者。因此把金岗村旅游发展主题形象定位为"天仙米村，食在金岗"。

2. 旅游产业发展定位

目前金岗村旅游业发展基本处于零基础状态，在全村经济总量占比较少，全村主要是以传统农业为主，产业结构单一，村民经济主要来自农作物种植。规划以现代农业和乡村旅游为核心，以葛仙米特色养殖为发展支点，以绿色蔬菜种植为着力点，推动区内第一、第二、第三产业互动，把葛仙米养殖、农特产品加工、乡村休闲娱乐、绿色食品养颜保健等结合起来，将旅游业定位为旅游精准扶贫主导产业、经济发展支柱性产业，构筑"特色农特产品经营＋乡村旅游"休闲农业型精准扶贫之路。

3. 旅游产业与产品设计

金岗村目前是以葛仙米养殖为核心，主要停留在传统单一的农业功能，对葛仙米的文化内涵和养生价值未进行深入挖掘和开发，因此产品功能未得到充分发挥。规划将以葛仙米特色产品养殖为基础，结合休闲农业、乡村旅游，促进金岗村旅游功能由单一向多元转变，最终构建以田园观光、生态体验为主，科普研学、休闲养生为辅的旅游产品体系。

（1）农特产品系列。

将金岗村"葛仙米"打造成为"品牌响亮、市场公认、群众增收、社会受益"的有机特色产品。此外，以绿色有机蔬菜种植为基础，以蔬菜园艺技术为依托，以休闲为目的，打造蔬菜种植、蔬菜观赏、蔬菜文创、生态采摘体验等系列旅游产品。

（2）乡村休闲系列。

首先，可构建网销平台，实行金岗村网红产品"葛仙米"和绿色蔬菜线上线下同步销售，满足城市消费居民购物需求。其次，依托葛仙米养殖技术难度大、药用价值高的特点，建设仙米展览馆、仙米汇等项目与科研机构、高校等组织开展科学研究活动。此外，金岗村位于倒水河畔，生态环境优美，又有自产自销的绿色有机蔬菜等。来此游客可以享受到纯天然的、绿色的、健康的乡村度假之旅。

（三）金岗村旅游扶贫项目规划

1. 旅游项目空间布局

结合村庄区位条件、发展条件，充分考虑金岗村贫困现状及原因、扶贫潜力，金岗村形成的旅游结构功能分区如表5-2所示。

表5-2　金岗村旅游结构功能分区表

总体布局	功能分区	发展思路
一心	游客服务中心	建设包括旅游信息查询服务、旅游订票服务，提供散客自助旅游、团队旅游、票务预订等服务的游客服务中心
一带	美丽乡村观光带	将该区域打造为金岗村的美丽乡村观光带，集区域串联、交通联动、生态观光等功能于一体
三区	淡水养殖互动区	借助葛仙米极高的药用价值及营养价值，重点挖掘葛仙米的养殖、养颜、养身功能，同时发展鱼虾养殖。将该区打造为集生态观光、休闲养生、互动体验、特色餐饮等功能于一体的淡水养殖互动区
	蔬菜乐活休闲区	按照"宜农则农、宜游则游"的原则，挖掘农业旅游资源，将该区域打造为集蔬菜种植、休闲观光、趣味体验、创意文化于一体的功能区，构建以蔬菜种植、体验和文创为主题的旅游产品体系
	田园农庄体验区	充分挖掘田园风光，发展具有乡村特色的田园旅游

2. 旅游项目建设

（1）游客服务中心。

该区域建设靠近武英高速，交通便利，且地势平坦，视线开阔。建设包括旅游信息查询服务、旅游订票服务,提供散客自助旅游、团队旅游、票务预订等服务的游客服务中心。建设入口门楼、接待中心、旅游厕所、生态停车场等基础服务设施,将其打造为金岗村的"交通驿站"。

(2)美丽乡村观光带。

美丽乡村观光带,集区域串联、交通联动、生态观光等功能于一体。对现有的交通道路进行适当扩宽、改造,依据走向和山势适当设计游步道;并进行景观绿化、生态营造,同时设置各类景观小品、自行车租赁点等,增强美丽乡村观光带的生态性、文化性和参与性。

(3)淡水养殖互动区。

依托良好的水资源,借助葛仙米的药用价值及营养价值,打造为集生态观光、休闲养生、互动体验、特色餐饮等功能于一体的淡水养殖互动区。可建设天仙园、仙米展览馆、绿珍珠养颜坊、药膳食疗馆、淘仙子、仙米汇、仙山琼阁、百渔乐园、虾兵鱼将主题餐厅、农产品加工厂等项目。

(4)蔬菜乐活休闲区。

依托农业旅游资源,将该区域打造为集蔬菜种植、休闲观光、趣味体验、创意文化于一体的功能区,构建以蔬菜种植、体验和文创为主题的旅游产品体系。建设青葱岁月"绚丽多菜""暗香蔬影"绿野仙踪、私房小厨、叠翠景观园、蔬菜文化馆、奇绿文创馆、农特商店等项目。

(5)田园农庄体验区。

该区域位于游客服务中心以西,蔬菜乐活休闲区以南,充分挖掘田园风光。依托金岗村的自然风光和资源优势,打造阡陌农宿、田园风味、躬耕园等旅游项目,使游客通过住农宿、品农味、做农活深度体验乡村生活,感受美丽乡村的无限魅力。

(四)金岗村旅游脱贫路径规划

1. 扶贫业态策划

(1)特色食品业态。

金岗村葛仙米古为皇宫王府膳中珍品,称"绿色燕窝",可挖掘葛仙米的保健药效功能,精心开发各种适宜时令需求的葛仙米药膳,也可以自给自足的绿色有机蔬菜、鱼虾为原材料,开办农家乐。亦可开发成旅游商品,例如葛仙米伴手礼、绿色蔬菜礼盒等。

(2)旅游服务业态。

根据葛仙米养殖园和特色蔬菜种植园,策划集观光、休闲、度假、研学、娱乐等为一体的旅游产品。村民们可将自用住宅空闲房间,结合当地人文、自然景观、生态、环境资源及农林渔牧生产活动,以家庭副业方式经营,提供旅客乡野生活之住所。

2. 贫困户参与机制

(1)直接从事旅游经营活动增收。

金岗村拥有大面积的水产养殖基地以及蔬菜种植基地,可以通过鼓励有能力的贫困户和贫困群众依托丰富的水产资源以及蔬菜瓜果来开展经营活动,诸如农家乐、民居旅馆、购物商店等业态。

(2)参与旅游接待服务增收。

金岗村有一部分贫困户不具备独立经营的能力,可以鼓励这一部分贫困人口参加到旅游文化企业、乡村经营户中的旅游接待服务,例如进行餐厅接待、加工员的工作,从而获取一定的收入。

(3) 出售特色农副产品增收。

金岗村拥有大面积的水产养殖基地以及生态蔬果大棚,可以通过引导有条件、有能力的贫困户和贫困群众,通过向游客出售自家的农副产品、土特产品,诸如鱼干、葛仙米以及农户晒干的蔬菜干等获得收入。

(4) 股东制参与旅游增收。

对于金岗村那些既没有旅游经营开发能力,又没有旅游服务能力的贫困群众,尤其是丧失劳动力的贫困户和贫困群众,以自有的土地、房屋、资金等作为股权投入,参与到乡村旅游合作社、旅游文化企业的经营开发建设中,通过获取股权分红,从而带动这部分贫困群众脱贫致富。

3. 旅游扶贫精准指导

对贫困户中的有效劳动力可采取两种措施,一是介绍工作,使其有稳定收入;二是集中起来参与到金岗村旅游发展当中。鼓励村民扭转土地入股葛仙米养殖产业,也可在项目中就业。可从贫困户中选择非技术工种,如建筑小工、厨师、工地看护人员等。具体针对性旅游扶贫指导措施如表5-3所示。

表5-3 旅游扶贫精准指导

序号	致贫原因	代表村民	措施	防止返贫措施
1	因病、无劳动力	黄家	应保尽保,政策兜底;入股分红	产业扶贫:随着金岗村旅游发展不断成熟,产业经济结构不断完善,在葛仙米养殖龙头企业带动下,村合作社应鼓励村民积极尝试葛仙米、鱼、虾等特色养殖,"一手养米,一手养虾",以产业带动扶贫。精神扶贫:对留守儿童、妇女、孤寡老人和因病致贫等贫困户进行精神文化教育,增强脱贫的自信心
2	因学	陈家	雨露计划;政策减免费用	
3	因缺资金、缺技术	金家A、张家	小额信贷帮扶	
4	因病、有劳动力	肖家、金家B	技能培训;介绍工作	

二、乡游慢村,记忆上岗——上岗村

(一) 上岗村旅游扶贫条件分析

1. 村情简介

(1) 自然条件。

上岗村隶属于仓埠街,全村占地4438亩,其中耕地2750亩,水面615亩。水资源较为丰富,有水港3条,另有众多水塘分布。各村湾均有水塘分布,总面积在400亩左右,主要用于莲花种植及水产养殖。

(2) 区位条件。

①交通区位。

上岗村外部交通条件与内部交通条件通达性比较高,规划区毗邻国道230,距离仓埠街古镇北大约10千米的路程,自驾15分钟左右即可到达。

②旅游区位。

上岗村所在的仓埠街背靠武湖之滨,扼守倒水河入阳逻出江口,历来是兵家必争之地,历史悠久,地理条件优越,文风昌盛,自民国以来素有"小汉口"之称。这里有民国47位爱国将军的传奇故事,还有陶希圣、林育南和湖北革命大学、正源中学等教育名家和名校,以及佛门泰斗本焕长老修行的百年报祖寺,楚剧名家沈云陔故居,保存完好的徐源泉公馆、仓埠古城墙遗址等,素有"一部民国史,半数仓埠人"之说。仓埠街自然资源丰富,依托丰富的资源布局了紫薇都市田园、民俗村、报祖寺、徐源泉公馆、复地生态园、花果山生态农业园等景区景点,"一线串珠"形成"一日游"线路,增加游览路线,丰富游览内容,增强游览体验,年接待游客已达40万人次以上。

(3)经济社会条件。

上岗村村内人口550户,2231人。村民经济收入以外出务工、土地流转所得资金为主。村内已全部实现水泥道路硬化,实现了湾湾通。村民主要用水为自来水,全村已全部通电,电力设施能够满足村民的日常生活需求,村内通信设施完备,手机信号良好,已实现宽带接入。

(4)产业发展现状。

武汉市拓源种植专业合作社主要从事大棚蔬菜、葡萄、太空棉、玉米、芍药种植,葡萄酒酿造及黑斑蛙养殖;武汉金坊园林绿化有限公司着力打造复地生态观光园,占地面积800亩;武汉后稷农科农业有限公司主要从事花卉苗木种植、莲花观光及乡村农业体验类项目,占地面积300亩;武汉市盛景园农业科技开发有限公司种植花卉苗木,占地面积450亩;武汉市嘉木园农业发展有限公司主要从事大棚蔬菜种植、草莓采摘,占地面积100亩;武汉市满园春生态农业有限公司主要从事太空棉种植、经济林种植,占地面积400多亩;武汉市花果山农业发展有限公司主要从事桂花种植,占地面积200多亩;武汉市香花园林有限公司主要从事桂花苗木培育,占地面积100多亩。

2. 贫困现状及成因

上岗村建档立卡户共计35户,123人,并已于2016年全部脱贫。因病致贫是导致上岗村贫困最主要的原因,具体又可分为单纯的因病致贫,因病、缺劳力致贫,因病、缺乏技能致贫等,其中单纯的因病致贫所占比重最高,这部分农户不仅不能通过劳动获得收入,而且高昂的医疗费用极易导致债台高筑,增加农户脱贫的难度。缺资金是导致上岗村贫困的第二大原因,具体又可分为单纯的缺资金和缺资金、技能。因学致贫是致贫第三大原因,具体又可分为单纯的因学致贫及因病、因学致贫。因残致贫是致贫第四大原因,因灾及缺劳力致贫所占比重较小,这类农户多因遭遇天灾人祸而致贫,需要加大帮扶力度。

3. 旅游资源分析与评价

(1)旅游资源类型。

根据国家标准《旅游资源分类、调查与评价》(GB/T18972-2017)的有关规定,通过全面调研,对上岗村的旅游资源按照主类、亚类及基本类型的层次进行分类(见表5-4)。

表 5-4 上岗村旅游资源类型

主　类	亚　类	基本类型	主要资源单体（数量）
B 水域景观	BA 河系	BAA 游憩河段	1
	BB 湖沼	BBA 游憩湖区 BBC 湿地	2
C 生物景观	CA 植被景观	CAA 林地 CAB 独树与丛树 CAC 草地 CAD 花卉地	6
	CB 野生动物栖息地	CBA 水生动物栖息地 CBB 陆地动物栖息地 CBC 鸟类栖息地 CBD 蝶类栖息地	4
E 建筑与设施	EA 人文景观综合体	EAE 文化活动场所 EAF 康体游乐休闲度假地	3
	EB 实用建筑与核心设施	EBA 特色街区 EBB 特性屋舍 EBD 独立场、所 EBE 桥梁 EBJ 陵墓 EBK 景观农田 EBN 景观养殖场	7
	EC 景观与小品建筑	ECL 水井	4
G 旅游购品	GA 农业产品	GAA 种植业产品及制品 GAB 林业产品与制品 GAC 畜牧业产品与制品 GAD 水产品与制品	4
	GC 手工工艺品	GCC 家具	1
H 人文活动	HA 人事活动记录	HAA 地方人物 HAB 地方事件	2
	HB 岁时节令	HBC 现代节庆	4
数量统计			
5 主类	11 亚类	29 基本类型	38 资源单体

（2）旅游资源特色评价。

上岗村自然资源丰富、类型多样。湖泊池沼，星棋罗布，苗木花卉，多姿多彩，游客来此可以赏四季花，摘四季果，体验最为纯真的乡村生活。但是从资源分类表来看，上岗村旅游资源种类较为单一，缺少人文资源，所以在进行旅游开发时会出现产品同质化现象，难以打造出具有独特文化底蕴的旅游产品。乡村旅游的发展很容易走向千篇一律的道路，所以需要将规划区与周边景区进行合作，形成资源互补，创造双赢的局面。

（二）上岗村旅游扶贫产业规划

1. 旅游发展主题形象

上岗村作为武汉市美丽乡村示范村，村内有特色民居许家塆、生态有机葡萄园、多彩花卉苗木园、有机蔬菜种植园等生态农业资源，规划以美丽乡村示范村建设为抓手，建设各具特色的主题农场，设计农事体验活动、生态田园观光、共享生态农庄等项目，打造乡村独有的"乡土味、文化味、人情味"让消费者感受传统乡村风情、享受乡土休闲慢生活，彰显乡村的记忆和味道。因此，将上岗村旅游发展主题形象定位为"乡游慢村，记忆上岗"。

2. 旅游产业发展定位

整合上岗村特有乡土资源，按照村庄原有的脉络进行梳理，充分利用和保护果林田园和乡村民居的资源优势,以村内主题农场体验区为核心,葡萄三产融合为特色,发展"合作社＋企业＋主题农场"模式,建设集生产、研学、亲子、观光、养生、休闲为一体的乡村旅游示范区,让农田变农场、乡村变景区、村民变股民。将旅游业建设成为上岗村农民增收、农村增绿、农业增效的富民产业和经济发展支柱产业,从而带动乡村发展。

3. 旅游产业与产品设计

目前,上岗村主要是发展以葡萄种植园、花卉苗木种植园为依托的田园观光、生态采摘、休闲垂钓的农家乐,功能结构比较单一。传统乡土文化资源的利用还处于初级阶段,旅游功能主要体现在农业上。因此将传统的农业要素积极与第一、第二、第三产业融合,形成"农业观光＋农事体验＋葡萄酒文化节＋农业科普＋休闲度假"五大系列产品。

(1) 农业观光系列。

上岗村农业资源丰富,生态景观优美,依托村内的花园、果园、菜园等开展生态田园观光。

(2) 农事体验游系列。

以上岗村生态环境为基础,以种类丰富、品质上乘的农产品为依托,打造一个城市人向往的"家园",让其体验农事乐趣。

(3) 葡萄酒文化节。

开展红酒品鉴、红酒文化科普、葡萄酒农购等活动,零距离体验葡萄酒文化的精髓,让更多的消费者了解、热爱葡萄酒。

(4) 农业科普系列。

把科普和农业旅游进行深度融合,结合生态、观光、休闲、体验、旅游、科普等产业发展,设计百蔬认知园、红酒文化博览中心等项目。

(5) 休闲度假游系列。

以美丽乡村许家垏为依托,结合上岗村气候资源、农业资源、水体资源等,针对不同时节开发相对应的田园养生、休闲度假产品体系。春可赏花,夏可采摘,秋可品酒,冬可赏雪。

(三) 上岗村旅游扶贫项目规划

1. 旅游项目空间布局

结合上岗村的旅游资源特征、产业发展现状、旅游规划开发方向及与周边环境的相互关系,规划形成的旅游结构功能分区如表5-5所示。

表 5-5　上岗村旅游结构功能分区表

总体布局	功能分区	发 展 思 路
一心	游客服务中心	在230国道西侧的复地生态园旁农田修建入口门楼,突出建筑文化特色;建设集旅游综合服务功能、旅游配套服务功能和旅游形象展示功能于一体的游客服务中心;配套满足游客旅游咨询、车辆停泊、景观展示、餐饮购物、娱乐休闲等综合需求的项目
一环	生态绿道休闲环	对现有的交通干线进行适当扩宽、改造,依据走向和路形科学合理设计,配套风情小火车作为村内旅游交通工具;并对道路进行景观美化、生态营造,在道路两侧种植四季花海,增加沿途的趣味与美观,同时设置休闲驿站、景观小品等

续表

总体布局	功能分区	发 展 思 路
三区	葡萄产业示范区	依托于区域内现有的葡萄种植基础,将该区定位为葡萄产业示范区,整合梳理葡萄产业核心发展要素和展现形式,打造葡萄主题农场和红酒文化庄园。通过"旅游+"与纵向产业融合形成一套以葡萄产业为核心的产业链条,构建完整的葡萄产业和文化的结构体系
	主题农场体验区	打造六大主题农场,为游客提供丰富多样的农家体验,发挥旅游的带动作用
	美丽乡村度假区	规划该区域为美丽乡村度假区,区内发展两大主导功能:一是"归园田居"乡村旅居度假庄园;二是"花花世界"花园观光体验园

2. 旅游项目建设

(1) 游客服务中心。

作为上岗村乡村旅游目的地对外展示的窗口,规划建议将现有复地生态园旁,230 国道西侧农田空地进行提升改造,在区域内开辟场地,建设游客服务中心。在 230 国道西侧的复地生态园旁农田修建入口门楼,突出建筑文化特色;建设集旅游综合服务功能、旅游配套服务功能和旅游形象展示功能于一体的游客服务中心;配套满足游客旅游咨询、车辆停泊、景观展示、餐饮购物、娱乐休闲等综合需求的项目,为游客提供优质贴心的服务体验,充分展现上岗村乡村旅游的魅力。

(2) 生态绿道休闲环。

东部通过村委会、西部通过宋家田、南至许家垮、北至上家岗形成的环形通道,将村内各组串联起来。并对道路进行景观美化、生态营造,在道路两侧种植四季花海,增加沿途的趣味与美观,同时设置休闲驿站、景观小品等。

(3) 葡萄产业示范区。

依托于区域内现有的葡萄种植基础,规划将该区定位为葡萄产业示范区,通过整合梳理葡萄产业核心发展要素和展现形式,打造集葡萄采摘、娱乐体验、红酒加工销售、会议博览、文化体验、餐饮住宿等功能为一体的旅游区。

(4) 主题农场体验区。

建设于上岗村中部区域,南至徐公寨,北至黑斑蛙养殖基地。打造六大主题农场,分别为后稷农场、花木农场、蛙小鲜农场、小龙虾农场、蔬菜农场、香莲农场,为游客提供丰富多样的农家体验。

(5) 美丽乡村度假区。

规划该区域为美丽乡村度假区,区内发展两大主导功能,一是"归园田居"乡村旅居度假庄园,二是"花花世界"花园观光体验园,依托复地生态园原有种植基础,结合美丽乡村发展定位,进行主题式开发,开发休闲娱乐项目,提供基础设施、餐饮住宿设施、文创购物等服务,把整个区域打造成集观光游乐、户外休闲、婚庆度假于一体的综合型度假旅游区。

(四) 上岗村旅游脱贫路径规划

1. 扶贫业态策划

(1) 旅游餐饮业态。

可因地制宜开办农家乐、生态餐厅、主题餐厅等业态,为游客提供特色餐饮。规划餐饮业态主要以土味为主题,食材上突出生态、农家等概念,在环境氛围营造上注意景观小品、花卉与树木的搭配,做到本土味、自然味。

(2) 旅游住宿业态。

突出田园、乡村等元素,以许家塆"徽派农房"特色民居为样本,积极改造现有农舍、农屋,开办乡村主题民宿。在不同分区内,根据旅游发展规模,改造提升特色住宿业态。如设计上岗村葡萄酒主题民宿。

(3) 旅游购物业态。

当地特色有机农副产品,可发展成为旅游商品。如养心菜、翼之源有机红葡萄酒都是上岗村特色畅销产品,可自主经营土特产售卖商店,亦以葡萄种植—葡萄酒酿造—葡萄采摘三产融合为示范,建设农副产品加工基地。

(4) 旅游产品业态。

建设葡萄、紫薇、香莲、桂花、水产等多品种特色花卉、蔬果种植和水产养殖基地,可供开展采摘、垂钓、观光、休闲等娱乐活动,加快发展乡村旅游,融入仓埠街桂花大道美丽乡村建设区。

2. 贫困户参与机制

(1) "公司+农户"机制。

在扶贫初期上岗村已通过流转土地方式,村民自愿入股,成立武汉拓源种植合作社,实行"公司+农户"机制,让村民自愿参与到乡村旅游和生态农业发展中,既能盘活土地经济,也能就地解决就业,增加农业收入。

(2) "协会+农户"机制。

由村支部书记牵头、武汉新六和新七建设集团等社会贤达一同组建了"上岗村创业促进会"。该协会主要是发挥自身职能作用,大力扶持和培育农户各类创业致富典型,培育新型农场、养殖大户等,搞好产业结构调整,带动上岗村发展。

(3) "景区+农户"机制。

从长远来看上岗村可实行此机制。以美丽乡村示范村为抓手,依托美丽村湾建设,以及葡萄园、花卉苗木种植基地等项目发展乡村旅游。一方面,农户可以在景区就业,获取报酬;另一方面,农户入股参与景区商业经营,或直接通过竞价获得景区部分商业经营权。

3. 旅游扶贫精准指导

2016年年底,上岗村35户,123人实现脱贫。因此,对上岗村贫困户精准指导关键在于如何防止返贫。可以在合作社和龙头企业带动下,大力发展特色种植养殖产业,进而延伸为乡村旅游、休闲农业和生态农业新业态。为贫困生提供就业机会,培养就业技能。将"扶智"作为重点,强化对脱贫户的感恩奋进教育力度,引导脱贫户摒弃"懒汉式返贫去享受扶贫政策"的"志穷"心态,增强脱贫信心。

三、乡椿人家,乐享自然——董椿村

(一) 董椿村旅游扶贫条件分析

1. 村情简介

(1) 自然条件。

董椿村全村占地6000亩,种植面积2260亩,其中种植水稻面积为1057亩,旱地面积

1203亩,人均耕地面积1.18亩。水资源丰富,西临举水河,全长165.7千米,村内水塘面积220亩,主要用于农田灌溉及禽类养殖。地势较为平坦,海拔起伏较小,适宜种植瓜果蔬菜。

(2) 区位条件。

董椿村位于新洲区三店街,106国道、柳明公路呈十字形贯穿村内,还有318国道与新道公路交错其中。距离武汉市中心、天河机场、武汉高铁站等交通枢纽大约需一个小时。境内乡道027连接13个自然湾,水泥路面,平整规划,路况较好。董椿村所在的三店街是家喻户晓的"河东狮吼"典故发源地。三店街山水相依,风景如画,民风淳朴,人文荟萃。沿传至今的有牌子锣鼓、竹雕、皮影、善书、八十八行、龙灯、剪纸、花灯、竹编等,千姿百态,精彩纷呈。

(3) 经济社会条件。

董椿村有512户,2048人,其中外出务工510人,空巢老人12人,留守儿童10人。村内已基本实现道路、水电、通信湾湾通。村内设有老年人互助照料服务点、董椿永椿群众娱乐广场、三店街董椿村卫生室,并配备必要的文体娱乐和健身活动器材。

(4) 产业发展现状。

董椿村常年以水稻、莲子等传统农作物种植为主要产业,旅游业还没有完全成型,目前村内旅游产业主要依靠武汉市永椿生态农业发展科技有限责任公司,总投资1200万元,景区由赏花、四季采摘、童趣抓鱼、特色烧烤四大板块组成,立志于建设成为集农业种植、田园观光、农业休闲、农业研学、亲子游乐和乡村度假于一体的休闲家园和旅游乐园。

2. 贫困现状及成因

(1) 贫困现状概述。

董椿村建档立卡贫困户有27户,93人。截至2017年年底,已全部实现脱贫。

(2) 致贫原因。

因病致贫12户,43人,因残致贫10户,33人,因病、因残4户,13人,因学致贫1户,4人。分析董椿村深层致贫原因,主要是农村基础设施相对落后,地势低洼,功能配套缺失,农业生产效益低下,导致全村贫困;村民文化素质普遍较低,就业技能、信息、渠道缺乏;农民增收渠道单一,致富门路少,农民主要依靠传统种植业,生产结构单一,农业收入低。

3. 旅游资源分析与评价

(1) 旅游资源类型。

根据国家标准《旅游资源分类、调查与评价》(GB/T18972-2017)的有关规定,通过全面调研,对董椿村的旅游资源按照主类、亚类及基本类型的层次进行分类(见表5-6)。

表5-6 董椿村旅游资源类型

主　类	亚　类	基本类型	主要资源单体(数量)
B 水域景观	BA 河系	BAA 游憩河段	1
	BB 湖沼	BBA 游憩湖区 BBB 沼泽与湿地	2
C 生物景观	CA 植被景观	CAA 林地 CAB 独树与丛树 CAC 草地 CAD 花卉地	6
	CB 野生动物栖息地	CBA 水生动物栖息地 CBB 陆地动物栖息地 CBC 鸟类栖息地 CBD 蝶类栖息地	4

续表

主 类	亚 类	基 本 类 型	主要资源单体（数量）
E 建筑与设施	EA 人文景观综合体	EAE 文化活动场所 EAF 康体游乐休闲度假地	3
	EB 实用建筑与核心设施	EBB 特性屋舍 EBE 桥梁 EBJ 陵墓 EBK 景观农田 EBN 景观养殖场	7
	EC 景观与小品建筑	ECL 水井	4
G 旅游购品	GA 农业产品	GAA 种植业产品及制品 GAB 林业产品与制品 GAC 畜牧业产品与制品 GAD 水产品及制品	6
	GC 手工工艺品	GCC 家具	1
H 人文活动	HB 岁时节令	HBC 现代节庆	4
数量统计			
5 主类	10 亚类	25 基本类型	38 资源单体

(2) 旅游资源特色评价。

① 观赏价值。

董椿村位于举水河畔,依水而建,村内自然环境优良,有一望无际的稻田,可以观赏到风吹麦浪的美景,有姹紫嫣红的花海景观,还有错落有致的农家小院。游客们来到董椿村可以观赏到返璞归真的自然风光。

② 体验价值。

董椿村以农业资源为主,可供游客来此体验四季采摘、童趣抓鱼、特色烧烤等旅游项目,亲自参与农业生产劳作,体验农耕生活、参与采摘等农业生产活动,让游人感受丰收的喜悦。

③ 研学价值。

村内很好地保留了传统的农耕生活和生态资源。可挖掘和整合乡土资源,发挥自然教育基地作用,可以让游客了解到农耕文化、当地特色民俗等一系列文化知识,回归乡土乡情。

④ 养生价值。

董椿村民风淳朴、生态宜居,游客来此可以舒缓身心,品尝绿色有机食材,慢享乡间安宁,寻找往日情怀,体验自然、自足、自养、自乐的乡村生活。

(二) 董椿村旅游扶贫产业规划

1. 旅游发展主题形象

董椿村农业基础较为丰富,农耕文化历史底蕴深厚,资源景观组合度好,而且乡土气息浓厚,可满足现代人亲近土地、返璞归真的心理诉求;在董椿村可以享受原生乡村生活的体验乐趣,如乡土文化之乐、田园参与之乐、美食乡飨之乐、度假乡居之乐、家庭天伦之乐,依托优美的乡村环境,农、田、河、宅、林生态景观,发展亲子农业和研学旅游,是以"自然教育法"为教育理念,使小孩可以回归自然,亲近自然,学于自然。因此,将董椿村的核心主体形象定位为"乡椿人家,乐享自然"。

2. 旅游产业发展定位

整合董椿村的田、河、村等相关旅游资源,挖掘乡土文化特色,以"农业+"为旅游建设核心发展理念,以休闲农业和乡村旅游市场需求为导向,大力发展亲子农业,以农业科普、研学旅游为品牌,以果蔬有机种植基地、花卉苗木种植园为依托,以"农旅双链发展"为核心支撑,优化项目地资源配置,将项目地打造成集乡村亲子娱乐、乡土文化体验、农业养心养生、果蔬种植加工、农业科普研学等于一体的美丽乡村。

3. 旅游产业与产品设计

董椿村现有旅游资源单一,基础配套设施不完善,但农业资源丰富,生态环境优良。村内以种植传统农作物为主,民村民俗特征突出。为塑造特色乡村品牌,彰显农业特色,规划将形成"乡村度假+亲子体验"系列旅游产品。

(1) 乡村度假系列。

董椿村村内种植连片大面积的荷花、桂花等苗木花卉,很适合开展田园观光。农业资源丰富,可设置农情时光、采摘乐园等项目,让游客亲身体验传统农耕生活的乐趣。此外,游客可以住精品农屋,品农家菜,吃当地自给自足的有机农俗美食。

(2) 亲子体验系列。

以亲子娱乐、亲子互动为主题,将田园风光与教育相结合,进行资源嫁接,开展亲子自然科普活动;运用乡村特色的设施建设滚铁环、抽陀螺、玩弹弓、打弹珠、跳皮筋、跳方格等童乐游戏,建设创意手工坊、亲子厨房等活动,进行亲子家庭娱乐活动。

(三) 董椿村旅游扶贫项目规划

1. 旅游项目空间布局

结合董椿村的整体村庄条件、周边建设和特色旅游需求,遵循科学布局、高效利用、特色突出、市场导向、因地制宜、资源整合等原则,规划形成的旅游结构功能分区如表5-7所示。

表 5-7 董椿村旅游结构功能分区

总体布局	功能分区	发展思路
一心	游客服务中心	该游客服务中心集信息咨询、票务预订、散客自助、团队旅游、旅游集散、旅游活动等功能为一体。通过整合相关旅游环节从而达到整合村内旅游资源,实现全村统筹协调发展,提升服务质量及游客体验
一带	乡村生态景观带	该区域具有小麦、荷塘和莲花等农业旅游资源,可以用来开展农业观光、休闲、游憩等多种形式的旅游活动,适合开发相关农业旅游资源
三区	农事科普研学区	该区域农产品丰富、特色突出、村落聚集,适合开展以亲子娱乐、农业科普、研学旅行方向的旅游项目
	美丽乡村度假区	该区域道路两侧民居密集,适合开展以休闲度假为主题的旅游项目,同时发挥密集民居的功能开展旅游接待和旅游休闲活动。民居充分发挥区域特色,可以开发荷主题、花主题、椿主题等具有文化内涵的休闲馆、民宿和餐厅等旅游接待设施和服务设施,以体现乡村特色
	滨水生态观光区	该区域可以利用河堤下的大片土地种植花卉,开展滨水观光旅游;同时在河堤与郭竹线之间,叶家大桥旁建设观景台或建筑小品,以供行人观景驻足时使用

2. 旅游项目建设

(1) 游客服务中心。

设于董椿村江土库湾南部,举水河畔,入口靠近郭竹线,集信息咨询、票务预订、散客自助、团队旅游、旅游集散、旅游活动等功能为一体。设计入口门楼、接待中心、旅游厕所、生态停车场等项目。

(2) 乡村生态景观带。

该区域位于027乡道上,南北联通郭竹线和106国道,交通极其便利,除旅游交通外可以用来开展农业观光、休闲、游憩等多种形式的旅游活动,由金色麦浪、清塘静莲、风抚桂香、荷灯夜色等项目构成。

(3) 农事科普研学区。

该区域位于西南邻郭竹线,北部靠近董椿村村委会和廖五房塆,027乡道横贯其中,范围包括畈上塆、江土库塆和董椿村村委会的部分区域。该区域农产品丰富,特色突出,村落聚集,适合开展以亲子娱乐、农业科普、研学旅行为方向的旅游项目,如青"椿"乐园、永椿基地项目等。

(4) 美丽乡村度假区。

位于董椿村村委会和廖五房塆以北,027乡道横穿而过,位于董椿村居民集聚区,拥有大片农田。发挥密集民居的功能开展旅游接待和旅游休闲活动,依托荷主题、花主题、椿主题等,建设具有文化内涵的休闲馆、民宿和餐厅等旅游接待设施和服务设施,以体现乡村特色。

(5) 滨水生态观光区。

位于举水河畔,邻近郭竹线,利用河堤下的大片土地种植花卉,开展滨水观光旅游。同时在河堤与郭竹线之间,叶家大桥旁边建设滨水生态公园,设计观景台或建筑小品等项目,以供行人观景驻足时使用。

(四) 董椿村旅游脱贫路径规划

1. 扶贫业态策划

(1) 旅游住宿业态。

由青"椿"客栈、主题民宿等项目支撑利用村内农民闲置住宅,结合当地功能区主题定位、农牧活动,为郊游、度假市民提供个性化住宿。

(2) 旅游餐饮业态。

在亲子厨房、莲香餐吧、化椿餐厅、生态餐厅等项目的支撑下,以绿色有机、回归自然为出发点,设立不同主题、不同装修风格、满足不同需求的亲子餐厅或农家乐。

(3) 旅游交通业态。

以乡村生态景观带为支撑,依托027乡道,打造乡村景观道串联各大功能区,对接郭竹线。

(4) 旅游购物业态。

以酢椿街、农产工坊等项目为支撑,在村内建设农特产品商店和主题商业街区,售卖当地绿色蔬果、自家农特产品、手工艺品,满足购物需求。

(5) 旅游娱乐业态。

以童享书屋、萌宠剧场、农情时光、童梦憩园项目为支撑,整合区域资源,为亲子游和乡村游消费者提供手工创意、农耕体验、童乐游戏等重参与性产品。

(6) 旅游游览业态。

董春村内集合了四季赏花、观林采果、休闲乡居、科普教育等多功能的休闲娱乐项目。

2. 贫困户参与机制

(1) "合作社＋贫困户"机制。

将扶贫专项资金、宅基地、资金等作为个人股金入股合作社。流转土地进行特色种植养殖集约化、规模化生产，年底入股分红。同时吸纳贫困户入社务工，让群众在"家门口"增收脱贫。

(2) "协会＋农户"机制。

该协会是由董椿村及其周边村湾从事乡村旅游服务的农家乐、旅游商品、农产品产销商户等自愿成立。协会可以促进董椿村区域农家乐的规范和管理，而且提高乡村旅游的品牌竞争力和影响力。除了旅游协会外，董椿村在引进研学、亲子农业项目过程中也可形成"专业协会＋农户"机制，由协会作为农户代表与公司进行协商谈判，确保农户利益。

(3) 农户独立经营机制。

有能力、有条件的贫困户可将自家闲置农屋或承租其他村民住宅，开办精品民宿、农家乐、购物商店等，增加家庭的营业收入。对有劳动能力的农户，鼓励积极开展生态特色种植养殖，并形成一定的规模。通过向游客出售自家的农副产品、土特产品而获得收入。

3. 旅游扶贫精准指导

根据董椿村贫困情况及致贫原因，发现50%左右的贫困户是因病致贫，只有一户是因学致贫，剩下的是因病致残导致贫困。因此虽已完成脱贫，但要防止返贫。要保证贫困户享受"输血"的同时，也能增强其自身"造血"功能，以形成稳定的财产收入，巩固扶贫，防止返贫。

(1) 教育扶贫，阻断代际贫困。

村集体可以制定《村规民约》，适时开展"农民夜校"，注重对贫困户的思想教育和宣传引导，坚持就学就业资助服务体系，完善国家助学制度。同时，开展旅游人才培训，对村干部、旅游扶贫带头人、乡村旅游经营户、农村实用人才开展各类旅游培训。

(2) 健康扶贫，严防因病返贫。

确保村庄基本医疗保险、大病保险、商业补充保险、民政医疗救助保障。加大当地卫生基础设施的投入，根据乡村旅行常见安全卫生问题合理设置救治科室，并对基层医生进行旅行卫生知识的培训。

(3) 产业扶贫，增收造血脱贫。

贫困户虽然已能全部脱贫，但要拔掉"穷根"，最重要的还是要有产业支撑。政府要积极整合和吸纳社会力量开展旅游扶贫，助力企业进行旅游开发建设，发挥带头作用的同时，吸引农村富余劳动力参与合作，建立企业农民间透明化利益分配机制和激励机制，激发贫困户的热情。

四、特色水产培育基地——福临村

(一) 福临村旅游扶贫条件分析

1. 村情简介

(1) 自然条件。

福临全村共有耕地面积2744亩，水域面积794亩，林地面积21亩，水域主要分布在村西部,其余均为耕地。光、热资源丰富,雨量充沛,光照充足,无霜期长,严寒酷暑较短,气候较为温和。

(2) 区位条件。

紧邻国道230,通过国道230向南可达阳逻开发区、双柳街,向北可至红安县太平桥镇、八里湾镇。村庄距离国道318仅9千米,距离福银高速甘棠出入口17千米,施岗出入口14千米,通过高速可串联武汉市区、麻城、黄石、黄冈等城市。

(3) 经济社会条件。

福临村全村共有居民428户,1448人。劳动力总人口780人,外出务工人员约300人。该村的主要经济来源是务工、务农、经商。

(4) 产业发展现状。

该村主要以种植业、养殖业、现代农业、旅游业为主。村内水稻、莲藕、蔬菜的种植基本上都是以自给自足的经济模式进行;村内的养殖主要以养鱼业为主,鱼塘总面积可达1200亩,形成了大大小小数十处鱼塘;村内目前的现代农业主要以苗木基地为主,包括流转的700亩桂花基地、300亩红叶石楠基地以及200亩田园;福临村的旅游业处于起步阶段,目前旅游业以田园采摘及垂钓为主要内容,其余配套尚未发展。

2. 贫困现状及成因

(1) 贫困现状。

福临村共有24户贫困户,贫困人口数量为90人,2016年年底完成了全村整体脱贫的目标。

(2) 致贫原因。

缺劳力致贫,家庭成员年老或残疾,缺劳力致贫;因病致贫,家庭成员得慢性重症或突患重病,不仅不能通过劳动获得收入,而且医疗费用又居高不下,有的甚至债台高筑。由于劳动力文化素质低,无技术,外出打工收入也与非贫困户有很大差距,在家想致富,又缺资金、缺项目,经济状况处在脱贫的临界线上。

3. 旅游资源分析与评价

(1) 旅游资源类型。

根据国家标准《旅游资源的分类、调查与评价》(GB/T18972-2017)的有关规定,通过全面调研,对福临村的旅游资源按照主类、亚类及基本类型的层次进行分类(见表5-8),确定其旅游资源类型覆盖了8大主类中的4个,23个亚类中的7个,110个基本类型中的12个。

表 5-8 福临村旅游资源类型

主 类	亚 类	基 本 类 型	主要资源单体
C 生物景观	CA 植被景观	CAA 林地	潭地桂花树林、红叶石楠林、银杏树林、柚橘林、桃林、福临矶大湾竹林、尤丁岗竹林、张新湾竹林、姚院子湾黑弹树、尤丁岗黑弹树、张新湾黑弹树、桂花树林、红叶石楠林、银杏树林、福临矶大湾竹林、尤丁岗竹林、张新湾竹林、稻田、棉花种植地
		CAB 独树与丛树	
		CAC 草地	
		CAD 花卉地	
	CB 野生动物栖息地	CBA 水生动物栖息地	鱼塘、唐家田水库

续表

主　类	亚　类	基本类型	主要资源单体
E 建筑与设施	EA 人文景观综合体	EAD 建筑工程与生产地	福临矶大湾水塔、岗上湾水塔、姚院子湾水塔、尤丁岗水塔
		EAF 康体游乐休闲度假地	福临矶大湾运动场、尤丁岗运动场
	EB 实用建筑与核心设施	EBM 景观林场	棉花种植地、荷塘、水稻田、桃树林、柚橘林、桂花林、红叶石楠林、银杏林
	EC 景观与小品建筑	ECL 水井	唐家田水库
G 旅游购品	GA 农业产品	GAD 水产品及制品	鳊鱼、白鱼、虾、青鱼、草鱼、鲢鱼、鳙鱼等
		GAE 养殖业产品与制品	鸡、鸭、鹅、手工油面、鱼面、鸡汤、柴火豆腐、水晶猪手
H 人文活动	HB 岁时节令	HBC 现代节庆	楚剧表演、仓埠桂花节

(2) 旅游资源空间分布。

福临村内的鱼塘主要分布在村西部,总面积 1200 亩左右;村内现存有三株树龄过百年的黑弹树,树冠较大,树胸径较粗,约 1 米有余;桃林及柚橘林集中种植面积约 50 亩,主要分布在福临矶大湾;桂花树林,位于通村路以北,占地面积约 700 亩,目前桂花树已开始开花,但树龄较小。

(3) 旅游资源特色评价。

福临村北部的桂花树林是仓埠街桂花基地的重要组成部分,是武汉市赏花游的重要观赏点;福临村西部的鱼塘是重要的生产基地,是未来乡村旅游中重要的垂钓和农事体验资源点;福临村南侧的桃林及柚橘林是现代农业重要的组成部分,是未来乡村旅游重要的采摘区。

(二) 福临村旅游扶贫产业规划

1. 旅游发展主题形象

福临村的乡村旅游开发是以桂花长廊及鱼塘为其核心资源,以田园采摘、乡村垂钓为其特色资源,借助于紫薇都市田园景区对福临村的带动,依托于便利的交通对接新洲区及武汉市旅游交通网络。福临村的旅游发展主题形象确立为"福临水世界"。

2. 旅游产业发展定位

福临村发展自身特色水产种养实现产业结构调整及现代农业规模突破,打造山水景观环境吸引能人回乡发展现代"智慧农业",结合农业体验与滨水休闲,打造具有自身特色的旅游产品。旅游产业发展定位为:"武汉市特色水产培育基地""紫薇田园小镇特色名村"。

3. 旅游产业与产品设计

根据福临村的旅游资源特征及与周边主要景区的功能关系,总体形成 2 个主题产品、3 个主题村湾、1 条景观廊道,可开展十余项特色旅游活动。下面对部分内容简要介绍。

(1) 2 个主题产品。

主要包括观赏游览、田园体验。观赏游览以现有的桂花基地为载体,通过景观提升,基础设施建设,并策划相应的文化活动,打造具有特色的观赏游览体验活动;田园体验以桃林、柚橘林等果林及鱼塘垂钓区为载体,开展田园采摘、乡村垂钓等农事体验活动。

(2) 3个主题村湾。

主要为特色民宿体验、特色景观体验、养生休闲体验。特色民宿体验以黑弹古树、红砖水塔结合闲置民居,结合周边水塘、耕地、竹林打造具有浓郁乡村风格的特色民宿;特色景观体验以苏家湾为载体,结合村湾周边的银杏树林、桂花树林打造特色景观村湾;养生休闲体验以福临矶大湾为依托,结合周边自然景观打造养生休闲体验区。

(3) 十余项旅游活动。

主要包括桂花产品制作、田园采摘、果树修建、农耕体验、桂花赏游、亲子垂钓、农事科普、桂花科普、烧烤、露营等。

(三) 福临村旅游扶贫项目规划

1. 旅游项目空间布局

根据《福临村旅游扶贫总体规划》编制需求,融入旅游扶贫、乡村旅游、优质旅游等观念,结合村庄区位条件、发展条件,充分考虑福临村贫困现状、原因及扶贫潜力。福临村乡村旅游规划的空间结构为"一心两带三区"(见表5-9)。

表5-9　福临村旅游结构功能分区表

结构	名称	发展思路
一心	旅游综合服务中心	结合村委会,设置综合旅游服务中心,为整个村庄的旅游提供相应的服务,提供引导、服务、解说、集散及其他功能。同时该中心也是福临村的社区服务中心,相应的社区服务设施也设置于此
两带	特色赏花游览带	优化桂花长廊的整体环境,结合自然地形和自然村湾,将其打造为桂花赏游步道、桂花主题乐园等
两带	滨水休闲观光带	依托村内现有的鱼塘、水库,通过整治提升水域景观,结合周边自然地形、自然村湾、耕地及农作物,打造成为有生产、娱乐、休闲、运动等风格的滨水休闲景观区
三区	乡村垂钓休闲区	通过整治改造部分生产型鱼塘,将其改造成为适宜垂钓的垂钓区,同时也可以将部分鱼塘改造成为虾池,以供儿童进行垂钓活动。通过不同的主题可以开发成为竞赛型、休闲型、亲子型的垂钓池
三区	乡村采摘体验区	依托于村内已经流转的土地建立不同树种、不同类型的采摘区域,既包括桃树、柚橘等果树类的花果采摘等,也包括豆角、红薯等蔬菜类的种植、收割
三区	桂花长廊游赏区	依托于桂花长廊及苏家湾,以桂花为主题开展各类桂花的赏游、科普等活动,重点打造桂花游览路线及配套服务设施,建设桂花主题科普馆、桂花主题加工坊等

2. 新建旅游项目

(1) 现代水产园。

以科技为先导,建设水产养殖"园中园",聚力打造以新品种、新技术、新模式实验为主题,集科研示范、检验检测等于一体的现代水产园区,积极开展各类高中低档养殖品种,通过现代化养殖手段,打造具有品牌价值的水产品。

(2) 休闲垂钓。

以现有鱼塘为基础,通过改造整治环境,提升周边景观,营造具有田园气息的休闲娱乐意境。垂钓区中同时设立餐饮、棋牌等服务,为配合亲子活动,可在局部开辟专门供儿童垂钓的龙虾区。

(3) 桂花长廊。

依托于现有的桂花树林,分辨、捋清目前拥有的桂花树品种,并在此基础上进行调整,完善桂花品种,根据规划的四大品系划分四大桂花种植区域。在每一个品系的桂花种植区域中根据品系中的不同品种成规模、成片区地种植该品系内的桂花树种。同时整治桂花树林的景观环境、赏游道路,提升游玩的环境品质。

(4) 桂花生活馆。

可选址在苏家湾,以桂花为主要载体,充分利用桂花展示各类以桂花为主题的食品、药品、纪念品、文创产品以及盆栽等各类与生活相关的旅游产品。由于桂花本身的特殊功效,在此基础上结合传统加工或现代加工的桂花可用于食品、化妆品、药品等。

(5) 尤丁岗特色民宿。

尤丁岗村湾在福临村的各村湾中自然环境较好,相对独立,规模大小适中,且有红砖水塔、黑弹古树两处较好的资源。体验都市田园度假的休闲生活。村湾周边按照传统农耕习惯种植各类作物,适当提升村湾及周边环境景观。将尤丁岗打造成为特色民俗村湾。

(四) 福临村旅游脱贫路径规划

1. 扶贫业态策划

福临村旅游业态的功能结构分为住宿、餐饮、休闲体验三个层面。其中,住宿包括多种特色、多种主题、多样化度假的发展形式;餐饮包括绿色餐饮、有机餐饮、养生餐饮、特色餐饮等多种形式;休闲则包括运动、文化体验等业态;体验主要包括田园采摘、农业农事体验、农产品加工以及农特产品的购物体验。不同情况的贫困户可根据自身特点选择以劳动力、住房条件、个人特长、土地资源等内容参与到乡村旅游,以实现通过旅游促进脱贫,巩固脱贫。

(1) 民居住宿业态。

民居住宿业态通过政府引导或招商引资,充分利用民居建筑进行内部功能改造开发家庭式民宿,贫困群众可出租自家空闲房屋或在指导下进行民宿经营。

(2) 特色餐饮业态。

利用民居及院落空间开发福临村私房菜馆,提供原汁原味的福临村本地餐饮服务,包括特色水产、莲藕、桂花等,贫困户可经营农家乐,提供餐饮服务,获得经济收入。

(3) 休闲体验式购物业态。

以乡村垂钓及田园采摘为主要依托,游客可以参与到桂花制品的加工中去,将定点区域采摘的桂花进行加工,增加游客的参与度,加深对商品的了解,给游客更舒适的购物体验。贫困户可发展桂花加工业,集体合资组办桂花加工厂,或以劳动力的形式参与到桂花加工中去。

2. 贫困户参与机制

(1) "旅游区+公司+村民" 机制。

将适合的部分旅游区委托给第三方公司运营,村民为"旅游公司"提供劳动、土地等,旅游公司定期付给村民"承包费"或入股红利,并尽力吸引无业村民人群就业。政府应该出面牵头成立中间组织,制定政策保护双方的正当利益。

(2)"农企合作"机制。

海洋村积极引进企业参与乡村规划项目,如生态休闲区建设等。对于身体状况一般但是仍有工作能力的贫困户,村民可参与企业的休闲旅游项目的日常维护、保洁等工作,以获得收入。

(3)参与旅游接待。

有一定劳动能力的贫困农户和贫困群众,可以引导他们积极参与到旅游文化企业、乡村经营户的旅游接待服务中,成为旅游文化的服务人员,如游客接待中心服务人员,通过获取非农劳动收入,而带动贫困户和贫困群众实现脱贫和增收致富。

3. 旅游扶贫精准指导

对因学致贫的贫困群众,应指导其以多种方式参与到旅游发展的活动中来,如在政府资金的帮助下,经营旅游民宿、开办小手工艺品作坊,充分利用其劳动价值;对因病致贫的贫困群众,应指导其通过恰当的方式参与到旅游服务工作中去,主要进行幕后的服务工作,如客房保洁、水稻种植等;对因残致贫的贫困群众,应指导其进行技术帮扶、贷款补贴、营销帮扶,带动贫困户进入造血功能培育程序,发扬贫困户自力更生、艰苦奋斗、勤劳致富精神。

五、都市生态园体验基地——毛家冲村

(一)毛家冲村旅游扶贫条件分析

1. 村情简介

(1)自然条件。

毛家冲村属于北亚热带季风气候区,具有南北过渡的特征。冬冷夏热,四季分明,光能充足,热量丰富,雨热同季,夏季多偏南风,冬季多偏北风。村域总体海拔在30米至95米之间,是典型丘陵地貌,是高岗地——长岭岗的组成部分。

(2)区位条件。

毛家冲村紧邻318国道、106国道,可快速到达黄陂区、麻城市,距离高速出入口20千米,可串联武汉市、黄冈市等地。凤凰镇内较为成熟的景点主要包括省历史文化名村陈田村、市历史文化名村石骨山村,以及凤凰民俗文化博览园、中国农业记忆公园、凤凰生态农业观光园等,这些景区目前的知名度不高,影响力和辐射力有限。

(3)经济社会条件。

2016年全村经济收入2128.7万元,人均纯收入13044元,经济来源主要分为外出务工、本地务工和传统养殖,其中又以外出务工为主要来源,约占总收入的60%,本地务工约占25%,传统养殖业占比约为5%,其他收入10%。由于大量劳动力外出,土地闲置较多,部分耕地保持了传统种植,满足留守人员的生活需求。

(4)产业发展现状。

该村主要有传统种植业、养殖业、现代农业、旅游业四种产业。目前的传统种植业基本属于自给自足的自然经济,传统工农业种植较为分散,以水稻、棉花、油菜为主;养殖业以农户分散经营为主,主要以渔业为主,较大的鱼塘主要分布在仙人湖、凤尾湖,以及其他大小不一的各类鱼塘;目前共引进现代农业六家,以经营精品苗木的培育、生态农业、茶叶种植加工

为主,辅以果树采摘、餐饮住宿;其中现代农业旅游主要依托于入驻的六家现代农业,以果树采摘、赏花观光、垂钓、餐饮、住宿为主,自然山水旅游则主要依托于石屋山、凤尾湖、仙人湖。

2. 贫困现状及成因

(1) 贫困现状。

毛家冲村精准扶贫的贫困户26户,58人。五保户5户,5人,低保户13户,31人,一般贫困户8户,22人,2016年已全部脱贫。

(2) 致贫原因。

致贫原因主要分为因学、因病、缺技能、因残等方面。另外,基础设施落后,对外开放程度低,外来投资环境差,产品基本自产自销,产品附加值低,村集体经济收益低,收入渠道单一,部分农民自身科学文化水平及就业技能水平较低。

3. 旅游资源分析与评价

(1) 旅游资源类型。

根据国家标准《旅游资源的分类、调查与评价》(GB/T18972-2017)的有关规定,通过全面调研,对毛家冲村的旅游资源按照主类、亚类及基本类型的层次进行分类(见表5-10),确定其旅游资源类型覆盖8大主类中的4个,23个亚类中的7个,110种基本类型中的13个。

表 5-10 毛家冲村旅游资源类型

主类	亚类	基本类型	主要资源单体
A 地文景观	AA 自然景观综合体	AAA 山丘型景观	石屋山
C 生物景观	CA 植被景观	CAA 林地	旭华源精品苗木生产基地(红叶石楠林、黄金枸骨林、桂花树林、紫薇树林)、民乐生态农业园(茶林)、毛冲山林地、毛冲湾林地
C 生物景观	CA 植被景观	CAB 独树与丛树	竹林、各自然村湾的风水林、程居岗枫香树、蔡家田枫香树、王家田枫香树、左家田古松树
C 生物景观	CB 野生动物栖息地	CBB 陆地动物栖息地	毛冲山林地、毛冲湾林地(黄鼠狼、鼠、野兔等)
C 生物景观	CB 野生动物栖息地	CBC 鸟类栖息地	毛冲山林地、毛冲湾林地(猫头鹰、喜鹊、麻雀等)
E 建筑与设施	EA 人文景观综合体	EAD 建设工程与生产地	旭华源精品苗木生产基地、民悦生态农业园、点溪园生态农业园(古法红糖)
E 建筑与设施	EA 人文景观综合体	EAF 康体游乐休闲度假地	村委会健身场、程居岗健身场
E 建筑与设施	EA 人文景观综合体	EAG 宗教与祭祀活动场所	协毓宫(石屋仙山寺)

主 类	亚 类	基本类型	主要资源单体
E 建筑与设施	EB 实用建筑与核心设施	EBB 特性屋舍	蔡家田传统民居、毛家冲湾传统民居、欧家湾传统民居群
		EBJ 陵墓	凤凰镇烈士陵园
		EBK 景观农田	旭华源精品苗木生产基地、七彩花海、石屋山杜鹃花卉地
	EC 景观与小品建筑	ECB 观景点	程居岗广场(古枫香树)、七彩花海(格桑花、蜀葵等)、石屋山(石牛石马、仙人湖、仙人洞等)、凤尾湖大坝(凤尾湖)
F 历史遗迹	FA 物质类文化遗存	FAA 建筑遗迹	七方田党支部遗址

(2) 旅游资源空间分布。

石屋山位于毛家冲村东侧;凤尾湖周边群山环绕,港汊较多;毛家冲村的旅游资源分布较为均衡,不管是地文景观、水工建筑还是生物景观,均有包括,与此同时,仙人湖、石屋山在凤凰风景旅游区范畴内,未来随着旅游区的建设与发展,将更有利于毛家冲村的乡村旅游发展。

(3) 旅游资源特色评价。

凤尾湖、仙人湖是 20 世纪凤凰地区人民建设社会主义的典范,也是凤凰地区自然山水景观的代表;石屋山及其代表的石屋山文化是新洲自然山水景观的代表,也是中国传统文化的地方性显化;毛家冲村现有的稻田耕作延续了中国传统的精耕细作的劳动方式;毛家冲、欧家湾等传统村湾代表了中国传统村落格局;现代农业代表了现代中国农村农业产业发展的新方向,是中国农村现代化的展现。

(二) 毛家冲村旅游扶贫产业规划

1. 旅游发展主题形象

毛家冲村自然和人文旅游资源组合良好,传统村湾与自然环境相得益彰,村内生态资源逐渐改善,适宜度较高,以石屋山、仙人湖、凤尾湖为核心,借助于凤凰风景旅游区的发展,将毛家冲村的旅游发展主题形象确立为"秀水奇山藏传说,田园休闲在毛冲"。

2. 旅游产业发展定位

立足毛家冲村的乡村环境、自然环境、现代农业及民俗文化,在以现代农业为主体的基础上,发展以现代农业观光与体验、自然山水游览为主导的乡村旅游业,推动毛家冲村产业转型升级,实现乡村旅游脱贫致富的目标,将毛家冲村的产业发展定位为自然都市生态田园体验旅游地。

3. 旅游产业与产品设计

依据毛家冲村的旅游资源特征,总体形成两大主题、四小类别、十余个旅游项目。

(1) 石屋山主题游赏区。

有传说溯源、石屋仙境两个类别,包括美女赛修、仙人施谷、仙人洞、仙人湖水上体验、凤尾湖养生体验、协毓宫传统文化体验、欧家湾传统农耕体验、毛家冲湾民俗体验等旅游项目。

(2) 现代农业体验区。

有观光游览、农业体验两个类别,包括精品苗木基地游览、茶园景观游览、荷塘景观游览、水果采摘、传统农事体验、藕塘采摘等旅游项目。

(三) 毛家冲村旅游扶贫项目规划

1. 旅游项目空间布局

毛家冲村内乡村旅游以《武汉市新洲区凤凰镇毛家冲村村域总体规划》为指导,根据旅游资源分布,进行适当调整,最终形成的旅游规划空间结构如表 5-11 所示。

表 5-11　毛家冲村旅游结构功能分区表

结　构	名　称	发展思路
一轴	旅游发展轴	以南北向贯穿全村的道路为载体,向北连接凤凰镇旅游西环线,向南通过石骨山村连接 318 国道,打造一条串联三大片区,领略现代与传统、人工与自然的现代都市田园景观道路
一心	综合服务中心	是整个毛家冲村的形象展示和服务中心,具有引导、服务、解说、集散和游憩功能
三区	美丽乡村田园体验区	以程居岗、何家田、朱家湾为依托,以田园印象为主题,打造集生产生活、观光摄影、康体休闲为一体的美丽乡村体验区
	现代都市农业示范区	以现有农田农地及山水资源为依托,以现有精品苗木基地为对象,打造以现代农业展示为主题的现代都市农业示范区
	原生涵养文化休闲区	以凤尾湖、仙人湖、石屋山等自然山水和毛家冲湾、欧家湾等自然村湾为依托,打造以山水景观和传统农耕文明为主题的生态涵养型文化休闲胜地

2. 新建旅游项目

(1) 美丽乡村体验区。

以毛冲山、茶园基地为依托,以田园印象为主题,通过建筑改造、景观提升、产业服务、民俗体验等手法,打造集生产生活、观光游览、康体娱乐、民俗体验为一体的乡愁浓郁的美丽乡村。包括游客接待中心、民俗文化街、茶园种植观赏区、康体游览区。

(2) 现代农业示范区。

以村内现有苗木基地、农田林地及山水资源为依托,联合关圣村新风养猪场作为有机肥供应商,打造集高效循环农业示范、设施农业展示为一体的现代农业示范区。包括精品苗木基地、有机蔬菜基地、现代农业展示区及博物馆、特色果林种植区。

(3) 原生涵养文化休闲区。

以凤尾湖、仙人湖、石屋山等优质的山水资源环境和欧家湾、毛家冲湾传统村落为依托,积极打造农耕特色鲜明、自然环境良好、生态保育明显的生态涵养型文化休闲胜地。包括仙人湖水上体验区、协毓宫宗教体验地、欧家湾传统农耕体验区、毛家冲民宿文化体验区。

（四）毛家冲村旅游脱贫路径规划

1. 扶贫业态策划

毛家冲村旅游业态主要分为观光、休闲、体验、餐饮和住宿五个方面。合理利用民居建筑，从事旅游商品、民俗手工艺品、特色餐饮、民居客栈等传统业态的旅游经营，完善其旅游配套服务功能。毛家冲村目前已经实现脱贫，对于已经脱贫的村民可按照成功的经验继续执行，对于有意愿提高生活、进一步改善生活的农户，可根据自身特点选择以劳动力、住房条件、个人特长、土地资源等内容参与到乡村旅游建设中，以实现通过旅游促进脱贫，巩固脱贫，全面建成小康社会。

（1）民居住宿业态。

通过政府引导或招商引资，充分利用民居建筑进行内部功能改造，开发家庭式民宿。村民空置的房屋进行改造升级，可以出租作为民宿。

（2）特色餐饮业态。

利用民居及院落空间开发毛家冲村私房菜馆，提供原汁原味的毛家冲村本地餐饮服务，包括特色水产、莲藕、桂花等，村民可以从事餐饮、住宿、创意售卖等相关联的服务业，配套产业发展。

（3）体验式购物业态。

以乡村垂钓及田园采摘为主要依托，游客可以参与到桂花制品的加工中去，将定点区域采摘的桂花进行加工，增加游客的参与度，加深对商品的了解，给游客更舒适的购物体验。村民可利用自身的经验与积累，对游客进行指导，作为一种劳动获得经济收益。

（4）时尚休闲业态。

提供现代娱乐休闲消费项目的功能，打造一种具有民族文化与现代时尚融合之美的民居精品生活体验，使游客在充满沧桑的民居院落里享受现代人居生活。村民参与培训，挖掘个人特长，未来成为文化传承载体或旅游经营的主体。

2. 贫困户参与机制

（1）个体经营。

鼓励支持有条件、有能力的贫困户和贫困群众，直接进行旅游民宿、旅游餐饮等经营，成为旅游文化经营的业主，或者进行手工艺品、农副产品的加工生产售卖，提高产品附加值，从而实现脱贫和增收致富。

（2）农企合作。

积极引进企业参与当地旅游业的开发与管理，对于身体状况一般但是仍有工作能力的贫困户，村民可参与企业的休闲旅游项目的日常维护、保洁等工作，以获得收入。如苗木基地、茶园景观、荷塘景观等项目的维护。

（3）股份制模式。

根据资源的产权将乡村旅游资源界定为国家产权、乡村集体产权、村民小组产权和农户个人产权4种产权主体。在进行具体的旅游开发时，可采取国家、集体和农户个体合作，把旅游资源、特殊技术、劳动量转化成股本，收益按股分红与按劳分红相结合，进行股份合作制经营。通过土地、技术、劳动等形式参与乡村旅游的开发。

3. 旅游扶贫精准指导

在毛家冲村的旅游扶贫工作过程中，应采取"一户一策"措施对建档立卡贫困户进行精准扶贫指导,指导贫困户从事旅游接待、劳动用工、特色旅游商品加工等,帮助与指导贫困户在乡村旅游发展过程中有选择性地成为经营主体,其他成为参与者,对其进行技术帮扶、贷款补贴、营销帮扶,带动贫困户进入造血功能培育程序,发扬贫困户自力更生、艰苦奋斗、勤劳致富的精神。

六、茶文化旅游体验基地——石头咀村

(一)石头咀村旅游扶贫条件分析

1. 村情简介

(1)自然条件。

石头咀村冬冷夏热,四季分明,光能充足,热量丰富,雨热同季,夏季多偏南风,冬季多偏北风。山多地少,耕地上纲面积798亩(其中水田670亩,旱地128亩),山林面积923余亩,耕地主要分布在山丘之间,人均耕地面积不足1亩。

(2)区位条件。

石头咀村周边景区包括城楼寨休闲山庄、狮子岩、少潭湖景区、道观河景区,距离分别为2.8千米、2.2千米和3.5千米、5.5千米。目前,新洲区东北部还有一条途经旧街街道在建的红色旅游公路,其一期工程已经串联起了问津书院、城楼寨休闲山庄、狮子岩、少潭湖景区、鹏云茶园景区和周边景区的开发,对石头咀村的旅游发展具有重要的推动作用。

(3)经济社会条件。

全村经济收入来源主要分为外出务工、本地务工和传统养殖,其中又以外出务工为主要来源,约占总收入的65%,本地务工约占20%,传统养殖中养殖业占比约为5%,其他收入占10%。

(4)产业发展现状。

石头咀村目前以种植业、养殖业、加工业为主。村内产业以自给自足的自然经济为主,传统农业种植以水稻、黄豆传统作物为主;此外,还发展以绿茶为主的经济作物;养殖业以农户分散经营为主,主要以渔业为主,较大的鱼塘主要分布在刘家垅、苏家塝附近,以及其他大小不一的各类鱼塘;通过招商引资,目前共引进现代农业3家,以经营生态农业、茶叶种植加工为主。

2. 贫困现状及成因

(1)贫困现状。

石头咀村共有24户贫困户,贫困人口数量为90人,已于2016年成功脱贫。

(2)致贫原因。

缺劳力致贫,家庭成员年老或残疾,缺劳力致贫;因病致贫,家庭成员得慢性重症或突患重病,不仅不能通过劳动获得收入,而且医疗费用居高不下,有的甚至债台高筑。由于劳动力文化素质低,无技术,外出打工收入也与非贫困户有很大差距,在家想致富,又缺资金、缺项目,经济状况处在脱贫的临界线上。

3. 旅游资源分析与评价

(1)旅游资源类型。

根据国家标准《旅游资源的分类、调查与评价》(GB/T18972-2017)的有关规定,通过全面调研,对石头咀村的旅游资源按照主类、亚类及基本类型的层次进行分类(见表5-12),确

定其旅游资源类型覆盖了 8 大主类中的 6 个,23 个亚类中的 8 个,110 个基本类型中的 12 个。

表 5-12　石头咀村旅游资源类型

主　　类	亚　　类	基 本 类 型	主要资源单体
A 地文景观	AA 自然景观综合体	AAA 山丘型景观	螺蛳山、鸭嘴山、鸭背山、操家凹山
B 水域景观	BA 河系	BAA 游憩河段	姚河
C 生物景观	CA 植被景观	CAA 林地	茶林
		CAB 独树与丛树	柞树、枫香树
E 建筑与设施	EA 人文景观综合体	EAD 建设工程与生产地	水稻田、茶林、武汉大雾山茶叶公司、武汉腾云山白茶有限公司
	EB 实用建筑与核心设施	EBB 特性屋舍	石头咀乡土建筑
		EBG 堤坝段落	姚河堤坝
	EC 景观与小品建筑	ECL 水井	道观河南干渠
G 旅游购品	GA 农业产品	GAB 林业产品与制品	茶叶
		GAD 水产品及制品	胖头鱼、草鱼、鲢鱼、鲤鱼、鲫鱼、柴鱼
H 人文活动	HB 岁时节令	HBB 农时节日	花朝节
		HBC 现代节庆	楚剧、高跷亭子、牌子锣鼓、春节、元宵节、端午节

(2) 旅游资源空间分布。

茶林主要分布在石头咀湾东部的岗地上,全村茶叶种植面积达 1380 多亩,其中绿茶、白茶形成的茶园颇具规模;姚河位于村境南部,全长 5.5 千米,宽约 10 米,姚河发源于大雾山和城楼寨西面的各个山沟泌出的山泉;石头咀村山林覆盖面积 923 亩,其中以螺蛳山、鸭嘴山、鸭背山、操家凹山为代表,山体整体位于村境东南部;全村共有堰塘二三十处,主要有刘家坡堰塘、王家坡堰塘、苏家塝堰塘、石头咀湾堰塘等。水塘分布较广,村湾建筑顺应水塘分布。

(3) 旅游资源特色评价。

石头咀村自然资源以及人文旅游资源较少,类型单一。山水田塘,风光秀丽;生态茶林体验园,满足了游客观赏生态农业园、采茶制茶、体验乡村生活的需求,增强了旅游活动的参与性和体验性;花朝节文化,历史悠久,人文底蕴深厚;四季鲜果美食、特色餐饮更是为游客提供了饮食保障。

(二) 石头咀村旅游扶贫产业规划

1. 旅游发展主题形象

石头咀村的乡村旅游开发是以水稻、茶叶种植为核心资源,以农业观光与体验为特色资源,借助东北部生态旅游新区的发展,进行茶文化和花朝节文化活动的开展,让村湾成为花朝节文化、茶文化体验景区。石头咀村的旅游发展主题形象确立为"石头咀上品茗韵。"

2. 旅游产业发展定位

立足石头咀村的乡村环境、自然环境和传统农业，在以水稻、茶叶种植为主体的基础上，发展以农业观光与体验为主导的乡村旅游业，推动石头咀村的产业转型升级，保持一定的传统农耕方式，调整一定范围内的村湾功能，使农业发展与旅游开发有机结合，形成可持续发展的农业综合产业，石咀村的旅游产业发展定位为：以"茶文化体验""花朝节文化活动"为特色的乡村休闲旅游目的地。

3. 旅游产业与产品设计

根据石头咀村的旅游资源特征及与周边主要景区的功能关系，总体形成2个核心主题产品、2个特色旅游产品及3个配套产品，可开展10余项特色旅游活动。

（1）2个核心主题产品。

主要包括茶风民居和精品茶林基地。茶风民居依托石咀湾的民居建筑群打造以茶文化为主题的精品民宿，给游客提供地方民俗与茶文化相结合的度假体验；精品茶林基地依托现有的茶林基地，打造茶文化生产、观光、体验的示范基地，开展茶商贸易，茶工坊加工，茶园观光，茶博会、茶艺馆、茶博馆体验学习和展示。

（2）2个特色旅游产品。

主要包括花朝节庆活动和共享茶园。花朝节庆活动依托旧街街道传统花朝节文化，举办赏花游、竞唱山歌、吟诗答对、花朝集会等活动，打造以传统文化活动、赏花游览为主题的田园风光休闲体验区；共享茶园结合茶园，引入资源共享、技术创新、运营模式。

（3）3个配套产品。

主要包括滨水景观游览、休闲农庄体验、茶园观光体验。主要产品有滨水观光、田园观光、主题民宿、滨水茶社、茶驿站、茶餐饮、农业稻田观光、休闲与体验、田园农家乐等。

（三）石头咀村旅游扶贫项目规划

1. 旅游项目空间布局

以《新洲区东北部生态旅游新区旅游总体规划（2016—2025）》为指导，以旧街街道政府为主体，整合石头咀的鹏云茶园、城楼寨、少潭河、狮子岩、问津书院等景区相关资源，着力建设石头咀旅游区，形成石头咀村旅游结构功能分区（见表5-13）。

表5-13 石头咀村旅游结构功能分区表

结构	名称	发展思路
两心	田园社区中心	田园社区中心是整个石头咀村的形象展示和服务中心，具有引导、服务、解说、集散和游憩功能
	茶文化主题体验中心	茶文化主题体验中心是石头咀村展示茶文化，组织品茶、制茶活动的服务中心，具有服务、解说和休闲娱乐的功能
两带	休闲发展带	以村境内四吴线为载体，道路穿越村境内，西至楼寨村，东至梅家河村，打造一条服务于传统农耕区的田园景观休闲发展带
	姚河风景带	以姚河的水域与河岸景观为依托的观光带，串联特色自然田园、生态茶园等各个重要生态旅游节点

结构	名称	发展思路
三区	茶道休闲区	以石头咀湾和茶园为依托,以茶文化为对象,打造茶道展示、茶艺学习、茶品交易等一系列现代茶文化休闲区
	花朝民俗区	以石头咀村域内风光最美的农田农地和姚河风景为依托,以每年的花朝节为契机,打造赏花、集会、物质交流会展、民俗文化活动的田园风光体验区
	传统农耕区	以石头咀村的耕地、村湾、四吴线为依托,打造以生产生活、康体休闲、共享农庄为主题的乡村田园休闲区

2. 新建旅游项目

(1) 茶道体验区。

①石头咀村民居休闲度假中心,石头咀村民居的保存与更新,结合地方茶文化、茶饮食、茶活动,打造高品质休闲度假主题民宿。

②茶餐饮和茶社,具体项目包括茶文化主题民宿、茶旅休闲驿馆、融入茶及衍生品的茶餐饮、结合滨湖景观的茶园体验和休闲茶社。

(2) 茶文化体验。

①茶文化创意产业,以茶叶、茶文化业态为主体,辅以中国书画、古玩玉器、旅游工艺品等文化产品业态,配套主题休闲。

②茶博馆,对茶文化进行诠释,公益性地展示茶、茶具、茶历史等。

③茶文化工坊,通过组织各类主题茶会活动,从茶技、茶艺、茶文化、茶道四个方面循序渐进地引领人们体验茶文化、茶具制作等。

(3) 花朝民俗区。

①花朝节赏花游,依托石头咀村周边景色秀丽的农田和正在打造沿河景观的姚河,沿袭旧街街道传统花朝节的习俗。

②花朝集会,将传统节庆与人们的物质文化需求结合起来,举办各种表演来庆祝花朝节,同时也进行花朝节期间的物质交流活动,给游客提供丰富的无污染的农副产品和制作精巧的手工艺制品。

(4) 传统农耕区。

①田园社区,结合地方传统农耕文化、饮食、活动,配套茶道休闲区,打造高品质休闲田园度假主题民宿。

②农耕体验,依托生态有机田园,让游客来了不仅能观看农民耕作,还能亲身参与耕作、采摘过程。主打生态田园体验游品牌,让游客体验当地文化和自然田园风光。

(四) 石头咀村旅游脱贫路径规划

1. 扶贫业态策划

(1) 民居住宿业态。

通过政府引导、招商引资以及村民自筹方式,充分利用梳理出来的民居建筑,对其进行内部功能改造来开发家访式民宿。游客在此居住,不仅可以体验传统村落的生活环境,还可以了解当地花朝文化、茶文化,增进游客与村民间的交流。贫困户可以房屋出租的形式参与。

(2) 特色餐饮业态。

利用民居及院落空间开发石头咀村私房菜馆,提供原汁原味的石头咀村本地餐饮服务,包括新洲美食、地方茶餐饮等等,用餐环境具有传统民居风格,为希望体验本地特色风味的大众客群提供服务。贫困户可以提供劳务的形式参与。

(3) 体验式购物业态。

利用石头咀村周边茶文化场所的体验式购物,通过政府引导,开发成茶文化体验式购物场所。利用茶文化市场与旅游购物相结合,通过提升游客的参与度,加深其对商品的了解,从而给游客带来更舒适的购物体验。贫困户可进行茶叶加工与售卖。

(4) 时尚休闲业态。

为配套乡村旅游开发,植入精致茶吧、书吧、清吧、休闲会所等"小资化"的现代休闲业态,提供现代娱乐休闲消费项目的功能,打造一种具有民族文化与现代时尚融合之美的民居精品生活体验,让游客在充满沧桑的民居院落里有机会享受现代人居生活。贫困户可通过出租房屋、提供服务的形式参与。

2. 贫困户参与机制

机制是制度化的方法。石头咀村的村民参与机制是制度化的村民参与乡村旅游的方法,主要有以下几种。

(1) 个体经营模式。

鼓励支持有条件、有能力的贫困户和贫困群众,直接进行旅游民宿、旅游餐饮等经营,成为旅游文化经营的业主,或者进行手工艺品、农副产品的加工生产售卖,提高产品附加值,从而实现脱贫和增收致富。

(2) "公司+农户"模式。

通过旅游产业驱动当地经济发展,帮扶贫困人口脱贫致富。社区农户是与当地原始生态、乡村文化民俗、土地等接触最紧密的人,在开发浓厚的乡村旅游资源时,充分利用了社区农户闲置的资产、富余的劳动力,增加了农户的收入,丰富了旅游活动,向游客展示了真实的乡村文化。

(3) 股份制模式。

根据资源的产权将乡村旅游资源界定为国家产权、乡村集体产权、村民小组产权和农户个人产权4种产权主体。在进行具体的旅游开发时,可采取国家、集体和农户个体合作,把旅游资源、特殊技术、劳动量转化成股本,收益按股分红与按劳分红相结合,进行股份合作制经营。通过土地、技术、劳动等形式参与乡村旅游的开发。

3. 旅游扶贫精准指导

(1) 采取"一户一策",对建档立卡贫困户进行精准扶贫指导,指导贫困户从事旅游接待、劳动用工和发展特色旅游商品加工等。

(2) 对于家庭中仍有劳动力的贫困户,应鼓励其积极参与旅游开发与旅游服务,并应重点培训且将其分配到合适岗位。

(3) 对于身体患有疾病的居民,应当鼓励其参与旅游基础设施建设和旅游环境维护等,不适合让其参与直接面向游客的旅游服务工作。

(4) 对于彻底丧失劳动能力的贫困户,应考虑让其以房产、田地入股,并给予优惠;家中无房产、田地的,应利用旅游收益和其他政府收入保障其生活。

(5) 对于因病、因学致贫的贫困户,应支持其恢复健康或完成学业,鼓励其积极投入本地区旅游开发建设。

(6) 村里领导人员积极引进脱贫项目,依据产业动力解决一部分贫困人员的就业问题,带动贫困户脱贫。

七、户外运动基地——长岗山村

(一)长岗山村旅游扶贫条件分析

1. 村情简介

(1) 自然条件。

长岗山村属于典型的山地气候特征,四季明显,光照充足,热量丰富,雨水充沛,气候较为温和,尤其适合开发夏季避暑类旅游项目。长岗山村山多地少,占地6.3平方千米。其中,耕地550亩且耕地多处山区,农业生产能力不足。全村另有山林7815亩。

(2) 区位条件。

距离大广高速(G425)公路互通口15.9千米,可通过高速到达武汉中心城区、新洲区政府、麻城市、黄冈市等地。通过省道206,串联大崎乡、夫子河镇、白果镇。

(3) 经济社会条件。

该村2016年年产值181.78万,其中种植业年产值168.78万,养殖业13万,种植业主要发展油茶、青茶、板栗、天麻四大产业,目前产业分布比较零散,规模较小。第二产业仅有建筑业,收入17.17万。第三产业以服务业为主,收入74.54万。

(4) 产业发展现状。

长岗山村目前以种植业、养殖业、新型产业为主。目前的种植业为传统种植业,以水稻、黄金茶、油茶、板栗为主。养殖业规模较小,以农户分散经营为主,主要以养鱼和放养山羊为主。

2. 贫困现状及成因

(1) 贫困现状。

长岗山村建档立卡贫困户有6户,25人,占全村总人口的3.28%,2017年全面完成脱贫任务。

(2) 致贫原因。

部分因残、因学致贫,除此之外,观念落后,科技知识水平低,有效利用新技术的能力不足,市场应变能力欠缺,经济发展缓慢也导致部分家庭贫困。基础设施落后,对外开放程度低,外来投资环境差,产品基本自产自销,经济利润薄弱。

3. 旅游资源分析与评价

(1) 旅游资源类型。

根据国家标准《旅游资源的分类、调查与评价》(GB/T18972-2017)的有关规定,通过全面调研,对长岗山村的旅游资源按照主类、亚类及基本类型的层次进行分类(见表5-14),确定其旅游资源类型覆盖8大主类中的7个,23个亚类中的11个,110个基本类型中的27个。

表 5-14　长岗山村旅游资源类型

主　类	亚　类	基本类型	主要资源单体
A 地文景观	AA 自然景观综合体	AAA 山丘型景观	卸甲山（长岗山）
		AAC 沟谷型景观	豹龙谷
B 水域景观	BA 河系	BAB 瀑布	潭龙瀑布
C 生物景观	CA 植被景观	CAA 林地	长岗山生态林、油茶林、板栗林
		CAB 独树与丛树	细苯冲竹林、徐家沟竹林
		CAD 花卉地	卸甲山油茶花
	CB 野生动物栖息地	CBA 水生动物栖息地	大苯冲水库
		CBB 陆地动物栖息地	长岗山生态林（野猪、野鸡、野兔等）
		CBC 鸟类栖息地	长岗山生态林（斑鸠、鹰等）
		CBD 蝶类栖息地	长岗山生态林（粉蝶、灰蝶、蜻蜓等）
E 建筑与设施	EA 人文景观综合体	EAA 社会与商贸活动场所	长岗山村委会礼堂
		EAB 军事遗址与古战场	红二十八军被服厂、伤病员护理所、载禄庵
		EAD 建设工程与生产地	光伏发电基地、天麻基地、青茶基地
		EAE 文化活动场所	长岗山村委会广场及礼堂
		EAF 康体游乐休闲度假地	长岗山细湾、长岗山大湾、细苯冲、大苯冲
		EAG 宗教与祭祀活动场所	朝阳寺、载禄庵、龙王庙
	EB 实用建筑与核心设施	EBB 特性屋舍	卸甲寨、长岗山细湾
		EBE 桥梁	徐家凹拱桥
		EBM 景观林场	长岗山生态林
	EC 景观与小品建筑	ECB 观景点	卸甲山
		ECL 水井	楼上湾堰塘、大苯冲水库
F 历史遗迹	FA 物质类文化遗存	FAA 建筑遗迹	朝阳寺、卸甲寨、载禄庵、龙王庙

续表

主　类	亚　类	基本类型	主要资源单体
G 旅游购品	GA 农业产品	GAA 种植业产品及制品	柑橘、油茶、黄金茶、青茶、板栗、天麻
		GAD 水产品及制品	胖头鱼、草鱼、鲢鱼、鲤鱼、鲫鱼、柴鱼
H 人文活动	HA 人事活动记录	HAA 地方人物	张体学
		HAB 地方事件	鄂东抗日挺进中队成立
	HB 岁时节令	HBC 现代节庆	春节、元宵节、端午节、红色旅游文化节（筹）、说书、皮影戏

(2) 旅游资源空间分布。

卸甲寨位于长岗山村东南部，所在地海拔近四百米，豹龙谷位于长岗山西部，长约1.2千米，东高西低，东接长岗山卸甲寨，西抵龙岩村王家冲水库，潭龙瀑布位于豹龙谷西侧，河床宽约5米，瀑布落差30米，沟通长岗山村的多个旅游景点。

(3) 旅游资源特色评价。

长岗山村的自然资源和人文旅游资源都较为丰富，类型多样。相关配套设施、自然景观等还需要进一步完善，村民的服务意识和人口素质也有待提高，村落的知名度和影响力也需要进一步提升。

(二) 长岗山村旅游扶贫产业规划

1. 旅游发展主题形象

长岗山村的乡村旅游开发以户外运动休闲为核心，借助于将军山风景旅游区的开发和建设，以自然山水资源为核心，让游客充分领略丘陵地貌的风情。长岗山村的旅游发展主题形象确立为"奇峰古寨藏典故，户外休闲长岗山"。

2. 旅游产业发展定位

立足长岗山村的乡村环境、自然环境、现代农业及民俗文化，在以茶叶种植为主体的基础上，发展以现代茶园观光与体验、自然山水游览为主导的乡村旅游业，推动长岗山村产业转型升级，保持一定的传统农耕方式，调整一定范围内的村湾功能，使农业发展与旅游开发有机结合，形成可持续发展的农业综合产业，实现乡村旅游脱贫致富的目标。因此将长岗山村的产业发展定位为：山水观光历史文化红色旅游目的地。

3. 旅游产业与产品设计

依据长岗山村的旅游资源特征，总体形成1个核心主题产品——红色主题的户外运动体验，1个主题寨堡——红色旅游主题寨堡，1个景观廊道——红色旅游公路沿线乡村休闲景观廊道，以发展红色旅游为核心。另有2个生态公园、4个生态营地，可举办10多个节庆活动及30多项户外活动。

(三) 长岗山村旅游扶贫项目规划

1. 旅游项目空间布局

根据《长岗山村旅游扶贫总体规划》的编制需求，融入旅游扶贫、乡村旅游、优质旅游等观念,结合村庄区位条件、发展条件,充分考虑长岗山村贫困现状及原因、扶贫潜力,设计长岗山村乡村旅游的空间结构,如表 5-15 所示。

表 5-15　长岗山村旅游结构功能分区表

结构	名称	发展思路
一轴	旅游发展轴	以东西向贯穿全村的红色旅游环线为载体,串联全村着力打造的主要旅游景观点、项目地和户外运动服务基地,成为一条方便游人领略现代与传统、人工与自然的现代都市田园景观道路
一心	综合服务中心	以王家湾为核心,结合村湾及周边环境整治,打造整个将军山景区的户外运动营地和服务中心,具有引导、服务、解说、集散和游憩、餐饮、住宿、汽车营地、山地项目训练等功能
三区	农林休闲体验区	以现有农田农地及茶园山林资源为依托,打造集生产生活、观光摄影、采摘体验于一体的农林休闲体验区
三区	美丽乡村休闲区	以周家凹、楼上湾、王家湾和苯冲湾等自然湾为依托,修整房屋街巷,合理搭配绿植,打造以康体娱乐、观光休闲为主题的美丽乡村体验区
三区	山林体验运动区	以卸甲寨、豹龙谷、长岗山及生态林园等自然山水为依托,打造以户外运动、休闲观光为主题的山林体验运动区
四节点	卸甲寨	以卸甲寨为中心,修建旅游步道与红色旅游公路相接,严格保护现存古寨墙、寨门、古井、屋舍等军事生活设施,收集村民收藏的古寨炮弹等实物加以陈列,同时结合附近的长岗山林地,开展运动踏青项目。最终令卸甲寨成为旅游公路途中的标志性景点,打造以探寻古迹、户外运动、观光休闲为主要内容的观光运动节点
四节点	豹龙谷	以峡谷景观为核心,结合挑水河(豹龙谷段)、潭龙瀑布和生态林园,在生态保育的基础上打造人工步道和观赏点,适度进行开发,以瀑布、峡谷、山林观赏为主要内容
四节点	红二十八军后勤基地	以红二十八军被服厂和伤病员护理所为核心,收集并陈列当时的物品,整治改造周边环境,复原红色革命时代的生产生活场景,向游客展现当年的历史革命风貌
四节点	宗教文化节点	以朝阳寺和载禄庵为核心,硬化连接道路,形成畅通的车行交通,同时在两所寺庙旁边铺装硬质场地,满足一定量的停车功能与集散功能,整治周边环境,尤其是连接道路两边的绿色景观

2. 新建旅游项目

(1) 王家湾综合服务中心。

以楼上湾、王家湾的相对平坦地势为依托,以运动休闲为主题,通过建筑改造、景观提升、产品服务、民俗体验、营地建设、设施配套等手段,打造集游客休息、咨询投诉、导游讲解、宣传、售票、医疗救援、自行车租赁等功能于一体的游客服务中心。

(2) 卸甲寨怀古休闲区。

以卸甲寨遗址和长岗山大湾、细湾为依托,以休闲探古为主题,修建旅游步道与红色旅游公路相接,严格保护现存古寨墙、寨门、古井、屋舍等军事生活设施,收集村民收藏的古寨炮弹等实物加以陈列。同时结合附近长岗山林地,开展运动踏青项目。

(3) 豹龙谷观光游览区。

以豹龙谷为依托,以观光游览为主题,铺设游步道,结合自身丰富的自然景观资源,打造山谷地徒步休闲观赏旅游项目。沿豹龙谷两侧规划游步道。豹龙谷北侧是板栗园,南侧是生态林园,西侧又有龙岩洞与潭龙瀑布景点,步行交通将这些旅游资源串联起来,适宜位置布置景观亭廊,丰富景点的景观层次。

(四) 长岗山村旅游脱贫路径规划

1. 扶贫业态策划

长岗山村旅游业态主要分为住宿、餐饮、体验及休闲四个方面,贫困群众可以以劳动力、住房条件、个人特长、土地资源等内容参与到乡村旅游的建设中来,获得更多经济收益。

(1) 民居住宿业态。

充分利用民居建筑进行内部功能改造开发家庭式民宿,游客在此居住,可以体验传统村落的生活环境,贫困户可将房屋出租给旅游商,获得经济收益。

(2) 特色餐饮业态。

提供原汁原味的长岗山本地餐饮服务,包括长岗山板栗、柑橘、油茶、黄金茶、青茶等,贫困户可从事此类农作物的采摘,以劳动获入收入。

(3) 体验式购物业态。

利用王家湾及苯冲湾便利的区位条件开发旅游购物,既可售卖茶叶和红色旅游商品,又可开发成茶叶采摘与红色生活体验式购物场所,贫困户通过将农产品深加工,提高附加值,获得经济收入。

(4) 休闲业态。

为配套乡村旅游开发,提供现代娱乐休闲消费项目的功能,打造一种具有民族文化与现代时尚融合之美的民居精品生活体验,贫困户可通过进行旅游服务活动获得经济收入。

2. 贫困户参与机制

长岗山村目前已经基本实现脱贫,对于已经脱贫的贫困户可按照成功的经验继续执行,对于有意愿进一步改善生活质量的村民,可根据自身特点选择以劳动力、住房条件、个人特长、土地资源等内容参与到乡村旅游活动之中,实现以旅游巩固脱贫,全面建成小康社会。长岗山村民有以下四类具体的参与方式。

(1) 村民继续从事传统的农业种植和养殖,同时能售卖土特产产品。

(2) 村民空置的房屋进行改造升级,可以出租作为民宿、农家乐或者商铺。

(3) 村民从事餐饮、住宿、创意售卖等相关联的服务业,配套产业发展。

(4) 村民参与培训,挖掘个人特长,成为文化传承载体或旅游经营的主体。

3. 旅游扶贫精准指导

(1) 对于家庭中仍有劳动力的贫困户,应鼓励其积极参与旅游开发与旅游服务,并应重点培训且将其分配到合适岗位。

(2) 对于身体患有疾病的居民,应当鼓励其参与旅游基础设施建设和旅游环境维护等,不适合让其参与直接面向游客的旅游服务工作。

（3）对于彻底丧失劳动能力的贫困户，应考虑让其以房产、田地入股，并给予优惠；家中无房产、田地的，应利用旅游收益和其他政府收入保障其生活。

（4）对于因病、因学致贫的贫困户，应支持其恢复健康或完成学业，鼓励其积极投入本地区旅游开发建设。

八、山水田园，诗画叶岗——叶岗村

（一）叶岗村旅游扶贫条件分析

1. 村情简介

（1）自然条件。

叶岗村占地 3.09 平方千米，其中耕地 1500 余亩，水田 1100 亩，旱地 400 余亩。地处丘陵岗地，呈西高东低之势，土地为黄土地。整体为小山丘地貌，东面则地势相对平缓。

（2）区位条件。

叶岗村位于武汉市新洲区西北部，地处仓埠街北部，东接陶岗村，南与靠山村相邻，西与黄陂区接壤，北连五峰村。距新洲区中心约为 20 千米，距离武汉市中心约 90 千米。距离天河机场、高铁车站等武汉市主要交通枢纽都在 2 小时车程之内。临京九线和大广高速，交通十分便利。叶岗村与武汉市黄陂区紧密相邻，黄陂区素有"千年古郡、木兰故里、江北花都、孝信之城"的美誉，拥有盘龙城文化、木兰文化、二程文化三大文化名片。新洲区境内有问津书院、通禅湖、万佛宝塔、少潭河、将军山、涨渡湖等山水人文资源交相辉映。

（3）经济社会条件。

全村共有 192 户，887 人，劳动力 390 人，其中外出务工 200 人。村民以种植、养殖、建筑三大产业为主，全村人均收入 12000 元，2018 年村集体经济收入达到 20 万元。叶岗村设有村卫生服务站、党员群众服务中心、百姓大舞台。村内有垃圾车 1 辆、垃圾箱 18 个，方便清运村民生活垃圾。现已开设老年人互助照料服务点并配备了空调、躺椅、棋牌桌等设备。

（4）产业发展现状。

叶岗村是一个传统农业村，粮棉种植是主导产业。在产业发展方面，先后引进武汉常青园农业科技有限公司、晨晖农业生态公司、扬名农业开发有限公司，加上兴红良养殖专业合作社，流转荒山、土地 2000 余亩，合力打造特色农业、精品苗木、生态茶叶等主导产业。

2. 贫困现状及成因

（1）贫困现状概述。

叶岗村全村贫困户 12 户，38 人，2018 年已实现整村脱贫。

（2）致贫原因。

叶岗村黄土岗地，交通不便，水源不好，地势较差，农作物只能靠天收，天不下雨，颗粒无收，这是致贫的主要原因。因缺乏劳动力致贫，农村家庭成员年老或残疾，丧失了劳动能力，不仅对家庭收入没有贡献，还会增加家庭的开销，导致家庭长期处于贫困状态，难以脱贫。此外，叶岗村因病、因残、因学致贫现象严重，短时间内依靠村民自身难以快速脱贫。

3. 旅游资源分析与评价

（1）旅游资源类型。

根据国家标准《旅游资源分类、调查与评价》(GB/T18972-2017)的有关规定，通过全面调研,对叶岗村的旅游资源按照主类、亚类及基本类型的层次进行分类(见表 5-16),确定其旅游资源类型覆盖 8 大主类中的 7 个,23 个亚类中的 10 个,110 个基本类型中的 21 个。

表 5-16　叶岗村旅游资源类型

主　类	亚　类	基本类型	主要资源单体
B 水域景观	BA 河系	BAA 游憩河段	鱼池、虾池
		BBB 潭地	荷花池、芦苇荡
C 生物景观	CA 植被景观	CAB 独树与丛树	水杉、桂花树
		CAC 草地	绿化草坪
		CAD 花卉地	青兰、紫薇、水仙、杜鹃、雏菊、海棠、鸡冠花
	CB 野生动物栖息地	CBA 水生动物栖息地	小龙虾水产养殖合作社
		CBC 鸟类栖息地	稻田
D 天象与气候景观	DA 天象景观	DAA 太空景象观赏地	日出、日落
	DB 天气与气候现象	DBA 云雾多发区	白云
E 建筑与设施	EB 实用建筑与核心设施	EBB 特性屋舍	乡风建筑
		EBC 独立场、所	徐振农场、百姓大舞台
		EBK 景观农田	荷花田、青兰田、稻田
		EBM 景观林场	青兰花卉苗木园
	EC 景观与小品建筑	ECJ 景观步道、甬道	游步道
		ECL 水井	水井
F 历史遗迹	FB 非物质文化遗存	FBB 地方习俗	民间婚俗
G 旅游购品	GA 农业产品	GAA 种植业产品及制品	棉花、玉米、水稻、莲藕、卷心菜、四季豆
		GAB 林业产品与制品	桃子、草莓、葡萄
		GAD 水产品与制品	小龙虾、青鱼、草鱼、鲢鱼、鳙鱼、鳊鱼、鳜鱼
H 人文活动	HB 岁时节令	HBB 农时节日	清明节、中元节、端午节、中秋节、重阳节、春节、元宵节
		HBC 现代节庆	广场舞表演

(2) 旅游资源特色评价。

叶岗村的青兰种植和生态草皮在规划区内较具有代表性,应该着重开发此类旅游资源。各大主类和亚类下的旅游资源类型丰富,但亚类细分下的基本类型资源稍显不足,因此前期应以资源保护和培育为主,在现有资源类型的基础上增加单体的数量,整合相近和互补资源,充分挖掘叶岗村旅游资源的潜力。各类资源在空间地域上自然组合配置良好,在不同区域形成相对不同的特色,但区域特色与周围其他发展乡村旅游的地区相比并没有较大的差异性,同质化现象依然明显。

（二）叶岗村旅游扶贫产业规划

1. 旅游发展主题形象

叶岗村发展旅游需以农为本，以保护耕地为前提，保持农村田园风光，保护好青山绿水，实现生态可持续发展，以此为基础，融入创意元素，拓展生态农业、创意农业，打造山水家园，给日渐萧条的乡村注入新的活力，重新激活价值、信仰、灵感和认同的归属。依托亲水种养体验、乡村度假配套建设等项目开展，开启新型农村度假模式，让游客体验乡土风情，感受悠闲节奏。因此，可以将叶岗村的发展主题形象定位为"山水田园，诗画叶岗"。

2. 旅游产业发展定位

田园综合体是集现代农业、休闲旅游和田园社区等产业于一体的新型的综合发展模式。叶岗村具备良好的湿地资源、农林渔业，还有部分矿石资源，从整体性、特色性和完整性开发原则的基础上，将全村打造成为武汉市集聚创意产业、科技农业、休闲度假、果林观光、山地康养为一体的示范性田园综合体。

3. 旅游产业与产品设计

叶岗村在精准扶贫中，形成了特色苗木产业、草坪种植产业、茶叶种植产业和特色养殖产业的主导产业结构，而区域的旅游观光、休闲、度假、体验等功能的旅游项目开发尚处于初级阶段。基于叶岗村乡村自然、生态资源特色和产业特点，在规划区引入"农业＋旅游"理念，构建亲水种养、生态农业、乡村度假产品体系（见表5-17）。实现"生产、生活、生态"的"三生"共融，"农业、加工业、服务业"的"三产"结合。

表 5-17　叶岗村三大产品体系

产品类型	重点项目
亲水种养	三兄水产养殖基地、龙虾垂钓场、乡间野味、田园乡径、淡水营地
生态农业	缤纷花园、活色苗木林、七彩茶趣园、清香茶艺馆、主题家庭农场
乡村度假	农情文化街、田园小筑、叶岗村塾、农耕食苑、草坪产业扶贫基地

（三）叶岗村旅游扶贫项目规划

1. 旅游项目空间布局

根据新洲区仓埠街叶岗村旅游扶贫规划的编制需求和现有的资源特色、环境禀赋，遵循科学布局、因地制宜、优劣比较、特色突出、市场导向、引导参与、整体开发、综合效益等原则，规划形成旅游结构功能分区如表5-18所示。

表 5-18　叶岗村旅游结构功能分区表

总体布局	功能分区	发展思路
一心	旅游服务中心	集旅游信息咨询、旅游景点门票订购、客房安排、外来车辆停放、景区交通换乘等功能为一体，提供票务预订、客房预订、旅游集散换乘、游客接驳等多项服务的旅游综合服务中心
一带	滨水休闲观光带	将运动和旅游相融合，通过改造道路的宽阔度和舒适性来进一步提升其作为叶岗村村内交通主干道的辐射和休闲作用，利用周边空地建设一些休闲、健身、娱乐设施以满足游客在游览过程中的休闲需求

续表

总体布局	功能分区	发展思路
三区	亲水种养游乐区	在发展较为成熟的水产养殖基地、鱼池、荷塘和生态芦苇塘等项目的基础上,打造亲水种养游乐区。通过发展乡村游乐项目打造具有休闲度假、文化体验、亲水游乐、乡村娱乐等功能的游乐区域
	生态农业体验区	依托叶岗村西南部区域现有规模的花卉苗木、茶园、蜡梅家庭农场等资源基础,整合梳理生态农业发展的核心要素和展现形式,打造具有农业观光、特色采摘、产业加工、乡野体验等功能的体验区域
	乡村度假生活区	依托叶岗村东部成片的建筑群和已有的草坪扶贫基地的基础,为配套亲水种养游乐区的发展,为游客集中提供餐饮住宿的场所,结合叶岗村的乡村农耕文化,综合配套设施为游客及周边居民提供休闲娱乐场所

2. 重点旅游项目设计

（1）旅游接待中心。

接待中心位于游客服务中心正中间,是整个游客服务中心的核心建筑,提供票务预订、信息查询、行李寄存、休闲需求、接待、会议、娱乐等功能。设有售票处、咨询处、行李寄存处、休息室、展览厅和多功能服务区,为刚进乡村的游客提供休闲娱乐的场所。

（2）滨水休闲步道。

以叶岗村东北部连带的滨水旅游线为依托,将道路进行美化,周边种植绿化树木,增强美观性,设置一些信息指示牌和路面指引标志,颜色与周边环境颜色一致,使用环保材料,与生态环境有机融合,这里是观日出日落美景的佳地,视野开阔,空气清新,不仅能让游客放慢节奏,更能让游客感到轻松愉快。

（3）淡水营地。

靠近叶岗村淡水湖泊区域规划建设房车营地,提供多种房车型号,配备齐全配套设施,提供24小时热水、电热水壶、小冰箱、大电视机、独立淋浴房、空调等,满足生活需要。游客在此可以烧烤聚餐、赏星闲聊,看小朋友在营地草坪前嬉戏玩耍,享受天伦之乐。

（4）草坪产业扶贫基地。

叶岗村为推进乡村农户脱贫事业发展,村内建设有草坪产业扶贫基地,对农户脱贫起到重要作用。规划以此为依托,借助草坪产业基础,打造草坪产业扶贫基地,通过加强组织管理、人员安排与培训等充分发挥草坪扶贫效应,让其成为叶岗村扶贫示范的展示窗口。

（5）莲藕文化创意园。

依托叶岗村现有的荷塘基地打造莲藕文化创意园,规划以古代楚地文化的浪漫、飘逸为主题建设风格,提升、建设莲藕博物馆、莲藕文化走廊,设置莲藕及其他水生蔬菜的实体标本、历史产地、与楚地渊源、莲藕相关绘画与摄影作品、名人字画展示等。

（6）缤纷花园。

规划聘请专业园艺设计机构进行美陈构造,基于现有的花卉资源进行栽种培植,组织专业的栽种工人进行蓝香芥和虞美人的栽种工作,两种植物互相错开种植,成熟后与周边绿植景观带交相呼应形成缤纷花海，娇艳开放，馨香怡人，吸引许多游人前来观赏，拍照游玩，体验乡村生态旅游的乐趣。

（四）叶岗村旅游脱贫路径规划

1. 扶贫业态策划

（1）旅游餐饮业态。

结合市场需求，鼓励村民发展农家乐，打造味道正宗、健康卫生的农家特色餐饮产品，打造美食小吃长廊，村民自制特色美食，各展其长，产品质量要有保障，价格合理。

（2）旅游民宿业态。

村民可结合自家房屋情况，以生态休闲、乡村民俗为主题，打造具有地方特色的居民客栈，客栈的建筑外观与内部装饰凸显地方民俗文化，居住环境优美、安全卫生，不断提高服务质量，提供多样化服务。

（3）旅游服务业态。

依托当地的自然、人文资源，开展农业展览会、民俗文化旅游节、鲜果采摘、农业躬耕体验等，村民可以积极参与其中，开展独立的经营活动，或到旅游区务工可获取一份固定的工资收入。

2. 贫困户参与机制

（1）"以大带小"机制。

能人带户，以一些具有突出经营管理能力或其他特殊才能的人为主导，带动贫困户参与乡村旅游服务，从而实现共同致富。这些能人包括本地精英、返乡成功人士、外来创客；大景区带动小景区，通过客源共享、对口帮扶等形式推动叶岗村各景区景点的有序发展，使村民有更多的机会参与乡村旅游发展，吃上"旅游饭"。

（2）独立经营机制。

鼓励、支持有条件、有能力的贫困户和贫困群众，依托美丽乡村建设、景区发展和乡村独特的自然风光、浓郁的地方文化特色，直接在亲水种养游乐区、生态农业体验区、乡村度假生活区等建设与经营精品民宿、农家乐、乡村客栈、民居旅馆、购物商店、采摘项目、休闲垂钓、亲子戏水项目等。

（3）"合作社＋农户"机制。

合作社作为农民为改善生活和生产条件、维护自身利益、在自愿互利基础上建立的社会经济组织，其功能是自卫、自助和互助。通过成立乡村旅游合作社，村民自愿加入并成为社员，合作社为社员提供定向服务，采用"合作社＋种植业""合作社＋养殖业""合作社＋乡村旅游"，带动农户全面参与旅游开发。

3. 旅游扶贫精准指导

结合贫困户的家庭构成、致贫原因、人员要素、文化程度等，对贫困户制定精准帮扶政策与措施，集中进行创业培训、技术指导，使贫困户转变观念、提升技能，解决"如何干""能够干""干得好"的问题。

要真正地使贫困户成为乡村旅游扶贫的主要受益对象，叶岗村要采取措施对贫困户进行精准指导。"脱贫易，防止返贫难"。在旅游扶贫过程中，对贫困户的精准指导的关键点在于旅游扶贫的可持续，要持续跟踪是否返贫。同时，精准指导，要重点关注两个方面：贫困户参与旅游开发的意愿、贫困户参与旅游开发的能力，相应旅游扶贫精准指导措施如表5-19所示。

表 5-19　叶岗村旅游扶贫精准指导表

关注点	精准指导
参与意愿	转变观念:通过政策宣传、考察学习、先进示范等途径帮助贫困户理解旅游业发展带来的利益和长远好处,使其转变观念、主动融入旅游开发
参与能力	技能培训:莲藕、茶叶、果蔬种植、渔业养殖、农副产品加工以及旅游服务技能的培训与现场指导
参与能力	项目指导:指导贫困户结合自身的健康状况、劳动技能等合理选择参与旅游开发的项目或就业岗位 ①全村环境与景区环境的保洁员、秩序维护员等 ②旅游商品的制作与售卖 ③果蔬种植、禽畜养殖、农家乐与客栈经营等

九、山水郭岗,休闲乡养——郭岗村

(一)郭岗村旅游扶贫条件分析

1. 村情简介

(1) 自然条件。

凤凰镇郭岗村全村土地总面积 5577 亩,耕地面积 2565.98 亩,其中水田面积 1292 亩,山地面积 3011.02 亩。地处丘陵岗地,呈西高东低之势,西面为小山丘地貌,东面则地势相对平缓。村内有水库 2 座,水域面积 400 亩,还有大型灌溉渠 3 条。郭岗村属典型的亚热带大陆性季风气候,适宜农业生产。

(2) 区位条件。

郭岗村位于武汉市新洲区凤凰镇中部,北与关圣村、刘湾村接壤,南与杨元咀村交界。村子距离武汉市中心约 90 千米,距天河机场、高铁车站等武汉市主要交通枢纽都在 2 小时车程之内。郭岗村村级道路接近 30 千米,临京九线和大广高速,交通十分便利。郭岗村其所在的新洲区,东邻团风,西接黄陂,南与青山、鄂州隔江相望,北与红安、麻城毗邻交错,地势由东北向西南倾斜,山岗与河流呈"川"字形排列,新洲区境内有问津书院、万佛宝塔、将军山、涨渡湖等山水人文资源交相辉映。根据旅游产品分类,郭岗村的休闲垂钓、生态农业、红色旅游、果树花卉采摘观光和休闲度假在武汉市的旅游市场发展潜力比较大。

(3) 经济社会条件。

郭岗村共有 450 户,1626 人,村内有贫困户 52 户,低保户 61 户,五保户 3 户。村民收入来源主要是种植和外出务工。村内积极引进投资,发展生态农业和养殖业,带动村民发展经济。目前,外部投资的产业已有所成效,全村百姓人均收入达 1.3 万元,2018 年村级经济收入约 12.4 万元。郭岗村目前已实现村村通、湾湾通,村内主干道已全部硬化。村内建有党员群众服务中心,还有老年活动中心、百姓大戏台等文娱设施,用于丰富群众文化生活。

(4) 产业发展现状。

在产业发展方面,先后引进武汉常青园农业科技有限公司、晨晖农业生态公司、扬名农业开发有限公司,加上兴红良养殖专业合作社,流转荒山、土地 2000 余亩,合力打造特色农业、精品苗木、生态茶叶等主导产业。村内仍以传统农业为支撑产业,形式较为单一,相对稳定但低效,创收能力有待加强。

2. 贫困现状及成因

(1) 贫困现状概述。

郭岗村共有建档立卡贫困户共 41 户 98 人,截止到 2019 年 8 月,全村实现脱贫出列。

(2) 致贫原因。

缺乏劳动力是郭岗村致贫的主要原因,所占比例超过一半,此类多半是因为家里没有年轻的劳动力,导致经济来源没有保障,无法支撑家庭生计。长期患病或突患疾病和重病致贫的农户,不仅很难通过劳动获得收入,而医疗费用又居高不下,治疗费用就成了这些农户的沉重负担,这类贫困户因为长期积累的医疗费用和长期生病压得他们喘不过气来,自身无精力和信心摆脱贫困。因缺乏劳动力致贫也是郭岗村贫困主要原因之一,农村家庭成员年老或残疾,丧失了劳动能力,不仅对家庭收入没有贡献,还会增加家庭的开销,导致家庭长期处于贫困状态,难以脱贫。

3. 旅游资源分析与评价

(1) 旅游资源类型。

依据《旅游资源的分类、调查与评价》(GB/T18972-2017)中旅游资源的分类标准,结合规划组对郭岗村旅游资源单体的调查统计,共确定了 54 个旅游资源单体,覆盖了 8 个主类中的 8 个,23 个亚类中的 12 个,110 个基本类型中的 24 个(见表 5-20)。

表 5-20 郭岗村旅游资源类型

主 类	亚 类	基本类型	主要资源单体
A 地文景观	AA 自然景观综合体	AAA 山丘型景观	道坡山
B 水域景观	BA 河系	BAA 游憩河段	董竹林湾鱼池
	BB 湖沼	BBA 游憩湖区	道坡山水库、邱家田水库
		BBB 潭地	荷花池
C 生物景观	CA 植被景观	CAA 林地	枇杷林、武汉市重点公益林保护区
		CAB 独树与丛树	楠竹、水杉、桂花树
		CAC 草地	绿化草皮
		CAD 花卉地	紫薇、水仙、杜鹃、雏菊、海棠、鸡冠花
	CB 野生动物栖息地	CBA 水生动物栖息地	道坡山水库、邱家田水库
		CBC 鸟类栖息地	道坡山
D 天象与气候景观	DA 天象景观	DAA 太空景象观赏地	日出、日落
	DB 天气与气候现象	DBA 云雾多发区	白云

续表

主　类	亚　类	基本类型	主要资源单体
E 建筑与设施	EB 实用建筑与核心设施	EBB 特性屋舍	乡风建筑
		EBD 独立场、所	徐振农场
		EBK 景观农田	荷花田
		EBM 景观林场	枇杷林、花卉苗木园
	EC 景观与小品建筑	ECJ 景观步道、甬道	游步道
		ECL 水井	水井
F 历史遗迹	FB 非物质文化遗存	FBB 地方习俗	民间婚俗
G 旅游购品	GA 农业产品	GAA 种植业产品及制品	玉米、水稻、莲藕、卷心菜、四季豆
		GAB 林业产品与制品	枇杷、桃子、草莓、葡萄
		GAD 水产品及制品	青鱼、草鱼、鲢鱼、鳙鱼、鳊鱼、鳜鱼
H 人文活动	HB 岁时节令	HBB 农时节日	清明节、中元节、端午节、中秋节、重阳节、春节、元宵节
		HBC 现代节庆	广场舞表演

（2）旅游资源空间分布。

郭岗村西北部拥有道坡山水库的水资源条件和周边山地的优势，是游客进行山野休闲、户外运动的场地。东北部有优良的自然风光和空气条件，应完善公共服务设施与基础设施，设计旅居度假空间。中部区域农业资源较为丰富，涵盖农业种植与养殖基地等，且农业公司较为集中。南部有革命烈士纪念碑，红色文化浓厚，可打造青少年接受传统革命教育、感受革命精神的研学场所。

（3）旅游资源特色评价。

首先，郭岗村内各大主类和亚类下的旅游资源类型丰富，但亚类细分下的基本类型资源稍显不足，因此前期应以资源保护和培育为主，在现有资源类型的基础上增加单体的数量，整合相近和互补资源，充分挖掘郭岗村旅游资源的潜力；其次，郭岗村的地文景观和水域风光资源具有代表性，应该着重开发此类旅游资源；最后，各类资源在空间地域上自然组合配置良好，在不同区域形成相对不同的特色，但区域特色与周围其他发展乡村旅游的地区相比并没有较大的差异性，同质化现象依然明显。

（二）郭岗村旅游扶贫产业规划

1. 旅游发展主题形象

首先，郭岗村有茶叶基地、油茶基地、果蔬种植园等种植基础，可以此为依托打造生态农业观光体验基地，让游客品尝绿色有机食品。此外，郭岗地处革命老区，村内有深厚的红色文化根基，可以开发革命烈士纪念园、红色栈道、时光邮局、怀旧社区等项目，打造红色文化教育中心。郭岗村还有丰富的滨水资源，可以此为依托，逐步开启新型农村度假模式，让游客体验乡土风情，感受悠闲节奏。通过综合分析资源条件，最终确定郭岗村旅游发展主体形象为"山水郭岗，休闲乡养"。

2. 旅游产业发展定位

依托生态资源优势,大力实施"旅游+扶贫"战略,抓住乡村旅游兴起的有利时机,将乡村旅游发展与精准扶贫工作有机结合,坚持政府引导、科学规划、市场运作、农民主体和社会参与的原则,为贫困人口创业、就业、增收搭建平台,探索出产业扶贫与乡村旅游融合发展的新模式。针对郭岗村现有旅游资源,我们提出"红色先行、绿色发展、蓝色联动、区域互补"发展战略,通过旅游精准扶贫,盘活郭岗村旅游资源存量,挖掘郭岗村红色文化内涵,优化郭岗村旅游产业结构,实现旅游产品水陆空全覆盖,将郭岗村打造成为武汉市山水红色文化一体的乡村公园旅游实体。

3. 旅游产业与产品设计

郭岗村的产业与产品开发坚持实事求是、因地制宜的原则,以生态农业、果林产业、渔业为基础产业,在保护当地乡村性的前提下融入"乡村+旅游"的理念,以滨水运动、乡村度假、生态农业、红色旅游教育四大功能主题为核心构建旅游产业项目(见表5-21),打造"生产、生活、生态"三生共融的乡村公园,带动全村旅游发展,促进农民增收,推进乡村生态经济发展。

表 5-21 郭岗村旅游产品体系表

旅游产品体系	主要产品
滨水运动	滨水广场、环湖垂钓、营地部落、环湖骑行赛道
乡村度假	田园乡居、农荟食疗、农艺生活馆、健身娱乐广场
生态农业	百木园、璀璨花海、果蔬种植园、渔乐湾
红色旅游教育	革命烈士纪念园、怀旧社区、时光邮箱、红色栈道、军迷餐厅

(三)郭岗村旅游扶贫项目规划

1. 旅游项目空间布局

根据《郭岗村旅游扶贫总体规划》的编制需求,在充分考虑郭岗村的区域定位、产业优势以及地理条件的基础上,融入"旅游+"、乡村旅游、优质旅游等新型发展理念;结合郭岗村的整体村庄条件、周边建设和特色旅游需求;整合规划区域旅游资源分布、类型结构及其地域组合,遵循科学布局、高效利用、特色突出、市场导向、因地制宜、资源整合等原则,规划形成的整体空间布局为"一心一带四区"(见表5-22)。

表 5-22 郭岗村旅游结构功能分区表

空间布局	功能分区	发展思路
一心	旅游服务中心	游客服务中心集信息咨询、票务预订、散客自助、团队旅游、旅游集散、旅游活动等功能为一体。通过整合相关旅游环节从而达到整合村内旅游资源,实现全村统筹协调发展
一带	乡村旅游休闲带	依托南北向贯穿的村内道路,通过对道路两边进行美化绿化、建设单车停靠驿站与休闲观景平台,形成贯穿全村、连接各区的纽带

续表

空间布局	功能分区	发展思路
四区	滨水运动体验区	依托道坡山水库的水资源条件和周边山地的优势,将此区域打造为山野休闲、户外运动的场地
	乡村度假休闲区	结合郭岗村中心村的建设规划与村内优良的自然风光和空气条件,完善公共服务设施与基础设施,使游客能够在良好的生态环境中旅居度假
	生态农业聚集区	以优质的农业资源为依托,将该区域打造成为生态农业聚集区。将产业优势与旅游活动进行融合,使游客感受乡村氛围
	红色文化教育区	依托村内现有的革命烈士纪念碑,并结合国家大力提倡的红色旅游与红色教育,将此区域打造为青少年接受传统革命教育、感受革命精神的研学场所

2. 旅游重点项目规划

(1)滨水广场。

滨水广场在设计上遵循线性空间、低度干扰和边界空间的原则,具有兼容性的特点,在体现生态、文化、形态美等元素的同时不对生态系统造成破坏,由亲水设施、植物配置、家居小品、标识系统、照明系统等组成,呈现出自然环境与人工景观交融的优美空间形态,是人们进行滨水游憩、休闲的理想场所。

(2)农荟食疗。

农荟食疗依托乡村有机农作物为游客提供餐饮服务。充分挖掘郭岗村特色农副产品和饮食文化,选择全天然、无公害的食物,以"自然、健康"为食物开辟原则,让游客在"尝鲜"的同时体验当地饮食特色。农荟食疗内挂有当地的风景摄影作品和老照片,配备当地农家特色的桌凳并且摆放农家宣传品。

(3)渔乐湾。

项目以水质优良的邱家田水库为依托,通过投放鱼苗、培育和喂养来供游客垂钓、休闲、品尝之用。幽静的环境,清新的空气,水乡木屋垂钓阳台,配套设施齐全,坐在阳台边享受钓鱼的乐趣,钓到的鱼还可与家人、朋友共同享用,并配上几个农家乐特色菜小酌几杯,钓不到鱼,也收获了垂钓过程中的乐趣,享受农庄生活的怡然自得。

(4)红色栈道。

依托区域内的丘陵山地,打造一条沿山栈道,为游客提供徒步锻炼的场所。为丰富游客的体验,可设置障碍和关卡节点,如负重前行、寻找标记物、特定植物等。在此过程中通过体验当年革命烈士的生活经历,培养青少年游客的耐力和团结合作的精神。

(四)郭岗村旅游脱贫路径规划

1. 扶贫业态策划

旅游扶贫的过程中,郭岗村要结合自身的资源优势,根据旅游市场的发展趋势以及旅游者的多元化消费需求,不断地丰富旅游业态。重点采取"公司＋合作社＋农户""能人＋农户"等行之有效的形式,积极吸纳有参加意愿、具备劳动能力、能够长期参与林业建设的建档立卡贫困群众参与,实施特色种养、休闲旅游、特色餐饮、农产品加工、淘宝电商、运输等产业发展项目,如农家乐、土特产售卖和特色种植养殖等。

2. 贫困户参与机制

(1)"景区＋农户"机制。

加大人力、财力、物力投入,以景区的发展带动农户参与旅游开发。鼓励大景区在经营服务、市场开拓等方面带动小景区的发展,鼓励乡村旅游能人带动贫困户、党员干部及建档立卡贫困户积极参与旅游开发,共享旅游发展的红利。

(2)"协会＋农户"机制。

依托郭岗村农民旅游协会,由协会带头人定期向农户宣传旅游扶贫的相关政策,向上级部门反馈农户的需求;由参与旅游开发的农户带头成立郭岗村农民旅游协会,发挥景区、农民旅游协会、农户三方的力量,通力配合,协调利益冲突,共同推动旅游业发展。

(3)"政府＋农户"机制。

政府鼓励有资金实力、知识与技术的农户独立经营旅游项目如农事体验项目、乡村餐馆、土特产品与手工艺品的售卖等,不断扩大规模,提高经济效益。

3. 旅游扶贫精准指导

郭岗村要实施对贫困户的精准指导,一方面能够提高村民参与旅游开发的积极性与主动性,另一方面避免村民走弯路或因困难而失去参与旅游开发的信心与勇气。对贫困户的精准指导,重点是要增强贫困户参与旅游开发的意愿、提高贫困户参与旅游开发的能力。在具体的实践中,可以采取集中培训指导、精准结对帮扶等形式。首先,可以通过政策宣传、考察学习、先进示范等途径帮助贫困户理解旅游业发展带来的利益和长远好处,使其转变观念、主动融入旅游开发。其次,指导贫困户结合自身的健康状况、劳动技能等合理选择参与旅游开发的项目或就业岗位,如担任村里的保洁员、秩序维护员等;出售旅游商品、农产品;在乡村旅游休闲带、滨水运动体验区、乡村度假休闲区、生态农业聚集区、红色文化教育区等从事种植养殖、旅游接待服务、安保、卫生清洁工作。

十、研学科普,度假休闲——曾畈村

(一)曾畈村旅游扶贫条件分析

1. 村情简介

(1)自然条件。

曾畈村占地 1.42 平方千米,整体地势西高东低,中部地区有部分丘陵地带,以平原为主,属黏土质淤积平原。耕地面积 994 亩,其中水田 596 亩,水面 159 亩,属典型的亚热带大陆性季风气候,适宜农业生产。

(2)区位条件。

曾畈村位于旧街街道东北部,临近沙河,南接旧街街道,北接大广高速入口的新道公路,距离武汉市中心约 90 千米,距离天河机场、高铁车站等武汉市主要交通枢纽都在 2 小时车程之内,处于武汉"1＋8"城市圈核心区域。村内道路体系完善,湾湾通水泥路,车辆进出较为方便。曾畈村所在的新洲区境内旅游资源丰富,山水人文资源交相辉映,保留了武汉市非物质文化遗产项目——新洲区花朝节。曾畈村所在的新洲区东部拥有一条红色旅游公路，2015年被评为全省"最美20条乡村公路之一"。此外，曾畈村与"千年古郡、木兰故里"的黄陂区相隔不到50千米。

（3）经济社会条件。

全村共261户，1186人，劳动力653人，空巢老人3人，留守儿童4人，常年外出务工451人。村民以种植、养殖两大产业为主，2018年村级实现了村企联营，引进企业分红，村集体年收入达到了11.5万元，村民年人均收入15803元。曾畈村道路体系完善，户户通自来水，宽带和通信信号已实现全覆盖。

（4）产业发展现状。

曾畈村仍以第一产业为主，村支柱产业为稻虾共作产业、花卉苗木、蔬果种植基地，相对稳定但低效，创收能力不足。村内现已成功引进了四家合作社，共流转了土地800余亩，避免了土地大量荒化的现象发生，同时每年为村民增收70多万元。同时建有稻虾共作基地、苗木花卉基地、洪山菜薹等试验基地。

2. 贫困现状及成因

（1）贫困现状概述。

曾畈村建档立卡贫困户共计20户，63人。

（2）致贫原因。

从微观层面看，曾畈村贫困户主要是因疾病、残疾和缺乏技能而贫穷。此外，综合分析曾畈村在地理区位、交通区位、资源赋存、产业结构、政府政策、运营管理、市场营销等方面的现阶段情况，从宏观层面上看，曾畈村致贫原因还有基础设施建设滞后、区域条件限制和投资环境差。政府对旅游产业的主导作用发挥不充分，当前政府部门仅仅关注旅游发展对当地经济发展的促进作用，忽视了旅游精准扶贫应当促使贫困人口收益增加这一根本目标。旅游产业的发展还没有和精准扶贫的理念完美融合，乡村贫困人口所获收益仍然十分有限。

3. 旅游资源分析与评价

（1）旅游资源类型。

依据《旅游资源的分类、调查与评价》（GB/T18972-2017）中旅游资源的分类标准，结合规划组对曾畈村旅游资源单体的调查统计，共确定了67个旅游资源单体，覆盖了8个主类中的8个，23个亚类中的12个，110个基本类型中的25个（见表5-23）。

表5-23 曾畈村旅游资源类型

主　类	亚　类	基本类型	主要资源单体
A 地文景观	AA 自然景观综合体	AAA 山丘型景观	山岗
B 水域景观	BA 河系	BAA 游憩河段	虾池、鱼池
	BB 湖沼	BBA 游憩湖区	水库
		BBB 潭地	荷花池

主 类	亚 类	基本类型	主要资源单体
C 生物景观	CA 植被景观	CAA 林地	油茶树、油桃
		CAB 独树与丛树	楠竹、水杉树、桂花树、油桃树、油茶树
		CAC 草地	绿化草皮
		CAD 花卉地	海棠、鸡冠花、油菜花、水仙、杜鹃、雏菊、桃花
	CB 野生动物栖息地	CBA 水生动物栖息地	小龙虾、龟鳖
		CBB 陆地动物栖息地	土鸭、土鸡、土猪
		CBC 鸟类栖息地	白鹭栖息地
D 天象与气候景观	DA 天象景观	DAA 太空景象观赏地	日出、日落
	DB 天气与气候现象	DBA 云雾多发区	白云
E 建筑与设施	EB 实用建筑与核心设施	EBB 特性屋舍	乡风建筑
		EBD 独立场、所	农场
		EBK 景观农田	荷花田、油菜花田、红辣椒
		EBM 景观林场	洪山菜薹基地、桃林、花卉苗木园
	EC 景观与小品建筑	ECJ 景观步道、甬道	游步道
		ECL 水井	水井
F 历史遗迹	FB 非物质文化遗存	FBB 地方习俗	民间婚俗、葬礼
G 旅游购品	GA 农业产品	GAA 种植业产品及制品	莲藕、四季豆、土豆、红辣椒、玉米、水稻
		GAB 林业产品与制品	桃子、玉米、草莓、葡萄、枇杷
		GAD 水产品与制品	青鱼、草鱼、鲢鱼、鳙鱼、鲤鱼、虾、鳖
H 人文活动	HB 岁时节令	HBB 农时节日	清明节、中元节、端午节、中秋节、重阳节、春节、元宵节
		HBC 现代节庆	新洲花朝会

（2）旅游资源空间分布。

曾畈村旅游资源分布主要集中在三个方位，其中，村子西北部有鱼塘、观赏性苗木基地、稻田等丰富的自然资源，生态优势明显，风景秀丽。而村子的东北部则以种植业、养殖业为主，其中虾稻共作模式、立体种养模式为现代生态农业模式，具有较高的观光价值和科普意义。东南部则以生态种植业为主，有红辣椒种植基地、桃园和扶贫产业园。

（3）旅游资源特色评价。

①核心资源同质化严重。

曾畈村各类资源在空间地域上自然组合配置良好，在不同区域形成相对不同的特色，但区域特色与周围其他发展乡村旅游的地区相比并没有较大的差异性,同质化现象依然明显。

②农业生态资源突出,但是深加工和精细化程度不够。

曾畈村村民通过农业合作社的方式大力发展了苗木、稻田龙虾养殖、洪山菜薹、玉米、红辣椒等农业产业,核心的农业观光、采摘、垂钓、休闲等产业优势明显。但是农业生态资源的深加工、精细化程度不够,项目配套不足,宣传力度不够。

(二) 曾畈村旅游扶贫产业规划

1. 旅游发展主题形象

曾畈村旅游发展主体形象为"研学科普,度假休闲"。因为曾畈村稻虾共作示范基地发展较好,持续引进多种生态立体种养技术,吸引中小学生前来研学观光,在玩中拓宽知识面。另外,曾畈村风景优美,民风淳朴,生态资源保持良好,村内有桃林、鱼塘、观赏性苗木等,游客可在此钓鱼、散步、摘桃,避开城市喧嚣,放松身心。

2. 旅游产业发展定位

近年来,乡村旅游成为旅游消费的热点领域,随着旅游扶贫的不断推进,乡村旅游成为实施乡村振兴战略、助力脱贫攻坚的一个重要渠道。曾畈村山水生态环境优美,稻虾共作种养业发展势头较好,是开展乡村旅游、农业生态科普、研学旅行的潜力区域。着眼于曾畈村社会经济发展的现状,应将旅游业定位为经济发展支柱性产业、精准扶贫特色产业和乡村旅游富民产业,通过旅游发展全面带动曾畈村社会经济发展,着力提升第三产业在全村的比重,着力提升第一产业的旅游附加值,着力延伸旅游产业链。通过旅游项目建设、旅游形象策划和旅游品牌打造,推进曾畈村旅游业全面富民,从而达到旅游脱贫的目的。

3. 旅游产业与产品设计

以原有传统农业为基础产业,引入创新科技,加入生态元素,形成核心的科教旅融合的科技农业。在乡村振兴战略的指引下,大力推进扶贫旅游,加载旅游观光、休闲、体验、度假功能,积极发展延伸产业——乡村旅游业。通过旅游发展全面带动曾畈村社会经济发展,着力提升第三产业在全村的比重,着力延伸旅游产业链,最终实现曾畈村脱贫的总体目标。

依托曾畈村资源特色和良好的生态环境,重点打造休闲观光游和农业科普游两个系列产品(见表 5-24)。

表 5-24 曾畈村旅游产品体系表

旅游产品体系	主要产品
休闲观光游系列	乡村观光、绿湾垂钓、农田认种、果蔬采摘
农业科普游系列	虾稻共作示范基地、农业知识科普

(三) 曾畈村旅游扶贫项目规划

1. 旅游项目空间布局

根据新洲区旧街街道曾畈村旅游扶贫规划的编制需求和现有的资源特色、环境禀赋,遵循突出特色、互补协调、整体开发、市场引导、因地制宜、保护环境等原则,规划形成的整体功能分区为"一心一轴三区"(见表 5-25)。

表 5-25　曾畈村旅游结构功能分区表

空间布局	功能分区	发展思路
一心	游客服务中心	突出乡村田园风情、民俗风情及休闲农业观光旅游,是集信息咨询、票务预订、散客自助、团队旅游为一体的游客服务中心
一轴	旅游观光轴	通过道路改造,利用周边空地建设休闲设施、便民超市、加油站等基础设施以满足游客在游览过程中的基本需求
三区	休闲度假区	以丰富的自然资源为依托,因地制宜建设水上乐园、绿湾垂钓池、漫步长廊等满足游客休闲需求的户外设施,打造特色民宿
	科技农业区	增大农业科技投入,培育科技农业示范基地,吸引中小学生前来研学观光。建设农业博览园,设置 LED 屏滚动展示现代农业成果的图片和影音资料
	农业示范区	以生态种植业为主,农产品加工为辅,以丰富的生态资源为依托,设置 DIY 农家厨房,让游客体验自己动手的乐趣

2. 旅游重点项目规划

(1) 开心农场。

规划在曾畈村的东北角设置开心农场,游客可指定农场内的一块田地,种植其喜欢的蔬菜。周末闲暇时,顾客可来农场给田地施肥浇水,工作日忙碌时,游客可通过手机 App 实时监控蔬菜的生长情况。蔬菜成熟后,游客可自行提取,或由农场直接配送到家。该模式实现线上和线下联动,让顾客吃上真正的健康蔬菜。

(2) 水上乐园。

水上乐园以村内原有的池塘为依托,园内设置儿童迷你手摇船、水上充气滑梯、水上足球场、水上闯关等娱乐设施,为孩子们创造一个趣味水上乐园。在池边设置小型沙滩,孩子们可以在沙滩里堆城堡、玩沙、与同伴嬉戏等,享受童年的快乐。规划设计水上乐园,紧邻烧烤吧,便于家长照看孩子的同时为孩子准备食物。

(3) 稻虾种养示范基地。

稻虾种养示范基地以当地原有的稻虾共作水稻田为依托,建设以科普为主要功能的稻虾种养示范基地。基地内设有展览区、观赏区和趣味答题区。展览区主要以展板、宣传单页等形式科普稻虾共作生态种养模式的原理、方法及其与传统稻田的区别等科技农业知识。观赏区内是以稻虾共作模式种养的水稻田,游客可实地观察小龙虾、水稻的生长情况,进一步了解稻虾共作的生态种养模式。趣味答题区内设有答题机器人,题目内容主要是基地内所科普的科技农业知识,答题后机器人将对游客所掌握的科普知识程度进行评价,增加游客的互动性、趣味性和体验性。

(4) 春桃采摘园。

该项目以曾畈村原有的桃树园为基础设计赏桃花、春桃自助采摘活动。四月赏花,五月摘桃。在桃花盛开的季节,游客们可携家人、朋友来桃园赏花度假,共享天伦之乐。在桃熟时节,桃园对外开放,游客可提着园内提供的小篮子自行挑选、采摘桃子,品尝香甜桃子的同时,获得动手的乐趣。

(5) 绿色食品工坊。

该项目主要功能为旅游商品销售，工坊内装潢以绿色、白色为主色调，凸显农产品的绿色、生态、无公害。店内主要销售经过加工、方便携带、可长期储存的绿色农产品，如有机大米、桃脯、小鱼干等，同时也销售经过简单包装、便于携带的新鲜蔬果。该项目旨在帮助村内农户拓宽农产品销售渠道，激励农户提高农产品品质，增加收入。

（四）曾畈村旅游脱贫路径规划

1. 扶贫业态策划

在旅游扶贫的过程中，曾畈村要综合考虑稻田龙虾养殖、洪山菜薹、玉米、红辣椒等农业产业，不断地丰富新产品、新业态，打造核心的农业观光、采摘、垂钓、休闲等旅游项目，着重开发易于村民参与的、扶贫效果好的旅游新业态，以旅游业的快速发展带动全村经济、社会的全面发展。

此外，深入挖掘地方资源，不断完善利益联结机制，大力推行特色农业、现代园区，加快推动旅游与其他产业的深度融合。紧紧依托曾畈村生态和文化资源，按照"一心一轴三区"的空间布局，着力构建生态休闲度假游、文化旅游、体育旅游、健康养生游、文化休闲农业游五大文化生态旅游产业。

2. 贫困户参与机制

旅游扶贫的价值追求在于促进贫困主体的可持续发展，而非简单的收入增加，其关键在于农户的有效参与。结合实际情况，曾畈村可以开展以下三个方面的农户参与机制。

(1) "合作社＋基地＋农户"机制。

成立乡村旅游合作社，贫困户入股合作社，统一提供良种、肥料、贷款担保、收购等服务，技术员全程指导，并按标准收购或代销贫困农户所生产的产品。

(2) "公司＋农户"机制。

引入或成立旅游开发公司，吸纳贫困户参与，统一经营，既能解决就业问题，又能带来工资性收入。

(3) "景区＋农户"机制。

一是建设旅游扶贫资产收益平台，将政府专项扶贫资金用于景区建设，向扶贫对象分红。二是带动贫困户参与到住宿餐饮、农耕体验、文化演艺、旅游运输、农特产品销售等服务业态，在服务旅游者的同时，既解决就业问题，又增加经济收入，推动美丽乡村建设。

3. 旅游扶贫精准指导

旅游扶贫要真扶贫、扶真贫，要对贫困户进行精准指导。精准指导不仅能够提高旅游扶贫的效果，更重要的是能够使贫困户积极、主动地参与旅游开发，并真正享受旅游开发与发展的红利，实现脱贫致富，走上奔小康之路。鼓励有条件、有能力的贫困户，直接建设与经营农家乐、采摘园等，通过增加非农经营收入而脱贫致富。引导因病但还具有一定劳动能力的贫困户积极参与到休闲度假区的建设中，成为景区服务人员，增加经济收入。此外，引导既没有旅游经营开发能力又丧失了劳动力的贫困户以自有的土地、房屋、资金等作为股权投入，参与到旅游合作社、集体企业，通过获取股权分红获利。同时，鼓励缺乏技能的贫困户进行知识培训，充分利用互联网等线上平台传播旅游产品信息，开展网络电商或提供网上旅游信息咨询等，做好信息服务工作。

十一、生态茶乡，康养胜地——大雾山村

（一）大雾山村旅游扶贫条件分析

1. 村情简介

（1）自然条件。

大雾山村占地 5.23 平方千米，其中耕地约 23.5 万平方米，林地 5 平方千米，养殖面积约 5.7 万平方米。属典型的亚热带大陆性季风气候，适宜农业生产。年平均降雨量在 1200 毫米以上，多集中在 3 月—8 月。

（2）区位条件。

大雾山村位于新洲区东部山区旧街街道境内，距离武汉市中心约 90 千米，处于武汉"1＋8"城市圈核心区域。大雾山村距离天河机场、高铁车站等武汉市主要交通枢纽都在 2 小时车程之内。大雾山村内外交通体系较为完善，村内主干道路已硬化，大雾山村所在的新洲区境内旅游资源丰富，山水人文资源交相辉映。不仅拥有问津书院、万佛宝塔、少潭河等景点，还保留了起源于南宋年间，被誉为现代版的"清明上河图"的新洲区花朝节。

（3）经济社会条件。

大雾山村共 148 户，606 人，外出务工 376 人。村民主要以打工收入为主，以棉花、油菜、药材等农作物和青茶、油茶、板栗等林果收入为辅，普通村民年均收入 6100 余元。村内现已实现湾湾通公路，修建硬化 V 形渠 3 千米，大塘小库 8 座，总库容 11 万立方米。此外，还修建多功能场所 6 处，方便村民日常休闲娱乐。

（4）产业发展现状。

大雾山村土地资源丰富，以种植业为主导产业，除了基础水稻农田，村内现有青茶 300 余亩、白茶 200 余亩、油茶 800 余亩、板栗 500 余亩。全村无支柱性产业，没有发挥自身旅游资源优势，挖掘发展潜力，严重制约产业发展。

2. 贫困现状及成因

（1）贫困现状概述。

截至目前，大雾山村有建档立卡贫困户 12 户，26 人，其中因病致贫 2 户，其余因缺乏劳动力、因残致贫。另有农村低保 13 户，保障人口 24 人。特困供养人员 8 户，8 人。

（2）致贫原因。

综合分析大雾山村多方面情况，致贫原因除了缺乏劳动力、因残、因病之外，还有其他深层次的贫困原因：区域条件限制、投资环境差、理念落后、基础设施滞后。大雾山村位于大别山革命老区，三面环山，交通不便利，可进入性差，产业发展不起来。由于区位条件限制，加上劳动力缺乏，鲜有投资企业愿意前来投资，而农业也受到交通条件、生产技术、市场波动、信息滞后等多方面因素制约。此外，大部分村民文化素质偏低，劳动技能普遍不足，难以形成长久致富生计。村内基础设施滞后，农田水利设施薄弱，严重制约了村民的生产生活，导致大量青壮年劳动力外出务工，村内仅留妇孺老幼守村，缺乏发展动力。

3. 旅游资源分析与评价

（1）旅游资源类型。

依据《旅游资源的分类、调查与评价》（GB/T18972-2017）中旅游资源的分类标准，结合规划组对大雾山乡村旅游资源单体的调查统计，共确定了 73 个旅游资源单体，覆盖了 8 个主类中的 8 个，23 个亚类中的 12 个，110 个基本类型中的 25 个（见表 5-26）。

表 5-26 大雾山村旅游资源类型

主　类	亚　类	基 本 类 型	主要资源单体
A 地文景观	AA 自然景观综合体	AAA 山丘型景观	山岗
B 水域景观	BA 河系	BAA 游憩河段	虾池、鱼池
	BB 湖沼	BBA 游憩湖区	水库
		BBB 潭地	荷花池
C 生物景观	CA 植被景观	CAA 林地	青茶树、油茶、板栗、油桃
		CAB 独树与丛树	楠竹、水杉树、桂花树、油桃树、油茶树
		CAC 草地	绿化草皮
		CAD 花卉地	海棠、鸡冠花、油菜花、水仙、杜鹃、雏菊、桃花
	CB 野生动物栖息地	CBA 水生动物栖息地	小龙虾、龟鳖
		CBB 陆地动物栖息地	土猪、土鸭、土鸡
		CBC 鸟类栖息地	白鹭栖息地
D 天象与气候景观	DA 天象景观	DAA 太空景象观赏地	日出、日落
	DB 天气与气候现象	DBA 云雾多发区	白云、云雾
E 建筑与设施	EB 实用建筑与核心设施	EBB 特性屋舍	乡风建筑
		EBD 独立场、所	农场
		EBK 景观农田	棉花田、油菜花田、荷花田
		EBM 景观林场	青茶园、板栗林、棉花、桃林、花卉苗木园
	EC 景观与小品建筑	ECJ 景观步道、甬道	游步道
		ECL 水井	水井
F 历史遗迹	FB 非物质文化遗存	FBB 地方习俗	民间婚俗、葬礼
G 旅游购品	GA 农业产品	GAA 种植业产品及制品	板栗、莲藕、四季豆、红辣椒、玉米、水稻
		GAB 林业产品与制品	板栗、桃子、草莓、葡萄、枇杷
		GAD 水产品与制品	青鱼、草鱼、鲢鱼、鳙鱼、鲤鱼、虾、鳖
H 人文活动	HB 岁时节令	HBB 农时节日	清明节、中元节、端午节、中秋节、重阳节、春节、元宵节
		HBC 现代节庆	新洲花朝会、广场舞

(2) 旅游资源空间分布。

大雾山村旅游资源总体呈集聚分布状态。具备开发特色民宿的旅居资源集中在村子中心,内有刘家山水库,生态环境优良。大雾山村特色资源白茶分布在村域的西南部,种植面积较大,几乎成为大雾山村的主导产业。蔬果资源在村域东北部,主要种植板栗和油茶,同时零散种植一些瓜果蔬菜,均为生态有机种植。此外,大雾山村依山而在,村内布局主要依山体布局,大半的村域面积以生态公益林种植为主,保护区不设置旅游项目,强调尊重自然、保护自然的理念。

(3) 旅游资源特色评价。

①旅游资源的美感度、奇特度有待加强。

大雾山村的棉花、油菜、药材等农作物和青茶、油茶、板栗等各类资源在空间地域上自然组合配置良好,但区域特色与周围其他发展乡村旅游的地区相比并没有较大的差异性,美感度、奇特度有待加强。

②农业生态资源突出,但深加工和精细化程度不够。

大雾山村村民通过农业合作社的方式大力发展了棉花、油菜、药材等作物的种植,产业优势明显,但是农业生态资源的深加工、精细化程度不够,科技含量较低,项目配套不足,宣传力度不够。

(二) 大雾山村旅游扶贫产业规划

1. 旅游发展主题形象

大雾山村的旅游发展主题形象为"生态茶乡,康养胜地"。一方面,大雾山村作为白茶产地,村内遍布茶田,呈现一派绿色清新的景象。游客不仅可以体验农耕生活,而且还能采茶品茗,感受田园养生的奥妙,因此定位突出"生态茶乡"。另一方面,大雾山村凭借优势的地理位置与良好的生态环境吸引着乡村旅居度假群体。

2. 旅游产业发展定位

近年来,旅游扶贫作为一种新型的扶贫模式渐露尖角,成为党中央、国务院确定的新时期扶贫开发十项重点工作之一,成为脱贫攻坚战场的"利器"。大雾山村山水生态环境优美,白茶种植独具特色,是发展乡村旅游的潜力区域。紧扣"旅游大雾山、生态大雾山"发展主线,发挥大雾山村地理优势、资源优势、产业优势和佛教、茶文化优势,以乡村生态资源为基础,通过突出"青青大雾山"的生态优势和白茶产业示范优势,打造生态农业游和养老度假游两个系列产品,通过旅游的发展带动大雾山村社会经济的发展,着力提升第三产业在全村产业发展中的比重,提升第一产业附加值,延伸旅游产业链,助力乡村振兴和美丽乡村的建设。

3. 旅游产业与产品设计

大雾山村前期进行美丽乡村建设,大力发展生态旅游和休闲农业。目前村内仍处于种植和初加工的传统农业生产状态,且文化资源特色缺乏,旅游产业在全村的经济比重较低。接下来应着眼于大雾山村社会经济发展的现状,将传统种植业发展中融入旅游项目,实现转型升级和第一、第二、第三产业的融合发展,把发展旅游业定位为经济发展支柱性产业、精准扶贫特色产业和乡村旅游富民产业,通过旅游规划实现旅游业对全村的带动,从而达到旅游脱贫和乡村振兴的目的。

依托大雾山村丰富的种植资源和自然景观,重点设计农事体验和生态度假旅游产品(见表5-27)。

表 5-27　大雾山村旅游产品体系表

旅游产品体系	主 要 产 品
农事体验	趣味采摘、板栗基地、精茶研发中心、制茶工坊、茶产集市（电商）
生态度假	大雾乡居、乡旅慢街、原乡菜馆、绿色养生馆、乐活运动广场

（三）大雾山村旅游扶贫项目规划

1. 旅游项目空间布局

根据新洲区旧街街道大雾山村旅游扶贫规划的编制需求，在充分考虑贫困现状及原因、扶贫潜力的基础上，融入乡村旅游、优质旅游等观念，整合村庄的旅游资源分布、类型结构及其地域组合，遵循综合整体性原则、地域空间完整性原则和发展方向一致性原则，规划形成的整体空间格局为"一心两线四区"（见表 5-28）。

表 5-28　大雾山村旅游结构功能分区表

空间布局	功能分区	发展思路
一心	旅游服务中心	建设包含旅游信息咨询、资源介绍、线路指引、订票购票、观光车租赁等服务在内的综合服务中心，同时建造入口门楼、旅游厕所、接待中心、生态停车场等基础配套设施
两线	红色旅游通道	设置驿站供游客休憩之用，同时可供游客观光游乐，增加观光带沿线景观的多样性
	通村健身绿道	沿村内交通主干道打造通村健身绿道，集交通联动、区域串联、休闲运动于一体，依托丰富的山体资源与良好的生态环境
四区	生态康养旅居区	为游客提供乡村休闲度假、生态康养的居住场所，是武汉市及周边游客避暑度假、旅居养老的佳地
	白茶产业示范区	依托该区域内优质的茶资源，将该地区打造为集茶叶种植、茶香体验和茶产业加工于一体的产业示范园区
	果木采摘体验区	依托现有的种植基础，通过对现状及地势的分析、资源的整合梳理，将此区域定位为果木采摘体验区，一方面作为板栗、油茶的种植区域，另一方面为游客提供生态采摘、加工体验的场所
	公益林保护区	不设置旅游项目，主要强调尊重自然、保护自然的理念

2. 旅游重点项目规划

（1）大雾乡居。

大雾乡居是为康养度假游客提供特色住宿的民宿集群，以中式装修风格为主，内部借用各类原生态造景方式打造山水田园风格的民宿。内部格子设计，并在墙壁上镶嵌以各类茶雕饰，民宿的内部客房则以各类名茶命名，每个房间营造对应的茶香。

（2）乡旅慢街。

乡旅慢街里面的建筑风格以中式建筑为主，中间道路设计为步行街，两旁绿树成荫，里面的店铺包括精品茶叶销售、农特产品销售、文艺加工、餐饮小吃等业态，形成集食、住、行、游、购、娱为一体的乡村休闲体验街。

（3）茶韵摄影基地。

依托大雾山村现有的茶叶种植基地，选择地势独特、景观风貌独好的区域，对茶田进行创意种植和分区，打造奇特的茶园景观，在此基础上，升级发展成为茶韵摄影基地，吸引游客前来，同时也可以与摄影馆进行合作承接外景拍摄，如情侣婚纱摄影等。

（4）精茶研发中心。

精茶研发中心可以设计成茶叶造型，通过引进专业的先进设备对该区域生产的上等茶叶进行萃取，严格选择茶叶原料，不断钻研配方研发新品茶，并将该区域的传统民俗文化和佛教文化等融入茶产品的创新制作里，制作出区域独特的茶品牌。

（5）趣味采摘。

在大规模种植板栗的基础上，为丰富采摘的产品类型，吸引更多的游客，同时在周边合理安排种植不同生长期的蔬菜、果树，分片规划种植，保证一年四季都有可采摘的蔬菜、水果，满足不同游客的需求。

（6）果木迷宫。

可以依托山势地势设置果木迷宫项目，对吸引家庭游市场开展亲子旅游更具竞争力。在建设时应注意游玩路线的合理化设计和边界保护设施的可靠性，设置标识提醒与警示标志，保证游客游玩的安全性。

（7）山林私厨。

自助私厨是由当地的农户提供厨房，以出租的形式提供给游客，游客可以自己准备食材，也可以向当地的农户购买一些具有当地特色的农副产品以及新鲜的蔬菜来进行烹饪，在品尝美味的同时感受亲自下厨的享受。

（四）大雾山村旅游脱贫路径规划

1. 扶贫业态策划

在乡村振兴的目标下，围绕大雾山村目前的旅游资源和潜在市场特点，坚持以田园风光为魂、以村落民宅为形、以生态农业为基，把旅游业作为构建农村现代产业体系的重要内容，重点帮助贫困地区打造独特景点，开发居民客栈、农家乐、土特产售卖、特色种植养殖等易于村民参与的、扶贫效果好的旅游业态，以旅游业的快速发展带动全村经济、社会和文化的全面发展。

2. 贫困户参与机制

（1）"协会＋农户"机制。

在大雾山村建立农民参与旅游的自治组织，如大雾山村农民旅游协会，让农民以合法的途径参与旅游开发，明确他们在旅游开发中的主体性地位。

（2）"村集体＋农户"机制。

发挥村集体带头作用，建立与政府、旅游企业沟通对话的渠道，加强对政府、旅游企业逐利行为的监督和约束，从而维护贫困户参与者的切身利益。使村民都能吃上"旅游饭"，改变落后面貌，脱贫致富。

3. 旅游扶贫精准指导

旅游扶贫想要取得成果，要结合大雾山村旅游扶贫的开发条件、贫困家庭状况，对扶贫目标对象进行观念、技能、旅游参与等方面的精准指导。

(1) 对建档立卡贫困户进行精准扶贫指导,指导贫困户从事旅游接待、劳动用工和发展特色旅游商品加工等,使贫困户基本实现稳定脱贫。

(2) 对于家庭中仍有劳动力的贫困户,应进行重点培训,然后将其分配到白茶产业示范区或果木采摘体验区中的合适岗位。

(3) 对于患传染性疾病的居民,应当鼓励其参与旅游基础设施建设和旅游环境维护等,不适合让其参与直接面向游客的旅游服务工作。

(4) 对于彻底丧失劳动能力的贫困户,应考虑让其以房产、田地入股,并给予优惠。

十二、"驿"居之地,畅心逸游——熊畈村

(一) 熊畈村旅游扶贫条件分析

1. 村情简介

(1) 自然条件。

熊畈村占地 2.83 平方千米,其中,耕地面积约 1.08 平方千米,林地约 0.73 平方千米,养殖水面约 0.15 平方千米。地属平原和丘陵的过渡带,自然条件较好,适宜农业生产。全年降水天数平均为 120.6 天,多集中在春夏两季。

(2) 区位条件。

熊畈村地处大别山南麓余脉,距离新洲火车站 2.3 千米,距离天河机场、高铁车站等武汉市主要交通枢纽都在 2 小时车程之内,临京九线和大广高速。村内有革命遗迹多处,红色旅游文化资源丰富,现为全省重点革命老区、贫困山区。熊畈村所在的新洲区境内旅游资源丰富,问津书院、通禅湖、万佛宝塔、少潭河等山水人文资源交相辉映。与"千年古郡、木兰故里"的黄陂区相隔不到 50 千米。综上,熊畈村交通条件优越,自然和人文资源丰富,便于大力发展旅游扶贫。

(3) 经济社会条件。

熊畈村共有 310 户,1250 人。村民以种植业、养殖业、外出务工为主要生计方式,村民的人均收入为 1.1 万元。村内道路体系完善,村民饮用自来水,由国家电网供电。村内建有专用活动场地,如百姓大舞台、金氏宗祠,丰富了村民的业余生活。

(4) 产业发展现状。

熊畈村利用丰富的土地资源,以"三乡工程"为抓手,引进资金和能人返乡创业。目前返乡三人,共计租赁土地 600 余亩,建成了 253 亩稻虾共作基地、169 亩花卉苗木基地、130 余亩白茶种植基地。以种植养殖业为主导的第一产业在村内形成了小规模化的经营和发展,但距离实现现代化的产供销一体化模式仍有差距,同时,村内产业种类多样化,具备开发第三产业的良好基础。

2. 贫困现状及成因

(1) 贫困现状概述。

熊畈村现有贫困户 40 户,59 人,贫困率达 4.7%。

(2) 致贫原因。

首先,熊畈村地处大别山南麓余脉,武汉市东部边陲,是全省重点革命老区、贫困山区,贫困户贫困的主要原因包括伤残、欠缺劳动力、患重大疾病、缺乏劳动技能等。此外,还有更为深层面的致贫原因。第一,村内基础设施滞后,农田水利设施薄弱,严重制约了村民的生

产生活。第二,村内产业发展严重滞后,农业产业受交通条件、生产技术、市场波动、信息滞后等多方面因素制约,造成全村无支柱性产业,导致群众致富道路狭窄。第三,大部分村民文化素质偏低,劳动技能普遍不足,农民增收缺乏技术支撑,难以形成长久致富生计。

3. 旅游资源分析与评价

(1) 旅游资源类型。

依据《旅游资源的分类、调查与评价》(GB/T18972-2017)中旅游资源的分类标准,结合规划组对熊畈村旅游资源单体的调查统计,共确定了68个旅游资源单体,覆盖了8个主类中的8个,23个亚类中的12个,110个基本类型中的25个(见表5-29)。

表5-29 熊畈村旅游资源类型

主 类	亚 类	基本类型	主要资源单体
A 地文景观	AA 自然景观综合体	AAA 山丘型景观	山岗
B 水域景观	BA 河系	BAA 游憩河段	鱼池、虾池
	BB 湖沼	BBA 游憩湖区	水库
		BBB 潭地	荷花池
C 生物景观	CA 植被景观	CAA 林地	仙桃、白茶树
		CAB 独树与丛树	仙桃树、白茶树、楠竹、水杉、桂花树
		CAC 草地	绿化草皮
		CAD 花卉地	仙桃花、鸡冠花、油菜花、紫薇、水仙、杜鹃、雏菊、海棠
	CB 野生动物栖息地	CBA 水生动物栖息地	小龙虾、龟鳖
		CBB 陆地动物栖息地	土鸡、黑土猪
		CBC 鸟类栖息地	白鹭栖息地
D 天象与气候景观	DA 天象景观	DAA 太空景象观赏地	日出、日落
	DB 天气与气候现象	DBA 云雾多发区	白云
E 建筑与设施	EB 实用建筑与核心设施	EBB 特性屋舍	乡风建筑
		EBD 独立场、所	农场
		EBK 景观农田	荷花田、油菜花田、红辣椒
		EBM 景观林场	仙桃林、洪山菜薹基地、花卉苗木园
	EC 景观与小品建筑	ECJ 景观步道、甬路	游步道
		ECL 水井	水井
F 历史遗迹	FB 非物质文化遗存	FBB 地方习俗	民间婚俗、葬礼

续表

主 类	亚 类	基 本 类 型	主要资源单体
G 旅游购品	GA 农业产品	GAA 种植业产品及制品	红辣椒、玉米、水稻、莲藕、四季豆、土豆
		GAB 林业产品与制品	桃子、玉米、草莓、葡萄、枇杷
		GAD 水产品及制品	青鱼、草鱼、鲢鱼、鳙鱼、鳊鱼、鳜鱼、虾、鳖
H 人文活动	HB 岁时节令	HBB 农时节日	清明节、中元节、端午节、中秋节、重阳节、春节、元宵节
		HBC 现代节庆	广场舞表演

(2) 旅游资源空间分布。

熊畈村南部区域内产业分布比较集中且类型较多,涉及稻虾共作、桃园采摘、观赏性苗木种植以及鱼塘。东北部区域内以白茶基地为核心,融合汽配加工厂和养猪场产业特点,可打造满足游客及居民休闲娱乐的场所。大规模基础农作物集聚在西北部区域,应坚持农旅融合的发展理念,按照"种植基地+观光休闲"的模式,打造适合户外活动的生态农业示范区。

(3) 旅游资源特色评价。

①红色革命文化旅游资源挖掘不够。

熊畈村村民通过家庭农场和种植基地的方式大力发展了稻田龙虾养殖、洪山菜薹、玉米、红辣椒等农业产业,农业观光、采摘、垂钓、休闲等产业优势明显。但是对整体红色革命文化挖掘不够,项目配套不足,宣传力度不够。

②核心资源同质化严重,观赏价值低。

熊畈村各类资源在空间地域上自然组合配置良好,在不同区域形成相对不同的特色,但区域特色与周围其他发展乡村旅游的地区相比并没有较大的差异性,同质化现象明显,相比较而言资源观赏性低。

(二) 熊畈村旅游扶贫产业规划

1. 旅游发展主题形象

熊畈村地处大别山余脉,环境优美,景色宜人。为体现熊畈村宜养、宜憩、宜居的环境特点,更为直接地对其旅游形象进行定位和宣传,可以引入"驿"这个字来一语双关,既指驿站,休息的地方,又同音"宜"。此外,熊畈村有稻田龙虾养殖、洪山菜薹、玉米、红辣椒等农业产业,核心的农业观光、采摘、垂钓等资源优势明显,其中休闲度假是其旅游业发展的主要方向。通过开展各种旅游项目,让游客可以尽情放松自己,畅心游玩。所以,综合分析熊畈村自然条件和旅游资源特点后,最终确定其旅游发展主题形象为"'驿'居之地,畅心逸游"。

2. 旅游产业发展定位

以熊畈村自然环境、文化背景为基础,以旅游扶贫、三产融合、文化传承以及乡村可持续发展为目标,以乡村驿站为特色,发展融合民宿度假、康养休闲、生态农业、文化创意等于一体的休闲度假型乡村旅游目的地。以熊畈村自然资源、产业规模、地理条件等为基础,通过旅游项目建设、旅游产品创新和旅游品牌打造,发展生态农业观光、农产品加工业、乡村康养等产业,改变原有单一的功能结构,产业收入由单一农业收入向综合产业收入转变,推进熊畈村旅游业全面富民,最终实现熊畈村脱贫致富的总体目标。

3. 旅游产业与产品设计

目前熊畈村以生态农业种植、水产养殖和茶叶种植为主要经济发展方式,尚未开展过乡村旅游项目。以现有产业规模和自然环境条件为基础,以田园度假、农业观光和体验为主要发展方向,新建农产品加工基地、线上销售平台,推动熊畈村第一、第二、第三产业的连接与互动,使旅游业在现有资源基础上强力发展,逐步成为熊畈村支柱产业和村民经济主要来源。

整合熊畈村现有资源,实施休闲农业和乡村旅游精品工程,重点开发休闲度假和乡村体验系列旅游产品(见表5-30)。

表 5-30 熊畈村旅游产品体系表

旅游产品体系	主 要 产 品
休闲度假	户外野餐、环稻骑行、游访古民居、茶烟摄影、制茶坊、宜心茶吧、白茶小铺、茶梦小筑、益智迷宫、香茗餐厅
乡村体验	宜稼共享农庄、丰登苗木基地、净享鲜桃、相约树苗、桃园工艺坊、农产品电商平台、户外拓展基地、亲亲水上乐园、野趣童园、渔者独钓

(三)熊畈村旅游扶贫项目规划

1. 旅游项目空间布局

根据《熊畈村旅游扶贫总体规划》的编制需求,在充分考虑熊畈村资源基础、经济特征、交通条件、市场范围和旅游点的空间分布的基础上,结合熊畈村上级规划、周边建设和特色旅游需求,规划形成的整体空间布局为"一心一环三区"(见表5-31)。

表 5-31 熊畈村旅游结构功能分区表

空间布局	功能分区	发展思路
一心	旅游服务中心	该游客服务中心集信息咨询、票务预订、散客自助、团队旅游、旅游集散、旅游活动等功能为一体,注重提升服务质量及游客体验
一环	乡村观光轴	通过打造穿插三个功能分区的观光环,以及对道路两边基础配套设施和景观的完善,形成集旅游交通、村貌展示、旅游服务、休闲娱乐等功能为一体的环形通道

续表

空间布局	功能分区	发展思路
三区	田园康养度假区	规划在农业基础上结合其他特色产业和资源,着重打造舒适宜人的田园康养度假区。完善区域基础和旅游服务设施,向游客提供餐饮住宿、休闲娱乐、农耕体验等功能
	生态农业观光区	结合熊畈村中心村的建设规划与村内优良的自然风光和空气条件,完善公共服务设施与基础设施,使游客能够在良好的生态环境中旅居度假
	产业融合示范区	以白茶基地为核心,融合汽配加工厂和养猪场产业特点,合理规划旅游项目,综合配套设施与基础设施建设,努力打造满足游客及周边居民休闲娱乐的欢乐场所

2. 旅游重点项目规划

(1) 宜稞共享农庄。

宜稞共享农庄是以武汉市宜稞生态农业公司为依托,融合各种资源,配套基础服务设施后开展的一项特色乡村旅游项目。宜稞生态农业主要是做稻谷种植,有稻虾种养基地、荷花池等,周围自然环境优美,非常适合游客体验悠闲的乡村生活。宜稞共享农庄以修身养性、慢享生活为主题,开发一系列相关的休闲度假旅游项目。既可以让游客走出快节奏的城市生活来享受慢生活,还可以帮助游客调养生息,以更好的精神面貌迎接未来。目前,宜稞共享农庄有农事体验、稻虾共作原理展示区等项目;还有以休闲养生为主题的自助厨房、田园民宿、养生瑜伽台和休闲长亭等项目。

(2) 净享鲜桃。

净享鲜桃,顾名思义就是可以放心地享受干净、新鲜的桃子,本身是一个采摘桃子的活动项目。桃园引进新技术培养天然绿色无农药的果实,设立一个小型的生态示范园区,在桃子成熟季节提供给游客前来采摘新鲜的桃子,逐步攻入水果市场,打造自己的品牌。园区里建立清洁区,方便游客采摘后直接清洗,品尝最鲜美的果实。

(3) 农产品电商平台。

成立电商平台的目的是充分利用互联网的易用性、广域性以及互通性,实现快速可靠的网络化商务信息交流和业务交易。由于熊畈村线下销售渠道较少,所以可以通过网络方式进行农产品的展示和销售。

(4) 渔者独钓。

渔者独钓是一个以垂钓为主的项目,设立在熊畈村鱼塘,周围完善配套设施,如休闲亭廊、绿化景观等。可以在钓鱼台或鱼塘其他地方设置一些与鱼相关的小品,增加鱼塘的可观赏性。

(5) 茶烟摄影。

以白茶园为基础,设立一个摄影基地,风格以古风为主。推出情侣套餐、闺蜜套餐和家庭套餐等,游客可自备服装或者在园区租用服装。提供游客自拍区域,定期展开摄影大赛,选第一名获奖者的作品作为茶园宣传照并发奖金。此外,外接大型的拍摄项目,如毕业照和婚纱照等。

(6) 宜心茶吧。

除了可以在这里喝茶之外,茶吧还定期举办茶艺表演,让游客了解茶文化,爱上茶艺。同时,通过开设茶艺课程,茶艺老师向学员讲解茶叶的基础知识、制作工艺、泡茶技艺、品茶方法,并教大家如何泡茶、如何品茶以及茶艺之道,让爱茶之人有一个交流的场所。

(7) 茶梦小筑。

在茶园里面建造茶文化主题民宿,每间套房为一个建筑个体,外部风格仿古,并且都有一个以名茶命名的名字。在房屋周围营造相应的香氛,使游客在入住民宿之后既能体验到独特的茶文化,还能在清香惬意的氛围里享受美梦。

(8) 户外野餐。

在稻田原野上,规划一处野餐平台,完善基础配套设施,如厕所、垃圾桶、休憩小筑等,美化周边环境,增加一些绿植花卉,努力营造一个舒适的野餐氛围,力求游客有一个难忘的野餐经历。

(四) 熊畈村旅游脱贫路径规划

1. 扶贫业态策划

熊畈村可通过产业扶贫、医疗救助、培训转移、扶持助学等方式帮助贫困户脱贫。同时,政府也推出了一系列的政策,尽量完善医疗服务、卫生医疗社会保障等,使贫困户的生活也能得到有效社会保障。此外,可依托熊畈村目前的资源情况,从旅游市场的需求出发,大力实施"产业+旅游"行动,围绕"食、住、行、游、购、娱"六大传统要素,开发易于村民参与的旅游业态,使村民能够实现"增收"与"顾家"两不误的愿望。在旅游基础设施日益完善、旅游市场逐渐成熟的条件下,不断地培育旅游新业态,助力熊畈村旅游业的可持续发展。

2. 贫困户参与机制

(1) 政府主导的保障机制。建立社区参与的保障机制,鼓励和引导村民参与旅游业发展,保证村民在就业、开发和销售特色旅游商品上具有优先权。

(2) 旅游经营与利益分配机制。制定政策,引导村民直接参与旅游生产活动,如开办家庭旅馆、餐馆和旅游商品经营店等。

(3) 旅游决策的咨询机制。充分发挥村民的主人翁地位,广泛听取当地村民的意见和建议。

(4) 地方文化与生态保护机制。鼓励村民自觉担任文化传播者、环境保护义务宣传员、村域环境卫生监察员、景区秩序维护员等。

3. 旅游扶贫精准指导

乡村旅游精准扶贫是在具有旅游资源、交通区位、市场基础优势的贫困农村地区,通过发展旅游业带动整个村庄经济社会的发展。对贫困户的精准指导,要结合熊畈村贫困户的实际情况,因人而异,由"漫灌"的"输血式"扶贫向"滴灌"的"造血式"扶贫转化,真正使村民脱贫致富。通过政策宣传、考察学习、先进示范等途径,帮助贫困户转变对旅游发展的认识,并主动融入旅游开发。地方政府、熊畈村村委要通过各种有针对性的培训,切实提高贫困户参与旅游开发的能力,为其提供与能力相适应的景区工作,对口精准帮助贫困户。比如,进行专业培训和教育之后,支持因无技能致贫的贫困户发展种植业、养殖业、农家乐等;在田园康养度假区、产业融合示范区、生态农业观光区内安排清洁或安保工作,努力为贫困户提供创收机会,助力早日脱贫。

十三、千年宋桃，长寿宋寨——宋寨村

（一）宋寨村旅游扶贫条件分析

1. 村情简介

（1）自然条件。

宋寨村境内地势由南向北逐渐递减，总体以山丘地貌为主。全村占地2.5平方千米，总耕地面积1706亩，其中水田320亩，油茶种植300亩，桃林500亩。

（2）区位条件。

宋寨村位于武汉新洲区西北部，省道柳明公路穿村而过，东临京九线和大广高速，西接106国道，距离天河机场、高铁车站等武汉市主要交通枢纽都在2小时车程之内。宋寨村通过美丽乡村建设，成为湖北省宜居村庄之一。现在主要发展的旅游产业是桃源秘境，重点推出多样的综合旅游项目，具有较强的观赏性、参与性、娱乐性，距武汉市中心约70千米，旅游区位优势明显。

（3）经济社会条件。

宋寨村全村共283户，常住人口888人，外出务工300余人。村民经济来源于基础种养、加工业，以及外出务工，年平均收入16000元。此外，武汉市九丰寨种植合作社合股经营流转300亩，种植油茶。武汉市美涛种植专业合作社流转550余亩打造宋桃产业园。宋寨村现已实现村村通、湾湾通，村内主干道已全部硬化，目前，村内已建设党员群众服务中心、老年传统文化活动中心和百姓大戏台等设施，用来丰富群众文化生活。

（4）产业发展现状。

宋寨村现有桃源秘境景区和油茶合作社两个产业。桃园秘境景区以桃树种植为开端，不断进行多元化发展，现已形成了产品系列化、种养生态化、环境园艺化的高效农业生产格局。景区利用宋桃特有的旅游资源优势，先后开发多个景点和旅游项目，大力发展观光农业。目前，宋寨村的油茶基地运营尚未规范，资源利用不合理。

2. 贫困现状及成因

（1）贫困现状概述。

宋寨村全村建档立卡贫困户共15户，52人，8户因残，3户因病，1户缺乏技能，截至2018年年底已实现全部脱贫。

（2）致贫原因。

宋寨村贫困户因残致贫比例较高，已超过一半户数，其次是因病、缺乏劳动力和缺乏技能。此外，扶贫惠农政策不到位，使得村民不清楚自己所享受政策的具体情况，没有真正帮助村民找到适合自身贫困状况的脱贫方案。与此同时，受自然、区域条件的限制，农村居民没有良好的收入来源和渠道，仅靠种田和打工的收入，很难维持自己的生活，若再患病、残，更易导致入不敷出，陷入深度贫困。

3. 旅游资源分析与评价

（1）旅游资源类型。

根据国家标准《旅游资源分类、调查与评价》(GB/T18972-2017)的有关规定，通过全面调研，对宋寨村的旅游资源按照主类、亚类及基本类型的层次进行分类（见表5-32），确定其旅游资源类型覆盖了8大主类中的4个，23个亚类中的4个，110个基本类型中的5个。

表 5-32　宋寨村旅游资源类型

主　类	亚　类	基 本 类 型	主要资源单体
C 生物景观	CA 植被景观	CAD 花卉地	宋桃基地、桃源秘境、荷花油茶、高产水稻、枇杷树
E 建筑与设施	EA 人文景观综合体	EAG 宗教与祭祀活动场所	宋氏宗祠、古林禅寺
G 旅游购品	GA 农业产品	GAA 种植业产品及制品	桃胶、桃仁、桃花酒、莲藕、枇杷
G 旅游购品	GA 农业产品	GAE 养殖业产品与制品	土蜂、蜂蜜
H 人文活动	HA 人事活动记录	HAA 地方人物	宋太祖赐名"宋寨村"

(2) 旅游资源空间分布。

宋寨村旅游资源空间布局为北桃南茶。北部区域内产业分布比较集中且类型较多，涉及宋桃种植与采摘、养蜂制蜜、莲花荷花种植、果蔬种植采摘以及初产品的加工生产，游客市场方面粗具规模。宋寨村南部区域有较为集中的农作物及油茶种植基础，可以构建完整的稻田农业旅游产业链，形成农业科普与展示、郊野户外活动的场所。

(3) 旅游资源特色评价。

核心旅游资源禀赋较好，核心产业分布为北桃南茶，有很好的资源基础和产业优势，为宋寨村的经济发展带来动力，但是目前对核心资源的挖掘力度和开发项目不够。此外，资源同质化明显。宋寨村各类资源在空间地域上自然组合配置良好，但与周围其他发展乡村旅游的地区相比没有差异化的区域特色。

(二) 宋寨村旅游扶贫产业规划

1. 旅游发展主题形象

一方面，规划以宋寨村优美的自然环境为基底，以宋桃文化为基础内涵，让游客感受乡村优美环境，体验健康生活。另一方面，进一步改造宋寨村人居环境，按照农旅一体化、村域景区化的发展要求，打造宜居宜养的长寿宋寨村。所以，最后确定宋寨村旅游发展主体形象为"千年宋桃，长寿宋寨"。

2. 旅游产业发展定位

宋寨村的产业类型以农业为主。响应新洲区关于突破性发展服务业的政策导向，规划旨在通过旅游推动精准扶贫，发挥宋寨村的区位优势，优化宋寨村现有产业结构，通过深度打造宋桃系列产品，从农业过渡到加工业，再继续延伸至旅游业，实现第一、第二、第三产业联动，突出旅游产业带动效应，释放农旅融合产业红利，不仅可以拉动当地经济发展，还可以解决村民本地就业。通过"旅游＋产业＋扶贫"发展战略，实现第一、第三产业融合，联动发展，构建以旅游产业为引领，以生态农业、乡情康养为基础的现代产业发展体系。满足宋寨村人民对美好生活的需要，打赢扶贫攻坚战，共同建设产业兴旺、生态宜居、生活幸福的宋寨村。

3. 旅游产业与产品设计

宋寨村拥有宋桃种植基地、桃胶生产基地、宋桃酿酒基地等旅游资源和项目,目前正在建设和完善中。但宋寨村的旅游产业还缺少整体规划,不能形成完整的旅游产业体系,核心竞争力不强。因此,通过对宋寨村旅游资源禀赋、开发条件、客源市场以及旅游业发展态势进行梳理,重构宋寨村旅游产品,形成"宋桃产品体验游、乡情康养游、生态农业游"三大产品体系(见表 5-33)。

表 5-33 宋寨村旅游产品体系表

旅游产品体系	主 要 产 品
宋桃产品体验游	精品宋桃培育基地、宋桃采摘园、桃木认养林、桃胶产业园、桃花酿研制中心、桃源营地、桃之夭夭游乐园、桃艺空间、绿野阳光餐厅
乡情康养游	精品主题民宿、中心休闲公园、沁香茶艺馆、家园美食街
生态农业游	多彩稻田、农业科普基地、稻梦工厂、乡野烧烤营地、油茶基地

(三)宋寨村旅游扶贫项目规划

1. 旅游项目空间布局

根据《宋寨村旅游扶贫总体规划》的编制需求,在充分考虑宋寨村的区域定位、产业优势以及地理条件的基础上,融入"旅游+"、乡村旅游、优质旅游等新型发展理念;结合宋寨村的整体村庄条件、周边建设和特色旅游需求;整合规划区的旅游资源分布、类型结构及其地域组合,遵循科学布局、高效利用、特色突出、市场导向、因地制宜、资源整合等原则,规划形成的整体空间布局为"一心两带三区"(见表 5-34)。

表 5-34 宋寨村旅游结构功能分区表

空间布局	功能分区	发展思路
一心	旅游服务中心	该游客服务中心集信息咨询、票务预订、散客自助、团队旅游、旅游集散、旅游活动等功能为一体,为游客提供综合服务
两带	美丽乡村示范带	依托东西方向贯穿全村的402县道,通过对临界风貌和基础配套设施的完善,形成旅游交通、村貌展示、商品销售、文化休闲的通道
两带	乡村特色景观带	依托南北向贯村的村内道路,通过对道路两边进行花带营造,景观小品植入、建筑小品设置,突出旅游交通、乡村特色展示、休闲娱乐等功能为游客带来别致的乡野风情体验
三区	中心产业体验区	通过丰富体验、深度加工以及创意展示,打造具有产业示范、产品加工、特色采摘、休闲娱乐等功能的产业园区
三区	乡村休闲居住区	依托402县道两侧村湾聚集基础,考虑居住体验与乡村度假需求,综合配套设施与基础设施建设,为游客集中提供餐饮住宿的场所
三区	现代产业发展区	依托于宋寨村南部区域现有的农作物及油茶种植基础,以生产、生态、生活、生命融合的理念来打造,形成农业科普与展示、郊野户外活动的场所

2. 旅游重点项目规划

(1) 精品宋桃培育基地。

宋寨村"宋桃"具有悠久的历史与文化底蕴,同时作为一种温和补气的水果,更具有食用价值与加工价值,在现代农业科学技术的发展情景下,水果的种植技术具有很大的发展空间,为丰富宋桃的产品类型和品质,在区域内建设精品宋桃培育基地,通过嫁接、育苗等培育技术,开发口感更好、产量更高的宋桃,形成宋桃精品品牌。

(2) 桃胶产业园。

桃胶是从桃树上分泌出来的天然胶;桃树茂盛时,以刀割树皮,久则有胶溢出,故而采收,有时桃树也会自己将桃胶分泌出来。在宋寨村大规模种植桃树的条件下,桃胶产业的发展具有良好的条件。通过建设桃胶产业园,将桃胶初产品进行生产加工,形成一系列美容养颜、滋补养生产品,形成宋桃的衍生产业链。

(3) 桃之夭夭游乐园。

桃之夭夭游乐园是以桃文化为主题的游乐园,园区内进行不同的主题功能分区,有家庭区、亲子区、情侣区等,通过将宋桃文化进行文化植入与创意展示,在游乐设施及相关标识指示方面突出宋桃、桃花文化主题,在带给游客创意体验的同时也能将宋寨村桃文化进行很好的展示。

(4) 荷莲种植基地。

荷莲种植基地集莲花、荷花的种植、观赏、采摘等功能于一体,池边修葺环池、通池木栈道,让游客畅游其间,近距离接触荷花。引进雾森系统,轻柔水雾萦绕荷间,游人漫步木栈道,仿佛穿越仙境。还可设置荷花喷泉,在造型上设计成盛开的荷花样式。

(5) 果蔬荟萃园。

在大规模种植宋桃的基础上,为丰富采摘的产品类型,吸引更多的游客,同时在周边合理安排种植不同生长期的蔬菜、果树,分片规划种植,保证一年四季都有可采摘的蔬菜、水果,满足不同游客的需求。

(6) 精品主题民宿。

精品主题民宿位于宋寨村西部靠近县道的村湾,民宿通过将现有房屋进行改造,配备较为完善的基础设施和服务设施,主要服务于家庭度假、企业活动等。民宿内部分为不同主题文化的群落,包括荷文化、莲文化、桃文化、花文化等,不同民宿之间以木质廊道进行串联,并设有清洁卫生、文化娱乐、医疗保健等服务体系。

(7) 稻梦工厂。

稻梦工厂是创意稻田小品的创意设计和集中展示空间,在稻田边安放造型各异的稻草人。可以放置深受孩子们喜欢的卡通动物形象,比如童话中的"七个小矮人""光头强"等;还可以用各类农产品配合稻草垛堆成五谷丰登的景象。创意稻田小品填补了大面积稻田的空旷之感,使稻田体验更富有趣味性。

(四) 宋寨村旅游脱贫路径规划

1. 扶贫业态策划

围绕宋寨村目前的旅游资源和潜在市场特点,开发易于村民参与的、旅游扶贫效果好的新业态,如农家餐饮、居民客栈、农家乐、土特产售卖、特色种养和农副产品加工,以旅游业的快速发展带动全村经济、社会和文化的全面发展。随着社会的发展,激发人们外出旅游的要素越来越多,需要拓展新的旅游要素。宋寨村要紧跟现代旅游发展的需要,在旅游基础设施日益完善、旅游市场逐渐成熟的条件下,围绕"商、养、学、闲、情、奇"六大新要素不断地培育旅游新业态,包括商务旅游、养生旅游、研学旅游、休闲度假旅游、情感旅游和探奇旅游。

2. 贫困户参与机制

（1）以景区开发与持续发展带动村民参与水果种植、禽畜养殖及旅游接待服务。

（2）由参与旅游经营或者旅游服务的农户、农民带头成立宋寨村农民旅游协会,大力引进旅游公司开发各类景区。

（3）依托宋寨村农民旅游协会,由协会带头人免费为村民开展相关培训和岗位分配。

（4）搭建"大手拉小手"平台,鼓励大景区与小景区建立长效利益合作机制。

（5）农户直接从事乡村旅游经营活动,或通过签订租赁合同出租给本地村民独立经营采摘园、生态养殖项目,并吸纳其他村民参与就业。

（6）继续大力实施"合作社＋种植业""合作社＋养殖业"运作模式,将贫困户发展为社员。

3. 旅游扶贫精准指导

（1）对贫困户居民进行文化与卫生知识的教育、种养技术和旅游服务技能的培训与现场指导。

（2）指导贫困户结合自身的健康状况、劳动技能等合理选择参与旅游开发的项目或就业岗位。如轻度残疾的贫困人员可以担任村里的保洁员、秩序维护员等,也可以在中心产业体验区、乡村休闲居住区和现代农业发展区出售旅游商品、农产品。缺乏技能的贫困人员可以在产业园、合作社、景区景点等从事加工、种植、旅游服务与安保工作等,确保可以因人而异地设计扶贫方案,增强精准扶贫力度。

十四、生态蔡咀,乐水乐农——蔡咀村

（一）蔡咀村旅游扶贫条件分析

1. 村情简介

（1）自然条件。

蔡咀村全村占地120.57公顷（1公顷＝0.01平方千米）,地处丘陵地带,土地贫瘠。蔡咀村年平均降雨量为1000—1460毫米,全年降水天数平均为120.6天,多集中在春夏两季。

（2）区位条件。

蔡咀村位于辛冲街最东端,距离武汉市中心约90千米,距离天河机场、高铁车站等武汉市主要交通枢纽都在2小时车程之内,临京九线和大广高速。新洲区是大武汉东部水陆门户,境内有问津书院、通禅湖、万佛宝塔、少潭河等山水人文资源交相辉映,与"千年古郡、木兰故里"的黄陂区相邻,这些都对规划区发展有一定的影响和辐射作用。

（3）经济社会条件。

全村共220户,887人,主要经济收入来源于第一产业。村民以种植、养殖为主,全村人均收入17000元,2018年村集体经济收入达到19.5万元。村内外交通便利,有通村公路1.8千米,湾内出行路3.06千米,村内有排水沟和主干渠,已建居民公厕、公共垃圾池和硬化稻场。此外,蔡咀村还建有多功能活动室280平方米。

(4) 产业发展现状。

在产业发展方面,仍以农业为主,相对稳定但低效,种植业和养殖业仍处于粗放种养阶段,创收能力不足。结合村内资源和实际情况,蔡咀村村民荒废土地开发成立了金沙河生态农业有限公司、水产养殖专业合作社及蔡明家庭农场,积极发展了"有色"产业链。一是500余亩蓝色水产养殖产业,二是60余亩绿色珍品水果种植产业,三是黑色禽畜养殖产业。除此之外,村委会还将村空置的房屋建成民宿,完善发展旅游业的基础条件。

2. 贫困现状及成因

(1) 贫困现状概述。

蔡咀村全村纳入精准扶贫的贫困户共14户,51人,包括低保户5户,19人,一般贫困户9户,32人。

(2) 致贫原因。

首先,蔡咀村是一个典型的贫困村,地势属于大别山余脉,丘陵地带,土地贫瘠,资源匮乏,地理和地势上的先天条件不足造成了产业发展不起来。其次,村中贫困户主要贫困原因为病、残、缺乏技能和子女上学。农村家庭成员年老或残疾,不仅对家庭收入没有贡献,还会增加家庭的开销,导致家庭长期处于贫困状态。

3. 旅游资源分析与评价

(1) 旅游资源类型。

根据《旅游资源的分类、调查与评价》(GB/T18972—2017)中旅游资源的分类标准,结合规划组对蔡咀村旅游资源单体的调查统计,共确定连片区域内旅游资源数量覆盖了8大主类,23个亚类中的12个,110个基本类型中的25个(见表5-35)。

表5-35 蔡咀村旅游资源类型

主　类	亚　类	基本类型	主要资源单体
A 地文景观	AA 自然景观综合体	AAA 山丘型景观	山岗
B 水域景观	BA 河系	BAA 游憩河段	鱼池、虾池、荷花池
	BB 湖沼	BBA 游憩湖区	水库
		BBB 潭地	荷花池
C 生物景观	CA 植被景观	CAA 林地	红冠桃树、桑葚
		CAB 独树与丛树	红冠桃树、楠竹、水杉、桂花树、竹林
		CAC 草地	绿化草皮
		CAD 花卉地	红冠桃、桑葚、紫薇、水仙、杜鹃、雏菊、海棠、鸡冠花
	CB 野生动物栖息地	CBA 水生动物栖息地	小龙虾、龟鳖
		CBB 陆地动物栖息地	黑山羊、土鸡、黑土猪
		CBC 鸟类栖息地	白鹭栖息地
D 天象与气候景观	DA 天象景观	DAA 太空景象观赏地	日出、日落
	DB 天气与气候现象	DBA 云雾多发区	白云

续表

主 类	亚 类	基本类型	主要资源单体
E 建筑与设施	EB 实用建筑与核心设施	EBB 特性屋舍	乡风建筑、特色民宿
		EBD 独立场、所	农场
		EBK 景观农田	荷花田
		EBM 景观林场	红冠桃林、花卉苗木园
	EC 景观与小品建筑	ECJ 景观步道、甬路	游步道
		ECL 水井	水井
F 历史遗迹	FB 非物质文化遗存	FBB 地方习俗	民间婚俗、葬礼
G 旅游购品	GA 农业产品	GAA 种植业产品及制品	玉米、水稻、莲藕、卷心菜、四季豆、土豆
		GAB 林业产品与制品	桃子、桑葚、草莓、葡萄、枇杷
		GAD 水产品及制品	青鱼、草鱼、鲢鱼、鳙鱼、鳊鱼、鳜鱼、虾、鳖
H 人文活动	HB 岁时节令	HBB 农时节日	清明节、中元节、端午节、中秋节、重阳节、春节、元宵节
		HBC 现代节庆	广场舞表演

(2) 旅游资源空间分布。

蔡咀村旅游资源呈现集聚分布,且资源类型不同,其空间分布形态也不同,应对有限的资源进行深度开发和利用,使资源达到均衡配置。水体养殖业在村子西部边缘地区分布密集,在东部地区分布稀疏。田园农庄类资源分布较为密集,主要集中在村子中心地带,精品民宿如童家院子地理位置较为偏远,坐落于村子北部区域。

(3) 旅游资源特色评价。

第一,核心资源突出。种植业和养殖业是蔡咀村较具特色的产业,村民在分析资源特点和产业发展方向后,成立了金沙河生态农业有限公司、水产养殖专业合作社及蔡明家庭农场,积极开展相关旅游项目。目前,核心的农业观光、采摘、垂钓、休闲等产业年收入达10万元以上。

第二,资源同质化明显。蔡咀村各类资源在空间地域上自然组合配置良好,但是各类资源在观赏性上与周围其他发展乡村旅游的地区相比并没有较大的差别,资源同质化严重,观赏价值低。

(二)蔡咀村旅游扶贫产业规划

1. 旅游发展主题形象

蔡咀村旅游发展主题形象定位为"生态蔡咀,乐水乐农",一方面强调了蔡咀村优美的自然环境和良好的生态系统;另一方面,"乐水乐农"全面地概括了蔡咀村乡村旅游发展的重点与特色。主体形象备选方案为:"滨水佳地,乐在蔡咀"和"农情旅居地,蔡咀风情里"。蔡咀村旅游宣传口号初步确定为:"虾"忙"鱼"乐地,采蔬食果乡。备选口号:乡韵农情,乐游蔡咀,有蔡咀,享原乡,不思归。

2. 旅游产业发展定位

蔡咀村目前在传统农业种植的基础上,主要以水产鱼虾、家畜养殖、瓜果采摘为主要经济发展方式,还停留在传统的发展阶段,没有充分对现有资源进行整合提升,规划在现有发展条件的基础上结合休闲农业、农事体验、乡村旅游、产业示范等发展方式促进蔡咀村旅游功能由单一向多元转变,最终构建以产业示范、农事体验为主,田园观光、休闲度假为辅的发展模式。

3. 旅游产业与产品设计

目前蔡咀村以水产养殖、生态农业种植、黑山羊养殖为主要经济发展方式。结合现有的产业发展和农业种植基础,规划以生态种养示范、农业种植和乡村度假为主要发展方向,以水产养殖为发展支点,以农事体验、采摘为着力点,以乡村度假为辅助,推动蔡咀村第一、第二、第三产业的连接,使旅游业在现有资源基础上强力发展,构建蔡咀村"生态种养示范+乡村旅游"的脱贫富民之路。

基于蔡咀村资源特点和产业优势,重点推出农业体验游和乡村休闲度假游产品系列(见表5-36)。

表 5-36　蔡咀村旅游产品体系表

旅游产品体系	主要产品
农业体验游	稻草部落、自在垂钓、自耕农园、田野竞技、家庭休闲农场、生态种养技术中心、四季蔬果园
乡村休闲度假游	精品民宿部落、休闲花园、蔡咀美丽村湾、乡情美食中心

(三)蔡咀村旅游扶贫项目规划

1. 旅游项目空间布局

根据《蔡咀村旅游扶贫总体规划》的编制需求,在充分考虑蔡咀村的区域定位、产业优势以及地理条件的基础上,融入"旅游+"、乡村旅游、优质旅游等新型发展理念;结合蔡咀村的整体村庄条件、周边建设和特色旅游需求;整合规划区域旅游资源分布、类型结构及其地域组合,遵循科学布局、高效利用、特色突出、市场导向、因地制宜、资源整合等原则,规划形成整体空间布局为"一心一带三区"(见表5-37)。

表 5-37　蔡咀村旅游结构功能分区表

空间布局	功能分区	发展思路
一心	旅游服务中心	将现有蔡咀村委会及周边区域进行提升改造,扩大建设规模。建设集旅游综合服务功能、旅游配套服务功能和旅游形象展示功能于一体的游客服务中心
一带	乡村振兴示范带	以同村主干道为轴呈现两边分布,一侧为水产养殖和生态种植,一侧为美丽乡村蔡咀村湾,依托这条通村主干道打造乡村振兴示范带,旨在展示蔡咀村的产业发展和美丽乡村建设

续表

空间布局	功能分区	发展思路
三区	农情互动体验区	依托于蔡咀村现有农田资源和种植基础,升级旅游项目的展现形式,实现第一、第二、第三产业的有机延伸与融合,建设集农业观光种植和农事体验于一体的农情互动体验区
	滨水种养发展区	借助蔡咀村内现有的近700亩水田养殖面积,桑葚、桃树种植以及黑山羊的养殖基础,同时丰富种植的类型,扩大种植规模,打造蔡咀村种养结合、协调发展的态势
	美丽乡村度假区	在现有民宿基础上丰富类型,建设精品民宿聚集部落,同时完善基础设施和配套设施,为游客提供优质的度假住宿体验

2. 旅游项目策划

(1) 自耕农园。

开辟自耕农园区域,取名"劝农田",游客可以划片认领土地进行种植与农业耕作,与家人一起享受田园生活带来的乐趣。在插秧时举行开耕节,让游客一起体验"划格子"和插秧活动,收割季节举行新米节,庆祝丰收的喜悦。与孩子共同耕作,让孩子们了解大自然,了解植物生长的生物知识,培养孩子的动手能力、责任感和爱心。

(2) 自在垂钓。

依托养殖区域建设垂钓中心,通过对池塘周边的硬化和造景设施,打造自在垂钓的休闲空间,在现有植物的基础上,搭配补充草坪,草坪要定期管理,保持整洁;在岸边间可用原木生态材料搭平台,方便垂钓者垂钓时就座,平台的形状可为圆形、方形、椭圆形等。

(3) 家庭休闲农场。

为满足周边区域游客周末近郊度假的需求,在蔡咀农情互动体验区建设家庭休闲农场,家庭休闲农场集住宿餐饮、农事体验、农业观光、休闲娱乐于一体,是一家综合度假农场,农场可接待家庭亲子团队,也可接待研学团队。

(4) 生态种养技术中心。

规划在滨水种养发展区建设生态种养技术中心,主要作为蔡咀村生态种植、养殖产业的技术交流与研究中心,通过外聘高校教授和专家的方式,进行相关合作,将蔡咀村作为实验种养示范点,可以向游客及相关专业学生普及种养知识,展示生态种养技术的发展演变。

(5) 桑葚种植园。

依托蔡咀村现有的桑葚种植基础,打造蔡咀村桑葚种植园,结合桃园开发持续性采摘项目,同时在种植园内建设桑葚初产品加工中心,使游客在采摘新鲜水果的同时也能购买到相关的加工产品,充分利用桑葚资源,更大化地实现经济价值。

(6) 精品民宿部落。

规划以童家院子为核心,拓展发展相关主题民宿,形成主题民宿部落,涵盖琴棋书画艺等不同风格,充分满足游客不同年龄阶层、风格偏好的个性化需求,结合网络销售平台和宣传促销打开知名度,最终形成稳定的客源市场,稳固蔡咀村特色民宿产业的发展。

(7) 蔡咀美丽村湾。

蔡咀村湾致力于打造新洲区辛冲街道美丽乡村示范村,规划在此目标下将蔡咀村湾定位为美丽村湾示范点,通过对村湾的环境改造与公共服务设施、文化娱乐设施等方面的改造,具体包括路面沟渠的整修绿化美化、墙体的刷新与文化塑造以及文化广场、体育健身设施的修建,将蔡咀村湾建设成生态宜居的美丽村湾。

(8) 乡情美食中心。

乡情美食中心是多个餐厅的集中区域,外观设计应简约大方,突出餐厅特色,内部装饰应符合主题风格,不同的区块设计结合主题而定,菜色餐点应满足不同口味和人群,为周边民宿游客提供优质的餐饮服务。

(四) 蔡咀村旅游脱贫路径规划

1. 扶贫业态策划

旅游业是增加蔡咀村民经济收入、实现脱贫致富的最现实、最直接、最有效的新兴产业。围绕蔡咀村目前的旅游资源和潜在市场特点,开发农家餐饮、居民客栈、农家乐、土特产售卖、特色种植养殖、农副产品加工六大类村民易于参与的,且扶贫效果好的旅游业态。比如,农家餐饮就可以依托当地的特色种植养殖,打造原汁原味、独具地方特色的农家餐饮产品,如海鲜宴、素食宴、农家特色小吃、野味厨房等,进一步提高居民的收入。蔡咀村还要结合自身的实际情况,在旅游业发展逐渐成熟的条件下,围绕"商、养、学、闲、情、奇"六大发展要素不断地培育旅游新业态,主要包括商务旅游、养生旅游、研学旅行、休闲度假、情感旅游和探奇旅游。重点发展休闲度假旅游,依托美丽乡村度假区的资源,开发一系列休闲度假产品,满足游客需求,如精品民宿、休闲度假活动、休闲体育运动项目。

2. 贫困户参与机制

当地村民积极参与是实现旅游扶贫目标的关键所在。构建合理的农户参与机制,是保证蔡咀村民积极参与旅游业开发、增加村民经济收入,最终实现贫困人口脱贫和旅游业发展双赢的主要途径。贫困户参与机制主要有以下几类。

(1) 通过开发景区带动村民参与旅游发展,实现创收。

(2) 发挥景区辐射作用,带动全村旅游发展,成立旅游协会吸引村民参与旅游开发。

(3) 发挥农民旅游协会作用,推动产业结构调整,促进经济发展。

(4) 以大景区的优势带动小景区发展,为村民提供更多岗位。

(5) 政策扶持,鼓励农户独立经营。

(6) 成立乡村旅游合作社,帮助村民参与到旅游发展中,进而增加收入。

3. 旅游扶贫精准指导

首先,要结合蔡咀村旅游扶贫的开发条件、贫困人口的状况,对扶贫目标对象进行精准识别、精准帮扶和精准管理。实现落实政策保障一批、土地托管奖补一批、社会救助帮扶一批。

其次,指导贫困户结合自身的健康状况、劳动技能等合理选择参与旅游开发的项目或就业岗位,如担任村里的保洁员、秩序维护员、出售旅游商品、农产品,在美丽乡村度假区、滨水种养发展区、农情互动体验区等从事特色种植养殖、旅游服务与安保工作等。

十五、梦里原乡，古村遗韵——陈田村

（一）陈田村旅游扶贫条件分析

1. 村情简介

（1）自然条件。

陈田村占地 4.3 平方千米，总耕地面积 1351 亩（其中水田 929 亩，旱地 422 亩），水面面积 360 亩，山林面积 3287 亩。水资源较为丰富，村内有河流一条、水库一个及众多小型水库、水塘，可满足灌溉及人畜用水。

（2）区位条件。

①交通区位。

陈田村所在的凤凰镇对外交通十分便利，318、106 国道穿境而过，距离新洲区政府所在地 12 千米，距阳逻港码头 39 千米，距离天河机场仅仅只有 40 分钟车程，距武汉中心城区 70 千米，到湖北省的麻城市、红安县等地车程均在 1 个小时之内，区位交通条件非常优越。

②旅游区位。

陈田村所在的凤凰镇生态环境良好，资源丰富，历史文化底蕴深厚，是著名的革命老区。2013 年凤凰镇成功申报两个历史文化名村，即湖北省历史文化名村石屋山村和武汉市历史文化名村陈田村。村湾内集中分布了 30 余栋清末民初的石砌民居建筑，传统格局和历史风貌保留较为完整。大力发展三色旅游（红色遗迹、古色民俗、绿色农业）。

（3）经济社会条件。

全村共 350 户，1192 人，残疾人 16 人，外出务工 600 多人。村中现有新凤农业发展有限公司，流转郭希湾（8、9、10 组）及花坟头湾（7 组）共 1000 多亩，成立集园林绿化、苗圃种植、观光休闲于一体的产业园区，每年为陈田村增收百万余元。登荣养殖有限公司流转阮家凹（11 组）及茅屋湾（5 组）共 350 多亩面积种植苗木花卉，养鸡养鱼，着力打造住宿餐饮、垂钓休闲、瓜果采摘综合性园区，形成产、供、销一条龙服务，人均年收入 4000 多元。

2. 贫困现状及成因

（1）贫困现状概述。

陈田村有建档立卡贫困户共 28 户，66 人，五保户贫困户数 4 户，贫困人数 4 人，占比 6%；低保户贫困户数 20 户，贫困人数 51 人，占比 77%；一般贫困户贫困户数 4 户，贫困人数 11 人，占比 17%。

（2）致贫原因。

根据对陈田村 28 户贫困户贫困原因的统计结果，可以得出陈田村基本致贫原因。因病致贫的贫困户数有 15 户，贫困人数 29 人，占比 43.94%；因残致贫的贫困户数有 12 户，贫困人数 32 人，占比 48.48%；缺乏劳动力致贫户数 1 户，贫困人数 5 人，占比 7.58%。

3. 旅游资源分析与评价

根据国家标准《旅游资源分类、调查与评价》（GB/T18972-2017）的有关规定，通过全面调研，对陈田村的旅游资源按照主类、亚类及基本类型的层次进行分类。

（1）旅游资源类型。

陈田村旅游资源类型如表 5-38 所示，确定其旅游资源类型覆盖了 8 大主类中的 6 个，23 个亚类中的 10 个，110 个基本类型中的 20 个。

表 5-38 陈田村旅游资源类型

主 类	亚 类	基本类型	主要资源单体
A 地文景观	AA 自然景观综合体	AAA 山丘型景观	关圣寨山、凤凰山
B 水域景观	BA 河系	BAA 游憩河段	骆河堰
C 生物景观	CA 植被景观	CAB 独树与丛树	松树、枫树、樟树、杨树、三角松、银杏树、桂花树、红军树
		CAD 花卉地	广玉兰、紫薇、风叶石兰、葛山花
	CB 野生动物栖息地	CBA 水生动物栖息地	白鹭鸶
		CBB 陆地动物栖息地	白鹿、野山羊、黄鼠狼、野鸡、野猪
		CBC 鸟类栖息地	麻雀
E 建筑与设施	EA 人文景观综合体	EAB 军事遗址与古战场	红军屋、红军兵工厂、肖家田红军活动旧地、郭希秀门楼
		EAE 文化活动场所	郭氏宗祠
		EAF 康体游乐休闲度假地	陈田村百姓大舞台、健身房、陈田村活动广场
	EB 实用建筑与核心设施	EBB 特性屋舍	曹家院子、郭希秀湾
		EBE 桥梁	拱桥
		EBG 堤坝段落	宋家冲水库大坝
		EBJ 陵墓	红军墓
	EC 景观与小品建筑	ECL 水井	古井、农田灌溉渠、宋家冲水库
G 旅游购品	GA 农业产品	GAA 种植业产品及制品	金银花、枝角、艾叶、三七、槐树花
		GAD 水产品与制品	鲫鱼、草鱼、黄鳝、小米虾
H 人文活动	HA 人事活动记录	HAB 地方事件	黄麻起义
	HB 岁时节令	HBB 农时节日	采青
		HBC 现代节庆	跳舞大赛

(2) 旅游资源特色评价。

陈田村自然资源以及人文资源都较为丰富,类型多样。山水湖泊,风景秀丽;登荣生态农庄能够满足游客观赏生态农业园、采摘四季鲜果,体验乡村生活的需求,能够有效地增强旅游活动的参与性与体验性,村内民俗文化源远流长,遗址遗迹历史悠久,人文底蕴深厚;村内果蔬四季新鲜,特色美食野味给游客带来别样的乡村体验。

(二)陈田村旅游扶贫产业规划

1. 旅游发展主题形象

陈田村生态环境优良,乡村风光秀美,人文景观与自然景观交相呼应,是一处"养在深闺人未识"的原生态乡村。规划将以生态为本,文化为魂,以宜居宜游宜业的美丽乡村建设为载体,全力发展"美丽乡村旅游和历史遗迹游",打造"看得见山,望得见水,记得住乡愁"的田园梦境。

陈田村是武汉市首批历史文化名村,旅游规划将着力突出陈田村历史悠久、古色古香名村的特色。通过发展陈田村"红古绿"三色旅游,即红色遗迹、古色民俗、绿色农业,充分整合、利用、彰显陈田村独具魅力的文化内涵和生态特色。基于此,规划将陈田村主题形象定位为"梦里原乡,古村遗韵"。

2. 旅游产业发展定位

陈田村内资源赋存丰富,资源特色突出,文化底蕴深厚,是开发生态旅游、养生休闲的好去处。但陈田村资源还处于初级阶段,旅游资源优势尚未变现。村民经济收入主要来源于外出打工、运输业和养殖业,村集体产业结构主要是以传统农业为主。目前陈田村采用村企共办模式建设登荣生态农庄,以入股分红形式发展立体种植养殖业,帮助村民脱贫。因此规划将旅游业定位为陈田村富民扶贫特色产业和经济支柱性产业。

3. 旅游产业与产品设计

结合陈田村内山、水、田、林、路、房、茶等特色,采取景观化、意境化、产业化和全域旅游的理念,努力建设美丽乡村。规划通过大力发展"绿色农业、红色遗迹、古色民俗"三色旅游,将陈田村内的历史文化资源和生态农业资源发挥最大作用,建立"生态农业+文化休闲"复合型产业结构体系。

(1) 生态农业系列产品。

茶田观光,陈田村拥有大面积的茶田,种植红茶凤凰丹青和绿茶,恬淡的环境更适合登远高眺;果林赏景,村内的苗木与茶田实行混种,大概有3000多亩,主要品种有紫薇、樟树、桃树等;农耕体验,依托村内的登荣生态农庄和大面积的农田空间,规划设计休闲垂钓、生态种养园等项目开展以家庭农场为模式的农耕体验活动。

(2) 文化休闲系列产品。

红色旅游,革命游击战争曾活跃在陈田村肖家田,当地的党组织和红色政权、策应黄麻起义的工农赤卫队在这里成立并出发。村里还有中国工农红军驻扎、出发、训练、学习、演讲的痕迹;民俗体验,陈田村的古宅,大多建于清朝年间或者解放初期。在陈家田塆还保留着独具特色的古民居,其中最具有历史特色的就是建于明朝时期的、位于郭希秀湾的郭氏宗祠。

(三) 陈田村旅游扶贫项目规划

1. 旅游项目空间布局

依托陈田村现有的特色旅游资源,规划开发陈田村的旅游项目分区(见表5-39),以游客服务中心为辐射点,打造陈田村"一心二带三区"的旅游空间布局,满足游客需求的同时,带动当地经济发展。

表5-39 陈田村旅游结构功能分区表

总体布局	功能分区	发展思路
一心	旅游服务中心	该游客服务中心,要突出乡野风情、特色民宿、民俗风情及特色农业观光旅游,食、住、行、游、购、娱六大要素配套发展,是集信息咨询、票务预订、散客自助、团队旅游为一体的游客服务中心

总体布局	功能分区	发展思路
二带	西环文化旅游带	该区域将体育和旅游相融合,通过改造道路的宽阔度和舒适性来进一步提升其作为陈田村村内交通主干道的辐射和休闲作用,利用周边空地建设一些休闲、健身、娱乐设施以满足游客在游览过程中的休闲需求
	自然风光景观带	该区域自然景观资源丰富,适合开发自然景观观光。依靠流经规划区域内的河流,以区域内的樟树林、茶园、紫薇、桃林为景观特色,开发建设自然风光景观带,打造乡村滨水绿道
三区	历史文化体验区	肖家田塆以红色文化为核心,结合田园风光、红军故事、乡土民居、红色遗址等资源,构建集文化体验、户外运动、田园观光、休闲娱乐为一体的红色文化体验区;以民俗文化为特色,有序民居改造及景观环境营造,打造传统餐饮住宿商业场景,构建融游客接待、餐饮住宿、休闲娱乐、文化体验为一体的历史文化体验区
	乡村生态度假区	该区域提供餐饮住宿、休闲娱乐、避暑度假、农耕体验等功能,营造自然静谧、舒心雅致空间环境氛围,打造舒适宜人的乡村生态度假区
	休闲旅游观光区	利用郭希秀湾优美的田园风光、丰富的自然苗木、郭氏宗祠遗址、临村而过的骆河堰,邻水而建各类休闲设施,打造休闲旅游观光区

2. 重点旅游项目设计

(1) 接待中心。

接待中心位于游客服务中心正中间,是整个游客服务中心的核心建筑,提供票务预订、信息查询、行李寄存、休闲需求、接待、会议、娱乐等功能。设有售票处、咨询处、行李寄存处、休息室、展览厅和多功能服务区,为刚进乡村的游客提供休闲娱乐的地方,同时展示村落的自然风光和历史文化。

(2) 红军纪念馆。

由肖家田当地的红军屋及周边民房改造而成。纪念馆外部以红色为主,并喷上红军故事内容的彩绘,内部则摆放各类红军时期的物件、书籍、绘画、书法、字词等,以宣传板、宣传栏、多媒体、电子屏为主要信息载体,以设置主题的方式讲解不同阶段的肖家田及周边区域的红军故事。

(3) 生态餐厅。

生态餐厅位于游客服务中心的门楼旁边,靠近西环旅游线。室内外以生态材料为主,内部服务设施以现代接待设施要求设置,艺术、高档、美化庭院环境,营造温馨舒适的意象氛围。

(4) 游憩绿道。

以西环旅游线为依托,将道路进行美化,周边种植绿化树木,增强美观性,设置一些信息指示牌和路面指引标志,道路两边修建一些小型休闲设施,如桌椅等。

(5) 茶艺馆。

茶艺馆位于茅屋垮内,靠近骆河堰。新建茶艺馆,为观艺、学艺、品茗、悟道、知人生场所。风格仿古,装饰字画,营造清幽雅致氛围,形成一处隐藏于绿林间的休闲游憩空间。馆内设包间和雅座,空气中营造一股茶香,以茶为核心,供应各种名茶和其他饮品,满足游客的多种需求。

(四) 陈田村旅游脱贫路径规划

1. 扶贫业态策划

(1) 旅游餐饮业态。

重点挖掘陈田村绿色有机农产品,以农家小厨、乡间味道、乐享乡禽等项目为依托构建"主题餐饮+农家乐+特色农产品"饮食体系。

(2) 旅游购物业态。

以农情文化街、民俗小镇、茶艺馆等项目为依托,将土特产、民俗手工艺品、文化创意产品转化成旅游商品,满足当地居民和游客需求。

(3) 旅游住宿业态。

对现有民居进行改造,对现有民宿如新村古宿、思乡民宿、茶香民宿、家乡客栈等进行提升,打造茶主题、古民居、乡愁主题三大主题乡居旅店。

(4) 旅游交通业态。

以游憩绿道、自行车租赁点、生态停车场等项目为依托,打造两条主题风景带,承担村内的交通串联作用,一条是绿色生态水景通道,另一条是辐射村内历史文化和茶园的西环旅游线。

(5) 旅游产品业态。

以童军乐园、登荣家庭农场、七彩茶园、民俗小镇为依托,打造文化休闲、生态农业系列相结合的专项旅游产品体系和三色旅游节庆系列。

(6) 旅游娱乐业态。

以七彩茶园、秀水人家等项目为依托,打造肖家田和陈家田两大特色自然湾,通过修复红色旅游景点和古民居开展文化游,设计家庭农场、休闲度假、乡村民宿等满足乡村度假需求。

2. 贫困户参与机制

(1) 资产入股参与机制。

村党支部积极引导农户、村集体挖掘土地、房屋、设施等资源和资产潜力,特别是既没有旅游经营开发能力,又没有旅游文化服务能力的贫困群众,通过股份制、合作制、股份合作制、租赁等形式,参与到兴办企业、产业融合项目中来,带动这部分贫困群众脱贫致富。

(2) 旅游接待参与机制。

有一定劳动能力的贫困农户和贫困群众,可引导他们积极参与到旅游文化企业、乡村经营户中的旅游接待服务,成为旅游文化的服务人员,以通过获取非农劳动收入,而带动贫困户和贫困群众实现脱贫和增收致富。

(3) 农户独立经营。

鼓励支持有条件、有能力的贫困户和贫困群众,直接建设改造精品农庄、农家乐、乡村客栈、民居旅馆、购物商店、文化娱乐设施等，成为旅游文化经营的业主。或者农户集资开办小型农副产品、土特产品等加工基地，成为旅游商品加工经营户，增加非农经营收入而实现脱贫和增收致富。

3. 旅游扶贫精准指导

（1）产业援助。

发挥党组织带头示范作用，通过找项目、引项目、推项目，使一批脱贫项目在贫困村落地生根，成为贫困村群众的"摇钱树""聚宝盆"。组织和引导贫困户依据企业、合作社开展茶叶、花卉苗木种植，鸡、鸭、羊等畜牧养殖，形成村内特色种植养殖产业，从而走田园旅游发展模式。

（2）资金帮助。

全力推动扶贫小额信贷，为产业发展拓宽资金渠道，帮助贫困户申请金融惠民贷开展产业发展。按照"三个一点"思路，切实帮助贫困户落实政策。同时对于有意发展旅游业的个体经营户提供贷款补贴和资金担保等，促进当地居民发展旅游业。

（3）智力扶持。

实施"党员中心户"制度，采取多种"传帮带"的模式，结对扶持、示范带动，带领贫困农户抱团发展，帮助贫困户掌握凤凰丹青、红茶、紫薇等种养技能。通过文化下乡、戏曲下乡、电影下乡、农家书屋等有效途径和形式，提高乡村社会的文明程度。也可以此为特色进行旅游宣传，发展以新农村建设为吸引物的乡村旅游。

第六章
环湖生态观光度假区贫困村旅游规划

第一节　环湖生态观光度假区:江夏区概况

江夏区地理位置优越,地处九省通衢的武汉市南大门,"1+8"城市圈的重要节点,素有"楚天首县"之誉,东接鄂州,南通咸宁,西临长江,北连武汉东湖高新技术开发区。"武汉·中国光谷"规划区域大部分都在江夏区境内。这里区位优势突出,交通极其便利,京广铁路、107国道纵贯南北,京珠、沪蓉高速公路在此交会,各等级公路网络遍布全区。江夏区下辖15个街道、4个产业园、1个风景区,总面积2018.3平方千米。

江夏区属江汉平原向鄂南丘陵过渡地段,区境地形特征是中部高,西靠长江,东向湖区缓斜。境内有大小湖泊136处,主要湖泊有梁子湖、斧头湖、汤逊湖等。自2006年起,江夏区就根据区内的自然资源、湖泊资源确立了全区"一舰三湖三山"的旅游发展总体格局,环绕梁子湖形成了在湿地生态资源下,融自然、历史、现代于一体,保护与利用相结合,集生态旅游、休闲度假、人居环境协调统一的生态风景度假区。

第二节　环湖生态观光度假区贫困村旅游规划特点

江夏区自然资源丰富、水系发达,拥有湖泊众多。其中,梁子湖是湖北省容水量较大的淡水湖之一,湖面面积位居全省第一,斧头湖则是湖北省第三大湖。因此,武汉市以梁子湖和斧头湖为核心重点将江夏区打造为环湖生态观光度假区。在此背景下,江夏区贫困村的旅游扶贫规划具有以下特点。

一、以观光农业产业园和生态旅游景点为基础

江夏区有着农业产业发展优势,全区农业产业基础雄厚,观光农业园区众多,已经建成并投入运营的各类休闲农业基地近200家,千亩规模以上的超过50家,如梁子湖大道沿线

的现代薰衣草园、梁湖农庄、花博园；107沿线的熏香悦花世界、沛美达农庄等均已粗具规模。因此，江夏区贫困村的旅游扶贫规划在编制的过程要充分借力这些已有基础，融入观光农业产业园和生态旅游景点的建设。

二、以三国、佛教及特色民俗的文化为推力

江夏区拥有著名的三国赤壁之战战场遗址赤矶山、明清景点遗迹"三台八景九庙一庵"等名胜古迹，也拥有新石器时代遗址、商周至汉代遗址多处。金口作为江夏区过去重要的港埠，也有着千年的古镇风采。同时，在梁子湖、斧头湖沿岸还分布着170余座唐宋古瓷窑址。江夏区历史文化资源丰富，在进行其贫困村旅游扶贫规划时将全力开发这些文化资源，实现贫困村以文旅融合的形式消除贫困的目标。

三、以红色文化为灵魂塑造江夏旅游新形象

江夏区有着悠久的革命历史，红色旅游资源也十分丰富，现有金口中山舰旅游区、山坡乡革命老区、贺站北伐烈士陵园、舒安项英故里、天子山爱国教育基地等红色旅游资源。因此，江夏区的部分贫困村将在这些基础上，深度挖掘爱国主义和传统革命文化，建设相应的爱国主义基地，推动其红色旅游的发展，塑造江夏"红色旅游"新名片。

第三节　环湖生态观光度假区贫困村旅游规划案例

一、橘林水韵，醉美光华——光华村

（一）光华村旅游扶贫条件分析

1. 村情简介

（1）自然条件。

江夏区山坡街光华村年平均气温约16 ℃，日照长，霜期短，气候宜人。全村占地7800亩，其中农作物耕地面积2040亩，水田占1187.9亩，旱地占852.4亩，人均耕地为1.43亩；水面积1360亩，林地面积1300亩；生活住宅面积213.5亩，自留地152.5亩。光华村有条河流，自西向东流入梁子湖，村内还有水塘分布，水域资源主要用于灌溉及鱼虾养殖。

（2）区位条件。

光华村位于武汉市江夏区山坡街。山坡街在江夏区南部，东与舒安乡隔湖相望，南抵贺站与咸宁市咸安区为界，西南与嘉鱼县烟墩乡和咸宁阜隔水相望，西北与安山街道、乌龙泉街接壤。东临梁子湖畔的武广高铁，西临107国道，中间的纸贺公路和武咸城际铁路，把光华村一分为三，西与京广铁路紧邻，北接乌龙泉街，是山坡街的"北大门"。武咸城际铁路自武昌站出发，途经江夏区纸坊镇直达咸宁，全程只需40分钟，光华村距离纸坊镇大约30千米，村内设有4211路公交车可以到达江夏区纸坊镇。光华村所在的山坡街交通便利，距离武汉市区、咸宁市、黄石市等地只有一两个小时的车程，拥有较大的旅游客源市场。

（3）经济社会条件。

全村现有407户，1422人，劳动力650人。产业以农业为主，有农业经济合作社3个。其中，精养鱼池面积64亩，年收入为3.2万元；产业扶贫砂糖橘基地900亩，年收入为8万

元。全村已实现村村通,村湾全部通水泥路。

2. 贫困现状及成因

根据 2018 年光华村贫困户信息统计结果,因病致贫的贫困户数有 20 户,36 人,所占比例为 36.73%;因残致贫的贫困户数有 17 户,44 人,所占比例为 44.9%;因残且缺少劳动力的贫困户数有 1 户,4 人,所占比例为 4.08%;因病且因残的贫困户数有 5 户,14 人,所占比例为 14.29%。

3. 旅游资源分析与评价

(1) 旅游资源类型。

根据国家标准《旅游资源分类、调查与评价》(GB/T18972-2017)的有关规定,通过全面调研,对光华村的旅游资源按照主类、亚类及基本类型的层次进行分类(见表 6-1)。

表 6-1 光华村旅游资源类型

主　类	亚　类	基　本　类　型	主要资源单体（数量）
B 水域景观	BA 河系	BAA 游憩河段	1
	BB 湖沼	BBA 游憩湖区 BBC 湿地	2
C 生物景观	CA 植被景观	CAA 林地 CAB 独树与丛树 CAC 草地 CAD 花卉地	6
	CB 野生动物栖息地	CBA 水生动物栖息地 CBB 陆地动物栖息地 CBC 鸟类栖息地 CBD 蝶类栖息地	6
E 建筑与设施	EA 人文景观综合体	EAE 文化活动场所 EAF 康体游乐休闲度假地	4
	EB 实用建筑与核心设施	EBA 特色街区 EBB 特性屋舍 EBG 堤坝段落 EBJ 陵墓	4
	EC 景观与小品建筑	ECL 水井	3
G 旅游购品	GA 农业产品	GAA 种植业产品及制品 GAB 林业产品与制品　GAC 畜牧业产品与制品 GAD 水产品及制品	8
数量统计			
4 主类	8 亚类	22 基本类型	34 资源单体

(2) 旅游资源特色评价。

光华村内拥有丰富的旅游资源,包括自然资源及人文资源。光华村内自然资源丰富,风光旖旎,来到光华村可以欣赏到翠绿的林木,也可以欣赏到满眼金黄的砂糖橘,还有一眼望去波光粼粼的鱼池,这些都给光华村的旅游资源带来了新的发展机遇。光华村还拥有明清古宅、百年老树,文化资源丰富,游客可以感受到别样的传统文化色彩。

(二)光华村旅游扶贫产业规划

1. 旅游发展主题形象

光华村的千亩橘林是其不同于周边村镇的特色景观,是产业扶贫的具体体现,且为光华村旅游产业发展的核心项目,能够引爆光华经济,引领光华旅游走出江夏,走向全省。村内有自西向东流入梁子湖的河流,有作为立体农业示范的精养鱼池,"水韵"高度体现光华村水资源特色,形象直观。光华村环境优美,人杰地灵。千亩橘林,荷花飘香,果味醉人;树林覆盖,天然氧吧,空气醉人;弯弯小河,有鱼有虾,河水醉人;村民淳朴,品格醉人。因此,规划将光华村主题形象定位为"橘林水韵,醉美光华"。

2. 旅游产业发展定位

光华村的产业类型以农业为主,仅靠第一产业带动全村经济发展,经济模式单一,经济效益低下。旅游业作为高附加值的现代产业,是新兴产业的重要战略组成部分。通过实现第一、第三产业互融互动,并重发展,构建以乡村旅游产业为引领、休闲农业为基础的要素融合、优势互补、结构协调的现代产业发展体系,发展体验农业、休闲度假、文化创意等新型产业。

3. 旅游产业与产品设计

光华村拥有"水、林、田、宅"等旅游资源,类型丰富且形式多样。目前以农业为主的光华村尝试性地开展旅游活动,尚未形成独立的旅游产品和规范的产品体系。因此,规划通过对光华村旅游资源禀赋、开发条件、客源市场以及旅游业发展态势进行梳理,重构光华旅游产品,形成乡村旅游展示产品、乡村风情体验产品、田园生活休闲产品和乡村基础配套产品四大产品体系(见表6-2)。

表6-2 光华村旅游产品设计表

产品类型	重点项目
乡村旅游展示产品	稻荷田园、古民居博物馆、农耕文化展示馆
乡村风情体验产品	橘果种植基地、橘果创意基地、橘果电商平台、渔乐圈、生态农场、野味农园、开心菜园
田园生活休闲产品	酒文化展示馆、休闲乡宿街
乡村基础配套产品	游客服务中心

(三)光华村旅游扶贫项目规划

1. 旅游项目空间布局

根据光华村旅游扶贫总体规划的编制需求,在充分考虑光华村的目标定位、产业优势以及地理条件的基础上,规划形成的整体空间格局如表6-3所示。

表6-3 光华村旅游结构功能分区表

总体布局	功能分区	发展思路
一心	游客服务中心	建设游客服务中心,集旅游信息咨询服务、旅游景点订票服务、提供散客自助旅游、团队旅游、旅游集散换乘、景点大型活动、客房预订、票务预订、金融服务、机场快线服务等"吃住行游购娱"为一体的旅游集散中心

续表

总体布局	功能分区	发 展 思 路
一轴	乡村旅游风景轴	乡村旅游风景轴集区域串联、交通轴线、生态观光功能于一体。对现有的交通道路进行适当扩宽、改造,适当设计骑行绿道;并进行景观绿化、生态营造,同时设置各类景观小品等,增强乡村旅游风景轴的生态性、文化性和参与性
三区	现代果园示范区	光华村主导产业是砂糖橘种植,全村地势平坦,砂糖橘占地面积900亩,在砂糖橘成熟的时节,放眼望去一片金黄的景象,给游客一种垂涎欲滴的感觉
	农耕劳作体验区	该区域设有精养鱼池,游客可以在该区域内进行鱼虾垂钓,让游客体验到具有光华村本土风情的农耕劳作活动
	田园生活休闲区	光华村后湖任湾有一排两栋的明清古民宅,保存良好,且交通方便,距光华村一千米,适合开展文化旅游。"泗海桥的菜、后湖任的酒、肖家畈的米"等地区特色农产品适合开发为特色旅游商品,同时依托其优美的田园风光开展生态观光和娱乐休闲等旅游活动

2. 新建旅游项目

(1) 游客服务中心。

游客服务中心由入口门楼、接待中心、生态停车场、旅游厕所组成。入口门楼设计应端庄大气,符合当地文化特色和审美标准。为连接光华村周边村镇,需要在集散中心设置一个区域联动的接待中心,集预订、咨询、集散、换乘、休闲等功能于一体。生态停车场采用草坪砖铺设停车位、行道树隔离车位,树隙停车;根据不同车型进行停车位分区。在集散中心两侧建设旅游厕所,厕所应按照"科学、合理"的原则设置,且易于寻找,方便到达,并适于通风、排污。

(2) 乡村旅游发展轴。

乡村旅游发展轴由光华农庄、特色农产品交易中心、骑行绿道、休闲小亭组成。光华休闲农庄为村内最大的一家旅游住宿设施,主要为游客提供一系列旅游需求,游客可以在这里用餐、住宿、购买特色产品、休闲娱乐等,体验悠闲的农家生活。特色农产品交易中心采用现做现卖的方法进行展示和销售,天然、安全,包括农副产品的制作和加工。同时设有专门售卖当地特色的农产品区域,方便游客快捷地购买商品。骑行绿道的设计理念是为骑行爱好者带来愉悦的享受。休闲小亭设置在路边,提供长椅,顶部可采取木结构镂空设计或钢化玻璃材质回廊式设计,抬头可看夜色星空,远眺可赏大地景观,使游客在途中休息的同时也可以360°视角欣赏周边风景。

(3) 现代果园示范区。

现代果园示范区由橘果创意基地和橘果电商平台组成。橘果创意基地主要项目包括创意水果秀、橘果DIY。创意水果秀主要利用各种水果、蔬菜、鲜花打造具有创意性的水果展示秀,橘果DIY即游客可以将自采的水果在DIY基地清洗、切片、摆盘。橘果电商平台主要项目包括橘果直播间、线上线下展示厅。橘果直播间主要利用直播的方式宣传果园,线上线下展示厅厅内主要以实物结合图像、视频、讲解的形式展示基地水果从种植直到消费者手中的一系列流程。

(4) 农耕劳作体验区。

农耕劳作体验区由稻荷田园与农耕文化展示馆组成,其中稻荷田园主要项目包括百荷流香园、荷香美食嘉年华、荷叶小筑、稻田小品、古槐寻根。农耕文化展示馆主要项目包括农耕器具展示墙、农耕记忆长廊、百姓民俗用品仓、红旗先进形象墙。

(5) 田园生活休闲区。

田园生活休闲区由酒文化展示馆和休闲乡宿街组成。酒文化展示主要项目有光华酒肆、光华就业示范坊。

3. 现有项目改造

(1) 橘果种植基地。

橘果种植基地位于现代果园示范区,主要有砂糖橘种植园、缤纷水果种植园、橘果科普园、橘果景观长廊。砂糖橘种植园位于光华村砂糖橘生产基地,需要对原生产基地进行升级改造,扩大种植面积,完善基础设施。除种植砂糖橘之外,还需建设缤纷水果种植园,以避免单一水果品种导致的季节性和游客体验的枯燥性。橘果科普园种植不同类型、品种的砂糖橘,向游客普及关于砂糖橘以及区内其他水果的相关知识。

(2) 生态农场。

生态农场位于农耕劳作体验区,主要有家禽喂养区、生态农家乐。家禽喂养区主要养殖一些家禽动物,生态农场依托光华村良好的自然生态环境,建设设施完善、仿木质的特色民宿。

(3) 野味农园。

野味农园位于农耕劳作体验区内,主要有趣味捕捉、择食喂养、野味认养。主要为游客提供鸡、鸭、鹅、兔子等野味的喂养、捕捉体验及认养,让游客体验归田圈养的农家生活,丰富游客的旅游经历。

(4) 渔乐圈。

渔乐圈位于农耕劳作体验区内,主要有亲水走廊、鱼虾垂钓、鲜味坊、渔家民宿、渔副产品加工中心。紧邻鱼池两边修建亲水廊道,廊道以木质材料为主。在鱼塘划分一部分水域作为垂钓区域,建设成鱼虾垂钓区域。同时,配备以鱼为主题的乡村饭店、鱼副产品加工厂、民宿等。

(四) 光华村旅游脱贫路径规划

1. 扶贫业态策划

(1) 旅游餐饮业态。

以品尝农家特色美食为主,结合光华村的鱼、荷、菜、米资源,打造特色餐饮文化。餐厅的原材料进货渠道优先对贫困户开放,对于身体健康、有就业意愿的贫困户可雇其为厨师、餐厅服务员等。

(2) 旅游购物业态。

光华村的农业资源、手工艺品、特色民俗产品均可转变为旅游商品,是旅游扶贫的重要环节。对贫困户给予农产品生产指导、种植原材料、拓宽销售渠道等帮扶,鼓励其劳动致富。

(3) 旅游住宿业态。

对于有闲置房屋的贫困户,可根据其意愿进行房屋翻新、修建,以实物的形式参与乡村旅游开发建设,充分利用房屋资源,从中取得一定数额的分红。

2. 贫困户参与机制

(1) "公司＋农户＋基地"机制。

通过推行村民以地入社、按宅占股、以股分红机制,一方面整合光华村旅游资源,连片集约发展旅游业,另一方面调动贫困户的积极性,在合作社务工,获得资本、务工、分红三重收益。

(2) "景区＋农户"机制。

立足光华村丰富的旅游资源,抓住开展旅游扶贫的契机,通过规划发展橘果种植基地、渔乐圈等重点项目,一方面贫困户通过土地流转、开办农家乐、销售特色农产品、劳务务工等手段脱贫致富;另一方面,加强村容村貌建设,打造美丽乡村。

(3) "互联网＋农户"机制。

依托扶贫产业砂糖橘基地,加强电子商务平台的建设,通过互联网,一方面将生产的砂糖橘销往全国各地;另一方面,打响光华村砂糖橘特色品牌,以砂糖橘采摘等特色活动拉动区域旅游业的发展。

3. 旅游扶贫精准指导

光华村43户贫困户还有4户属于未脱贫贫困户,共9人。为了全面夺取光华村脱贫攻坚战的最后胜利,通过旅游扶贫对以上4位贫困户进行精准指导(见表6-4)。

表6-4　光华村未脱贫的贫困户精准指导表

贫困户	致贫原因	精准指导
何家	因残	可选择就近的休闲乡宿街、渔乐圈和农耕文化展示馆就业
黄家	因残	可在游客服务中心就业或在特色农产交易中心出售农产品、手工艺品等
刘家	因病	危房改造为农家乐或就近选择旅游项目从事简单易行的工作
徐家	因病	可以土地、危房作为资本入股脱贫

二、农旅科普体验——红星村

(一) 红星村旅游扶贫条件分析

1. 村情简介

(1) 自然条件。

红星村占地面积2100亩,其中农作物耕地面积1050亩,水面面积260亩,生态林140亩。村内各组均有水塘分布,主要用于农田灌溉及苗木种植。红星村位于丘陵地带,海拔起伏较小,地势较为平坦,适宜种植瓜果蔬菜。绝大部分土壤土层深厚,土壤熟化程度尚高,耕性好,宜粮宜果。

(2) 区位条件。

红星村位于山坡街山坡片区,临近武咸城际铁路山坡东站,纸贺路贯穿全村。东临元丰村,南接建国村,西靠群力村,北抵光星村,区位优越。红星村村内交通条件较好,纸贺路贯穿全村,武咸城际铁路紧临红星村,065乡道与001乡道交错其中。村内基本实施"村村通"工程,水泥路面,道路宽阔,路况良好。

(3) 经济社会条件。

红星村产业以农业为主,有农业经济合作社2个,无村办集体企业。农民经济收入以产业务工、外出打工收入为主,2017年农民人均可支配收入16500元,2017年村集体经济收入10.3万元。村内有7个村民小组,5个自然湾,总人口221户,728人。劳动力人数350人,外出务工人数230人。

(4) 产业发展现状。

莲藕基地面积140亩,主要用来种植莲藕、产莲子、放养鱼虾。其中贫困户种植58.5亩。桑葚基地面积60亩,2019年挂果。方家畈苗木基地面积40亩,苗木种植1900棵,其中樟树1041棵,楠树859棵。武汉群欢农业种养殖专业合作社现已同元丰村、跃进村等村共同种植有藠头560亩,辣椒320亩,莲藕3200亩。

2. 贫困现状及成因

(1) 贫困现状概述。

截至2018年,50户116人中绝大部分已实现脱贫,仍剩余贫困户4户10人尚未脱贫。

(2) 致贫原因。

根据红星村贫困户信息统计结果,因残致贫的贫困户数有17户,24人,所占比例为20.69%;因学致贫的贫困户数有12户,43人,所占比例为37.07%;因病致贫的贫困户数有16户,32人,所占比例为27.59%;因灾致贫的贫困户数1户,4人,所占比例为3.45%,因自身发展动力不足而导致贫困的贫困户数有4户,13人,所占比例为11.21%。

3. 旅游资源分析与评价

(1) 旅游资源类型。

根据国家标准《旅游资源分类、调查与评价》(GB/T18972-2017)的有关规定,通过全面调研,对红星村旅游资源按照主类、亚类及基本类型的层次进行分类(见表6-5)。

表6-5 红星村旅游资源类型

主 类	亚 类	基 本 类 型	主要资源单体(数量)
B 水域景观	BA 河系	BAA 游憩河段	1
	BB 湖沼	BBA 游憩湖区 BBC 湿地	3
C 生物景观	CA 植被景观	CAA 林地 CAB 独树与丛树 CAC 草地 CAD 花卉地	6
	CB 野生动物栖息地	CBA 水生动物栖息地 CBB 陆地动物栖息地 CBC 鸟类栖息地 CBD 蝶类栖息地	5

续表

主　类	亚　类	基本类型	主要资源单体（数量）
E 建筑与设施	EA 人文景观综合体	EAE 文化活动场所　EAF 康体游乐休闲度假地	8
	EB 实用建筑与核心设施	EBB 特性屋舍　EBG 堤坝段落　EBJ 陵墓	4
	EC 景观与小品建筑	ECB 观景点　ECL 水井	3
G 旅游购品	GA 农业产品	GAA 种植业产品及制品　GAB 林业产品与制品　GAC 畜牧业产品与制品	6
H 人文活动	HB 岁时节令	HBC 现代节庆	3
数量统计			
5 主类	9 亚类	22 基本类型	39 资源单体

（2）旅游资源特色评价。

红星村自然资源丰富，产业条件优越，既有传统的种植业、养殖业，还有现代的农产品加工业。所以可以依托红星村的农业产业优势结合旅游扶贫产业创新发展，并且利用山坡街已成熟的景区所具有的旅游吸引力来带动红星村旅游产业的发展。一方面，联合光华村、湖岭村等周边贫困村，打好扶贫牌，打造乡村精品旅游线路，如建设乡村亲子游线路，串联起光华村的砂糖橘采摘、红星村的食品加工体验，湖岭村的清水摸鱼等特色项目。另一方面，积极融入多条江夏旅游线路和武汉旅游线路。与山坡街、江夏区成熟的旅游景区实现景区联动，如与红色景区天子山、滨水圣地梁子湖半岛开展联合促销，通过以强带弱，打响红星品牌。

（二）红星村旅游扶贫产业规划

1. 旅游发展主题形象

味美呆食品厂作为红星村主导的产业扶贫企业，加工生产的藠头、辣椒、藕带等产品畅销国内外，品牌价值高，市场效益好。充分挖掘藠头、桑葚、莲藕的健康、养生、保健、食用价值，有针对性地开发系列衍生产品。依托红星记忆，用美食讲好红星故事，传承红星味道。自在是一种贴近生活本源，自然、健康、轻松的生活态度。在红星村，品味慢生活，亲近大自然，品尝有机食品，亲身体验藠头耕作加工与桑葚采摘酿酒，参观乡土博物馆，沉浸于民间传统文化之中，呼吸来自生态林的清爽空气，感受安居乐业、淳朴厚道的红星民风。规划将红星村旅游发展主题形象定位为"味美红星，自在田园"。

2. 旅游产业发展定位

红星村目前将种植业和加工业作为主导产业重点发展，产业间虽存在一定的互补和联动，但效率偏低，整体效益、发展规模均有待提升。通过旅游扶贫规划，以"旅游+"模式推动红星村资源优势逐步转变为产业优势，在不断扩大旅游产业自身规模的同时，进一步优化贫困地区产业结构，提升产业效率，提高增长质量，进而实现红星村社会生产力水平整体提升。因此，本规划将红星村的旅游产业定位为地方战略性支柱产业。

3. 旅游产业与产品设计

红星村旅游业刚刚起步,以莲藕基地为核心探索性开发农家乐、莲藕采摘等零散型旅游产品,尚未形成规模效应。在进行旅游扶贫规划的过程中,立足红星村旅游资源赋存现状,因地制宜地开发多功能、多层次、多类型的旅游产品,以满足不同客源市场的需求,激发旅游者的消费潜力。通过规划将形成科学合理、时序明确、重点突出的集田园观光游憩产品、生态休闲度假产品、农旅科普体验产品、乡村基础配套产品于一体的四大旅游产品体系(见表6-6)。

表 6-6 红星村旅游产品类型表

产品类型	重点项目
田园观光游憩产品	莲藕生态园、桑葚果园、田园生态农庄
生态休闲度假产品	乐活生态林基地、红星广场、滨水休闲运动基地
农旅科普体验产品	果蔬乐园、味美呆主题乐园、苗木培育基地
乡村基础配套产品	游客服务中心

(三)红星村旅游扶贫项目规划

1. 旅游项目空间布局

融入旅游扶贫、乡村旅游、优质旅游等观念,结合村庄区位条件、发展条件,红星村形成的整体空间格局如表 6-7 所示。

表 6-7 红星村旅游结构功能分区表

总体布局	功能分区	发展思路
一心	游客服务中心	游客服务中心是为红星村游客提供基础设施和旅游服务的场所,作为游客进入旅游地进行旅游活动的关口,游客服务中心的选址和设置要尽可能科学合理,符合旅游需求
一轴	乡村休闲风情轴	乡村休闲风情轴集区域串联、交通轴线、生态观光功能于一体
四区	现代农旅示范区	此区域内的味美呆食品厂,主要对藠头、辣椒等农产品进行加工生产,是村里主要的产业扶贫项目
	生态乐活体验区	生态林基地依托村里原有的生态林,结合当今生态文明建设理念以及当下旅游者对于生态健康与户外休闲运动的热衷而设计
	莲藕观光游赏区	莲藕观光游赏区以村内现有的莲藕基地为依托,深入挖掘莲文化,开发集产业扶贫、观光游览、户外休闲、文化体验于一体的莲藕生态园
	田园休闲度假区	以乡野稻田和南孟角水库为核心,坚守"尊重生态、保留肌理、农旅融合、凸显文化、创新发展"的发展理念,通过科学规划、因地制宜、多方联动、利益联结等方法,打造以休闲观光、户外运动为主要功能的旅游分区

2. 新建旅游项目

(1) 游客服务中心。

游客服务中心由入口门楼、生态停车场、咨询中心、旅游厕所组成。入口门楼设计应给游客代入感和新奇感,此处设计应结合当地及周边的景观特点,突出地方文化特色。在停车场的设计上,应首先保证进出车辆的安全性,停车位的空间与进出通道应设计合理化、人性化。咨询中心的功能是为游客提供信息咨询、票务等相关服务,设计时应充分考虑游客的便利性。乡村旅游厕所建设的首要原则是整洁卫生,其次在设计上充分融入当地环境,不能让游客脱离乡村体验。

(2) 乡村风情道。

乡村风情道包括烂漫花道、音乐公路、幽香亭、创意景观小品。在主干道纸贺路两旁沿线栽种各类花卉,可根据不同季节特点布局投放相应花种,五彩斑斓。在烂漫花道的两旁可设置休闲小亭和临时停车道,供沿途游客驻足赏景。景观小品是道路景观中的点睛之笔,对空间起点缀作用,既具有实用功能,又具有精神功能。

(3) 果蔬乐园。

果蔬乐园包括果蔬造型展示、鲜果蔬采摘园、果蔬课堂。果蔬造型展示利用现代农业技术培育新型果蔬,同时向游客讲解、普及农业相关知识。合理安排种植不同生长期的蔬菜,保证一年四季都有可采摘的蔬菜,满足不同游客的需求。果蔬课堂上,孩子们可以选择自己喜欢的蔬果种子或小苗,和父母一起将种子播种。

(4) 乐活生态林基地。

乐活生态林基地包括童话木屋和帐篷营地。在生态林基地选择适宜场所建造童话木屋,以不同的童话故事为主题命名房间,对应相应的装修风格。选择生态环境良好的自然地带,有绿树、河流,将平坦、舒适的地域作为帐篷营地。

(5) 红星广场。

红星广场包括红星大舞台、红星美食街、乡村青年旅行社。红星大舞台为乡村居民开展日常活动及举办节事庆典提供一个方便的场所,同时为游客参与乡村生活提供场所。红星美食街主要是为游客提供特色餐饮、休闲娱乐的场所。乡村青年旅社是一家以知青文化为主题的旅社,为游客提供住宿等服务。

(6) 田园生态农庄。

田园生态农庄包括稻草手工坊、归园田居、原素餐厅。稻草的合理利用可以形成稻文化衍生产品与创意物件。归园田居乡村民宿让旅游者给心灵一个安放之所,给身体一次放松。原素餐厅迎合现代旅游者对养生、健康、环保的追求,发展以乡村原生态食材加工制作餐食的餐厅。

3. 现有项目改造

(1) 味美呆主题乐园。

乐园包括美味庄园、农家伴手礼商店。美味庄园以绿色、生态见长,食材源自农户自产的蔬菜、家禽、水产等,农家伴手礼商店出售味美呆食品厂生产的农副产品。

(2) 苗木培育基地。

苗木培育基地包括绿林漫步道和创意景观园、特色木林认养、苗木超市等。绿林漫步道供游人漫步林间,创意景观园展示姿态优美的树苗,同时游客可认养心仪的树苗。

(3) 桑葚果园。

桑葚果园内设置桑葚采摘基地、桑葚酒坊、桑林垂钓、桑果集市等,游客可在果园内采摘新鲜桑葚,品尝桑葚美酒,悠闲垂钓。

(4) 莲藕生态园。

生态园内有清莲池、莲藕文化馆、荷间栈道、荷花喷泉、荷产品工坊等。清莲池是荷花观赏池,莲藕文化馆内分为展览区、体验区和创作区,让游客深切感受莲文化的魅力,荷间栈道建在莲花池中间供游人赏荷漫步。

(5) 乐活生态林基地。

乐活生态林基地包括百年老树、五彩稻田、深林瑜伽。稻田景观由红、黄、绿、白、紫五色水稻构成,集食用和观赏功能为一体。在生态林选择平坦的区域,利用天然氧吧、安宁平静的生态环境,开展瑜伽项目。

(6) 滨水休闲运动基地。

运动基地设置休闲垂钓、环水慢骑、水之心观景亭、渔之乐主题餐厅、红星水上乐园。在水库中心架起水心亭,建设亲水木栈道通向观景亭。水上乐园项目利用水资源与娱乐设施的结合,设计水滑梯、戏水小品、滑板冲浪、互动水屋等。

(四) 红星村旅游脱贫路径规划

1. 扶贫业态策划

(1) 旅游产品业态。

创新产品业态,形成兼具观光与体验功能的现代化旅游产品体系。加速地方土特产品、手工艺品的转型升级、品牌打造,组织农户进行生产培训,统一产品标准,提高产品质量,优先收购贫困户农产品。

(2) 旅游住宿业态。

打造多层次、多元化、多功能的乡村住宿体系,鼓励有闲置房屋的贫困户以房屋使用权的方式入股乡村旅游开发,获取固定分红,精准扶贫。

(3) 旅游餐饮业态。

打造集"藠头、桑葚、莲藕、蔬果、鱼、稻"于一体的特色红星农家餐饮体系,餐厅采购渠道优先向贫困种植户开放,餐厅厨师优先考虑有能力的贫困户,鼓励贫困户劳动致富。

(4) 旅游娱乐业态。

积极发展集户外游憩、科普研学等功能的旅游新业态,鼓励无固定资产、无收入来源、身体健康的贫困户从事旅游接待服务,优先就业。

2. 贫困户参与机制

合作社通过其拥有的一定数量的生产基地,如桑葚基地、莲藕基地、苗木基地等,使贫困户通过资金、技术、土地等入股合作社,由合作社统一提供良种、化肥、贷款担保、收购等服务,技术员包片全程指导,并按标准收购或代销贫困农户所生产的产品,真正实现产前、产中、产后全过程"零风险"。

3. 旅游扶贫精准指导

截至2018年,红星村共剩余4户,10人未脱贫。为了全面夺取红星村脱贫攻坚战的最终胜利,遵循"一户一策"的原则,对未脱贫的4户贫困户开展精准指导,确保其如期脱贫(见表6-8)。

表 6-8　红星村扶贫精准指导统计表

贫困户	致贫原因	精准指导
卢家	因残	可选择在味美呆主题乐园参与旅游接待服务脱贫
陈家 A	自身发展动力不足	可选择直接从事旅游经营脱贫和参与旅游接待服务脱贫
陈家 B	因病	可通过土地、危房进行资本入股脱贫
刘家	因病	可选择在连藕生态园参与旅游接待服务脱贫

三、现代农业体验——官南村

（一）官南村旅游扶贫条件分析

1. 村情简介

（1）自然条件。

官南村处于平原向丘陵过渡地带，可近观开阔平坦的金色农田，远望翠绿起伏的山峦，村湾主要分布在山岗脚下，耕地（水田）依地势主要分布于山岗四周的相对平缓地带。官南村境内水资源十分丰富，东临梁子湖，官南村的湖汊水面面积达 1000 余亩，水质良好。官南村境内植被丰富，大量种植经济林，还种植药用植物。官南村野生兽类、鱼类资源丰富，品种较多。

（2）区位条件。

①地理区位。

官南村位于江夏区南部、山坡街东南角，距离山坡街 12 千米，距湖泗街道 12 千米，距离江夏区政府所在地 45 千米，距离武汉市 80.5 千米，距离咸宁市 18 千米，属于武汉市 1.5 小时自驾圈范围。

②交通区位。

官南村距离 107 国道互通口 15 千米，可通过高速联系武汉、咸宁等地；天子山大道穿村东而过，可沟通山舒线，串联徐家垴镇、山坡街道北部等地；通过武咸城际铁路可快速到达武汉、咸宁。

③旅游区位。

官南村可通过天子山大道到达天子山景区，车行距离约 8 千米；周边景区有北伐阵亡将士陵园、湖泗瓷窑遗址群和光明茶场，车行距离分别为 7 千米、11.2 千米和 17 千米。由于这些景区的影响和辐射能力有限，离官南村也有一定距离，对其旅游的发展带动作用不明显。

（3）经济社会条件。

辖区共计 241 户，1020 人。村内留守者多为老人、儿童，青壮年多外出打工，劳动力资源稀缺。辖区共有耕地面积 1706.54 亩，林地面积 1034 亩，畜牧业用地 50 亩，湖汊水面面积 1000 余亩，开发现代农业用地 372.5 亩，人均耕地面积 1.67 亩。村庄经济收入主要依靠第一产业，主要是传统的水稻、油菜种植和养鱼业，现代农业发展较快，建有传鑫森生态园、武汉市江夏区山坡街老百姓蔬菜基地、大棚基地等产业基地。官南村现已通水通电，通信信号全覆盖，道路交通基本满足居民生活需求，各村湾之间能有效衔接，停车场暂缺。

(4) 产业发展现状。

官南村仍然处于低层次的传统农业阶段,产业结构层次偏低。加之自然条件的限制,难以大范围使用先进生产工具,有效提高农业劳动生产率;千家万户小规模分散化经营难以与大市场接轨,农业结构调整难度大,市场风险频发,效益低下,现代农业发展缓慢。

2. 贫困现状及成因

(1) 贫困现状概述。

官南村贫困人口35户,62人,占全村总人口的6.33%。

(2) 致贫原因。

官南村地处湖汊高岗地带,自然环境较差,土地资源缺乏,生产结构简单,收入来源单一。村内基础设施虽有改观但仍然落后,招商引资、发展工业以及接受县城和集镇辐射十分困难。官南村产业结构层次偏低,农业结构调整难度大。国家扶贫力度有限,信息闭塞,以致村民普遍文化水平不高,缺乏市场观念,缺乏增加投入和脱贫致富的主动性和积极性。村内空心化现象较为严重,有劳动能力的青壮年贫困人口大多外出务工,留村的劳动力老龄化严重,生产方式落后,生产效率不高,收入微薄。

3. 旅游资源分析与评价

(1) 旅游资源类型。

根据《旅游资源分类、调查与评价》(GB/T18972-2017)的标准,结合景区旅游资源分布状况分析,对官南村进行了旅游资源综合调查,并对普查情况进行详细归类和汇总,详见表6-9,确定其旅游资源类型覆盖了8大主类中的5个,23个亚类中的6个,110个基本类型中的9个。

表 6-9 官南村旅游资源类型

主 类	亚 类	基 本 类 型	主要资源单体
B 水域景观	BA 河系	BAA 游憩河段	袁左河
E 建筑与设施	EA 人文景观综合体	EAD 建设工程与生产地	武汉市江夏区山坡街老百姓蔬菜基地、大棚基地、传鑫森生态园
	EB 实用建筑与核心设施	EBF 渠道、运河段落	袁左湾堰塘、何背坨水库、官堤石水库
		EBG 堤坝段落	何背坨水库堤坝
		EBK 景观农田	梯田、荷塘、袁左湾稻田
F 历史遗迹	FB 非物质类文化遗存	FBB 地方习俗	生寿、婚嫁、丧葬
G 旅游购品	GA 农业产品	GAD 水产品及制品	藕丸、草鱼、鲫鱼
		GAE 养殖业产品与制品	三全宴
H 人文活动	HB 岁时节令	HBB 农时节日	春节、清明节、端午节、中秋节

(2) 旅游资源空间分布。

官南村的自然资源门类偏少,村庄中部拥有以袁左河为代表的河道景观资源,上游的袁左湾堰塘和岸边的袁左湾稻田可以与之结合,打造更具有观赏价值的袁左河沿线景观带。

官南村的人文资源主要体现在现代农业和水工建筑中,较为平均地分布在村庄各处。现代农业有武汉市江夏区山坡街老百姓蔬菜基地、大棚基地、传鑫森生态园;水工建筑有袁左湾堰塘、何背垅水库、官堤石水库及引水灌溉形成的袁左湾稻田。

(3)旅游资源特色评价。

根据资源调查结果,官南村的自然资源略显单薄,人文旅游资源较为丰富,类型多样。官南村湖汊众多、山林茂密、风光秀丽,满足了游客休闲观光的需求;鲜鱼肥藕、四季果蔬等美物美食,为官南村农家乐和渔家乐的发展奠定了坚实的物质基础。然而,相关配套设施、自然景观等需要进一步完善,村民的服务意识和人口素质也有待提高,村落的知名度和影响力也需要进一步提升,只有这样才能有效增强官南村旅游发展市场的竞争力,增加官南村村民的收入。

(二)官南村旅游扶贫产业规划

1. 旅游发展主题形象

为了紧紧抓住武汉市精准扶贫工作的政策机遇和官南村扶贫工作取得的成果,在旅游产品开发中,以观光休闲为核心,借助于袁左河沿岸的开发和建设,以生态田园为核心,让游客充分领略梦里原乡的风情,全面提升官南村的基础设施和服务设施,并将设施与乡村景观相结合,为发展乡村旅游提供良好的环境。故将官南村旅游发展主题定位为"体验生态田园·重温梦里原乡",旨在将官南村建设成为以"生态田园""现代农业"为主题的乡村休闲旅游目的地。

2. 旅游产业发展定位

立足官南村的乡村环境、自然环境、现代农业及民俗文化,在以用材林和桂花种植为主体的基础上,发展以林地与自然山水观光、现代农业观光及体验、休闲运动、乡村度假等为主导的乡村旅游业,推动官南村产业转型升级,保持一定的传统农耕方式,调整一定范围内的村湾功能,使农业发展与旅游开发有机结合,打造以水稻和蔬菜种植为基础的传统种植业、以渔业和家禽养殖为基础的养殖业和以精品桂花苗木和楠木种植为基础的林业,形成可持续发展的生态农业综合产业。最后,延伸产业中融入特色美食与药材加工等农产品加工、篾扎等传统手工业,延长官南村产业发展链条,实现乡村旅游脱贫致富的目标。

3. 旅游产业与产品设计

(1)农业产业发展。

充分考虑村湾特色和周边环境,以大屋饶湾及周边环境为基础,发展特色民宿,打造休闲度假社区。以苗木种植与蔬菜大棚为主,规模化发展现代农业产业。在乡村美化的基础上,进行绿化树种结构调整,丰富景观层次。

(2)加工产业规划。

依托官南村特色资源,引入生态农业企业,顺应乡村旅游发展的趋势,主要发展与生态农业相关的加工业和民俗手工业,延长产业链,提高农副产品附加值。

(3)产业联动规划。

立足官南村的传统农业、特色农业及现代农业,充分挖掘乡村文化内涵,将农业、文化产业、旅游业三者相结合,形成农旅结合型产业、文旅结合型产业,促进以乡村旅游为主导的联动性产业,重新构建官南村产业发展新格局。

(4) 旅游产品体系。

依据官南村的旅游资源特征,总体形成1个核心主题品牌、2个特色村湾、4个特色旅游产品、1个生态公园及3个配套产品的产品体系(见表6-10)。

表6-10 官南村旅游产品体系表

旅游产品体系	主要产品
1个核心主题品牌	袁左河田园景观带
2个特色村湾	袁左湾休闲度假社区、上熊湾垂钓渔家乐体验区
4个特色旅游产品	沿河休闲步道、现代农业观光采摘、传统农事体验、渔家乐
1个生态公园	官堤石生态公园
3个配套产品	休闲垂钓、农副产品出售、闲置房改造与出租

(三) 官南村旅游扶贫项目规划

1. 旅游项目空间布局

根据资源类型、特征、分布及规划目标,官南村的乡村旅游规划分区结构为"两心一带三区"(见表6-11)。

表6-11 官南村旅游结构功能分区表

结构	名称	发展思路
两心	综合旅游服务中心	利用现有的村委会、卫生所等服务设施,打造成为周围度假社区的服务中心,服务内容包括文化、娱乐、购物等社区和旅游服务
	传统民居休闲度假中心	整治袁左湾建筑及景观风貌,发展传统民宿及渔家乐,开发垂钓项目,建设休闲步道,将袁左湾打造为官南村的传统民居休闲度假中心
一带	田园观光带	依托袁左河及周边广布的稻田景观,打造田园观光带,让游客自由徜徉在田间小径,欣赏田园美景
三区	原生文化休闲区	整治袁左河及两岸景观,设立以本地文化为主要展示对象的主题公园
	乡村田园体验区	维持区域内的传统农业生产方式,为游客提供传统耕作体验
	现代都市农业示范区	引进现代农业企业,广泛开展苗木种植、蔬菜大棚等现代农业项目,设置现代化垂钓区,增加现代农业体验项目

2. 旅游重点项目规划

(1) 袁左湾沿河观光区。

以袁左湾堰塘(包括堤坝)、袁左河(包括袁左古码头)、袁左湾稻田、传鑫森生态园为依托,沿袁左河东岸建设旅游步道,在袁左河两岸分区布置芦苇与荷花种植,打造沿河景观步道,充分利用沿河稻田开展一定规模的田园观光与休闲体验活动。

(2) 何背垴水库休闲垂钓区。

以何背垴水库和上熊湾为依托,相互配合,整治库区及村湾环境景观,打造休闲垂钓度假社区。整治水库河岸和水质,人工养殖与自然放养相结合,拓宽车道,建设步道,在上熊湾开设渔家乐和民宿,在水库沿岸开设水上餐厅和游船垂钓。

(四)官南村旅游脱贫路径规划

1. 扶贫业态策划

合理利用官南村民居建筑,从事旅游商品、民俗手工艺品、特色餐饮、民居客栈等传统业态的旅游经营,完善其旅游配套服务功能,积极完善各村湾旅游配套服务体系,提升其乡村旅游品质。

(1) 民居住宿业态。

通过政府引导或招商引资,充分利用民居建筑进行内部功能改造开发家庭式民宿,村内农户参与民宿经营,向游客讲述官南村历史故事,增进游客与村民之间的交流。

(2) 特色餐饮业态。

利用民居及院落空间开发官南村私房菜馆,聘请村户开发制作特色菜式,提供原汁原味的官南村本地餐饮服务,用餐环境具有田园民居风格,餐品性价比高,为希望体验本地特色风味的大众游客提供服务。

(3) 体验式购物业态。

通过政府引导官南村本地手艺人,既可以售卖旅游商品,又可以开发成体验式购物场所,将手工艺品和特色食品制作与旅游购物相结合,提升游客的参与度,加深其对商品的了解。

2. 贫困户参与机制

官南村的贫困户参与机制是制度化的农户参与乡村旅游的方法,主要有以下几种。

(1) 参与决策咨询机制。

充分尊重乡村村民的主人地位,让其广泛参与到官南村旅游扶贫的各项决策之中,使其成为名副其实的决策主体。贫困户参与决策咨询不仅有助于培养东道主意识,还可以充分调动主观性与能动性,参与乡村旅游的发展。

(2) 参与旅游经营机制。

参与旅游经营是贫困户参与机制的核心,也是实现参与利益分享的前提。官南村应鼓励贫困户以经营者的身份直接参与旅游经营接待,行业协会及地方政府应对开展旅游经营的贫困户予以积极的指导与帮扶,提升其旅游经营接待的能力。

(3) 参与利益分配机制。

在利益分配方面,首先应该明确地方政府的公共服务角色;在引进外部旅游企业投资时,需要严格规定企业应尽的社会责任和义务,严禁企业的过度开发行为,明确贫困居民的利益。

(4) 参与教育培训机制。

建立长效的旅游扶贫培训机制,因地制宜、灵活多样地进行旅游扶贫培训,实现培训主体的全覆盖。将旅游扶贫工作作为一种常态,持续推进,提升官南村的乡村旅游发展水平。

3. 旅游扶贫精准指导

乡村旅游扶贫是一种典型的"造血式"扶贫,具有贫困人口参与面广、扶贫效果快、返贫率低、防止贫困现象代际传递等不可比拟的优势和特点。要使乡村旅游扶贫真正具备造血功能,实现乡村脱贫致富,就必须充分发挥乡村旅游的综合带动作用,促进乡村第一、第二、第三产业融合发展,提升乡村社会各方面的经营效益。因此,乡村旅游扶贫要坚持政府主导,政策引领;因地制宜,多元发展;整合资源,立体扶贫;精确识别,精准扶贫;营销驱动,品牌提升；创新机制，多样带动。充分发挥企业主体作用，通过产业化发展实现脱贫致富，让乡村旅游真正成为新一轮乡村扶贫开发的主渠道和中坚力量。

四、寻访南桥古堡·徜徉林间小径——陈六村

（一）陈六村旅游扶贫条件分析

1. 村情简介

（1）自然条件。

陈六村地处江汉平原向鄂南丘陵过渡地带，属低丘垄岗地区，地势较为平缓，林木茂盛。陈六村地处北回归线北侧不到1°的亚热带季风区内，气候属大陆性亚热带湿润季风气候。陈六村水资源主要为河流、水库和堰塘三类。动植物资源丰富，野生兽类众多，鱼类资源比较丰富，品种较多，农业资源多样。

（2）区位条件。

①地理区位。

陈六村位于江夏区南部、山坡街东南角，距离山坡街13.6千米，距湖泗街道4千米，距离江夏区政府47.5千米，距离武汉市81.3千米，距离咸宁市10千米，属于武汉市1.5小时自驾圈范围。

②交通区位。

陈六村距离107国道互通口7千米，可通过高速联系武汉、咸宁等地；通过省道314可到达贺胜桥东站和山坡东站，车程距离分别为10.4千米和11.8千米；通过武咸城际铁路可快速到达武汉、咸宁。

③旅游区位。

陈六村村庄北部可通过天子山大道到达天子山景区，车行距离约14千米；周边景区有北伐阵亡将士陵园、湖泗古窑址和光明茶场，车行距离分别为8.1千米、11.2千米和17.5千米。由于这些景区的影响和辐射能力有限，离陈六村也有一定距离，对其旅游的发展带动作用不明显。

（3）经济社会条件。

辖区共276户，1240人。村内耕地面积2150亩，林地2100亩，鱼池278亩，人均耕地面积1.73亩。村庄经济以第一产业为主，主要是水稻种植业和养殖业，其中2016年种植业收入108万、养殖业收入16万。陈六村基础设施目前可满足居民日常生活生产需求，结合未来旅游发展需求，游客数量增加，需进一步对其基础设施进行改造和提升。

（4）产业发展现状。

陈六村第一产业主要是水稻种植业和养殖业，以用材林和桂花种植为主体。村内企业有路面砖厂、曲酒厂和塑麻制品厂，村内尚有方锰石、煤矿、铬铁矿、石膏、石墨、黑云母等矿产资源，还有饶子章楠竹场和许家海桂花苗木基地。山坡街道内产业基地分布有贺站万亩杉木基地，法雅、桥兴苗木基地，胜丰、丰庭设施化蔬菜基地，光明有机茶基地，中粮、金龙畜禽养殖基地以及和尚桥鳜鱼健康水产养殖基地。

2. 贫困现状及成因

（1）贫困现状概述。

陈六村贫困人口61户，100人，占全村总人口的6.71%。

(2) 致贫原因。

①贫困户致贫原因分类。

调查结果显示,贫困人口多数是因为经济条件、工作能力、家庭结构等致贫,缺乏资金和技术是贫困户致贫的普遍原因,因此,根据贫困原因将贫困户分为因劳动力缺乏无能力型、因疾病折磨负债型、因缺乏技术不善经营型、因供学支出负担过重型、缺乏发展资金型、自主脱贫意识不强型六种类型。

②致贫原因分析。

自然环境较差,土地资源缺乏;基础设施不完善,公共服务设施不配套;产业结构层次偏低,农业结构调整难度大;财政投入强度偏低,基础设施发展滞后;思想观念落后,自主脱贫意识不强;青壮年外流,劳动力不足。

3. 旅游资源分析与评价

(1) 旅游资源类型。

根据国家标准《旅游资源分类、调查与评价》(GB/T18972-2017)的有关规定,通过全面调研,对陈六村的旅游资源按照主类、亚类及基本类型的层次进行分类(见表6-12),确定其旅游资源类型覆盖了8大主类中的7个,23个亚类中的9个,110个基本类型中的12个。

表6-12 陈六村旅游资源类型

主 类	亚 类	基 本 类 型	主要资源单体
B 水域景观	BA 河系	BAA 游憩河段	张施水库、大屋饶水库
		BAC 古河道段落	南桥港
C 生物景观	CA 植被景观	CAA 林地	楠竹场
D 天象与气候景观	DA 天象景观	DAA 太空景象观赏地	日出、日落
E 建筑与设施	EA 人文景观综合体	EAF 康体游乐休闲度假地	大屋饶湾健身广场
	EB 实用建筑与核心设施	EBA 特色街区	大屋饶湾
		EBE 桥梁	南桥、江李湾石桥、三眼桥、南桥小桥
		EBG 堤坝段落	张施水库堤坝、大屋饶水库堤坝
F 历史遗迹	FA 物质类文化遗存	FAA 建筑遗迹	南桥垴瓷窑遗址、古城山遗址、南桥、南桥小桥古驿道
	FB 非物质类文化遗存	FBB 地方习俗	婚嫁、丧葬
G 旅游购品	GA 农业产品	GAD 水产品及制品	莲藕、草鱼、鲫鱼
H 人文活动	HB 岁时节令	HBB 农时节日	春节、清明节、端午节、中秋节

(2) 旅游资源空间分布。

陈六村自然资源分布较为零散,楠竹场位于陈六村西部、南桥港位于陈六村东部、许家海桂花苗木基地位于村庄南部。几处自然资源距离较远。

陈六村人文资源丰富,总体分布呈现北密南疏的特点。村部周围开始向北部和西部辐射,包括康体游乐休闲度假地、特色街区、桥梁、堤坝段落、建筑遗迹、地方习俗、水产品及制品及农时节日等旅游资源,资源之间的距离相对紧密。仅有一处江李湾石桥位于陈六村最南部。

(3) 旅游资源特色评价。

陈六村的自然资源门类偏少,拥有以楠竹场为代表的山林景观资源,又有以南桥港为代表的河道景观。这两类资源各具特色,相互结合或与其他资源相配合,能整体提升陈六村资源体系的竞争力。

陈六村的人文资源主要体现在传统村落中,主要分为遗址遗迹、传统建筑和民间节庆三大类。陈六村地拥有元代的南桥遗址,以及三眼桥、南桥小桥古驿道等交通遗址和南桥垯瓷窑遗址;拥有大屋饶湾等保留民居传统格局、田园风光特色的传统村落;还拥有年节玩龙、打鼓的民间节庆活动。

(二) 陈六村旅游扶贫产业规划

1. 旅游发展主题形象

陈六村的旅游资源组合情况较好,自然资源与人文资源相互依存、相互呼应,显著富集的资源门类为遗址遗迹,其中陈六村的南桥是武汉现存最早的古桥,是山坡街道古迹游览的一大亮点,更兼四周尚有南桥垯瓷窑遗址、南桥小桥古驿道、三眼桥、古城山遗址等文物古迹,同时陈六村的自然资源也较为丰富,类型多样。湖汊众多、山林茂密、风光秀丽,可以通过规划开发满足游客休闲观光的需求,所以陈六村的发展主题定位为"寻访南桥古堡·徜徉林间小径",旨在将陈六村建设成为以"田园度假社区"为主题的乡村休闲旅游目的地。

2. 旅游产业发展定位

立足陈六村的乡村环境、自然环境、现代农业及民俗文化,在以用材林和桂花种植为主体的基础上,发展以山林观光与田园体验、自然山水游览为主导的乡村旅游业,推动陈六村产业转型升级。保持一定的传统农耕方式,调整一定范围内的村湾功能,使农业发展与旅游开发有机结合,结合以水稻和蔬菜种植为基础的种植业、以渔业和家禽养殖为基础的养殖业和以精品桂花苗木和楠木种植为基础的林业,形成可持续发展的生态农业综合产业。最后,延伸产业中融入特色美食与药材加工等农产品加工、篾扎等传统手工业,延长陈六村产业发展链条,实现乡村旅游脱贫致富的目标。

3. 旅游产业与产品设计

(1) 农业产业设计。

以特色村湾为核心,保留以传统农业为基调的原乡环境;以桂花苗木种植与提质增效为主,规模化发展特色农业产业;适度调整绿化树种结构,丰富村庄景观环境。

(2) 加工产业设计。

充分发挥原生态农产品的品质价值,发展特色美食和旅游商品销售;深入挖掘民俗技艺,发展以篾扎为代表的民俗手工艺品。

(3) 产业联动规划。

立足陈六村的传统农业、特色农业及现代农业,充分挖掘乡村文化内涵,将农业、文化产业、旅游业三者相结合,形成农旅结合型产业、文旅结合型产业,促进以乡村旅游为主导的联动性产业,重新构建陈六村产业发展新格局。

(4)旅游产品体系。

依据陈六村的旅游资源特征,总体形成1个核心主题品牌、1个特色村湾、5个特色旅游产品、2个生态公园及3个配套产品的产品体系,可开展十多项特色旅游活动(见表6-13)。

表6-13 陈六村旅游产品体系表

旅游产品体系	主 要 产 品
1个核心主题品牌	南桥古迹游览区
1个特色村湾	大屋饶田园度假社区
5个特色旅游产品	南桥小桥古驿道邮驿表演、南桥游船、大屋饶祭祖活动、进士回乡场景复原、渔家乐
2个生态公园	陈六村楠竹场、许家海桂花别苑
3个配套产品	山水观光、田园观光、闲置房改造与出租

(三)陈六村旅游扶贫项目规划

1.旅游项目空间布局

根据资源类型、特征、分布及规划目标,陈六村的乡村旅游规划分区结构为"一心一带三区"(见表6-14)。

表6-14 陈六村旅游结构功能分区表

结 构	名 称	发 展 思 路
一心	综合服务中心	利用现有的村委会、卫生所等服务设施,打造成为周围度假社区的服务中心,服务内容包括文化、娱乐、购物等社区和旅游服务
一带	滨水休闲带	以南桥港及其附近的山林和田园资源为依托,开展滨水休闲观光类旅游项目
三区	文化体验区	以南桥及其附近的古迹、河道资源为依托,打造集古迹探访、邮驿体验、游船观光于一体的古迹文化体验区
	农业体验区	以饶子章湾和大屋饶水库为依托,开办农家乐与渔家乐,打造以康体娱乐、观光垂钓、农耕体验为主题的农业体验区
	田园休闲区	以陈六村南部的广袤田园和桂花苗木基地以及自然山水为依托,打造以户外运动、休闲观光为主题的田园休闲区

2.旅游重点项目规划

(1)南桥游览体验区。

借助南桥、南桥垴、南桥小桥古驿道、三眼桥、古城山遗址等文物遗迹资源和南桥港这一河道景观,整建旅游步道,连通南桥、南桥小桥古驿道、南桥港、三眼桥等景点,并设路标指明南桥垴瓷窑遗址和古城山遗址位置。设置观景平台,以利于游客更方便地观赏南桥、三眼桥、南桥小桥古驿道等文物和南桥港美景。按照修旧如故的原则,恢复南桥小桥古驿道部分路段,开展古代邮驿表演与体验项目。同时大力疏通南桥港,拓宽河道,加强引水工程力度,恢复往日水量,在此基础上开展南桥河段游船旅游项目。

（2）大屋饶传统民宿体验区。

大屋饶湾在陈六村的各村湾中位置居中，自然环境较好，规模较大，交通便利，人文底蕴深厚，保留有较完整的旧街巷格局和部分古建筑遗址及老屋。可保留村湾周边按照传统农耕习惯种植的各类作物，适当提升村湾及周边环境景观，建设农家乐、渔家乐和特色民宿，重修饶氏宗祠和钦点翰林门楼，举办祭祖活动，复原进士回乡场景，增加舞龙打鼓等传统节庆表演，将大屋饶湾打造成为民俗度假社区，让游客体验田园度假的休闲生活，感受大屋饶湾的人文魅力。

（3）许家海桂花别苑。

依托现有的许家海桂花苗木基地，分辨、捋清目前拥有的桂花树品种，并在此基础上进行调整，完善桂花品种，合理规划不同品种的桂花分区种植。在每一个品系的桂花种植区域中根据品系中的不同品种成规模、成片区地种植该品系内的桂花树种，同时整治桂花树林的景观环境、赏游道路，提升游玩的环境品质。设置赏花游步道，方便游客近距离地观赏各色桂花。

（四）陈六村旅游脱贫路径规划

1. 扶贫业态策划

（1）民居住宿业态。

通过政府引导或招商引资，充分利用民居建筑进行内部功能改造开发家庭式民宿，村内农户亲口讲述陈六村的历史故事，增进游客与村民之间的交流以及对民风、民俗的了解。待山坡街道旅游发展到更高级阶段，可对陈六村内的大屋饶等典型特色村湾进行集中开发建设，形成高端民宿产品。

（2）特色餐饮业态。

利用民居及院落空间开发陈六村私房菜馆，聘请村户开发制作特色菜式，提供原汁原味的陈六村本地餐饮服务，用餐环境具有传统民居风格，餐品性价比高，为希望体验本地特色风味的大众游客提供服务。

（3）体验式购物业态。

利用大屋饶湾的传统民居和街巷开发体验式购物，通过政府引导陈六村本地手艺人，既可以售卖旅游商品，又可以开发成体验式购物场所，将手工艺品和特色食品制作与旅游购物相结合，提升游客的参与度，给游客带来更舒适的购物体验。

（4）时尚休闲业态。

为配套乡村旅游开发，利用民居院落，植入精致茶吧、书吧、咖啡吧、清吧、雪茄吧、休闲会所等"小资化"的现代休闲业态，提供现代娱乐休闲消费项目的功能，打造一种具有民族文化与现代时尚融合之美的民居精品生活体验。

2. 贫困户参与机制

陈六村拥有南桥和大屋饶湾等优质旅游资源，在乡村旅游市场上有较大的潜力，同时对接现有精准扶持，在未来全面脱贫的基础上，能进一步提升居民的生活水平。陈六村村民有以下四类具体的参与方式。

（1）村民继续从事传统的农业种植和养殖，同时能售卖土特产。

（2）村民空置的房屋进行改造升级，可以出租作为民宿、农家乐或者商铺。

（3）村民可以从事餐饮、住宿、创意售卖等相关联的服务业，配套产业发展。

(4)村民参与培训,挖掘个人特长,未来成为文化传承载体或旅游经营的主体。

3. 旅游扶贫精准指导

目前,旅游带动贫困人口脱贫的方式和途径主要有五种:一是直接从事乡村旅游经营增加收入,二是在乡村旅游经营中参与接待服务获得报酬,三是通过发展乡村旅游出售自家的农副土特产品获得收益,四是通过参加乡村旅游合作社和土地流转获取租金,五是通过资金、人力、土地参与乡村旅游经营获取入股分红。

在陈六村的旅游扶贫工作过程中,应采取"一户一策"措施,对建档立卡贫困户进行精准扶贫指导,指导贫困户从事旅游接待、劳动用工、特色旅游商品加工等,帮助与指导贫困户在乡村旅游发展过程中有选择性地成为经营主体,其他成为参与者,对其进行技术帮扶、贷款补贴、营销帮扶,带动贫困户进入造血功能培育程序,发扬贫困户自力更生、艰苦奋斗、勤劳致富精神。

五、多彩慢村,生态湖岭——湖岭村

(一)湖岭村旅游扶贫条件分析

1. 村情简介

(1)自然条件。

湖岭村全村占地 7700 亩,其中农作物耕地面积 1846 亩,水面面积 63 亩,林地面积 737 亩。湖岭村地势由西南向东北递减,属丘陵地带,海拔起伏较小,地势较为平坦。湖岭村境内水资源丰富:水塘 30 口以上,10 个村民小组均有水塘分布,面积 200 亩左右,主要用于灌溉及莲藕、稻谷种植。

(2)区位条件。

①地理区位。

湖岭村位于江夏区山坡街保福片区。山坡街隶属于湖北省武汉市江夏区,位于江夏区南部,东与舒安乡隔湖相望,南抵贺站与咸宁市咸安区为界,西南与嘉鱼县烟墩乡和咸宁阜隔水相望,西北与安山镇、乌龙泉街接壤。

②交通区位。

湖岭村外部交通与内部交通通达性较高,湖岭村距离 107 国道 4.5 千米,距离武广高铁 2 千米,距离城际列车站 3.3 千米,从湖岭村达山坡街自驾仅需要 15 分钟左右,路况良好,交通便捷。村内设有公交车站,可以直达江夏区,065 乡道贯穿全村。村内已基本实施"村村通"工程,水泥路面,道路宽阔。

③旅游区位。

湖岭村所在的山坡街生态环境良好,农业资源丰富,历史悠久,人杰地灵,以驻地山坡集镇而得名。山坡街拥有知名的自然风景区和历史文化景区,如天子山已成为江夏区的一处重要的爱国主义教育基地,山上建有革命烈士纪念碑,山下建有纪念馆,它已成为江夏区尤其是南部乡镇进行革命教育活动的首选场所。除此之外,山坡街梁子湖畔半岛,生态良好,是武汉市不可多得的生物宝库。梁子湖大道有武汉花博园、小朱湾(打造成中国摄影第一村)、七彩花海等生态游基地。

(3)经济社会条件。

湖岭村共 279 户,899 人,产业以种植、养殖为主,有农业经济合作社 3 个,村办集体企业

1个。建设 120 平方米的标准化村级卫生室,功能完善,解决村民看病就医问题。安装太阳能路灯 65 盏,落实了村亮化工程。目前全村已全部通电,电力设施能够满足村民的日常生活需要,村民主要用水为自来水。煤气的覆盖率为 75%,仍有 25% 的农户以烧柴为主。村内通信设施完备,手机信号良好,已实现宽带接入。

(4) 产业发展现状。

湖岭村目前以种植业和养殖业为主导产业,旅游业在全村经济总量的占比较低。湖岭村的旅游业刚刚起步,主要表现为开设农家乐,提供农家餐饮和休闲垂钓。大部分的村民仍以种植水稻、苗木,养殖鱼虾为生,旅游产业的带动作用尚未得到彰显。

2. 贫困现状及成因

湖岭村的贫困户数共 37 户,贫困人数共 81 人。根据湖岭村贫困户信息统计结果,因病致贫的贫困户数有 32 户,71 人,所占比例为 87.65%;因残致贫的贫困户数有 5 户,10 人,所占比例为 12.35%。

3. 旅游资源分析与评价

(1) 旅游资源类型。

根据国家标准《旅游资源分类、调查与评价》(GB/T18972-2017)的有关规定,通过全面调研,对湖岭村的旅游资源按照主类、亚类及基本类型的层次进行分类(见表 6-15)。

表 6-15 湖岭村旅游资源类型

主 类	亚 类	基 本 类 型	主要资源单体(数量)
B 水域景观	BA 河系	BAA 游憩河段	1
	BB 湖沼	BBA 游憩湖区	1
C 生物景观	CA 植被景观	CAA 林地 CAB 独树与丛树	3
	CB 野生动物栖息地	CBB 陆地动物栖息地 CBC 鸟类栖息地	2
E 建筑与设施	EA 人文景观综合体	EAE 文化活动场所 EAF 康体游乐休闲度假地	7
	EB 实用建筑与核心设施	EBB 特性屋舍	1
	EC 景观与小品建筑	ECB 观景点 ECL 水井	3
G 旅游购品	GA 农业产品	GAA 种植业产品及制品 GAB 林业产品与制品 GAC 畜牧业产品与制品	6
数量统计			
4 主类	8 亚类	14 基本类型	24 资源单体

(2) 旅游资源特色评价。

湖岭村生态环境良好，村内自然资源丰富，非常适合发展乡村旅游，但是由于规划区内配套设施还不够健全，所以在进行旅游扶贫规划与开发时会存在一定的局限性，村内人文资源较为贫瘠，在发展旅游时可利用的资源类型较为单一，产品同质化现象严重，难以形成独特的竞争力。规划区内缺乏有效的资源整合，目前还缺乏集旅游观光、休闲体验、文化娱乐等于一体的较为完整的旅游产品体系，因此暂时没有形成知名的旅游品牌。

（二）湖岭村旅游扶贫产业规划

1. 旅游发展主题形象

湖岭村旅游项目丰富多样，构建起一道多彩的风景线。金稻花香、观景稻屋，金色璀璨，靓丽多姿；迎宾绿道、创意绿植、苗木迷宫，绿意葱葱，生机勃勃；绿野小花、环形灯展，五颜六色，色彩缤纷。慢是对快节奏的现代生活的一种抗击。在湖岭村，以慢为生活常态，人们从饮食起居、日常劳作的"慢餐、慢居、慢行、漫游、慢活"中逐渐找回内心的平静与富足。湖岭村以种植业和养殖业为主导产业，村内三家合作社和一家公司均以苗木基地为主，生态基础好，农业优势大。在湖岭村，可以感受到原汁原味及原生态的生态田园景观和最淳朴的民风民俗民情。因而本规划将湖岭村定位为"多彩慢村，生态湖岭"。

2. 旅游产业发展定位

湖岭村目前以种植业和养殖业为主导产业，旅游业在全村经济总量的占比较低。湖岭村的旅游业刚刚起步，主要表现为开设农家乐，提供农家餐饮和休闲垂钓。大部分的村民仍以种植水稻、苗木，养殖鱼虾为生，旅游产业的带动作用尚未得到彰显。因此着眼于湖岭村社会经济发展的现状，应将旅游业定位为战略型支柱产业，通过旅游规划实现旅游业对全村经济、社会、生态的全面带动，从而达到脱贫富民的目的。

3. 旅游产业与产品设计

湖岭村在旅游发展过程中要改变以往单一的观光型基础类旅游产品的现状，通过旅游项目建设、旅游环境营造实现旅游产品体系的创新，满足现代旅游消费者多层次、多元化的需求。通过规划将形成科学合理、时序明确、重点突出的集田园观光旅游产品、农旅休闲体验产品、康养娱乐度假产品和乡村基础配套产品于一体的四大旅游产品体系（见表6-16）。

表6-16 湖岭村旅游产品体系

产品类型	重点项目
田园观光旅游产品	美丽乡村风情道、悠然农庄
农旅休闲体验产品	同利院水产养殖园、立体农业展示园
康养娱乐度假产品	兴农盛世农庄、乐活休闲广场、合兴苗木园
乡村基础配套产品	游客服务中心

（三）湖岭村旅游扶贫项目规划

1. 旅游项目空间布局

根据江夏区山坡街湖岭村旅游扶贫总体规划的编制需求和现有的资源特色、环境禀赋，遵循科学布局、因地制宜、优劣比较、特色突出、市场导向、引导参与、整体开发、综合效益等原则，规划形成的整体功能分区如表6-17所示。

表 6-17　湖岭村旅游结构功能分区表

总体布局	功能分区	发展思路
一心	游客服务中心	要突出田园特色、乡村风情,食、住、行、游、购、娱六大要素配套发展,是集信息咨询、票务预订、散客自助、团队旅游为一体的游客服务中心
一轴	美丽乡村风情轴	该区域通过改造道路的宽阔度和舒适性来提升其作为湖岭村村内交通主干道的辐射作用,利用周边空地建设一些休闲设施以满足游客在游览过程中的休闲需求
三区	立体农业示范区	利用区域内的大片鱼塘提升改造同利院水产养殖园,打造养殖休闲娱乐一体化的养殖乐园;同时利用区域内的苗圃基地开展立体农业旅游体验项目,利用区域内的农家乐打造休闲住宿类的旅游项目
	康养娱乐度假区	提升改造区域内的兴隆盛世农庄,利用区域内的大片乡村院落,提供餐饮住宿、休闲娱乐、康养度假、商务会议等功能
	田园野趣体验区	该区域利用优美的田园风光、丰富的自然苗木、完整的乡村聚落,在苗木基地内建设各类休闲设施,打造田园野趣体验区

2. 新建旅游项目

（1）游客服务中心。

游客服务中心由游客接待中心、生态停车场、入口门楼、旅游厕所组成。游客接待中心位于游客服务中心北侧。外观为田园风格,内部设游客服务台、保安室等。生态停车场位于游客服务中心东南部主干道南侧。规划充分利用绿色植物,体现生态性质。门楼位于规划区入口处,设计应与周边自然景观协调,符合现代审美观念。旅游厕所位于接待中心西侧,旅游厕所设计应注重实用,标志科学,易于识别。

（2）乐活休闲广场。

乐活休闲广场由乐活休闲街、农闲大舞台、农耕文化馆、环形灯展组成。乐活休闲街拥有餐饮、文化、娱乐、购物等服务场所和较完备的基础服务设备。农闲大舞台用于当地农民在农闲时排练节目,通过表演来传递独特的农耕文化。农耕文化馆分为展示区和体验区两部分。展示区分古代农业、传统农业、现代农业、乡风习俗四大部分。环形灯展靠近 065 乡道在广场四周及建筑物旁安置暖色光源,与周围景观相结合组成美丽的乡村夜景。

（3）兴农盛世农庄。

兴农盛世农庄由康养中心、亲水栈道、风情水车、池心小亭组成。康养中心主要是用于中老年游客在此休闲度假、康养健体,通过体验农村田园生活、感受安静平和的乡村氛围。设计挑台式仿生亲水木栈道,木道贯穿整个水面。风情水车位于兴隆盛世农庄,木质水车,提供动力设施使其转动,装置于鱼塘或水塘旁。在水池中心架起池心小亭,建设亲水木栈道通向观景亭。

(4) 合兴苗木园。

合兴苗木园由苗木迷宫和创意园林组成。游步道设置躲藏点和遮挡绿障,形成错落有致的景观苗木迷宫。创意园林将选取或培育姿态优美、造型奇特的盆栽或树木,将其以合理的布局、协调的搭配呈现在旅游者面前。

3. 现有项目改造

(1) 绿野小花。

在美丽乡村风情道两边种植乡间常见的花花草草,能丰富游客的游览性和游玩的趣味性。

(2) 迎宾绿道。

迎宾绿道位于美丽乡村风情道上,将游客服务中心到村委会的一段道路进行美化,周边种植绿化树木,增强美观性,道路两边修建一些小型休闲设施。

(3) 休憩小屋。

休憩小屋位于美丽乡村风情道上,在美丽乡村风情道间隔合适的距离设置休憩小屋,供游客沿途休息。

(4) 同利院水产养殖园。

养殖园内设置鱼虾共养、水产加工、清水摸鱼等项目,以渔业为中心,向游客展示加工的场所,现场购买保障了食品的安全性,同时游客还可亲自捕捞,体验劳动的快乐。

(5) 立体农业展示园。

展示园内有山水农庄、鱼果长廊、科普展示。其中,山水农庄由原有的山庄进行提升改造,主要提供住宿接待、休闲度假等服务,鱼果长廊建于鱼塘边,供游客休憩、娱乐;科普展示展现现代立体农业,丰富游客的农业知识。

(6) 乐活餐吧。

由当地民房改造,主要提供种类多样、营养丰盛、色香味俱全的湖岭村特色美食。

(7) 兴隆盛世农庄。

农庄内的客栈是以现有民居为基础,建设与自然融为一体的乡村客栈,农产品工坊以新鲜农产品作为原材料,在专人的指导下进行手工食品制作。此外,农庄内还有观景稻屋、垂钓台、露营地等供游客休闲度假。

(8) 合兴苗木园。

苗木基地种植有多种苗木,为规划区提供了一个天然氧吧,在苗木种植区内设置蜿蜒小径,沿途安放造型独特的休憩座椅供人游憩。

(9) 悠然农庄。

以现有的农舍或民房进行改造,农庄内的野趣农园是为游客提供以乡村野趣为主要特色的农家餐馆。此外,农庄内设置林中派对,为定期举办节事活动提供场地。设置自驾营地,方便自驾游客。

(四) 湖岭村旅游脱贫路径规划

1. 扶贫业态策划

(1) 旅游餐饮业态。

打造乡味浓厚、口味地道、品味独特的旅游餐饮体系,优先雇佣贫困户作为农家菜主厨,农家餐厅原材料进货渠道优先考虑贫困户。

(2) 旅游产品业态。

发挥"旅游+"优势,推进农旅产业深度融合。组织农户培训,提供农产品生产指导、产品标准化等帮扶,通过现场购买、与农家乐建立长期的供销关系、建立电商平台等途径,拓宽贫困户农产品销售渠道,鼓励农户劳动致富。

(3) 旅游娱乐业态。

组织有意愿的贫困户培训,将休闲垂钓、清水摸鱼等娱乐项目承包给贫困户运营,帮助贫困户通过自己的双手摆脱贫困。

2. 贫困户参与机制

(1) "合作社+基地+农户"机制。

合作社通过其拥有的一定数量的生产基地,使贫困户通过资金、技术、土地等入股合作社,由合作社统一提供良种、肥料、贷款担保、收购等服务,技术员包片全程指导,并按标准收购或代销贫困农户所生产的产品。

(2) "公司+农户"机制。

由公司牵头,吸纳湖岭村贫困户参与,统一经营,统一管理,统一收益分红,不仅解决了就业问题,带来了工资性收入,还盘活了贫困户的闲置资产,增加了贫困户的固定资产收益。

3. 旅游扶贫精准指导

鼓励有条件、有能力的贫困户,直接建设农家乐、民宿、农庄等,成为旅游经营的业主,通过增加非农经营收入而脱贫致富。引导具有一定劳动能力的贫困户积极参与到旅游企业中来,成为旅游接待服务人员,通过获取非农劳动收入而脱贫致富。引导既没有旅游经营开发能力又丧失了劳动力的贫困户以自有的土地、房屋、资金等作为股权投入,参与到旅游合作社、集体企业,通过获取股权分红获利。

六、光明茶香园,乡村乐园地——光明村

(一) 光明村旅游扶贫条件分析

1. 村情简介

(1) 自然条件。

江夏区山坡街光明村属中亚热带过渡的湿润季风气候,降水充沛,光照充足。区境地形中部高,西靠长江,东向湖区缓斜。年均降水量丰富,雨水充足。光明村东部临山坡湖,北靠梁子湖,为区域内茶叶种植和水产养殖提供了丰富的水域资源。而且水域风光优美,水质清澈,是吸引游客探索乡村旅游的重要吸引物。

(2) 区位条件。

①交通区位。

光明村所在的山坡街位于江夏区南部。京港澳高速、京广铁路、武广高铁、武咸城际、107国道、纸贺公路、天子山大道七条交通线自北向南穿境而过,011县道、008县道自西向东贯穿全境,铁贺路、山舒路、月路延伸连接各村,乡村级公路四通八达,基本上实现了"晴雨能通车"。

②旅游区位。

光明村所在的江夏区地处湖北省武汉市的南大门,地理位置优越,素有"楚天首县"之誉。自然环境优越,境内含有136处湖泊,境内还有大小山体114座,山体植被保护良好,风

景秀丽。在人文资源方面,有冰川期遗迹白云洞、云景山洞、宁港洞,有古航道,有保存古陶瓷窑址最丰富的湖泗窑址群、明代楚王墓群、传说中的赤壁古战场,有"中山舰"罹难地、保福天子山烈士陵园、贺胜桥北伐阵亡将士陵园。

(3) 经济社会条件。

光明村共有 336 户,1420 人。村内道路基本实现了水泥路全通,交通条件较好,但部分路面损坏严重,坑坑洼洼,缺乏修缮;临近山坡湖和梁子湖,村内水资源充足,灌溉条件好,茶叶种植基地基本都应用了喷灌技术;村内电力电信设施齐备。

(4) 产业发展现状。

光明村耕地面积 2523 亩,其中水田面积 1669 亩;山林面积 820 亩,苗木基地 260 亩,茶叶 500 亩。村民主要收入来源分为在家从事茶叶种植、水产养殖等活动,以及部分村民外出打工。2017 年,光明村总收入 15 万元,人均收入 11215 元。

2. 贫困现状及成因

(1) 贫困现状概述。

光明村建档立卡贫困户总数为 45 户,截至 2018 年,该村贫困户全部实现脱贫。

(2) 致贫原因。

农民观念落后,科技知识水平低,有效利用新技术的能力不足,市场应变能力欠缺,经济发展缓慢;基础设施落后,对外开放程度低,外来投资环境差,产品基本自产自销,经济利润薄弱;教育、医疗等资源向城市倾斜,分配不均,农村与城市存在较大差距,实现经济追赶动力不足。

3. 旅游资源分析与评价

(1) 旅游资源类型。

根据国家标准《旅游资源分类、调查与评价》(GB/T18972-2017)的有关规定,通过全面调研,对光明村的旅游资源按照主类、亚类及基本类型的层次进行分类(见表 6-18),确定其旅游资源类型覆盖了 8 大主类中的 7 个,23 个亚类中的 10 个,110 个基本类型中的 21 个。

表 6-18 光明村旅游资源类型

主　　类	亚　　类	基本类型	主要资源单体
B 水域景观	BA 河系	BAA 游憩河段	山坡岗
	BB 湖沼	BBA 游憩湖区	后湖、山坡湖
		BBB 潭地	荷花池
C 生物景观	CA 植被景观	CAA 林地	苗木基地
		CAB 独树与丛树	枫树、枫杨、柳树、槐树、榆树、梧桐、樟树
		CAC 草地	绿化草地
		CAD 花卉地	水仙、杜鹃、雏菊、海棠、鸡冠花
D 天象与气候景观	DA 天象景观	DAA 太空景象观赏地	日出、日落

续表

主　类	亚　类	基本类型	主要资源单体
E 建筑与设施	EA 人文景观综合体	EAD 建设工程与生产地	后湖茶厂、张桥茶厂、双湖茶叶园、武汉明辉诚信种植专业合作社、光明山湖茶厂、光明茶厂、山坡湖茶山茶业公司、山坡湖养殖场、南北咀综合开发总公司
		EAE 文化活动场所	文化活动广场
		EAF 康体游乐休闲度假地	光明茶产业园
		EAH 交通运输场站	光明村公交站
	EB 实用建筑与核心设施	EBB 特性屋舍	乡风建筑
		EBK 景观农田	荷花田
	EC 景观与小品建筑	ECJ 景观步道、甬路	游步茶道
F 历史遗迹	FB 非物质文化遗存	FBB 地方习俗	民间婚俗
G 旅游购品	GA 农业产品	GAA 种植业产品及制品	水稻、小麦、花生、棉花、玉米、油菜
		GAB 林业产品与制品	桃子、梨、葡萄
		GAD 水产品及制品	鳊鱼、鳜鱼、草鱼、鲢鱼、小龙虾
H 人文活动	HB 岁时节令	HBB 农时节日	中秋节、重阳节、春节、元宵节
		HBC 现代节庆	广场舞表演

(2) 旅游资源特色评价。

规划区依山傍水,云霭氤氲,湖山光影,稻禾青青,鸡犬相闻,风景优美,空气清新。区内自然资源较为丰富:茶山遍布,质量高、销量好、品牌影响力大,极具养生价值和文化价值;渔产丰富、水质良好,极具观赏价值和体验价值。在旅游开发过程中,应以此为依托进行重点开发。

(二) 光明村旅游扶贫产业规划

1. 旅游发展主题形象

在光明村内,极佳的气候、地形、地势适宜茶叶种植。村内平原、丘陵地带遍布茶园,面积高达 500 多亩,已成为当地村民脱贫致富的主导产业,适宜融入旅游观光、体验、度假等要素,以"茶+旅游"模式开发特色茶主题旅游项目。因此,将光明村旅游发展主题形象定位为"光明茶香园"。

光明村自然风光山清水秀,茶园促使乡村绿色生态环境良好,茶叶种植文化氛围浓厚,茶叶种植业、水产养殖业等产业粗具规模,基于此,可在村内开发旅游观光、旅游参与体验等旅游项目,打造一个"食住行游购娱闲养"等旅游元素齐全的乡村休闲度假体验乐园。综上,将光明村旅游主题形象定位为"乡村乐园地"。

2. 旅游产业发展定位

目前光明村已形成了以茶叶种植与深加工业、水产养殖业为主导的产业体系。基于光明村资源特色与产业基础,在推动乡村振兴国家战略的背景下,依托光明村坚实的产业基础,丰富而有特色的资源优势,引入"旅游+"发展理念,融入旅游要素。将光明村产业定位在以生态观光、休闲娱乐、养生度假、旅游商品、水产养殖、水域观光等功能于一体的"茶+旅游"和"水域+旅游"产业,使光明村走第一、第二、第三产业融合发展之路。

3. 旅游产业与产品设计

光明村茶叶种植产业已有相当规模,观光休闲、休闲度假等功能的旅游项目正处于初级开发阶段。基于光明村资源特色与产业基础,在推动乡村振兴国家战略的背景下,结合乡村旅游旺盛的市场需求,光明村需坚持以"旅游+扶贫"为发展战略,构建以生态观光、休闲娱乐、养生度假、旅游商品、水域旅游为主的五大旅游产品系列(见表6-19)。

表6-19　光明村旅游产品设计表

产品类型	重点项目
生态观光系列	绿色茶径、茶香亭榭、共享茶田、采茶园
休闲娱乐系列	绿野民宿、素拓基地
养生度假系列	茶书苑、茗香阁、茶博园、茶间味道馆
旅游商品系列	茶叶深加工厂、制茶工艺坊、茶健康研发中心、物流贸易中心
水域旅游系列	滨湖绿道、亲水栈道、水上婚礼区、汽车露营地

(三)光明村旅游扶贫项目规划

1. 旅游项目空间布局

遵循综合整体性原则、地域空间完整性原则和发展方向一致性原则,规划的功能分区如表6-20所示。

表6-20　光明村旅游结构功能分区表

总体布局	功能分区	发展思路
一心	游客集散中心	按照生态共生式建筑的原则,建设集游客接待、旅游信息查询、旅游景点订票、住宿入住登记、旅游交通等服务为一体的游客集散中心
一园	茶文化观光体验园	依托全村具备的茶资源、茶产业、茶环境、茶文化、茶生活等条件优势和光明绿茶的品牌优势,在光明村中部区域打造一个茶文化主题观光游览、文化休闲体验乐园
三区	创意茶产品加工贸易区	光明村西部区域紧邻001县道和108乡道,内外部交通便利,可在该区域建设茶叶深加工与文创产业区,打造为游客制作深加工茶品、文创茶品的创意茶产品加工贸易区
	梁子湖亲水游憩区	梁子湖亲水游憩区可供游客沿湖观光、散步休闲、骑行健身等
	山坡湖水产养殖区	山坡湖水产养殖区可供游客体验亲子垂钓,欣赏十里荷塘美景

2. 新建旅游项目

(1) 游客集散中心。

游客集散中心由入口门楼、游客接待中心、旅游厕所、生态停车场组成。入口门楼位于001县道与108乡道进入光明村的交叉口，游客集散中心的正前方。建筑风格为中式古典门楼造型。游客接待中心位于游客服务中心正中间，提供票务、信息查询、行李寄存、休闲需求服务、接待、会议、娱乐等功能。旅游厕所位于游客服务中心的后方，采用生态环保设计理念。生态停车场位于游客集散中心东边广场，采用露天建设，并配置以草坪和空心砖铺设。

(2) 茶文化观光体验园。

茶文化观光体验园由茶香亭榭、共享茶田、茶书苑、农家有机食舍、绿野民宿、茶博园组成。划出一片区域与城里游客进行共享，为城里游客提供一片追求田园生活体验的场所。在108乡道附近建设一处茶文化展览馆茶书苑，主要为游客介绍光明绿茶和中国茶文化的知识、奇闻逸事等。韩家湾是光明村东北角的村湾，环境良好，距离村中心远，可建设一处文化茶馆，可解游客游览疲乏。在杨家湾建设一处以农家餐饮有机、绿色、生态为特色的餐厅。在韩家湾、杨家湾、干家贩、罗绪海、吴万家、新农村六大村湾美丽乡村改造中，充分利用闲置民居，打造茶文化主题、绿色生态的乡村民宿。

(3) 创意茶产品加工贸易区。

创意茶产品加工贸易区由制茶加工坊、茶健康研发中心、文创茶产品超市、茶食餐厅、茶主题酒店、陆羽茶楼组成。加工坊将绿茶制作流程工艺与旅游体验要素相结合，为游客提供一处绿茶制作工艺体验的场所。成立茶健康研发中心，探索茶叶与健康之间的关系，从而开发有机健康的茶叶副产品，供游客选购。开发满足游客多样化、深度体验的文创茶品，并建设一处超市将文创茶品上架供游客挑选。打造茶主题特色餐厅，餐厅将光明村自产天然茶融入每道菜与甜点中，主打"时尚""健康"元素。沿着108乡道，建设一处茶文化主题的酒店，让入住的游客能够感受到浓浓的茶文化氛围。新建茶艺馆，风格仿古，装饰字画，营造清幽雅致氛围，形成一处隐藏于绿林间的休闲游憩空间。

(4) 梁子湖亲水游憩区。

梁子湖亲水游憩区由滨湖绿道、亲水栈道组成。在光明村北边沿梁子湖湖岸建设一条沿湖绿道，可供游客沿湖观光、散步休闲、骑行健身等。在梁子湖湖边可以建设两个亲水平台，主要功能是供游客水景观光、亲水游憩等。

(5) 山坡湖水产养殖区。

山坡湖水产养殖区由亲子钓捕池、十里荷塘组成。在山坡湖区域现有的水产养殖区开辟出一处供游客亲子垂钓休闲的亲子钓捕池，增加水产养殖产业链和附加值。依托现有莲藕种植业，充分挖掘并利用荷花风景与荷花文化，打造十里荷花长廊。

3. 现有项目改造

(1) 绿色茶径。

光明村沿108乡道茶园广布，茶园内小路众多，适宜进行规划打造，突出绿色生态性，在道路两侧适当建设景观小品、观景茶亭，便于游客慢行游览茶园风光。

(2) 采茶园。

目前光明村采茶园面积广阔，但缺乏旅游参与体验、文化体验功能的专门板块。因此，选择一块茶叶旺、位置好的茶园,规划一处便于游客体验的采茶园。

(3) 茶叶深加工厂。

光明村内茶叶制作厂与公司共有7家之多,茶叶加工条件成熟。基于此,延伸茶叶加工产业链,对茶叶进行深加工,开发更高端的精品茶叶、文化创意茶品。

(4) 龙虾水产养殖基地。

为提升现有龙虾水产养殖的规模化、规范化,在山坡湖区域建设集养殖、生产、包装、销售、管理、研究、育种等功能为一体的高科技、现代化水产养殖基地。

(四) 光明村旅游脱贫路径规划

1. 扶贫业态策划

(1) "旅游+"茶叶种植业。

依托光明村得天独厚的优美自然环境,充分利用现有的茶园和苗木基地等资源优势,以茶文化旅游产业为特色,鼓励村民种植茶叶之余,提供茶艺表演、茶品加工等培训,帮助村民深度延伸茶叶种植产业链,提高茶山土地附加值。

(2) "旅游+"水产养殖业。

充分利用当地的水产养殖业优势,继续完善水域观光、休闲娱乐产业,在此基础上推进第一、第三产业融合,挖掘水域与旅游产业的契合点,打造水域旅游产业,比如建立龙虾水产养殖基地,为贫困户提供养殖技术培训、虾苗、池塘租金补贴等帮扶措施,助力贫困户脱贫。

2. 贫困户参与机制

(1) 积极加入"合作社"。

通过政府或有关组织引导成立乡村旅游经营"合作社",村民通过人力、集体土地、物资等入社的模式,定期得到"合作社"的收益分配。通过旅游区"合作",村民共同经营乡村旅游区,有利于村民"团结脱贫"。

(2) 设计"旅游区+公司+村民"盈利机制。

将适合的部分旅游区委托给第三方公司运营,村民为"旅游公司"提供劳动、土地等,旅游公司定期付给村民"承包费"或入股红利,并尽力吸引无业村民人群就业。旅游公司直接管理,便于提高服务水平,提升盈利水平,降低贫困户的收入风险。政府应该出面牵头成立中间组织,为旅游公司与贫困户之间提供解决分歧的平台,同时制定政策保护双方的正当利益。

(3) "e模式"创新。

结合当地特色,积极参与旅游产品的设计和制作,农户个人将该地区特有的商品通过电子商务网站进行销售,给自身带来利益,也有利于扩大旅游产品以及当地旅游资源的知名度。

3. 旅游扶贫精准指导

(1) 茶叶种植贫困户。

茶叶种植贫困户贫困的深层次原因在于仅停留在简单的茶叶种植和加工,产品附加值低,利润较低。针对这类贫困户,扶贫小组可为贫困户提供设备、技术、销售渠道等支持,帮助贫困户提高产品附加值,提高收入。

(2) "无业"贫困户。

针对无固定收入来源的贫困户,乡村旅游景区应优先贫困户就业,为贫困户提供就业机会、服务培训等帮扶,帮助贫困户靠劳动自主脱贫。

(3)其他贫困户。

针对因病因残贫困户,政府应完善医疗体系,促进乡村医疗建设,加大贫困户医疗救助力度,引导并帮助贫困居民缴纳居民基本养老保险等。

七、赤丹花香,醉美何桥——何桥村

(一)何桥村旅游扶贫条件分析

1. 村情简介

(1)自然条件。

何桥村气候四季分明,春夏两季多雨,秋季炎热,冬季干冷。地势南高北低,自南向东西缓坡倾斜降低,呈半月形,土壤肥沃、土层深厚,适宜农业种植、茶花培育与公益林保护等。年均降水量丰富,雨水充足,水域资源丰富。

(2)区位条件。

何桥村位于江夏区舒安街北部,村内乡道四通八达,007县道傍西境而过,向南实现与省道314的快速连接,向西借山舒线实现与纸贺路的有效连通,向东经牛涂线连接鄂咸高速,距贺胜桥东站(高铁站)约37千米,驾车约40分钟;距离江夏客运中心(公交站)约67千米,驾车约1小时30分钟。外部交通条件良好,通达性较高。

(3)经济社会条件。

何桥村共有292户,1018人。何桥村在舒安街的支持下,利用南北统筹资金分别与藏龙集团、特果园签订协议,每年为村集体增加收入22万元。何桥村利用市水务局的便利条件,筹措资金近30万元,对3口当家塘进行了集中整治。市水务局每年向舒安街道扶贫办划拨扶贫资金5万元,推动何桥村基础设施建设。

(4)产业发展现状。

何桥村现有产业水稻与荷花种植、水产养殖、蜜蜂饲养、苗木培育与公益林保护,目前正在推进建成五色赤丹茶花养殖基地建设。

2. 贫困现状及成因

何桥村共有贫困户33户,85人。因病致贫的有46人,所占比例约54.12%;因残致贫的有8人,所占比例约9.41%;因缺少劳动力的有21人,所占比例约24.71%;因学贫困的有10人,所占比例约11.76%。

3. 旅游资源分析与评价

(1)旅游资源类型。

根据国家标准《旅游资源分类、调查与评价》(GB/T18972-2017)的有关规定,通过全面调研,对何桥村的旅游资源按照主类、亚类及基本类型的层次进行分类(见表6-21)。

表6-21 何桥村旅游资源类型

主 类	亚 类	基 本 类 型	主要资源单体 (数量)
B 水域景观	BB 湖沼	BBA 游憩湖区 BBC 湿地	3

续表

主　类	亚　类	基本类型	主要资源单体（数量）
C 生物景观	CA 植被景观	CAA 林地　CAB 独树与丛树　CAC 草地　CAD 花卉地	11
E 建筑与设施	EA 人文景观综合体	EAA 社会与商贸活动场所　EAD 建设工程与生产地　EAE 文化活动场所　EAF 康体游乐休闲度假地	5
	EB 实用建筑与核心设施	EBK 景观农田　EBN 景观养殖场　EBF 渠道运河段落	4
G 旅游购品	GA 农业产品	GAA 种植业产品及制品　GAD 水产品及制品　GAE 养殖业产品与制品	18
H 人文活动	HB 岁时节令	HBB 农时节日　HBC 现代节庆	2
数量统计			
5 主类	6 亚类	18 基本类型	43 资源单体

(2) 旅游资源特色评价。

何桥村紧邻湖北省第二大、武汉市最大的淡水湖——梁子湖，得天独厚的水域条件使得何桥村拥有上千亩的水域面积，为水产养殖业的发展提供了良好的基础。龙塘湖水域面积大且水质较好，适宜发展水产养殖业，现以鳙鱼、鲢鱼、青鱼、草鱼、鳊鱼、虾养殖为主。铁垱易湾有面积约近百亩的地湖田，以休闲垂钓为主，另有大面积的荷花种植。何桥村属典型的亚热带大陆性季风气候，村内耕地面积广阔约 1442 亩，适宜发展花卉种植业及现代化农业种植。

(二) 何桥村旅游扶贫产业规划

1. 旅游发展主题形象

五色赤丹为茶花"赤丹"芽变种，"五"不代表数字，只是多的意思，五色即多色，其叶为深绿色，花色多变，有全红、全粉镶白边等，具有极高的观赏价值。何桥村大面积的赤丹种植为该村特色产业，适宜以此为切入点发展旅游，将该村打造为"赤丹花乡"，以促进其旅游形象的塑造和推广。

"醉美"谐音"最美"，在此处有两层含义：一是旨在表明何桥村通过打造赤丹花海、花园渔场及现代农业等旅游项目，使村内环境得到极大的改善和提升，已达到"最美"的效果；二是说明何桥村通过旅游项目的建设，使前来游玩的旅客陶醉于何桥村的美景之中，流连忘返，意为"醉美"。

规划将江夏区何桥村主题形象定位为"赤丹花香，醉美何桥"。

2. 旅游产业发展定位

目前何桥村旅游业的发展在全村的经济总量占比还较低,全村的经济主要以第一产业为主,产业结构单一。因此着眼于何桥村社会经济发展的现状,规划以茶花种植为突破点,以现代农业为基本点,以水产养殖为辅助点,通过"旅游+"实现第一、第二、第三产业的联动发展,大力发展农事体验、休闲度假、生态观光、科普研学,并在此基础上构建"一心一带三区"的空间布局,通过大力发展旅游不断推进三产融合型现代产业体系。

3. 旅游产业与产品设计

何桥村旅游扶贫规划立足于整合村内现有各类农业、产业资源,通过对村内自然资源和产业资源的充分利用和深入挖掘,扩大农业资源优势,增加休闲观光特色和农业体验特色,形成农业观光游系列及生态度假游系列两大产品体系(见表6-22)。

表 6-22 何桥村旅游产品设计表

产品类型	重点项目
农业观光游系列	农业观光园、农事体验园
生态度假游系列	赤丹游乐园、赤丹创意园、赤丹养生园

(三)何桥村旅游扶贫项目规划

1. 旅游项目空间布局

融入旅游扶贫、乡村旅游、优质旅游等观念,结合村庄区位条件、发展条件,何桥村形成的整体空间格局如表6-23所示。

表 6-23 何桥村旅游结构功能分区表

总体布局	功能分区	发展思路
一心	游客服务中心	该区域处于007县道与通村公路的交会地段,交通便利,且地势平坦,视线开阔,适合建设风格突出、特色鲜明的大体量建筑——游客服务中心
一带	美丽乡村景观带	以梁子湖支流、五色赤丹茶花基地沿线的优美乡野景色为依托,将沿线打造为何桥村的美丽乡村观光带,集区域串联、交通联动、生态观光等功能于一体
三区	赤丹度假体验区	规划以大面积规模化茶花种植为依托,通过特色民宿、当地美食、独特生活方式、静享生活的氛围等,跨界整合各种能结合的资源
	现代农业观光区	规划区域内农业资源较为丰富,种类丰富,且地势平坦开阔,土壤肥沃,耕地面积大,适宜发展现代农业旅游
	亲水休闲游憩区	以何桥村北部的大面积水域为依托,将该区域村打造为集水域观光、休闲娱乐为一体的亲水游憩区

2. 新建旅游项目

(1) 游客服务中心。

游客服务中心由入口门楼、接待中心、生态停车场、旅游厕所组成。入口门楼选址于游客服务中心规划区西南部,门楼采用仿古建筑样式,其上雕刻有五色赤丹图案,古色古香,大气磅礴。接待中心选址于007县道与村内主干道的交界处。

(2)美丽乡村景观带。

美丽乡村景观带由沐风阁、创意景观小品、农科体验园、躬耕乐园、亲子厨房、集装箱民宿组成。沐风阁选址于龙潭湖附近,设计上采用八棱形。创意景观小品的目的在于点缀港渠沿线的景观。景观小品在设计上倡导天、地、人之和谐理念,兼具科学性和艺术性。农科体验馆由地下农场、鱼菜共生系统、田野微耕、漂浮栽培等不同的农业场景构成。躬耕园里包含了农事劳作科普知识、农事劳作体验、拓展游戏竞技和编织、纺织体验。亲子厨房为一家自助服务的餐厅,倡导父母与孩子一起动手,体验做饭乐趣,增进家庭成员之间的感情。集装箱民宿在设计上顺应乡村的自然地形,平整的箱面部分形成了两层,能够俯瞰田园风光。

(3)赤峰度假体验区。

赤峰度假体验区由赤丹花海、畅心营地、茶花DIY、主题摄影基地、赤丹文创馆、花语餐厅、花香会所、花山民宿组成。赤丹花海选址于何桥村东北部即将动工的五色赤丹种植基地,以大面积的茶花种植为主。茶花DIY以茶花为主要制作材料,通过亲自动手,设计独一无二的花艺作品。摄影基地依托赤丹花海的自然和环境优势,在花海附近建设摄影基地。制定不同季节的摄影主题,为游客提供不同的摄影风格。充分依托茶花产业发展优势,开发五色赤丹系列产品,设置赤丹文创馆,出售特色系列产品。花香会所主打以花养生的瑜伽运动,通过融芳香疗法、瑜伽呼吸法、冥想等元素与瑜伽课堂相结合,帮助游客平衡身心。

(4)亲水休闲游憩区。

亲水休闲游憩区由滨水栈桥和云田园网销中心组成。滨水栈桥选址于花园渔场,在设计上体现亲水理念,满足人们在视觉、听觉、触觉方面对美的需求,使人能在岸边休闲、与水亲密接触。依托何桥村的农业发展优势,开发、出售优质水产、有机果蔬及其加工产品,利用"云"田园线上网销平台进行各种销售活动。

3. 现有项目改造

(1)音乐公路。

音乐公路选址于观光带沿线的公路,当车辆驶过,便会散发出悠扬的乐声,配合沿线的风景,穿梭其中,如梦似幻。其玄机就在路面的一条条凹槽上,根据不同的曲调,设计不同的槽宽、槽间距和槽深。轮胎与路面驶过,噪音变成了一个个音律。

(2)智慧农园。

项目以何桥村丰富的农业资源为依托,建设包括云应用、云平台、终端三大板块在内的智慧农园。

(3)共享果园。

园内种植苹果树、梨树、桃树、柚子树、葡萄等既具有观赏性,又能提供采摘乐趣的果树,打造原生态的水果共享乐园。游客可以在闲暇时间前来采摘,或者以年租的形式将果树租养。

(4)花园渔场。

花园渔场以龙塘湖及地湖田现有的鱼塘为基础,通过种花种草、规范管理将其打造为花园式渔场,使用天然地下泛水进行渔业养殖,在保证肉嫩味鲜、生态环保的同时,美化渔场环境。

(5) 百荷流香。

以何桥村的荷花种植为基础,开发百荷流香项目,盛夏时节,大片荷叶层层叠叠,荷花亭亭玉立,微风阵阵,伴随幽香宜人的荷花味道,给人以清爽之感。

(6) 醉美渔舍。

依托何桥村的旖旎风光,可在乡间鱼塘边建设特色乡村民宿,取名为醉美渔舍。

(四) 何桥村旅游脱贫路径规划

1. 扶贫业态策划

(1) 产品业态。

以茶花DIY、赤丹文创馆、主题摄影基地等项目为支撑,开发何桥村的赤丹创意产品与农业休闲产品,挖掘不同产业的旅游产品潜力。茶花DIY的采购渠道优先考虑何桥村茶花种植贫困户,赤丹文创馆可为贫困户提供手工工艺品制作技术培训及工艺品原材料,让贫困户通过自己的劳动脱贫致富。

(2) 购物业态。

以渔趣集市、醉美渔舍、茶花DIY、赤丹文创馆等项目为支撑,将特色产业和文化转变成特色产品,满足游客的购物需求。优先采购贫困户农产品,对贫困户采取集市摊位管理费减免等优惠措施。

(3) 住宿业态。

充分利用贫困户名下的闲置房屋,通过房屋入股的形式入股乡村旅游景区的运营,打造以休闲养生、农业观光为主题的两大民宿,塑造何桥村宜玩、宜居的旅游形象。

(4) 餐饮业态。

在村内组织开展有机农产品生产培训,统一全村农产品标准,有效提升何桥村农产品质量,拓宽农产品销售渠道,重点挖掘何桥村旅游绿色有机农产品,构建"主题餐饮+农家乐+特色农产品"饮食体系。

2. 贫困户参与机制

对于部分有闲置房子的贫困户,可通过改造自身的房子为游客提供住宿场所,或独立经营小商店以获取收入,通过景区的客流量带动自己的经营利益;对于身体状况良好的村民,可积极参与村里的旅游接待服务,如在游客服务中心为自己找到一份适合的工作,通过自己对村里的熟悉度优势为游客提供接待、指引服务等以获取收入;通过成立合作社,将分散的土地进行集中管理,并为农户免费提供技术培训,采取保护回购农产品的方式,解决贫困地区农产品销售难的问题,可有效保障农户的收入。

3. 旅游扶贫精准指导

何桥村资源禀赋、周边交通等基础设施条件相对较好,发展乡村旅游潜力较大。就贫困人口而言,要精准定位那些既具备劳动能力和沟通能力,又有土地、房屋、社会资本等的贫困人口。充分利用其闲置土地,开展食、住、玩等田野风光、农事体验等旅游项目,最大化地发挥和利用土地优势,开发旅游项目。贫困户可通过售卖当地特色旅游产品、农副产品,以土地、房屋等资产入股旅游项目,开办农家乐、民宿、餐馆等多元化的收入渠道增加收入,实现脱贫致富。发展扩大何桥村的经济来源,为外出务工人员创造返村创业的机会,同时青年人口的回归,为何桥村带来新的活力和创造力,帮助何桥村的贫困人民减轻生活经济压力。

八、缤纷七彩地，奇异科普林——光星村

（一）光星村旅游扶贫条件分析

1. 村情简介

（1）自然条件。

光星村全村面积10071亩，其中农作物耕地面积3357.4亩，水面面积650亩，林地面积840亩。地势较为平坦，适宜农业种植。

（2）区位条件。

①交通区位条件。

光星村位于山坡街中部，梁子湖畔。纸贺公路、107国道、武咸城际、京广铁路、武广高铁五条交通线自北而南贯穿全境，011县道傍南境而过。山坡东站位于村境内，步行5分钟便可到达；距离江夏客运站约40千米，驾车约1小时。外部交通便利，区位优越。

②旅游区位条件。

毗邻梁子湖，物产丰富、生态良好，是现代的"世外桃源"、天然的"绿色氧吧"。光星村农作物耕地面积3357.4亩，占全村版图面积的33%，应季瓜果蔬菜一应俱全；百亩茶园、苗木基地、油菜花园风景优美；彩色水稻种植不仅具有观赏价值，还可食用。

（3）经济社会条件。

光星村全村476户，2278人。主要以农业为主，村办企业2个，农业经济合作社2个。村级集体收入10万元，农民经济收入来源以农业产业和外出务工为主。全村贫困户均接通了安全饮用自来水，所用自来水与街道为一个系统，供水充足，水质、水量达标，安全饮水能够得到保证。

（4）产业发展现状。

光星村以水稻种植、茶叶种植及苗木种植为主。依托武汉亘谷源生态农业科技有限公司，光星村努力打造以稻文化为特色的美丽村湾，将水稻科研育种、种子生产、销售与技术服务集为一体，建有414亩科研育种示范基地。亘谷源选育适合江夏种植的优质丰产高效水稻品种，探索轻简栽培技术，从每年引进的一百多个品种中进行筛选和配组选育出适合江夏特色的品种。光星村以紫帝茶叶专业合作社发展茶叶种植和销售。其中，茶叶种植的面积有50余亩，以种植绿、白茶为主。光星村的苗木培育以武汉茂元农业科技发展有限公司为主，目前面积有200亩，以桑树、楠树、朴树、桂花等品种为主。

2. 贫困现状及成因

（1）贫困现状概述。

光星村的贫困户数共54户，其中低保户31户，五保户1户，一般贫困户22户；贫困人数共110人，其中低保户67人，五保户2人，一般贫困户41人。

（2）贫困原因。

根据2018年光星村贫困户信息统计结果，因病致贫的贫困户数有20户，32人，所占比例为29.09%；因残致贫的贫困户数有27户，59人，所占比例为53.64%；因缺劳力、缺技术的贫困户数有7户，19人，所占比例为17.27%。

3. 旅游资源分析与评价

（1）旅游资源类型。

根据国家标准《旅游资源分类、调查与评价》（GB/T18972-2017）的有关规定，通过全面

调研,对光星村的旅游资源按照主类、亚类及基本类型的层次进行分类(见表6-24),确定其旅游资源类型覆盖了8大主类中的7个,23个亚类中的9个,110个基本类型中的19个。

表6-24 光星村旅游资源类型

主 类	亚 类	基本类型	主要资源单体
B 水域景观	BB 湖沼	BBA 游憩湖区	山坡岗
		BBB 潭地	荷花池
C 生物景观	CA 植被景观	CAA 林地	苗木基地
		CAB 独树与丛树	桑树、楠树、朴树、桂花
		CAC 草地	绿化草地
		CAD 花卉地	油菜花田
D 天象与气候景观	DA 天象景观	DAA 太空景象观赏地	日出、日落
E 建筑与设施	EA 人文景观综合体	EAD 建设工程与生产地	武汉亘谷源生态农业科技有限公司、紫帝茶叶专业合作社、武汉茂元农业科技发展有限公司
		EAE 文化活动场所	文化活动广场
		EAH 交通运输场站	山坡东站
	EB 实用建筑与核心设施	EBB 特性屋舍	乡风建筑
		EBK 景观农田	荷花田
	EC 景观与小品建筑	ECJ 景观步道、甬路	星光大道
F 历史遗迹	FB 非物质文化遗存	FBB 地方习俗	民间婚俗
G 旅游购品	GA 农业产品	GAA 种植业产品及制品	水稻、花生、棉花、玉米、油菜
		GAB 林业产品与制品	桃子、梨
		GAD 水产品及制品	四大家鱼、鳜鱼、黄颡鱼、大白刁
H 人文活动	HB 岁时节令	HBB 农时节日	清明节、中元节、端午节、中秋节、重阳节、春节、元宵节
		HBC 现代节庆	广场舞表演

(2) 旅游资源特色评价。

光星村内有色彩鲜明的油菜花田、风景优美的茶园、碧波荡漾的梁子湖,同时还拥有华中第一的彩色水稻种植,不仅具有一定的观赏价值,同时具有抗氧化、抗衰老等较高的食疗养生价值。村内绿色生态良好,花木种植产业已粗具规模。目前光星村已形成了以休闲农业、观赏农业、科技农业为主的产业体系。

(二) 光星村旅游扶贫产业规划

1. 旅游发展主题形象

规划将星光村旅游发展主题形象定位为"缤纷七彩地,奇异科普林"。光星村在规划中将以现代农业和观赏农业为主导产业,其温和湿润的气候适合七彩油菜、七彩水稻等具有观赏价值的农作物的大面积种植。本规划基于村内资源、产业等优势,塑造光星村缤纷七彩特色主题品牌形象,将其主题形象定位为"缤纷七彩地"。光星村位于亚热带季风气候带,气候温和,水分光照充足,适宜多种花卉苗木的种植,形成了绝美奇异的花卉苗木景观。同时,光星村处于武汉市下辖范围内,交通便利,便于自驾游、学校组织的团体游等多种方式出游的游客来此游玩,并学习科普知识,践行游与学结合的理念,因此将光星村旅游发展主题形象定位为"奇异科普林"。

2. 旅游产业发展定位

光星村绿色生态良好,水稻、油菜等农作物广泛分布、花木种植产业已粗具规模。目前光星村已形成了以休闲农业、观赏农业、科技农业为主的产业体系。依托光星村坚实的产业基础,丰富而有特色的资源优势,引入"旅游+"发展理念,融入旅游要素,将光星村产业定位在以生态观光、休闲娱乐、养生度假、旅游商品、研学科普等功能于一体的"七彩农业+旅游"产业,使光星村走第一、第二、第三产业融合发展之路。

3. 旅游产业与产品设计

光星村农业产业发展已有一定规模,但观光休闲、康养度假等功能的旅游项目开发尚处于初级阶段。基于光星村自然、文化、生态资源特色与产业基础,在乡村振兴国家战略的指导下,本次规划坚持"旅游+"的发展理念,构建以花木科普培育、休闲农业观光、农耕文化体验、乡村康养度假为核心的旅游产品体系。

(三)光星村旅游扶贫项目规划

1. 旅游项目空间布局

根据光星村旅游扶贫规划的编制需求,整合规划区的旅游资源分布、类型结构及其地域组合,遵循综合整体性原则、地域空间完整性原则和发展方向一致性原则,规划形成的整体空间格局如表6-25所示。

表6-25 光星村旅游结构功能分区表

总体布局	功能分区	发展思路
一心	游客服务中心	在光星村建设游客综合服务中心,提供集旅游信息咨询、旅游景点订票、游船订票等服务,兼具散客自助旅游、团队旅游、旅游集散换乘等"食住行游购娱"为一体的旅游综合服务中心
一带	花木培育科普带	依托区域内的花卉苗木资源,打造一个集幼苗良种培育、多彩花卉科普展览、研学教育等项目于一体的科普体验胜地,旨在重点针对青少年提供一些集趣味性与知识性于一体的活动项目
三区	休闲农业观光区	依托光星村现有的观赏农业产业,特别是七彩水稻与七彩油菜业,进行产业深度化开发,延长农业产业链
三区	农耕文化体验区	农耕文化体验区是光星村居民主要的农田种植区域,主要重视水稻作物,发挥该区域的农业乡土优势,激发人们回味乡愁、回归农村的朴素情怀,注入"农业+旅游"理念
三区	乡村康养度假区	乡村康养度假区是对原有乡村景观、肌理的提升改造,依托原生态的乡村田园环境,打造以乡村养生度假、休闲养老为核心功能,配套旅游休闲、田园娱乐、健康管理、养生餐饮等项目的养生、养老旅游休闲社区

2. 新建旅游项目

(1) 游客中心。

游客中心由入口景石、游客接待中心、旅游厕所、生态停车场组成。入口景石设计不宜太过突兀,应注意和周边民居建筑风格保持一致。游客接待中心是整个游客服务中心的核心建筑,设有医疗点、咨询处、购物中心、游客休息区、商务中心等。旅游厕所既要在外形上设计美观,同时内部也要干净整洁,配备防臭节水减排洁具。

(2) 花木培育科普带。

花木培育科普带由花木科普馆、幼苗培育基地、研学教育基地组成。花木科普馆内设有小型气象观测站、科普生态墙、太阳能环保诱虫灯、自制鸟巢、植物标牌、新型覆绿基质加工厂等科普设施。幼苗培育基地主要采用立体种植、无土栽培、滴灌式灌溉等新型技术进行培育各类花卉苗木。打造中小学生课外研学教育基地,通过高清图片、动态视频、实时讲解等方式向学生们展示与花木培育有关的科学技术。

(3) 摄影采风园。

摄影采风园由观光栈道、花海摄影中心、田园采风廊组成。花海摄影中心以大片的油菜花与七彩水稻为设立背景,除了大面积的花海,规划区内还可增加一些景观构筑物。田园采风廊主要用于摄影、画画爱好者实地游览采风,规划区内建造观景台,游客可登高望远,寻找作画灵感和摄影佳地。

(4) 稻香休闲园。

稻香休闲园由创意水稻田、稻草手工艺作坊、稻香源餐吧组成。稻草手工艺作坊利用干燥稻草制作成稻草雕塑,以稻草手工艺品为看点,充分展现文创产品的魅力,推动文旅的深度融合。稻香源餐吧内部装饰以绿色景观植物为主,同时以当地特色水稻为主食卖点,促进稻谷制品的就地销售。

(5) 七彩油菜田。

七彩油菜田由七彩迷宫和乡野油坊组成,七彩油菜田结合已有的七彩油菜种植基地,建立油菜迷宫项目。乡野油坊主要用于手工榨油工艺展示,纯天然有机菜籽油销售等。以本地种植的油菜籽为原料,采用纯手工榨油工艺。

(6) 农耕文化园。

农耕文化园由农具展馆、稻田剧场、农锦超市组成。农具展馆以耕作情景模拟再现突显农具功能,让游客在相应的耕作情境中领会传统农耕文化。稻田剧场是以农耕文化为主题的表演,由专业的表演者向我们呈现着二十四节气以及从春耕到冬藏的四季变化。农锦超市依托水稻种植和禽畜养殖的特色产业资源,在生产原生态农副产品的同时,进行深加工,健全土特产品类型。

(7) 农乐趣味园。

农乐趣味园由稻虾垂钓、自选农田组成。在村内的水稻产业基地划出一定区域供游客开展稻虾垂钓活动,提供相应钓具供游客学习和体验。开辟自耕农田区域,游客可以划片认领土地进行种植与农业耕作,与家人一起享受田园生活带来的乐趣。

(8) 静心颐养园。

由健康条理中心和汗蒸别苑组成。健康调理中心设拔罐、脚底按摩、美容 SPA 等多项护理项目,游客可以在此得到全身心的放松,忘掉工作与日常的烦恼。汗蒸苑内设置石房

(四壁都是特殊的能量石)、泥房(黄泥蒸)和盐房(盐疗汗蒸房)。

3. 现有项目改造

(1) 水稻科研基地。

光星村依托武汉亘谷源生态农业科技有限公司努力打造以稻文化为特色的美丽村湾,将水稻科研育种、种子生产、销售与技术服务融为一体,建有414亩科研育种示范基地。

(2) 花间小径。

花间小径贯穿于七彩油菜园,路面形状蜿蜒曲折,设计因地制宜,小径两旁成片培育以七彩油菜为主的种植品种。

(3) 插秧比拼。

本项目旨在搭建传承中华传统农耕文化的平台,让游客亲身体验打秧、运秧、抛秧、插秧等农事耕作,并进行比赛PK,在赛事中感受田园生活。

(4) 绿林养生步道。

步道两侧布设草地和易成活的树木,环绕静心颐养园,游客在步道上进行以慢走、跑步、骑自行车为主的锻炼,并可以沿途欣赏田园美景。

(四) 光星村旅游脱贫路径规划

1. 扶贫业态策划

(1) 旅游餐饮业态。

以田园、绿色的农业食品为核心卖点,通过绿色农业食品带给游客地道的乡村食宿体验。为贫困户提供绿色农产品生产培训、生产技术指导等帮扶,拓宽贫困户农产品销售渠道,提升农产品附加值。

(2) 旅游住宿业态。

为有闲置房屋的贫困户提供房屋修建补贴,让贫困户以房屋的形式入股乡村旅游景区,将房屋改造为乡野民宿,不仅在卫生、设施方面满足游客的需求,更要提供给游客自然、生态、具有乡野气息的住宿环境。

(3) 旅游娱乐业态。

以儿童乐园、七彩迷宫、摄影平台、自选农田等旅游项目为支撑,给游客提供多种休闲娱乐的方式,同时为贫困户提供就业机会,对于身体健康、就业意愿强烈的贫困户,可将其安排为娱乐项目的安全员。

2. 贫困户参与机制

(1) 资产入股参与。

村党支部积极引导农户、村集体挖掘土地、房屋、设施等资源和资产潜力,特别是既没有旅游经营开发能力,又没有旅游文化服务能力的贫困群众,通过股份制、合作制、股份合作制、租赁等形式,参与到企业兴办,开展产业融合项目中来。

(2) 参与旅游接待。

有一定劳动能力的贫困农户和贫困群众,可以引导他们积极参与到旅游文化企业、乡村经营户中的旅游接待服务,成为旅游文化的服务人员,如游客接待中心服务人员,以获取非农劳动收入,而带动贫困户和贫困群众实现脱贫和增收致富。

(3) 农户独立经营。

鼓励支持有条件、有能力的贫困户和贫困群众,直接建设改造乡村民宿、农锦超市等,成为旅游文化经营的业主。或者农户集资开办小型农副产品、土特产品等加工基地,成为旅游商品加工经营户,增加非农经营收入,实现脱贫和增收致富。

3. 旅游扶贫精准指导

对于有能力、有条件的贫困户,采取多种"传帮带"的模式,结对扶持、示范带动,带领贫困农户抱团发展,帮助贫困户掌握种植等技能;对于因病致贫的贫困户,加大医疗救助制度,健全乡村基础医疗设施;针对贫困家庭的青少年,积极为其申请教育帮扶资金、助学贷款等。

九、多彩文化园,纵横交织地——联合村

(一)联合村旅游扶贫条件分析

1. 村情简介

(1)自然条件。

联合村村内地势呈小幅度起伏,高低错落,属中亚热带过渡的湿润季风气候,气候温和、四季分明。

(2)区位条件。

联合村位于郑店街中部,外部交通极为便利,西临武深高速,东接107国道,北抵纸金路,距离武汉中心城区约20千米,离江夏城区约6千米,离武汉南高速出口约400米。联合村所在的江夏区物产丰饶,景观众多,有铸就中国海军舰魂的"中山舰"、龙泉山风景区、赤壁古战场、省级重点文物保护单位贺胜桥北伐阵亡将士陵园、黄氏宗祠、冰川期遗迹白云洞、国家级森林公园、华泰山庄、民族文化村,还有农业生态观光园、万亩苗木花卉基地等。

(3)经济社会条件。

联合村共有564户,1826人,劳动力1101人,低保户13户、15人,五保户2人。已实现通水泥路,通自来水,通生活用水,道路畅通,电话进家,旅游厕所干净整洁。

(4)产业发展现状。

联合村第一产业以水稻、莲藕、柑橘等农作物为主,部分发展家禽养殖业。第三产业发展以农家乐休闲旅游为主,其中金楠雅苑金丝楠木博物馆目前是中南五省唯一一家"金丝楠木"大型主体博物馆。武汉光照科技有限发展公司发展的农家乐旅游项目也正在建设当中。"江南水乡"是以鲁湖为主建设的旅游景点,是极具水箱特色的超大型农业科技园。此外,村内还建成了包括花海石林景区在内的著名旅游景点。

2. 贫困现状及成因

(1)贫困现状概述。

联合村贫困户共有14户,17人,其中,无低保贫困户1户,2人,低保贫困户13户,15人。

(2)致贫原因。

①基本致贫原因。

根据2019年的联合村贫困户信息统计结果,村内7户,11人已实现脱贫,其中因病致贫3户,7人,因残致贫3户,3人,缺劳动力致贫1户,1人。

②深层致贫原因。

基础设施差,农民观念落后,科技知识水平低,对外开放程度低,外来投资环境差,产品基本自产自销尚未形成产业规模,经济利润薄弱等。

3. 旅游资源分析与评价

(1) 旅游资源类型。

根据国家标准《旅游资源分类、调查与评价》(GB/T18972-2017)的有关规定,通过全面调研,对联合村的旅游资源按照主类、亚类及基本类型的层次进行分类(见表6-26),确定其旅游资源类型覆盖了8大主类中的7个,23个亚类中的11个,110个基本类型中的23个。

表6-26 联合村旅游资源类型

主 类	亚 类	基本类型	主要资源单体
A 地文景观	AB 地质与构造形迹	ABD 生物化石点	昆虫化石
	AC 地表形态	ACE 奇特与象形山石	石林
B 水域景观	BB 湖沼	BBB 潭地	鱼池
C 生物景观	CA 植被景观	CAA 林地	苗木基地
		CAB 独树与丛树	金丝楠木
		CAD 花卉地	月季、紫薇、茶花、茶梅、海棠、红叶碧桃、梅花
E 建筑与设施	EA 人文景观综合体	EAC 教学科研实验场所	联合村幼儿园/小学
		EAD 建设工程与生产地	光照农业科技有限公司
		EAE 文化活动场所	武汉市江夏区奇布自然教育营地
		EAF 康体游乐休闲度假地	联合村公交站
		EAH 交通运输场站	农家乐休闲旅游山庄
	EB 实用建筑与核心设施	EBB 特性屋舍	美丽村湾——袜铺湾
		EBD 独立场、所	武汉金楠雅苑金丝楠木博物馆
		EBM 景观林场	金丝楠木培育基地
	EC 景观与小品建筑	ECK 花草坪	月季花海
		ECN 堆石	花海石林
F 历史遗迹	FA 物质类文化遗存	FAB 可移动文物	明代、清代古典家具
G 旅游购品	GA 农业产品	GAA 种植业产品及制品	水稻、花生、棉花、玉米、油菜
		GAB 林业产品与制品	金丝楠木制品
		GAD 水产品及制品	鳜鱼、草鱼、鲫鱼、虾、螃蟹
	GC 手工艺品	GCC 家具	金丝楠木家具
		GCE 金石雕刻、雕塑制品	金丝楠木手串、笔挂、佛珠
H 人文活动	HB 岁时节令	HBB 农时节日	清明节、中元节、端午节、中秋节、重阳节、春节、元宵节

(2) 旅游资源特色评价。

①观赏游憩使用价值。

联合村内花海石林景点、奇峰异石广布，月季花艳丽多姿；美丽村湾——袜铺湾白墙黛瓦、瓜果飘香，配套设施健全，均具有较高的观赏价值和游憩价值。

②历史文化科学艺术价值。

联合村内金丝楠木博物馆有千余件明代、清代古典家具，具有较高的历史文化价值和艺术价值。而奇布自然教育营地能够观测到30余种珍奇鸟类，具有较高的科学价值。

（二）联合村旅游扶贫产业规划

1. 旅游发展主题形象

联合村有丰富多彩的文化以及旅游主题，游客可在这里体验乡村的自然耕种收获，也可参观和体验金丝楠木的内涵，将乡村的田园生活以最真实、最质朴的面貌呈现给游客，丰富联合村旅游形象的文化内涵。依托联合村得天独厚的地理位置，集商贸、观光旅游、物流服务、休闲度假等功能于一体，更反映了联合村人来人往的热闹场面，以此吸引游客前往探寻。因此将联合村的核心主题形象定位为"多彩文化园，纵横交织地"。

2. 旅游产业发展定位

在对郑店街联合村进行全面旅游产品规划之前，首先明确其总体定位，从宏观层面对联合村现有资源特色、产业趋势进行深入提炼，规划美丽乡村观光轴、惠民休闲区、文化体验区、商贸服务区等项目布局，将其塑造为武汉市最具"乡愁、乡风、乡情"的休闲度假目的地。

3. 旅游产业与产品设计

着眼于联合村的经济发展现状，规划将旅游业定位为联合村经济发展支柱性产业、精准扶贫特色产业和乡村旅游富民产业，通过旅游规划实现旅游业对全村的带动，从而达到旅游脱贫的目的。

（1）文化体验游系列。

联合村西南部区域是楠木文化和农耕文化的核心区域，楠木文创手工坊可以让游客亲手制作楠木手工品，趣味采摘园和认养农田让游客体验乡村的耕种和收获的过程，乡野古宿食馆将楠木与农耕文化结合，让游客畅享文化之旅。

（2）商贸物流系列。

联合村南部区域是承载商贸、住宿、物流等功能的重要区域，楠木相关产品的出售、租赁商铺、货运服务、便捷酒店等项目都充分利用联合村交通要道的重要优势，形成联合村差异化、特色化旅游项目。

（3）休闲娱乐系列。

主要在联合村北部区域，以已有小区建筑区域为核心，为游客提供趣味广场、望花步道等休闲场所，还有生活社区超市、智慧超市、小巷风情街等，让游客体会和融入乡村生活文化的同时，最大化地提升游客愉悦、舒适、休闲的旅游体验。

（三）联合村旅游扶贫项目规划

1. 旅游项目空间布局

遵循综合整体性原则、地域空间完整性原则和发展方向一致性原则，规划的旅游结构功能分区如表6-27所示。

表 6-27　联合村旅游结构功能分区表

空间布局	功能分区	发展思路
一心	游客集散中心	鉴于联合村旅游资源的丰富程度、交通便捷程度及经济发展实力,致力于将其打造成一个承担规划区域内主要游客接待工作的重要区域,建设包含旅游信息咨询、资源介绍、线路指引、订票购票、观光车租赁等服务的综合服务中心
一轴	美丽乡村观光轴	该区域的出发点是想充分利用联合村的地理优势,打造成一条集观光、宣传、交通等功能为一体的美丽乡村观光轴,同时凭借交通优势把联合村名气做大、做响亮
三区	惠民休闲区	在遵循充分利用已有资源的原则下,保留联合小区和花海石林景区,并在此基础上开展图书馆、广场、超市等惠民设施,另设计望花步道、环湖绿道等美丽乡村项目
	文化体验区	以大张湾和袜铺湾为中心的区域,坚持资源利用最大化的原则,突出楠木文化,以农业文化为辅,保留部分资源并对其进行优化,打造一个集农事体验、休闲度假、餐饮娱乐、文化教育等功能的引领联合村旅游发展的重要核心区域
	商贸服务区	借助交通优势开展商贸展销服务,规划开发物流服务项目,主打金丝楠木相关产品销售,并通过租赁场所、客运服务、餐饮等项目获取收入。同时借助附近农产品物流园的名气,将这一部分打造成为一个集商贸、客运服务、租赁、休闲娱乐于一体的多功能区域

2. 旅游项目建设

(1) 游客集散中心。

该区域靠近联合村村委会,南边靠近武汉绕城高速公路,交通便利,且地势平坦,视线开阔,适合建设游客服务中心,提供旅游咨询、旅游接待、介绍引导、基础配套、车辆租赁等服务。由入口门楼、生态停车场、环保厕所、观光交通站、游客接待中心等项目构成。

(2) 美丽乡村观光轴。

充分利用联合村的地理优势,武汉绕城高速公路以及京港澳高速公路在联合村通过的东西方向路径两侧建设美丽乡村观光轴,为旅游交通、休闲观光、文化传递、品牌宣传提供便利,由缤纷五彩林、乡情文化长廊、清音亭、生态景观绿道等项目构成。

(3) 惠民休闲区。

在联合小区和花海石林景区基础上建设惠民休闲区,提供休闲观光、社区服务、餐饮娱乐等服务,由趣味广场、望花步道、生活社区超市、小巷风情街、乡村博书屋、环湖栈道、求知科普基地等项目构成。

(4) 文化体验区。

依托联合村大张湾和袜铺湾文化和休闲农业资源,对本区域进行规划,突出楠木文化,以农业文化为辅,打造一个集农事体验、休闲度假、餐饮娱乐、文化教育等功能的引领联合村旅游发展的重要核心区域。建设乡野古风民宿、雕刻时光咖啡店、楠木文创手工坊、楠木博览馆、农家古韵食馆、楠木加工参观基地、迷你采摘园、郊野宿营地、认养农田等项目。

(5) 商贸服务区。

在联合村南边,以唐张书房湾和马家棚湾为中心的周边区域,借助联合村交通优势开展商贸展销服务,打造成一个集休闲购物、餐饮住宿、商贸物流、客运服务于一体的多功能区域。由商贸展销街、万象租赁站、智慧超市、南船北马物流中心、联合快捷酒店等项目构成。

(四) 联合村旅游脱贫路径规划

1. 扶贫业态策划

(1) 旅游服务业态。

村民可依托"金丝楠木"博物馆建设楠木手工艺品制作与文创产业区,参与楠木生产、加工、科普参观和物流贸易服务,引导游客提供楠木生产参观、科普教育活动,依托乡村旅游发展契机,从事旅游文创购物、主题住宿、特色餐饮、娱乐等经营或务工活动。

(2) 商贸服务业态。

联合村地理位置优越,交通优势明显,所在的江夏区郑店作为武汉卫星城,正在大力发展物流工业园区。联合村可以整合现有资源,合理利用信息社会互联网技术,适当引进第二产业,组织村民参与开发农产品初级加工、展销、租赁、购物、客运服务、快捷住宿等项目工作,为前往联合村的商旅客人提供商旅服务,拓展产业链,以此创收。

2. 贫困户参与机制

(1) 参与接待。

贫困户可参与村里的旅游接待服务,如通过自己对村里的熟悉度,在游客接待中心、生态停车场、观光车等场所,为游客提供接待、指引等服务以获取收入。

(2) 个体经营。

可根据自家状况,独立经营智慧超市、社区超市,也可依托旅游扶贫规划将自家的房屋改造为特色民宿等以获得经济收入。

(3) 企业+农户。

联合村内的三个农业科技公司为当地村民提供了大量的就业岗位,贫困村民可参与企业的休闲旅游项目的日常维护、保洁等工作,以获得收入。

(4) 资产入股。

对于没有旅游经营开发和接待能力的一类贫困群众农户,挖掘土地等资源潜力,通过股份制和租赁等形式,参与到企业开展产业融合项目中来,如民宿房屋出租。

3. 旅游扶贫精准指导

(1) 因病、因残。

对于因病、因残致贫的贫困户,要了解贫困户的物质需求,跟进贫困户的生活状况,疏通社会救助的服务通道。此类贫困户可依托乡村旅游精准扶贫建设,借助政府提供的政策支持、乡村旅游商业契机,村民可以流转土地方式,以自愿入股形式,参与景区商业经营。

(2) 因学。

保障贫困户接受就业再教育和贫困户子女接受教育的平等机会达到常态化、持续性,了解贫困户的精神心理需求,丰富贫困户的精神文化生活等。此类贫困户可参与景区商业经营,或在景区就业,获取连续性报酬。

(3) 缺工作机会。

为贫困户创造劳动就业条件,号召村贫困户参与到乡村旅游事业中,提高贫困村民自我发展能力,促进贫困户的各种就业形式的发展,恢复贫困户的劳动权。此类贫困户,可以根据自家状况,开展餐饮、住宿、购物、娱乐等商业经营,以及家禽养殖、果园、蔬菜、花卉苗木种植等共同致力发展乡村旅游。

十、纵情戏水,醉美余咀——余咀村

(一)安山街余咀村旅游扶贫条件分析

1. 村情简介

(1) 自然条件。

余咀村全村版图面积5111.6亩,其中农作物耕地面积4511.6亩,水面面积300亩,生态林300亩。属中亚热带过渡的湿润季风气候。气候温和、四季分明。日照充足,雨量较充沛。

(2) 区位条件。

余咀村位于安山街西北部,鲁湖之滨,南、西、北三面环水,东面与安山街青春村接壤。东临京港澳高速,南靠法安线,037乡道横贯东西。距离江夏客运中心约30千米,驾车1小时内即可到达;距离山坡东站约20千米,驾车约30分钟,外部交通便利,通达性较强。

(3) 经济社会条件。

余咀村村集体无收入,村集体经济发展较落后。余咀村农民经济收入以产业务工、外出打工收入为主,2015年农民人均纯收入10000元。

(4) 产业发展现状。

余咀村产业以农业为主,农村经济合作社3个,无村办集体企业。产业生产模式落后,农业经营收入低下,造成大量土地抛荒。农户主要收入来自外出经商、打工。主要产业发展依托白凤咀生态农业发展有限公司、温室养殖泥鳅基地、苗圃基地带动,并拟建露营基地、赏花大道和中心湾。

2. 贫困现状及成因

(1) 贫困现状概述。

余咀村贫困户共有23户,51人,五保贫困户6户,8人,低保贫困户11户,28人,一般贫困户6户,15人。

(2) 致贫原因。

因病、因残、因学致贫现象严重,短时间内依靠村民自身难以快速脱贫。加之农民观念落后,科技知识水平低,有效利用新技术的能力不足,市场应变能力欠缺,经济发展缓慢;基础设施落后,对外开放程度低,外来投资环境差,产品基本自产自销,尚未形成产业规模,经济利润薄弱;种植结构单一,过去长期以传统水稻为主要产业,科技含量不足,附加价值低,而且受自然条件影响作用大。

3. 旅游资源分析与评价

(1) 旅游资源类型。

根据国家标准《旅游资源的分类、调查与评价》(GB/T18972-2017)的有关规定,通过全面调研,对余咀村的旅游资源按照主类、亚类及基本类型的层次进行分类(见表6-28)。

表 6-28 余咀村旅游资源类型

主　类	亚　类	基 本 类 型	主要资源单体（数量）
A 地文景观	AA 自然景观综合体	AAA 山丘型景观	1
B 水域景观	BB 湖沼	BBA 游憩湖区　BBB 潭地　BBC 湿地	4
C 生物景观	CA 植被景观	CAA 林地　CAB 独树与丛树　CAC 草地　CAD 花卉地	15
D 天象与气候景观	DB 天气与气候现象	DBC 物候景象	1
E 建筑与设施	EA 人文景观综合体	EAD 建设工程与生产地　EAE 文化活动场所　EAF 康体游乐休闲度假地	3
E 建筑与设施	EB 实用建筑与核心设施	EBK 景观农田　EBM 景观林场	3
E 建筑与设施	EC 景观与小品建筑	ECB 观景点　ECK 花草坪	2
G 旅游购品	GA 农业产品	GAA 种植业产品及制品　GAD 水产品及制品	2
H 人文活动	HB 岁时节令	HBB 农时节日　HBC 现代节庆	2
数量统计			
7 主类	9 亚类	20 基本类型	33 资源单体

（2）旅游资源空间分布。

余咀村所在的安山街道辖境地处长江中游南岸，属丘陵地带，耕地面积 3067 公顷（1 公顷=0.01 平方千米），水域面积 3333 公顷，花卉苗木面积 4000 公顷，呈现出典型的"三分林三分水三分田"的生态格局，全域生态环境优美，旅游资源丰富。

安山街道南北两面靠湖，地表径流自高坡流向垅田，汇集于上涉湖和鲁湖，境内水域面积广阔，斧头湖、上涉湖、枯竹海、鲁湖等 4 万亩成块连片的湖泊港汊，面阔水碧，为全国少有的无污染的大湖泊。

（3）旅游资源特色评价。

①余咀村内三面环水且水质较好，具有一定的观赏和游憩价值。村境内正在修建的环湖大道沿线花卉种类繁多，风景优美，具有一定的观光游览价值。

②历史文化科学艺术价值。据《江夏县志》记载，鲁湖为三国赞军校尉鲁肃带兵训练之地，后人为纪念鲁肃故将此湖命名为鲁湖，因而具有一定的历史文化价值。

③余咀村以张郑湖为依托，在江夏周边地区具有一定的知名度，但在武汉及周边省市的影响力相对有限。

（二）安山街余咀村旅游扶贫产业规划

1. 旅游发展主题形象

余咀村在精准扶贫中以生态农业、温室泥鳅养殖业为主导产业，紧邻鲁湖与张郑湖，三面临水水域面积广阔，湖景风光旖旎。本次规划在前期充分的资料收集与整理、市场分析与预测等调研的基础上，对当地的自然、生态、文化、民俗、产业、市场等资源有了深入的剖析，该村的主题形象要素包括现代农业、水上娱乐、露营体验以及休闲采摘，经过对以上主题形象要素的对比分析，余咀村核心的主题形象定位为"纵情戏水，醉美余咀"。

2. 旅游产业发展定位

余咀村地理位置突出，村庄外围3/4沿湖，湖水水质清澈、自然风光优美，具备开发水上乐园的条件，同时，沿湖区域可以开发水边休闲康养运动项目，可与周边村落联合开发花果养生旅游。对全村现有资源特色进行提炼，对旅游业现状和市场情况进行充分的调研，确定其旅游产业发展定位为：武汉市及周边最具休闲娱乐价值的乡村度假目的地。

3. 旅游产业与产品设计

余咀村产业与产品开发坚持实事求是、因地制宜的原则，以现代农业、花卉苗木果蔬种植为基础产业，在保护当地乡村性的前提下融入"旅游+"的新理念，配套开发旅游观光、休闲、体验、度假等功能项目，实现"生产、生活、生态"三生共融，"产、城、人、文"的产城互动。

（1）现代农业。

依托本区域的白凤咀生态农业发展有限公司的发展基础，开展水稻科研研学旅行；以基础研究和应用研究为主，着重解决稻作生产中的重大科技问题。设计要借助现有条件，兼顾便利性及与周边环境的协调性，结合环境变化灵活设计。设有现代农业示范基地、水稻科研田、动植物教育基地。

（2）花卉果蔬产业。

靠近邻村已经在建的苗圃基地，风景优美，适合开展花卉观光、摄影、种植体验等活动。以现有设施为依托，借助周边苗圃基地发展基础开展花卉观光、果蔬采摘、深加工及素食厨房为代表的体验游。设有花卉种植基地、缤果采摘园、花果蔬菜加工体验园。

（3）休闲娱乐业。

环湖游憩带：位于余咀村沿湖区域，还有邻村的部分区域，全长13.14千米。具有观光休闲、康体养生、运动健身、泛舟体验、湖边游憩等功能。

水上乐园：位于余咀村螃蟹山及其周边水域，水上乐园的外形设计要兼顾美观性、趣味性、主题性；螃蟹山与余咀村主体隔湖相望，可开发多样化的水上交通设施，如各类快艇、游船、舟楫以满足不同游客的需求；同时，水上乐园开发适合不同类型游客游玩的设施。

半岛露营基地：以汽车露营及其配套服务为主体，搭配野趣垂钓、自助烧烤等活动，同时开设主题民宿和水吧酒馆等满足人们的休闲需求；但在开展各项活动时要兼顾好环境保护及垃圾的回收处理。

休闲渔乐区：沿湖区域以亲子沙滩、捕鱼体验、漂流等亲水体验活动为主，内陆区域开展农业研学旅行及主题民宿，满足游客教育、休闲度假体验的需求。

（三）安山街余咀村旅游扶贫项目规划

1. 旅游项目空间布局

根据余咀村的旅游资源分布，将总体布局设计为"一心一带一园三区"，各功能分区功能互补，特色各异，充分发挥每个片区的价值。余咀村旅游结构功能分区如表6-29所示。

表 6-29　余咀村旅游结构功能分区表

总体布局	功能分区	发 展 思 路
一心	游客集散中心	按照生态共生式建筑的原则,建设集旅游信息查询服务等为一体的游客票务服务中心,提供散客自助旅游、团队旅游、旅游集散换乘、景点大型活动、客房预订、票务预订、金融服务等"食住行游购娱"方面的服务
一带	环湖游憩带	适合开展沿湖游憩活动,同时兼顾多项观光、休闲、体验等活动
一园	水上乐园	风光优美,水域面积大,水质好,适合开展水上娱乐活动
三区	半岛露营区	以汽车露营及其配套服务为主体,搭配野趣垂钓、自助烧烤等活动,同时开设主题民宿和水吧酒馆等满足人们的休闲需求
	休闲渔乐区	沿湖区域以亲子沙滩、捕鱼体验、漂流等亲水体验活动为主,内陆区域开展农业研学旅行及主题民宿,满足游客教育、休闲度假体验的需求
	花果养生区	以现有设施为依托,借助周边苗圃基地发展基础开展花卉观光游、果蔬采摘、深加工及素食厨房为代表的体验游

2. 新建旅游项目

(1) 游客集散中心。

游客集散中心位于余咀村村委会附近,重点项目有游客服务中心、入口门楼、生态停车场、荆楚风情街、旅游厕所、曾子精品酒店、环保接驳站。建设集旅游信息查询服务、旅游景点订票服务等服务为一体的旅游集散中心,提供散客自助旅游、团队旅游、旅游集散换乘、景点大型活动、客房预订、票务预订、金融服务等"食住行游购娱"方面的服务。

(2) 环湖游憩带。

环湖游憩带位于余咀村周边沿湖区域,重点项目有环湖游步道、康养休息站、湖景观光台和游船接驳站。游憩带的设计要兼顾美观性、趣味性、康养结合、乡村主题性以及与周边环境的一致性。

(3) 水上乐园。

水上乐园位于余咀村螃蟹山,重点项目有亲子水主题乐园、水岸休闲、极限挑战。设计要展示优美风景、休闲氛围以及水上趣味体验。

(4) 半岛露营区。

半岛露营区位于余咀村西北角沿湖区域,重点项目有半岛露营地、野趣垂钓区、自助烧烤区、半岛逸居民宿和乡间酒肆。露营区的设计要兼顾休闲、美观、趣味以及与周边环境的一致性。

(5) 休闲渔乐区。

休闲渔乐区位于余咀村西南角沿湖及内陆区域,重点项目有水稻科研田、动植物教育基地、沙滩浴场、亲子捕鱼场、漂流体验区。本区域设计要兼顾研学、教育、休闲体验、美观、趣味以及与周边环境的一致性。

(6) 花果养生区。

花果养生区位于余咀村东南角大屋杨、潘家咀等村民小组所在区域,重点项目有花海田园、亲子农场、果蔬采摘园和果蔬 DIY 素食厨房。本区域设计要融合花海观光、休闲度假、农事体验、采摘体验等功能,各类设施的建设要兼顾与周边环境的一致性。

3. 现有项目改造

(1) 花果养生区。

花果养生区重点项目包括花海田园、亲子农场、果蔬采摘园和果蔬 DIY 素食厨房。项目改造要将花海观光、休闲度假、农事体验、采摘体验等功能融于一体,各类设施的建设需兼顾与周边环境的一致性。

(2) 休闲渔乐区。

休闲渔乐区重点项目包括水稻科研田、动植物教育基地、沙滩浴场、亲子捕鱼场、漂流体验区。项目改造需兼顾研学、教育、休闲、观赏、趣味,以及与周边环境的一致性。

(四) 安山街余咀村旅游脱贫路径规划

1. 扶贫业态策划

(1) 农事体验系列。

以亲子农场、果蔬采摘园、花海田园等项目为依托,向游客提供具有观赏、体验、教育意义的休闲活动项目。贫困户可出租自家稻田、菜园供旅游经营者进行统一管理与开发,收取租金。

(2) 休闲游憩系列。

以漂流体验区、沙滩浴场、游船接驳站等项目为依托,丰富游客的乡村旅游体验。吸引游客,留住游客。贫困户可从事这些项目的服务工作,例如漂流筏的护理、船工。

(3) 运动康养系列。

以康养休息站、环湖游步道等项目为依托,让游客欣赏乡村自然风光的同时,达到心灵、身体的双重康养。因残致贫的贫困户可在康养休息站售卖饮料、食品等,既能满足游客休憩、补充能量的需要,也能让贫困户获得一定的收入。

(4) 购物住宿系列。

以曾子精品酒店、荆楚风情街、半岛逸居民宿等为依托,打造有住宿、餐饮、娱乐等多功能的综合景区。贫困户可以出租自家房屋、从事民宿服务等,获取经济收入。

2. 贫困户参与机制

(1) 公司+农户。

通过旅游产业驱动当地经济发展,帮扶贫困人口脱贫致富。社区农户是与当地原始生态、乡村文化民俗、土地等接触最紧密的人,在开发浓厚的乡村旅游资源时,充分利用了社区农户闲置的资产、富余的劳动力,增加了农户的收入,丰富了旅游活动,向游客展示了真实的乡村文化。

(2) 股份制模式。

根据资源的产权将乡村旅游资源界定为国家产权、乡村集体产权、村民小组产权和农户个人产权 4 种产权主体。在进行具体的旅游开发时,可采取国家、集体和农户个体合作,把旅游资源、特殊技术、劳动量转化成股本,收益按股分红与按劳分红相结合,进行股份合作制经营。通过土地、技术、劳动等形式参与乡村旅游的开发。

(3) 个体农庄模式。

以规模农业个体户发展起来的,以"旅游个体户"的形式出现。现阶段以休闲旅游为重点,加强旅游项目建设和改造,提高旅游接待和服务质量。通过个体农庄的发展,吸纳附近闲散劳动力,将本地区手工艺、资源、服务、生产等形式加入服务业中,形成以点带面的发展模式。

3. 旅游扶贫精准指导

(1) 对于家庭中仍有劳动力的贫困户,应鼓励其积极参与旅游开发与旅游服务,并应重点培训且将其分配到合适岗位。

(2) 对于身体患有疾病的居民,应当鼓励其参与旅游基础设施建设和旅游环境维护等,不适合让其参与直接面向游客的旅游服务工作。

(3) 对于彻底丧失劳动能力的贫困户,应考虑让其以房产、田地入股,并给予优惠;家中无房产、田地的,应利用旅游收益和其他政府收入保障其生活。

(4) 对于因病、因学致贫的贫困户,应支持其恢复健康或完成学业,鼓励其积极投入本地区旅游开发建设。

十一、生态海洋,康养圣地——海洋村

(一) 湖泗街海洋村旅游扶贫条件分析

1. 村情简介

(1) 自然条件。

海洋村地理位置优越,属山丘地形,全村版图面积 5831 亩,林地面积 1353 亩,水面面积 1416 亩,耕地面积 1753 亩,旱地面积 341 亩。海洋村属亚热带大陆性季风气候,严寒酷暑时间短。四季分明,春夏两季多雨,冬季干冷。

(2) 区位条件。

海洋村位于湖泗街东北部,东与湖泗街邬桥村相邻,北与祝祠地接壤。村境内安洋路、双雄路等四通八达,且西临梁子湖大道,南临 314 省道,内外交通便利。距离江夏城区约 50 千米,距武汉城区约 70 千米,至武广高铁咸宁北站约 40 分钟车程,距武咸城际站约 30 分钟车程。

(3) 经济社会条件。

海洋村集体公司(武汉海洋村园林景观发展有限公司)种植苗木,售卖苗木带动村集体经济;村委会通过与武汉湖泗桥生态农业发展有限公司合作,获得分红 12 万元。

(4) 产业发展现状。

海洋村形成了较为稳定的主导产业,发展乡村旅游,其中有观光民宿、水果采摘、水塘垂钓等项目。通过种植中药材带动村民脱贫致富,村集体公司(武汉海洋村园林景观发展有限公司)种植苗木,售卖苗木带动村集体经济。

2. 贫困现状及成因

(1) 贫困现状概述。

根据海洋村 2018 年的统计数据,海洋村贫困户共有 28 户,60 人,五保贫困户 2 户,2 人,低保贫困户 13 户,24 人,一般贫困户 13 户,34 人。

(2) 致贫原因。

因病致贫为主要原因,共 15 户,30 人,部分因残、因学致贫,除此之外,观念落后、科技知识水平低、有效利用新技术的能力不足、市场应变能力欠缺、经济发展缓慢也导致部分家庭贫困。同时,基础设施落后,对外开放程度低,外来投资环境差,产品基本自产自销,经济利

润薄弱,教育、医疗等资源向城市倾斜,分配不均,农村与城市存在较大差距,实现经济追赶动力不足。

3. 旅游资源分析与评价

(1) 旅游资源类型。

根据国家标准《旅游资源的分类、调查与评价》(GB/T18972-2017)的有关规定,通过全面调研,对海洋村的旅游资源按照主类、亚类及基本类型的层次进行分类(见表6-30)。

表6-30 海洋村旅游资源类型

主 类	亚 类	基 本 类 型	主要资源单体（数量）
B 水域景观	BB 湖沼	BBB 潭地	4
C 生物景观	CA 植被景观	CAA 林地 CAB 独树与丛树 CAC 草地 CAD 花卉地	8
E 建筑与设施	EA 人文景观综合体	EAD 建设工程与生产地 EAE 文化活动场所 EAF 康体游乐休闲度假地	5
	EB 实用建筑与核心设施	EBB 特性屋舍 EBD 独立场所	3
	EC 景观与小品建筑	ECA 形象标志物 ECJ 景观步道、甬路 ECK 花草坪	4
G 旅游购品	GA 农业产品	GAA 种植业产品及制品 GAB 林业产品及制品 GAD 水产品及制品	3
H 人文活动	HB 岁时节令	HBB 农时节日 HBC 现代节庆	5
数量统计			
5 主类	7 亚类	18 基本类型	32 资源单体

(2) 旅游资源空间分布。

海洋村目前的旅游资源主要集中于夏公绰湾和杨由盅湾。海洋村的民宿度假主要在夏公绰湾和杨由盅湾,中药材种植以武汉乐康民中药材种植专业合作社为主,绝大部分位于徐兴发湾、朱礼湾。

(3) 旅游资源特色评价。

①海洋村内以美丽乡村示范村——夏公绰湾、杨由盅湾为基础打造的海洋村民宿度假村集生态农业、游玩体验等于一体,具有一定的游憩价值。

②"BLOF 日式有机栽培"技术认证,具有一定的科学价值;度假村的建筑风格以古建筑为主,保留了乡村田园的原始风味,具有一定的文化价值。

③武汉乐康民中药材种植专业合作社的凌霄花种植规模大,兼具药用价值和观赏价值,具有一定的独特性。

④海洋村内的旅游资源单体规模、体量较大,村内旅游资源单体疏密度较好,丰度上有所欠缺。

（二）湖泗街海洋村旅游扶贫产业规划

1. 旅游发展主题形象

海洋村农业历史悠久，有深厚的农业文化历史，以农耕文化为主打文化。伴随扶贫旅游的开展，延伸出民宿文化、中草药文化、休闲文化等。海洋村区位优势明显，距离江夏客运中心（公交站）约57千米，驾车约1小时，距城区约75千米，驾车约1小时40分钟，省道314距离村委会约3.5千米，外部通达性较高。以海洋村民宿度假村项目为依托，以民宿观光、田园体验、乡村度假为核心，让游客获得"一房一院一地"的乡村田园生活体验，打造国内知名特色民宿度假村。通过中草药种植基地、中医药展览馆、汤浴馆、垂钓乐园、养生膳食馆、农法康养园等项目建设，打造乡村康养基地，让游客能够在海洋村享受健康、休闲生活方式。海洋村的旅游发展主题形象确立为"生态海洋，康养圣地"。

2. 旅游产业发展定位

根据海洋村的现代农业资源、中药材种植及苗木种植产业资源，规划通过旅游项目建设、旅游产品创新、旅游品牌打造，实施乡村旅游振兴工程，将海洋村旅游产业发展定位为"武汉市旅游扶贫示范村、湖北省美丽乡村示范村、乡村康养旅游目的地"。

3. 旅游产业与产品设计

海洋村产业与产品开发坚持实事求是、因地制宜的原则，以海洋民宿、田园康养区、中药种植为基础产业，结合村庄区位条件、发展条件，配套开发旅游观光、休闲、体验、度假等功能项目，促进魅力乡村建设和乡村旅游发展。

（1）民宿度假。

以观光民宿、田园体验、休闲度假为主要载体，以海洋民宿村为活动据点，以乡村度假旅游为主要内容，通过政府引导、市场推动、社会参与，不断完善配套设施、改善管理体系、丰富产品项目。借鉴国内外先进经验，将海洋民宿度假村打造成为湖北首选、全国著名的特色乡村民宿。项目构成：花海观光、青石小径、田园生活体验园、野林人家、丛林运动游乐园、四季物语。

（2）农林休闲体验。

规划区域内农业资源较为丰富，同时还有一定规模的苗木种植基地，适宜发展现代农业旅游。扩大苗木种植的面积和品种，发展林下种植业、养殖业、采集业和森林旅游业，实现农林牧各业形成资源共享、优势互补、循环相生、协调发展的生态农业模式。项目设计：苗木天地、开心农场、生态牧场、果蔬采摘园、山林运动公园、帐篷营地、森林木屋、生态餐厅。

（3）中药康养。

以江夏建设"大健康产业园"为契机，融入中国传统中医药文化，以"中医静养＋有机食疗＋旅居康养"相结合的形式，打造中医康养、膳食康养、文化康养三大健康养生产品。项目构成：中药种植基地、中医药展览馆、汤浴馆、垂钓乐园、养生膳食馆、农法康养园。

（三）湖泗街海洋村旅游扶贫项目规划

1. 旅游项目空间布局

根据《海洋村旅游扶贫总体规划》编制需求，融入旅游扶贫、乡村旅游、优质旅游等观念，结合村庄区位条件、发展条件，充分考虑海洋村贫困现状及原因、扶贫潜力，海洋村形成的整体空间格局如表6-31所示。

表 6-31　海洋村旅游结构功能分区表

总体布局	功能分区	发展思路
一心	游客集散中心	是整个海洋村的形象展示和服务中心,具有引导、服务、解说、集散和游憩功能
一轴	交通发展轴	以双熊公路、安阳公路沿线的优美乡野景色为依托,将沿线打造为海洋村的美丽乡村观光带,集区域串联、交通联动、生态观光等功能于一体
三区	海洋民宿度假区	以观光民宿、田园体验、休闲度假为主要载体,以海洋民宿村为活动据点,以乡村度假旅游为主要内容,通过政府引导、市场推动、社会参与,不断完善配套设施、改善管理体系、丰富产品项目
三区	农林经济示范区	规划区域内农业资源较为丰富,同时还有一定规模的苗木种植基地,适宜发展现代农业旅游。规划以优质的农业资源为依托,将该区域打造为以现代农业为主的农林经济示范区
三区	田园康养区	以江夏建设"大健康产业园"为契机,融入中国传统中医药文化,以"中医静养+有机食疗+旅居康养"相结合的形式,打造中医康养、膳食康养、文化康养三大健康养生产品

2. 新建旅游项目

(1) 游客集散中心。

建设于 314 省道与乡道交会进入海洋村的交叉口,重点项目有入口门楼、游客接待中心、生态停车场、旅游厕所等具有集旅游信息查询服务、旅游景点订票服务等功能为一体的游客集散中心,提供一系列旅游集散服务。

(2) 交通发展轴。

观光车站位于旅游集散中心和交通发展轴两侧,方便游客深入游览各功能分区。美丽乡村景观长廊选址于交通发展轴沿线,目的在于展示美丽乡村景观,丰富游客的观赏体验。

(3) 农林经济示范区。

农林经济示范区包括生态牧场、苗木天地、开心农场、果蔬采摘园等。依托现有的养殖基地与山林地貌,养殖牛、马、羊等,游客既可以与畜牧亲密接触,又可以放心将生态肉食产品带回家中。将现有的农田用栅栏依次隔开,分为数块"开心农场"。

(4) 田园康养区。

田园康养是目前新兴的康养方式,讲究用自然农法来耕种作物,讲求自种自采的方式,让人体验传统的劳作生活方式,达到修身养性的效果。重点项目有中药种植基地、中药展览馆、汤浴馆、垂钓乐园、养生膳食馆、农法康养园。

3. 现有项目改造

(1) 农林经济示范区。

苗木天地。以充分利用现有苗木种植基地为基础,扩大苗木种植的面积和品种,发展林下种植业、养殖业、采集业和森林旅游业,实现农林牧各业资源共享、优势互补、循环相生、协调发展。

(2) 田园康养区。

中药种植基地。在现有凌霄花基地的基础上,扩大中草药种植规模和品类,打造一处集赏花、科普、健康等功能于一体的综合性中草药种植基地,同时,为后期开发康养旅居产品营造环境,并提供产品支撑。

(四) 湖泗街海洋村旅游脱贫路径规划

1. 扶贫业态策划

(1) 农事体验系列。

以开心农场、生态牧场、果蔬采摘园等项目为依托,向游客提供具有观赏、体验、教育意义的休闲活动项目。因残、因病致贫的贫困户可将农田出租,将田地、菜园出租给旅游商,获得经济收益,因学致贫且具有劳动能力的贫困户,可自己进行农场建设,吸引游客。

(2) 休闲观光系列。

以花海观光、美丽乡村景观长廊、海洋美食街等项目为依托,丰富游客的乡村旅游体验。吸引游客,留住游客。贫困户可从事餐饮经营、服务等,获得收入。

(3) 中药养生系列。

以中药种植基地、中医药展览馆、汤浴馆等为依托,发挥海洋村特色产业优势,成为游客中药养生的选择。贫困户可利用自己对中药的认识,进行中药种植、为旅游者讲解中药知识,以获得收益。

(4) 购物住宿系列。

以海洋美食街以及海洋民宿度假区等项目为依托,打造有住宿、餐饮、娱乐等多功能的综合景区。贫困户可出租自家房屋、进行手工艺品制作售卖、从事餐饮服务等获得经济收入。

2. 贫困户参与机制

(1) 参与旅游接待。

有一定劳动能力的贫困农户和贫困群众,可以引导他们积极参与到旅游文化企业、乡村经营户中的旅游接待服务,成为旅游文化的服务人员,如游客接待中心服务人员,以通过获取非农劳动收入,而带动贫困户和贫困群众实现脱贫和增收致富。

(2) 个体经营。

鼓励支持有条件、有能力的贫困户和贫困群众,直接建设改造参与海洋民宿度假区项目等,成为旅游文化经营的业主,或者农户集资开办小型农副产品、土特产品等加工基地,为农林经济示范区助力的同时增加非农经营收入,从而实现脱贫和增收致富。

(3) 农企合作。

海洋村积极引进企业参与乡村规划项目,如生态休闲区建设等。对于身体状况一般但是仍有工作能力的贫困户,村民可参与企业的休闲旅游项目的日常维护、保洁等工作,以获得收入。如苗木天地、开心农场、生态牧场等项目的维护。

(4) "旅游区＋公司＋村民" 机制。

将适合的部分旅游区委托给第三方公司运营,村民为"旅游公司"提供劳动、土地等,旅游公司定期付给村民"承包费"或入股红利,并尽力吸引无业村民人群就业。政府应该出面牵头成立中间组织,制定政策保护双方的正当利益。

3. 旅游扶贫精准指导

（1）针对产业。

发挥党组织带头示范作用，通过找项目、引项目、推项目，使一批脱贫项目在贫困村落地生根，成为贫困村群众的"摇钱树""聚宝盆"。组织和引导贫困户依据企业、合作社开展农业经济示范区、田园康养区等项目，并依托中药材种植基地形成特色产业。

（2）针对资金。

全力推动旅游扶贫小额信贷，为旅游业发展拓宽资金渠道，帮助贫困户申请金融惠民贷开展旅游产业发展。

（3）针对技能。

实施"党员中心户"制度，采取多种"传帮带"的模式，结对扶持、示范带动，带领贫困农户抱团发展，帮助贫困户掌握种植、经营、学习等技能。能够让海洋村村民有机会参与到民宿度假区、经济示范区、田园康养区的旅游项目建设中去。

第七章
木兰文化生态旅游区贫困村旅游规划

第一节　木兰文化生态旅游区：黄陂区概况

　　黄陂区地处武汉市北部，湖北省东部偏北，南邻东西湖区、江岸区，东连洪山区、新洲区，西北交孝感市，东北交黄冈市。黄陂区总面积2256.7平方千米，是武汉市面积最大、生态环境最好的城区，是武汉长江新城起步区、武汉临空副城核心区，下辖15个街道、1乡、1场、3个开发区。

　　在历史文化方面，黄陂区拥有四千多年筑城史、一千八百余年的建置史，历史上两为国都，六为州府，是楚文化的重要发祥地，有"无陂不成镇"的深厚文化积淀。同时，黄陂区作为花木兰的故乡，是中华木兰文化之源，素有"千年古郡、木兰故里、滨江花都、孝信之城"的美誉。目前，黄陂区已拥有盘龙城文化、木兰文化、二程文化、首义文化四大文化名片。

　　在生态环境方面，黄陂区江河交汇，生态环境优美，其森林覆盖率约占武汉的一半。黄陂区位于长江中游，大别山南麓，地势北高南低，为江汉平原与鄂东北低山丘陵结合部。大体上是"三分半山，一分半水，五分田"，境内水资源丰富，拥有"百库千渠万塘"之称。同时，还拥有木兰湖白鹭湿地自然保护小区、木兰山自然保护区、素山寺自然保护区、木兰花溪湿地、草湖湿地自然保护区5个省、市级自然保护区。

第二节　木兰文化生态旅游区贫困村旅游规划特点

　　黄陂区当前已形成了以"黄陂十景"和"木兰八景"组成的中南地区最大的城市生态旅游景区群。同时，全区通过打造各式各样的旅游线路，将遍布全区的分散景点和旅游资源"串珠成链"，特色鲜明、丰富的旅游产品，满足了游客的多样需求。同时，黄陂区还大力发挥"旅游+"的整合带动功能，发展了"旅游+工业""旅游+现代农业""旅游+商业""旅游+康养""旅游+文化体育""旅游+美丽乡村"等多种旅游模式，促进了黄陂区全域旅游大发展。

2018年,黄陂区的游客达到2404.3万人次,实现旅游综合收入143.1亿元。2019年,黄陂区入选首批国家全域旅游示范区。可见,黄陂旅游已粗具规模。在此背景下,黄陂区贫困村的旅游扶贫规划具有以下两个特点。

一、以木兰文化为依托发展生态旅游

2018年黄陂区政府工作报告指出,黄陂区未来要更加突出区位的资源优势,提升文化生态旅游业。要以"木兰草原、木兰花乡"模式推进乡村的建设,重点打造都市田园综合体。因而,在为邻近木兰文化生态旅游区附近贫困村编制规划时,会重点结合木兰文化去设计各类扶贫业态,确保在实现区域脱贫目标的同时也能够同地方发展趋势保持一致。

二、以产业融合模式助力贫困村脱贫

黄陂区目前已成为武汉市旅游的知名品牌,旅游业发展较为成熟,形成了稳定的客源,具有发展"旅游+"的坚实基础,能够有效带动乡村产业的发展。同时,黄陂区未来旅游发展的重点是实现旅游与文娱、运动、教育、康养、会展等产业的深度融合,以聚集其旅游发展的新动能。因此,黄陂区的旅游扶贫规划也将重点以产业融合的形式去帮助贫困村实现脱贫的目标。

第三节　木兰文化生态旅游区贫困村旅游规划案例

一、乡情康养幸福地,美丽乡村凤凰寨——凤凰寨村

(一)凤凰寨村旅游扶贫条件分析

1. 村情简介

(1)自然条件。

凤凰寨村地形为低山丘陵地貌,以耕地、湿地为主,村总面积1.9平方千米。凤凰寨村雨量充沛,光照充足,热量丰富,四季分明,空气相对湿度常年保持在70%左右。村水域面积约44亩,境内有许桥河流经凤凰寨村,水资源丰富,水质较好,适合水生植物生长,便于创意打造湿地花草景观。

(2)区位条件。

凤凰寨村位于黄陂木兰文化生态旅游区蔡家榨街境内,距黄陂城区约15千米,武汉市中心城区北缘60千米。距离天河机场、高铁车站1.5小时车程之内,距武麻高速出口约5千米。正在建设中的王蔡公路将穿本区而过,距木兰草原仅4.5千米,是未来武汉市区方向来的游客通往木兰草原、三台山、花海乐园、大余湾、木兰武镇(规划建设中)等景区的旅游主通道。

(3)经济社会条件。

蔡家榨街凤凰寨村共有224户,739人。凤凰寨村村湾内有多处堰塘,但水质较差。架空管线杂乱,影响村湾风貌。湾内道路不成体系,且宽度过窄,行车不畅。道路两侧植物杂乱,乔灌草层次不够清晰,没有形成景观序列。

(4) 产业发展现状。

凤凰寨村以主要粮食作物为一季中稻,湾内已建有茶叶基地和苗木基地,并种有油菜、蔬菜、果树。村"农家庄园"项目集休闲、观光和采摘于一体,由凤凰寨农业发展有限公司和武汉市龙凤岭生态农业专业合作社承建。另外还建有籽莲原种基地占地30亩、油茶种植基地300亩、稻田小龙虾健康高效养殖示范基地100亩。

2. 贫困现状及成因

(1) 贫困现状概述。

凤凰寨村有23户,71人为贫困户,占村户口、人口总数的11.6%和10.8%。其中,低保户12户,45人,无保户5户,5人,一般贫困户6户,21人。

(2) 致贫原因。

凤凰寨村共有贫困户23户,71人,80%以上为生病和残疾致贫,巨额开销导致贫困,后续长期用药或长期患病无法参加劳动的,导致家庭长期陷入贫困。除此之外,致贫原因为经济来源大都是务农或打工,或因子女上学,造成家庭开支大致使家庭贫困。

3. 旅游资源分析与评价

(1) 旅游资源类型。

根据国家标准《旅游资源分类、调查与评价》(GB/T18972-2017)的有关规定,通过全面调研,对凤凰寨村的旅游资源按照主类、亚类及基本类型的层次进行分类(见表7-1),确定其旅游资源类型覆盖了8大主类中的5个,23个亚类中的7个,110个基本类型中的13个。

表7-1 凤凰寨村旅游资源类型

主 类	亚 类	基 本 类 型	主要资源单体
B 水域景观	BB 湖沼	BBA 游憩湖区	鱼塘、荷花池
C 生物景观	CA 植被景观	CAA 林地 CAB 独树与丛树 CAD 花卉地	苗木基地、海棠、红梅等花卉基地
E 建筑与设施	EA 人文景观综合体	EAA 社会与商贸活动场所 EAD 建设工程与生产地 EAF 康体游乐休闲度假地	凤凰寨百姓大舞台、籽莲原种基地、农家庄园、油茶基地
	EB 实用建筑与核心设施	EBB 特性屋舍	古砖瓦房屋
	EC 景观与小品建筑	ECL 水井	水井
G 旅游购品	GA 农业产品	GAA 种植业产品及制品	水稻、油茶、玉米;夏黑(葡萄)、中华白玉梨、锦绣黄桃、蟠桃(中油蟠王)、车厘子、大美人柑橘、克伦生葡萄
		GAD 水产品与制品	鳜鱼、鲢鱼、草鱼、青鱼、黄鲇鱼、虾蟹
		GAE 养殖业产品与制品	土鸡、怀鸭、鹅、本地黑猪

续表

主 类	亚 类	基本类型	主要资源单体
H 人文活动	HB 岁时节令	HBB 农时节日	龙灯节、清明节、中元节、端午节、中秋节、重阳节、春节、元宵节

(2) 旅游资源特色评价。

①观光价值。

凤凰寨村田水相映,自然环境优越独特,风景秀丽,气候宜人。拥有农庄基地,广泛种植茶树、花卉、苗木,村庄范围内鳞次栉比的苗木、茶园增加了区域的绿色植被覆盖率,造就了村庄优美的绿色自然生态环境,极具观赏价值。

②体验价值。

凤凰寨村以农业资源为主,游客来此可以舒缓身心,亲自采摘莲蓬、鲜果,体验村庄龙灯文化。通过住农家院、品农家菜、看乡村景、做农家活、品乡村情,感受乡村生活的魅力。

(二) 凤凰寨村旅游扶贫产业规划

1. 旅游发展主题形象

可依托凤凰寨村优美的自然环境,以疗养中心、乡情康养村为项目支撑,打造乡村银发小镇,让游客感受乡村优美环境,体验健康生活,建造乡情康养幸福地。通过改造凤凰寨村环境、优化村湾布局、改善村湾条件,按照农旅一体化、村域景区化的发展要求,打造"可耕可居、可游可乐、可康可养"的美丽乡村。因此,将凤凰寨村旅游发展主题形象定位为"乡情康养幸福地,美丽乡村凤凰寨"。

2. 旅游产业发展定位

凤凰寨村的产业类型以农业为主,经济模式单一,经济效益低下。旅游业作为高附加值的现代服务产业,不仅可以促进当地经济发展,还可以实现村民当地就业,达到旅游扶贫效果。通过"旅游+扶贫"发展战略,实现第一、第三产业融合,联动发展,构建以旅游产业为引领,以乡情康养、生态农业为基础的现代产业发展体系。本规划将凤凰寨村的旅游产业定位为战略性支柱产业。

3. 旅游产业与产品设计

凤凰寨村拥有茶叶基地、稻荷小龙虾养殖等旅游资源和项目,目前正在建设和完善中。但凤凰寨村的旅游产业还缺少整体规划,不能形成完整的旅游产业体系,核心竞争力不强。因此,通过对凤凰寨村旅游资源禀赋、开发条件、客源市场以及旅游业发展态势进行梳理,重构凤凰寨村旅游产品,形成"乡情康养游、茶田运动游、生态农业游"三大产品体系(见表 7-2)。

表 7-2 凤凰寨村三大产品体系

产品类型	重点项目
乡情康养游	乡情康养村、疗养中心、健身运动场
茶田运动游	茶田健身道、茶田自行车道、茶园瑜伽
生态农业游	花卉基地、油茶主题农庄、荷花主题农庄

（三）凤凰寨村旅游扶贫项目规划

1. 旅游项目空间布局

依据凤凰寨村的区位条件、产业发展方向、整体布局需求等，按照"休闲旅游＋养生养老"的产业融合发展理念，通过旅游业统领全村产业经济发展，构建"一心一轴一园三区"的发展格局（见表7-3）。

表7-3 凤凰寨村旅游结构功能分区表

总体布局	功能分区	发展思路
一心	游客集散中心	以村委会、百姓大舞台、龚家大湾民居改造等现有的美丽乡村建设基础为依托，突出旅游配套服务功能，打造游客集散中心、特色民宿、民俗体验等配套项目
一轴	交通发展轴	以蔡李（桃花店—赵店）公路的修建为契机，通过在道路沿线打造特色餐饮、养生养老等重点项目
一园	茶田运动公园	以现有的生态茶叶种植基地为基础，以茶园环境为依托，突出运动休闲功能，策划茶田CS、茶田瑜伽、茶园滑道、茶园健身道等一系列的茶主题运动休闲互动项目，与富水湾景区实现动静相宜，功能互补
三区	主题农庄区	在现有的农家庄园、稻荷虾种养示范基地、油茶基地等项目的基础上，坚持农旅融合的发展理念，修建瓜果、荷花、小龙虾、油茶等主题农庄，作为富水湾旅游区的配套项目
	银发小镇养老区	针对游客康养和住宿接待的需求，以联排和叠拼式别墅为主打，营造优美的水景环境，在此基础之上，设立康养大学，丰富康养人群的精神文化需求，打造一个精品的乡村康养村，作为富水湾景区以及周边景区的配套接待服务区域
	休闲农业发展区	按照"种植基地＋观光休闲园"的模式，分别建设花卉、苗木、盆栽三大基地，实现景观游憩功能和生产功能的融合

2. 旅游项目建设

（1）游客集散中心。

将游客集散中心建设在凤凰寨村村委会周边，以村委会、百姓大舞台、龚家大湾民居改造等现有的美丽乡村建设基础为依托，突出旅游配套服务功能，打造游客集散中心、舞龙广场、凤凰寨民俗商业村等配套项目，让美丽乡村建设成果不仅改善村民生活条件，同时也能成为发展旅游产业的基础。

（2）交通发展轴。

以蔡李公路的修建为契机，通过在道路沿线打造村景形象标识系统、道路减速缓行设施、特色餐饮店等重点项目，提供交通通道、形象展示、特色餐饮等功能，让蔡李公路成为凤凰寨乡村旅游产业发展的大动脉。

（3）茶田运动公园。

以现有的生态茶叶种植基地为基础，以茶园环境为依托，突出运动休闲功能，策划茶田

CS、茶田瑜伽、茶园滑道、茶园健身道等一系列的茶主题运动休闲互动项目,与富水湾景区实现动静相宜,功能互补。

(4) 主题农庄区。

在现有的农家庄园、稻荷虾种养示范基地、油茶基地等项目的基础上,坚持农旅融合的发展理念,修建瓜果主题农庄、荷花主题农庄、油茶主题农庄、户外拓展基地等项目。

(5) 银发小镇养老区。

在凤凰寨村东北部,以联排和叠拼式别墅为主打,营造优美的水景环境。在此基础之上,设立康养大学,丰富康养人群的精神文化需求,打造一个精品的乡村康养村,作为富水湾景区以及周边景区的配套接待服务区域。建设接待中心、凤凰酒店、疗养中心、乡情康养村、健身运动场等项目。

(6) 休闲农业发展区。

休闲农业发展区设立在戴家大湾以东,按照"种植基地+观光休闲园"的模式,分别建设花卉、苗木、盆栽三大基地,实现景观游憩功能和生产功能的融合,既为开发养生养老业创造优美的景观环境,又成为本村以及周边旅游项目的花卉苗木供应基地。

(四) 凤凰寨村旅游脱贫路径规划

1. 扶贫业态策划

(1) 开发特色旅游商品。

依托丰富的农业资源,打造一系列原汁原味、绿色健康的农家特色餐饮产品,组织村民种植、销售各类土特产品,产品质量有保证,外包装精美,并申请地理标志保护。鼓励当地居民、乡村创客等投资开发居民客栈,客栈建筑风格要体现地方文化特色,价格合理,干净卫生。

(2) 加强区域旅游合作。

加强区域旅游合作,能够打破行政区域的壁垒,通过整合各地的优势资源,形成区域发展的合力。凤凰寨村要积极、主动地与周围的村庄开展乡村旅游合作,共同开发旅游线路、开拓客源市场、对外宣传促销,不断增强整体旅游竞争力。

(3) 拓展农产品销售渠道。

政府要加大招商引资力度,结合当地的农业资源,共同创办农副产品加工企业,如茶叶加工厂、藕粉加工厂、果蔬加工厂等;同时要重视农副产品的包装设计,并主动向相关政府部门申请地理标志保护,扩大农副产品的知名度。此外,要通过农产品展销会、各类节庆活动等广泛宣传农副产品,加强与武汉市内外各大连锁超市的采购中心进行联络、洽谈,促成双方的合作,推动当地农副产品顺利进入超市销售。

2. 贫困户参与机制

(1) "景区+农户"机制。

加大资金投入力度,完善基础配套设施,加快各主题农庄、茶园以及乡情康养村等景区景点的建设,为农户提供更多的就业创业岗位,增加农民收入,让农民看到奔小康的美好前程。

(2) "景区+协会+农户"机制。

由参与旅游项目经营、旅游接待服务的农户、农民带头成立凤凰寨村农民旅游协会,发挥景区、农民旅游协会、农户三方的力量,共同推动当地旅游业的发展。

(3)"协会＋农户"机制。

依托凤凰寨村农民旅游协会,由协会带头人组织农民参与地方文化的表演、导游、旅游商品的制作、提供住宿餐饮服务以及维护、修缮全村的传统民居,协调景区和农民的利益。

(4)独立经营机制。

由拥有一定资源以及资金的农户直接从事乡村旅游项目的开发与经营,如旅游土特产品销售、农家乐经营、果蔬采摘项目等。

(5)"合作社＋农户"机制。

实施"合作社＋种植业""合作社＋养殖业"运作模式,将贫困户发展为社员,为贫困户提供小龙虾、蔬菜苗、油茶苗、茶叶种苗,以及提供技术培训、产品回收服务。

3. 旅游扶贫精准指导

目前,凤凰寨村共有建档贫困人口 80 人,其中五保户 7 户,7 人,低保户 19 户,32 人。变输血扶贫为造血扶贫,对贫困户的精准指导,要重点关注贫困户参与旅游开发的意愿及其参与能力(见表 7-4)。

表 7-4 旅游扶贫精准指导

关 注 点	精 准 指 导
参与意愿	转变观念:通过政策宣传、考察学习、先进示范等途径帮助贫困户理解旅游业发展带来的利益和长远好处,使其转变观念、主动融入旅游开发
参与能力	技能培训:果蔬、茶叶种植技术,小龙虾、禽畜养殖技术以及旅游服务技能的培训与现场指导
	项目指导:指导贫困户结合自身的健康状况、劳动技能等合理选择参与旅游开发的项目或就业岗位 ①任村里的保洁员、秩序维护员等 ②卖各类农产品、土特产品 ③从事果蔬、茶叶种植、小龙虾与禽畜养殖、旅游接待服务与安保工作、旅游商品的制作等

二、乡村文创涝溪河,农耕研学旅行地——涝溪河村

(一)涝溪河村旅游扶贫条件分析

1. 村情简介

(1)自然条件。

涝溪村是低山丘陵区,有萤石矿、陶瓷土等矿藏。空气相对湿度常年保持在 70% 左右,空气中的负氧离子含量为每立方厘米 1000—1500 个,堪称天然的大氧吧。土壤类型较多,水田有百善土、马肝土、黄泥土、青泥土等,旱地主要有油沙土、泥沙土、砂土、鸡肝土、麻骨土等。涝溪河村有滠水河主河道和木兰川溪流流经全村,滠水河经境内约 2000 米,河宽 250 米。

(2)区位条件。

①交通区位。

涝溪河村位于王家河街西北部,距王家河街道约 8 千米,王家河街水陆交通方便,是南、北、东、西交通要道。境内火塔等级公路自北向南穿街而过;京九铁路连线、合武高铁、汉麻

高速公路自西向东穿街而行。

②旅游区位。

涝溪河村所在的黄陂区拥有中南地区最大的城市生态旅游景区群,森林覆盖率约占武汉的一半,是楚文化的重要发祥地,拥有1家5A级景区,5家4A级景区,全国农业旅游示范点4家,已建成休闲特色集镇6个,休闲专业村58个,休闲山庄168家,星级农家乐956家。

(3) 经济社会条件。

全村共259户1049人,劳动力652人,常年外出务工劳动力570人。2017年村集体实现收入11.6万元,年人均可支配收入1.9万元。涝溪河村四个自然湾均建有群众文体活动广场,设有健身器材、垃圾池卫生、公共厕所6个,村活动中心有(图书室)1个。目前,涝溪河村内部交通主要是乡村道路,路面较窄,路况较差,缺乏停车场和交通标志等设施。

(4) 产业发展现状。

涝溪河村以光伏发电和种植业为主导产业,光伏发电项目给村集体带来的收益显著,萝卜、水稻、茶叶等农产品的种植和小龙虾等的养殖已粗具规模。种植萝卜、蔬菜、生态水稻等农作物共约800亩,油茶种植基地87亩,小龙虾养殖基地60亩,果园与茶叶种植约50亩。

2. 贫困现状及成因

(1) 贫困现状概述。

涝溪河村全村建档立卡贫困户43户,贫困人口110人,其中低保户84人、五保户8人、一般贫困户18人。

(2) 致贫原因。

①经济来源单一,农民增收渠道少,经济效益低,土地收益是农民赖以生存的单一经济来源。

②因残、因病、因学压力大。因家庭中有残疾人、体弱或年老丧失劳动能力的成员,导致家庭长期陷入贫困,难以脱贫;因家庭成员患病,巨额开销导致贫困,后续长期用药或长期患病无法参加劳动的,在长时期内很难脱贫致富;因子女上学,造成家庭开支大,家庭收支不平衡,入不敷出。

3. 旅游资源分析与评价

(1) 旅游资源类型。

根据国家标准《旅游资源的分类、调查与评价》(GB/T18972-2017)的有关规定,通过全面调研,对涝溪河村旅游资源按照主类、亚类、基本类型的层次进行分类(见表7-5)。

表7-5 涝溪河村旅游资源类型

主 类	亚 类	基 本 类 型	主要资源单体
B 水域景观	BA 河系	BAA 游憩河段	滠水河主河道、木兰川溪溪流、8个当家塘
	BB 湖沼	BBA 游憩湖区	心湖
C 生物景观	CA 植被景观	CAB 独树与丛树 CAD 花卉地	松树、樱桃树、石榴树、各种灌木、油茶花
	CB 野生动物栖息地	CBC 鸟类栖息地 CBD 蝶类栖息地	蝴蝶、麻雀、乌鸦、喜鹊

续表

主　类	亚　类	基本类型	主要资源单体
E 建筑与设施	EA 人文景观综合体	EAA 社会与商贸活动场所 EAE 文体活动场所 EAF 康体游乐休闲度假地	武汉市林生蔬菜种植专业合作社、文体活动室、文体活动广场（健身舞、广场舞）
	EB 实用建筑与核心设施	EBK 景观农田 EBM 景观林场 EBN 景观养殖场	油茶种植基地、茶叶种植地、小龙虾养殖基地、果园等
G 旅游购品	GA 农业产品	GAA 种植业产品及制品 GAD 水产品及制品 GAE 养殖业产品与制品	水稻、萝卜、茶叶、油茶、杨梅、樱桃、石榴、小龙虾、各种鱼等

(2) 旅游资源空间分布。

涝溪河村属低山丘陵地区，旅游资源的多样化指数值较低，由表7-5中可以看出涝溪河村旅游资源数量涵盖了8大主类中的4个，23个亚类中的7个，110个基本类型中的15个，旅游资源类型丰度和复杂程度都偏低。旅游资源空间分布从数量来看，以自然资源为主的西南部和东南部分布密集，生物资源丰富，植物种类繁多，植被覆盖率高，植物景观良好，中部和北部大多为低矮山地，虽然自然资源种类多样，但分布比较集中且珍稀奇特程度都较低，人文旅游资源几乎没有；从旅游资源质量来看，旅游资源多以中低等级为主，缺乏高等级的旅游资源；从空间量化指数来看，涝溪河村旅游资源优势度指数和均匀度指数都较低，各种类型的旅游资源的数量和质量差别比较大。

(3) 旅游资源特色评价。

涝溪河村旅游资源种类丰富，滠水主河道和木兰川溪流流经，山水环抱，错落有致，极富美感，具有极高的观赏游憩娱乐价值；气候四季分明，雨量充沛，气候宜人，空气质量好，林木花卉型生物景观、山脉景观、水域风光型水文景观等多类景观空间共同构成了舒适宜人的自然环境且景象种类丰富，结构合理，组合条件良好，自然资源的丰度和集聚程度较高；涝溪河村整体地域空间广阔，旅游资源丰富，旅游者旅游选择性多，对于大众旅游者的接纳容量能力良好，在旅游旺季，当大规模的旅游者进入涝溪河村时，景区的分流能力较为良好。

(二) 涝溪河村旅游扶贫产业规划

1. 旅游发展主题形象

涝溪河村拥有丰富的自然资源，气候条件优良，雨量充沛，村内滠水主河道和木兰川溪流流经，主要种植水稻和茶叶、萝卜，还有果园基地的建设，融入"旅游＋农耕文化＋文创产业"的模式开发特色旅游项目。因此，将涝溪河村的旅游发展主题形象定位为"乡村文创涝溪河，农耕研学旅行地"。

2. 旅游产业发展定位

由于涝溪河村的产业类型以农业为主，经济模式单一，经济效益低下。而旅游业作为高附加值的现代服务产业，不仅可以促进当地经济发展，还可以实现村民当地就业，达到旅游扶贫效果。本规划以"旅游＋扶贫"为发展战略，确定乡村文创、农耕研学的功能定位，构建以旅游产业为引领，以乡村文创、农耕研学、生态农业为基础的现代产业发展体系。

3. 旅游产业与产品设计

涝溪河村拥有特色萝卜基地、茶叶种植基地等旅游资源和项目,目前正在建设和完善中。但涝溪河村的旅游产业还缺少整体规划,不能形成完整的旅游产业体系,核心竞争力不强。因此,通过对涝溪河村旅游资源禀赋、开发条件、客源市场以及旅游业发展态势进行梳理,重构涝溪河村旅游产品,形成乡村文创游、农耕研学游、生态农业游三大产品体系。

（三）涝溪河村旅游扶贫项目规划

1. 旅游项目空间布局

依据涝溪河村的区位条件、产业发展方向、整体布局需求等,按照"乡村文创＋休闲农业"的产业融合发展理念,通过旅游业统领全村产业经济发展,构建"一心一地两区"的发展格局(见表7-6)。

表 7-6　涝溪河村旅游结构功能分区表

总体布局	功能分区	发展思路
一心	游客集散中心	以涝溪河村村委会为依托,作为整个涝溪河村旅游的集散中心,鼓励村委会周边村民开展农家乐、民宿等经营活动,为游客提供旅游接待服务。同时,给村民创业致富提供良好的机会,实现旅游扶贫目标
一地	耕读研学旅行基地	以研学旅行写入中小学课程大纲为市场机遇,依托王家河街景区众多的优势及本村已有的茶园风光和农业种植基础,以乐寿湾为中心,农耕文化为主题,建设农耕主题的研学项目,打造湖北领先的研学旅行基地
两区	心湖文创艺术区	以心湖为中心,依托大余湾心湖乡村文化有限公司,坚持乡村文创的发展思路,吸引年轻的艺术工作爱好者来此创作、创业,打造具有强大视觉震撼力的乡村田园景观,为艺术爱好者提供创作平台,成为具有国际影响力的乡村艺术交流中心
	休闲农业发展区	以村内现有的茶园为基础,树立茶旅融合的发展理念,通过开发茶文化休闲游提升综合经济效益。建设茶亭、茶楼等配套休闲设施,让游客亲身体验采茶、品茶、制茶的全过程

2. 新建旅游项目

涝溪河村新建旅游项目有10项,其中包括以乡村文创型旅游商品为吸引点的乡村文创产品展示中心;为研学旅行的少年儿童提供的茶园私塾一座,可以亲身感受传统文化的魅力;针对少年儿童游客的心理特点,设计抬木头、徒手捉鱼、弹弓、弹珠、陀螺、躲猫猫、丢沙包、跳房子、跳绳、跳皮筋、玩泥巴、放风筝等少年儿童活动项目,锻炼其动手能力以及团队合作能力的野孩子营地。还建设有传统农具展示馆、研学公寓、艺术家村、稻草人世界、爱恋广场、匠坊湾、十里桃花溪等。

3. 现有项目改造

(1) 游客集散中心。

在现有村委会的基础上,扩充功能,未来作为乡村游客的服务中心,游客可以在此实现买票、问询、购买土特产等,并在游客中心周围建设停车场,将村委会打造成集政务中心、游客中心、乡村文创产品展示中心于一体的综合服务中心。

(2) 乡村美宿。

针对研学旅行、乡村文化游等市场,将涝溪河中心湾进行改造,引导该地区的农民改造自己的屋舍,农户在房前屋后种花种草,并将外墙统一刷白,绘上具有浓厚乡村风情的彩色墙画,打造极具乡土气息的乡村美宿。

(3) 勤学文化茶园。

以村内现有的茶园为基础,融入勤学文化,在茶园里面设置古代与茶有关的名诗名篇,同时用雕塑的形式,将头悬梁锥刺股、凿壁借光等中华传统勤学故事摆放到茶园之中,以激励研学旅行的学生游客刻苦学习。

(4) 农耕体验基地。

以村内现有的特色萝卜基地、稻田为依托,针对中小学课程特点,融入田园诗词、自然、生物等课程相关章节,开发新型农耕体验项目,让城市少年儿童体验除草、插秧、摘菜、锄土等农事活动。

(5) 河畔渔村。

依托溾水河,并兴修鱼塘,将溾水河南岸的村湾打造成具有浓郁水乡风情的渔村,村内每家每户前悬挂蓑衣、渔网、鱼竿等,营造渔村氛围,设置水上渔餐厅、垂钓台、摸鱼港、景观鱼池等娱乐体验项目,同时,引入用鸬鹚捕鱼的渔夫,进行鸬鹚捕鱼表演,体现水乡风情。

(6) 花果园。

将涝溪河沿岸的农田逐步改造成果园,种植桃、李、杏、梨等既开花又结果的品种,实现春季赏花、秋季采摘,丰富涝溪河村的旅游产品体系。

(7) 休闲鱼庄。

将喇嘛店湾以西的池塘进行净化,建成鱼塘,同时建设亭台水榭、垂钓平台、水上鱼餐厅等项目,成为集钓鱼、观鱼、鱼疗、品鱼等功能于一体的休闲鱼庄。

(8) 农家乐群。

喇嘛店湾集中建设农家乐。开展"村景入画、彩绘上墙"活动,邀画家将区内毛坯墙,砂浆粉刷后,涂上浅黄色外墙涂料。将有地方乡土文化元素的年画绘成风景作品装扮民居墙面。院门采用木制或竹制的门,院内拆墙透绿,原有墙基地培土养花,环境条件许可的农家,可在房屋前后做休闲平台。

(四) 涝溪河村旅游脱贫路径规划

1. 扶贫业态策划

(1) 特色餐饮产业。

因地制宜发展农家乐,以旅助农,做足"农""家""乐"三字文章。在研学公寓、旅游集散中心等地打造特色美食长廊、乡村嘉华美食节等农家特色餐饮产品。

(2) 特色住宿产业。

依托当地的环境与资源优势,开发多样化的居民客栈,满足游客多样化需求,外部建筑和内部装修风格要体现地方文化特色。

(3) 开发研学项目。

依托农耕研学旅行基地、文创艺术区的资源,开发农耕文化与农事活动的考察和体验,各种夏令营、冬令营、户外拓展以及乡村文创艺术产品设计体验等多样化的研学旅游产品。

（4）发展休闲产品。

依托丰富的农业资源与完善的旅游配套设施，开发乡村生态度假旅游、农事休闲体验产品、家庭亲子度假产品等休闲度假产品。

2. 贫困户参与机制

涝溪河村要高度重视贫困农户参与，制定以下旅游扶贫农户参与的机制。

（1）"景区＋贫困农户"机制。

采取多种措施，加大人力、财力、物力投入，进一步开发和完善农耕研学基地、茶叶公园以及乡村文创艺术区内，以景区景点的发展带动贫困户村民参与旅游开发。

（2）"景区＋协会＋贫困农户"机制。

由参与旅游经营、服务的贫困农户带头成立涝溪河村农民旅游协会，大力引进旅游公司开发各类景区景点。

（3）"协会＋贫困农户"机制。

依托涝溪河村农民旅游协会，由协会带头人免费为贫困村民开展乡村旅游项目经营、旅游接待服务培训；组织贫困村民参与地方文化的表演、文化创意产品制作、景区接待服务等。

3. 旅游扶贫精准指导

（1）针对12户因病致贫的贫困户。

可吸纳其做一下简单的工作，如从事出售旅游商品、农产品，为旅游项目策划提供意见，村文化创意产品的制作等并对其进行培训，提高旅游接待能力。

（2）针对16户因残致贫的贫困户。

政府为其缴纳基本医疗保险个人保险金，落实家庭人口门诊，住院就医报销政策及相关救助政策，落实低保政策、残疾补贴等，鼓励发展特色种植业，可在政府和村委会的帮助下承包部分果园、种植茶叶等，增加收入渠道，逐渐脱贫。

（3）针对因子女上学而致贫的贫困户。

按标准落实教育扶持资金，对于此类贫困户可担任村里的保洁员、秩序维护员，或者发展特色养殖，为旅游项目的开发提供必要的旅游产品，在此基础上达到脱贫的目的。

三、生态农业六家砦、田园康养艺术村——六家砦村

（一）六家砦村旅游扶贫条件分析

1. 村情简介

（1）自然条件。

六家砦村春季温和湿润，夏季高温多雨，秋季凉爽少雨，冬季干冷。有水塘面积400多亩，全村有10亩以上水塘19个，10亩以下水塘60个，一条1500米抗旱渠道，有两条排涝沟合计3600米。

（2）区位条件。

六家砦村距离李家集街街区中心约5千米，到黄孝公路11.5千米，车程约30分钟；到黄陂区27千米，车程约55分钟；到沪蓉高速和天河国际机场车程约1小时10分钟。因此，区位条件及交通条件较为优越，交通通达性高。六家砦村所在的李家集街道有黄陂木兰八景之一——木兰云雾山，旅游区位条件优越。

(3) 经济社会条件。

全村共有 422 户,1505 人,全村劳动力总数 800 人,常年在外务工人员 300 人。全村经济来源以光伏发电、农业种植和外出务工为主,种植业以水稻、油菜种植为主,人均可支配收入 14680 元。六家砦村有老人活动照料中心,标准化村卫生室 2160 平方米,共建设有卫生公共厕所 7 个,每个自然湾都有活动广场。六家砦村目前通信信号和通话效果良好,基本实现全村信号全覆盖。

(4) 产业发展现状。

六家砦村农业资源丰富,全村以种植业为主,种植有机水稻、水果、蔬菜等。同时养殖产品也很丰富,村内有稻田养龙虾 150 亩,畜牧养殖基地 50 亩,清水鱼塘养殖 100 多亩,养殖有黄肉牛、山羊、鸡、鹅等;拥有 300 亩四季采摘园,种有黄桃、樱桃、荔枝、葡萄、美人橙等水果,采摘园已初步具有一定的规模;村内有荷花莲藕基地,占地 40 亩,有机水稻,占地 80 亩,还种植有各种水果品种。

2. 贫困现状及成因

(1) 贫困现状概述。

六家砦村共有贫困户 21 户,59 人,其中低保户 10 户,37 人,占比 62.7%;五保户 7 户,8 人,占比 13.6%;一般贫困户 4 户,14 人,占比 23.7%。

(2) 致贫原因。

①单一经济来源。

农民增收渠道少,经济效益低,土地收益是农民赖以生存的单一经济来源。

②家庭成员多丧失劳动力。

因家庭中有残疾人、体弱或年老丧失劳动能力的成员,导致家庭长期陷入贫困,难以脱贫。

③因病因子女上学负担重。

因家庭成员患病,巨额开销导致贫困,后续长期用药或长期患病无法参加劳动,这部分贫困人口在长时期内很难脱贫致富;因子女上学,造成家庭开支大,家庭收支不平衡,入不敷出。

3. 旅游资源分析与评价

(1) 旅游资源类型。

根据国家标准《旅游资源的分类、调查与评价》(GB/T18972-2017)的有关规定,通过全面调研,对六家砦村旅游资源按照主类、亚类、基本类型的层次进行分类(见表 7-7)。

表 7-7 六家砦村旅游资源类型

主 类	亚 类	基本类型	主要资源单体
B 水域景观	BA 河系	BAA 游憩河段	水塘
C 生物景观	CA 植被景观	CAB 独树与丛树 CAD 花卉地	松树、樱桃树、桃树、葡萄架、橙子树、各种灌木、油茶花、油菜花、荷花
	CB 野生动物栖息地	CBB 陆生动物栖息地 CBC 鸟类栖息地 CBD 蝶类栖息地	蝴蝶、麻雀、乌鸦、喜鹊、黄牛、山羊、鹅、鸡等

续表

主　类	亚　类	基本类型	主要资源单体
E 建筑与设施	EA 人文景观综合体	EAA 社会与商贸活动场所 EAE 文体活动场所 EAF 康体游乐休闲度假地	金盛惠民种养殖合作社、老人活动照料中心、活动广场
	EB 实用建筑与核心设施	EBE 桥梁 EBK 景观农田 EBM 景观林场 EBN 景观养殖场	人形机械桥、邬家林都市农业生态园、四季采摘园、荷花莲藕基地、大棚蔬菜基地、有机水稻种植区、小龙虾养殖基地、清水鱼塘养殖
G 旅游购品	GA 农业产品	GAA 种植业产品及制品 GAD 水产品及制品 GAE 养殖业产品与制品	水稻、油茶、油菜、黄桃、樱桃、荔枝、葡萄、美人橙、小龙虾、各种鱼

(2) 旅游资源空间分布。

六家砦村属低山丘陵地区,旅游资源的多样化指数值较低,由表 7-7 中可以看出,六家砦村旅游资源数量涵盖了 8 大主类中的 4 个,23 个亚类中的 6 个,110 个基本类型中的 16 个,旅游资源类型丰度和复杂程度都偏低。旅游资源空间分布从数量看,以自然资源为主的南部分布密集,生物资源丰富,植物种类繁多,植被覆盖率高,植物景观良好。虽然六家砦村花卉、果蔬、林木资源众多,但分布比较集中且珍稀奇特程度都较低,人文旅游资源几乎没有;从旅游资源质量来看,旅游资源多以中低等级为主,缺乏高等级的旅游资源;从空间量化指数来看,六家砦村旅游资源优势度指数和均匀度指数都较低,各种类型的旅游资源的数量和质量差别比较大。

(3) 旅游资源特色评价。

六家砦村旅游资源种类丰富,有山有水有桥,具有较高的观赏游憩娱乐价值;苗木花卉型生物景观、观赏型田园景观,加上舒适宜人的自然环境,结构合理,组合条件良好,自然资源的丰度和集聚程度较高;六家砦村整体地域空间广阔,旅游资源丰富,旅游者旅游选择性多,对于大众旅游者的接纳容量能力良好,在旅游旺季,当大规模的旅游者进入六家砦村时,景区的分流能力较为良好。

(二) 六家砦村旅游扶贫产业规划

1. 旅游发展主题形象

六家砦村自然环境优美,建设有 500 亩水果基地,虾稻共养基地,具有旅游开发的基础条件和资源禀赋。因此,依托该村拥有的"果树种植基地、虾稻共养基地"等产业基础,培育生态旅游等新型业态,构筑以乡村旅游为引领,以生态农业、田园康养为基础,以水果采摘、龙虾垂钓、乡情艺术、农法康养等项目为支撑的新型乡村旅游产业体系,打造"生态农业六家砦、田园康养艺术村"旅游形象。

2. 旅游产业发展定位

由于六家砦村的产业类型以农业为主,经济模式单一,经济效益低下。而旅游业作为高附加值的现代服务产业,不仅可以促进当地经济发展,还可以实现村民当地就业,达到旅游扶贫效果。因此通过制定"旅游+扶贫"发展战略,实现第一、第三产业融合,联动发展,构建以旅游产业为引领,以生态农业、乡情艺术、田园康养为基础的现代产业发展体系。将六家砦村的旅游产业定位为战略性支柱产业。

3. 旅游产业与产品设计

六家砦村拥有水果采摘基地、虾稻共养基地等旅游资源和项目,目前正在建设和完善中。但六家砦村的旅游产业还缺少整体规划,不能形成完整的旅游产业体系,核心竞争力不强。因此,通过对六家砦村旅游资源禀赋、开发条件、客源市场以及旅游业发展态势进行梳理,重构六家砦村旅游产品,形成生态农业游、乡情艺术游、田园康养游三大产品体系。

（三）六家砦村旅游扶贫项目规划

1. 旅游项目空间布局

依据六家砦村的区位条件、产业发展方向、整体布局需求等,按照"生态农业+田园康养"的产业融合发展理念,通过旅游业统领全村产业经济发展,构建"一心三区"的发展格局（见表7-8）。

表7-8 六家砦村旅游结构功能区分表

总体布局	功能分区	发展思路
一心	游客接待中心	以六家砦村村委会为依托,作为整个六家砦村旅游的集散中心,鼓励村委会周边村民开展农家乐、民宿等经营活动。同时,依托村内虾稻共养基地,以龙虾为核心卖点,打造特色美食村
三区	休闲农业采摘区	在现有邬家林都市农业生态园的基础上,扩大种植面积,优化种植品种,完善停车场、厕所、餐饮等旅游配套服务设施,形成一条精品的水果采摘游线,同时,推进休闲农庄、村湾改造,完善休闲旅游功能
	田园康养区	以黄陂打造"木兰康谷"为契机,充分利用六家砦村的生态农业基础和田园风光,以"农法康养"为主题,抢抓农法康养的市场先机,打造农法康养项目,成为武汉乡村康养的标杆
	生态农业种植区	以村内现有的优质稻田为基础,建设虾稻共养、蛙稻共养基地,提升综合经济效益。在此基础上,建设龙虾垂钓园、亲子乐园等项目,让游客充分体验乡村童趣,找到童年时代的乡村美好记忆

2. 新建旅游项目

（1）玻璃生态餐厅。

以玻璃温室为主要建设形式,室内布满盆景、花草等植物景观,让游客在迷人的田园生态环境中享用纯天然的有机美食。

（2）乡情艺术村。

收集六家砦村历史上发生的重大事件和重要人物,用浮雕、雕塑、石碑等形式在黄家湾进行展现。同时,村内摆放石磨、碾子、马车轮子等旧物件,将六家砦村的乡愁记忆重现在游人面前。

（3）龙虾垂钓园。

在虾稻共养基地的旁边,专门修建一个龙虾垂钓园,给游客提供蚯蚓等饵料,让游客回归童年,体验最纯真的龙虾垂钓乐趣,还可以带到龙虾村现场烹饪,品尝亲身垂钓的龙虾美味。

(4) 亲子互动营地。

针对武汉及周边地区的家庭亲子旅游市场,以乡村童趣项目为特点,设置独木庄、穿越火线、踩跷板、捉蝴蝶等乡村特色的亲子互动项目,打造乡村野趣特色的亲子互动营地。

(5) 农村康养村。

与国内知名的农法康养经营公司合作,建设湖北首家自然农法康养村。

(6) 稻草人世界。

瞄准乡村田园游市场,将乡村生活中典型的符号,如耕牛、挑水、推磨、插秧等,通过稻草的形式还原在乡野大地上,打造乡土气息浓厚的稻草人乐园。

(7) 大地艺术稻田。

应用公园的设计手法规划农田,种植水稻、小麦、玉米、燕麦等农作物,通过作物颜色,区块或带状划分等手段,形成一个视觉、感官效果良好的大地艺术稻田。

3. 现有项目改造

(1) 游客集散中心。

在现有村委会的基础上,扩充功能,未来作为乡村游客的服务中心,游客可以在此实现买票、问询、购买土特产品等,并在游客中心周围建设停车场,将村委会打造成政务中心、游客中心。

(2) 龙虾美食村。

依托村内虾稻共养基地,以龙虾为核心卖点,引入一批龙虾制作师傅,打造特色美食村。同时,与龙虾垂钓基地互动,游客可以将自己垂钓上来的龙虾带入村内进行加工制作。同时,举行大型乡村龙虾旅游节,让到六家砦吃龙虾成为新时尚。

(3) 有机水果基地。

全面提升现有的邬家林都市农业休闲园,在已有的葡萄基地、黄桃基地、樱桃基地的基础上,增加蓝莓、草莓、猕猴桃等深受目前武汉市民欢迎的品种。同时,以水果为主题,策划水果浴、水果套圈、真人版水果机等供游客参与游玩的活动,打造一个风光美丽、主题鲜明、水果可口、活动丰富的新型瓜果采摘基地。

(4) 休闲农庄。

依托现有的水果种植基地,以水果为主题,修建水果景观造型、水果外形建筑、水果客房等设施,打造充满童趣的特色主题农庄。

(5) 虾稻共养基地与蛙稻共养基地。

以村内现有的优质稻田为基础,建设虾稻共养、蛙稻共养基地,提升综合经济效益。同时,为六家砦村进行特色美食、特色垂钓等乡村旅游项目开发创造条件和基础。

(四) 六家砦村旅游脱贫路径规划

1. 扶贫业态策划

(1) 开发类型多样的旅游商品。

开发乡村土特产。以地道正宗、绿色生态为主要卖点,主要类型有走地鸡鸭、腊肉、土鸡蛋、有机水果、特色小食品、新鲜稻田虾等。制作特色手工艺品与乡村生活用品。以"文化+创意"开发特色手工艺品,主要类型有竹子、稻草编制而成的手工艺品。

(2) 加强区域旅游合作。

六家砦村要加强与周边的村庄开展区域旅游合作,通过旅游线路整合、联合开展旅游宣传促销、客源互通等方式提高旅游竞争力;同时,要突出自身的优势资源,争取纳入黄陂区精品旅游线路,扩大旅游知名度。

(3) 将农副产品销售到各大超市。

招商引资,创办农副产品加工企业如水果罐头厂、肉类加工企业等;重视农副产品的包装设计,要求包装精美、环保无污染。同时,利用农产品展销会、各类节庆活动等途径开展农副产品的宣传推广,加强与武汉市内外各大连锁超市的采购中心进行联络、洽谈,确保当地农副产品顺利进入超市销售。

2. 贫困户参与机制

(1) 景区＋贫困农户。

采取多种措施,进一步开发和完善生态农业种植区、生态农业采摘区以及田园康养区的各景区景点,以景区景点的发展带动村民参与旅游开发。

(2) 合作社＋贫困农户。

大力实施"合作社＋种植业""合作社＋养殖业"运作模式,将贫困户发展为社员,为贫困户提供雏鸡鸭(牛犊)、水果苗、虾苗、技术服务、产品回收、加工销售等服务。

(3) 以大带小。

搭建"大手拉小手"平台,鼓励大景区与小景区建立长效利益合作机制,实行乡村旅游能人引导和带动贫困户、党员干部与带头人精准帮扶建档立卡贫困户的机制。

3. 旅游扶贫精准指导

(1) 针对因病致贫的贫困户。

大病保险和医疗保险是防止致贫的主要的社会帮扶体系,要对贫困户给予足够的关注。对于能够发展种植业、养殖业的贫困户,鼓励其加入特色产品种植业中来。如在政府和村委会的帮助下承包部分果园种植、看护等,逐渐脱贫。

(2) 针对因残致贫的贫困户。

政府为其缴纳基本医疗保险个人保险金,落实家庭人口门诊、住院就医报销政策及相关救助政策,落实低保政策、残疾补贴等。根据六家砦村的旅游项目开发建设,对适合其的工作进行培训,提高旅游接待能力,可以吸纳贫困户在果林或者乡情艺术村向游客提供基本的问询服务,避免大量体力劳动,也可以为旅游项目创意献计献策,对于纳入发展规划的意见可以提供分红。

(3) 针对因子女上学而致贫的贫困户。

按标准落实教育扶持资金,对于此类贫困户可担任村里的保洁员、秩序维护员,或者在六家砦村开展的各项旅游项目中担任工作人员,接受岗前培训,遵循规章制度,可在亲子互动营地等项目中为游客提供服务,在此基础上达到脱贫的目的。

四、木兰果乡,美丽双河——双河村

(一) 双河村旅游扶贫条件分析

1. 村情简介

(1) 自然条件。

双河村境内有两条河,分别为滠水河和木里河,均为由北向南流向。滠水河流经姚家集街道境内约 23 千米,每年 6—8 月为主汛期,汛期河道受强降水影响,河床水位暴涨,易发洪涝灾害。秋冬降水明显偏少,河流、塘堰容易干涸枯水。

(2) 区位条件。

双河村距黄陂区客运站 47 千米,车程约 1 小时 10 分钟,距沪蓉高速 55 千米,车程约 1 小时 20 分钟,距天河机场 76 千米,车程约 1 小时 30 分钟。有 108 省道南北向穿境而过,北出大悟,东通红安,有公交车往返村口。因此,区位条件及交通条件较为优越,交通通达性高。双河村所在的姚家集街道境内有木兰文化生态旅游区的木兰古门,是国家 3A 级景区,属典型的山水石林景区。

(3) 经济社会条件。

双河村共有 580 户,2058 人,版图面积 3.88 平方千米,耕地面积 3080 亩。水产养殖面积 600 亩,其他面积 1300 亩;水稻面积 1100 亩,是良种繁育基地。双河村内交通现状整体不错,道路基本硬化完成,湾湾通水泥路,50% 通柏油路,实现村级道路通湾通村,并设计有配套停车场地和环卫设施。但是,有的乡道路面较窄,缺乏游路,没有交通标志。双河村每个自然湾都设有大型垃圾箱,建有公厕 24 座,每个自然湾 2 座公厕,村内建设有污水处理设施解决村民生活污水处理问题。目前通信信号和通话效果良好,基本实现全村信号全覆盖。

(4) 产业发展现状。

双河村以种植业为主,种植有水稻、花生等农作物,除此之外,也有鸡、鸭等私人养殖场,适合发展休闲农业。蜜橘基地 800 亩,是双河村的支柱性产业之一,蜜橘基地的发展初步具有一定的规模,苗木基地 300 亩,种植有桂花树、垂柳、樟树、茶花等品种,依托优质的自然资源,可发展休闲旅游、田园观光等旅游项目。

2. 贫困现状及成因

(1) 贫困现状概述。

双河村贫困户有 51 户,125 人。其中低保户 21 户,55 人,占比 44%;五保户 11 户,12 人,占比 9.6%;一般贫困户 19 户,58 人,占比 46.4%。

(2) 致贫原因。

①农民增收渠道少,经济效益低。土地收益是农民赖以生存的单一经济来源。

②因病、因残、因学开支大。因家庭中有残疾人、体弱或年老丧失劳动能力的成员,导致家庭长期陷入贫困,难以脱贫;因家庭成员患病,巨额开销导致贫困,后续长期用药或长期患病无法参加劳动的,在长时期内很难脱贫致富;因子女上学,造成家庭开支大,家庭收支不平衡,入不敷出。

3. 旅游资源分析与评价

(1) 旅游资源类型。

根据国家标准《旅游资源的分类、调查与评价》(GB/T18972-2017)的有关规定,通过全面调研,对双河村旅游资源按照主类、亚类、基本类型的层次进行分类(见表 7-9)。

表 7-9 双河村旅游资源类型

主 类	亚 类	基 本 类 型	主要资源单体
B 水域景观	BA 河系	BAA 游憩河段	滠水河、木里河、当家塘

续表

主 类	亚 类	基本类型	主要资源单体
C 生物景观	CA 植被景观	CAB 独树与丛树 CAD 花卉地	松树、樟树、垂柳、桂花、茶花
	CB 野生动物栖息地	CBC 鸟类栖息地 CBD 蝶类栖息地	蝴蝶、麻雀、乌鸦、喜鹊、鸡、鸭
E 建筑与设施	EB 食用建筑与核心设施	EBE 桥梁 EBK 景观农田 EBM 景观林场 EBN 景观养殖场	2 座桥梁、苗木基地、蜜橘基地、蔬菜种植基地、私人养殖场、海祥盛种养殖基地
G 旅游购品	GA 农业产品	GAA 种植业产品及制品 GAD 水产品及制品 GAE 养殖业产品与制品	水稻、花生、蜜橘、各种蔬菜、瓜果以及鱼

(2) 旅游资源空间分布。

双河村属低山丘陵地区,旅游资源的多样化指数值较低,由表 7-9 中可以看出双河村旅游资源数量覆盖了 8 大主类中的 4 个,23 个亚类中的 5 个,110 个基本类型中的 12 个,旅游资源类型丰度和复杂程度都偏低。旅游资源空间分布从数量看,以自然资源为主的东部和东南部分布密集,生物资源丰富,植物种类繁多,植被覆盖率高,植物景观良好,东北部大多为低矮山地,没有可开发资源,总体来说,双河村自然资源虽种类多样,但分布比较集中且珍稀奇特程度都较低,人文旅游资源几乎没有;从旅游资源质量来看,旅游资源多以中低等级为主,缺乏高等级的旅游资源;从空间量化指数来看,双河村旅游资源优势度指数和均匀度指数都较低,各种类型的旅游资源的数量和质量差别比较大。

(3) 旅游资源特色评价。

双河村旅游资源种类丰富,滠水河和木里河均为由北向南流向流经双河村,有山有水有农田,有桥有花卉有果蔬,有较高的观赏游憩娱乐价值;气候四季分明,雨量充沛,光照充足,空气质量好;林木花卉型生物景观、水域风光型水文景观等多类景观空间共同构成了舒适宜人的自然环境且景象种类丰富,结构合理,组合条件良好,自然资源的丰度和集聚程度较高;整体地域空间广阔,旅游资源丰富,旅游者旅游选择性多。

(二) 双河村旅游扶贫产业规划

1. 旅游发展主题形象

双河村位于黄陂木兰文化生态旅游区,环境优美,具有深厚的木兰文化,自然资源众多且滠水河和木里河流经,可借势木兰品牌,加上村内种植有蜜橘基地,可进一步融入水果种植和采摘项目,开发"旅游+果乡"的发展模式。因此,将双河村的旅游发展主题形象定位为"木兰果乡,美丽双河"。

2. 旅游产业发展定位

根据双河村便利的区位条件、优良的气候条件和山水环抱成趣的景致,充分发挥旅游产业带动效应,完善果树种植基地等项目建设,启动水果卡通园、生态牧场、有机养殖等项目建设,改变以农业为主的产业结构,通过"旅游+扶贫"发展战略,推进第一、第三产业融合发展,构建以旅游产业为引领,生态农业、休闲度假为基础的现代产业发展体系。因此将双河村的旅游产业定位为战略性支柱产业。

3. 旅游产业与产品设计

双河村拥有蜜橘种植基地和苗木基地等旅游资源和项目,已经形成一定的规模,但双河村的旅游产业还缺少整体规划,不能形成完整的旅游产业体系,核心竞争力不强。因此,通过对双河村旅游资源禀赋、开发条件、客源市场以及旅游业发展态势进行梳理,重构双河村旅游产品,形成"水果采摘游、生态农业游、休闲观光游"三大产品体系。

(三)双河村旅游扶贫项目规划

1. 旅游项目空间布局

依据双河村的区位条件、产业发展方向、整体布局需求等,以木兰果乡为主题,通过旅游业引领全村生态农业产业升级,构建"一轴一心三区"的发展格局(见表7-10)。

表7-10 双河村旅游结构功能分区表

总体布局	功能分区	发展思路
一轴	果香大道发展轴	以改造完成的153乡道为依托,通过在道路沿线打造各式瓜果采摘等田园休闲项目,打造木兰文化生态旅游区最大的瓜果采摘基地
一心	入口服务中心	以双河村村委会为依托,作为整个双河村旅游的集散中心,鼓励村委会周边村民开展农家乐、生鲜瓜果店等经营活动,为游客提供旅游接待、瓜果购买服务,给村民创业致富提供良好的机会,实现旅游扶贫目标
三区	果香采摘区	以现有的600亩蜜橘基地为基础,扩大瓜果种植面积和种类,引入葡萄、蓝莓、草莓、樱桃、黄桃等品种分片种植,将双河村打造成黄陂种植面积最大的瓜果种植基地。同时,以此为最大卖点,开发瓜果采摘游产品,实现三产融合,增加综合经济效应
	林下经济示范区	以现有300亩苗木基地为依托,扩大苗木种植的面积和品种,发展林下种植业、养殖业、采集业和森林旅游业,使农林牧各业实现资源共享、优势互补、循环相生、协调发展的生态农业模式
	木兰古战场景区	以木兰为品牌,深挖木兰征战文化,还原木兰将军征战沙场场景,并结合当今游客的体验性、刺激性的需求偏好,设置一系列游客参与的古战场体验性游乐项目,与其他木兰品牌的景区形成错位竞争,共同支撑其木兰旅游品牌

2. 新建旅游项目

(1)瓜果超市。

鉴于游客对当地生鲜瓜果的偏爱,修建瓜果超市,并建设冷冻库,方便瓜果过季时游客也能购买。同时,引导农户开拓瓜果电商渠道,打开线上销售渠道。

(2)瓜果长廊与十里果香长廊。

在果乡的入口处设置科普长廊,可摆放不同生长时期的植物标本、画册等展示生长过程,配备专人讲解,指导游客科学采摘。沿着瓜果长廊,修建一条采摘栈道,联通各大瓜果种植基地,并在沿线修建盆景园、奇石园等观赏项目。让游客沿着采摘栈道,不仅能采摘到各种鲜美的水果,还能欣赏到各种高雅的乡村奇观。

(3) 水果卡通乐园。

以水果造型为原型，通过创新创意，设计出各种水果造型的卡通人物，吸引亲子旅游市场的目标群体前来游览、拍照。

(4) 木兰古战场景区。

以木兰为品牌，深挖木兰征战文化，还原木兰将军征战沙场的场景，并结合当今游客追求体验性、刺激性的需求偏好，设置一系列游客参与的古战场体验性游乐项目，与其他木兰品牌的景区形成错位竞争，共同支撑其木兰旅游品牌。设计建设点兵台、军寨、将军大营、马战表演、练兵台、冷兵器博物馆等。

3. 现有项目改造

(1) 游客中心。

现有村委会刚新建完成，扩充功能，未来作为乡村游客的服务中心，游客可以在此实现买票、问讯、购买生鲜瓜果等，并在游客中心周围建设停车场，将村委会打造成集政务中心、游客中心、有机瓜果展示中心于一体的综合服务中心。

(2) 瓜果种植基地。

在蜜橘种植基地的基础上，以"合作社＋农户＋基地"的形式，成片形成不同的瓜果种植基地，基地内主要种植蓝莓、蜜橘、葡萄、草莓等瓜果，通过发展水果种植，不仅通过瓜果生产、加工发展新鲜瓜果产业，同时通过吸引游客采摘，增加综合经济收益。

(3) 水果罐头场。

依托村内的水果种植基础，在道路旁建设一座水果罐头加工厂，把过季的新鲜水果加工成罐头。

(4) 有机养殖基地。

利用山林资源，大力发展林下经济。开展健康肉食的"后备箱工程"，建设土猪、土鸡、土鸭、土羊、土鹅等有机养殖基地，打造成既可以吃又可以玩的综合性基地。

(5) 生态牧场。

依托现有的养殖基地与山林地貌，养殖牛、马、羊等，游客既可以与畜牧亲密接触，又可以放心将生态肉食产品带回家中。

(6) 苗木基地。

充分利用现有 300 亩苗木基地为基础，扩大苗木种植的面积和品种，发展林下种植业、养殖业、采集业和森林旅游业。

(四) 双河村旅游脱贫路径规划

1. 扶贫业态策划

(1) 特色餐饮产业。

依托禽畜养殖、瓜果种植，打造特色美食长廊、乡村嘉华美食节等农家特色餐饮文化，同时可开展农事体验、农家文化娱乐活动。

(2) 特色住宿产业。

依托当地的环境与资源优势，开发风格迥异的居民客栈，可以利用民事、节气等风格修建和装饰，极具乡间文化特色。

(3) 售卖特色商品。

根据当地的自然环境条件，开展特色种植养殖，如鱼禽牧养殖、苗木、蔬菜、水果种植等，利用当地瓜果资源建设品牌水果加工场,售卖成品罐头。

(4)发展养生产业。

依托自然生态环境、林下经济示范区以及果乡采摘区的资源,建立生态餐厅、生态牧场等,开发生态养生产品和项目。

2. 贫困户参与机制

(1)"景区+贫困农户"机制。

制定各项优惠政策,进一步开发和完善木兰古战场景区、生态牧场以及果乡采摘区的各类采摘园,以景区开发带动贫困村民参与水果种植、禽畜养殖以及旅游接待服务。

(2)"景区+协会+贫困农户"机制。

由参与旅游经营、服务的贫困农户带头成立双河村农民旅游协会,由协会带头人免费为贫困村民开展乡村旅游项目经营、旅游接待服务培训等。

(3)"合作社+贫困农户"机制。

大力实施"合作社+种植业""合作社+养殖业"运作模式,将贫困户发展为社员,为贫困户提供雏鸡鸭(牛犊)、水果苗以及技术、产品回收、加工销售等服务。

3. 旅游扶贫精准指导

(1)针对29户因病致贫的贫困户。

要多次进行慰问,送饲料、蔬菜种子、送药品等,可以安排其家人在村内担任保洁员、秩序维护员等,对于有一定能力的人员,进行培训,吸纳其在木兰古战场景区、生态牧场、水果采摘园等从事旅游服务与安保工作、水果种植与禽畜养殖等。

(2)针对16户因残致贫的贫困户。

政府为其缴纳基本医疗保险和个人保险金等,落实家庭人口门诊、住院就医报销政策及相关救助政策,落实低保政策、残疾补贴等,对于有劳动能力的人员积极帮助发展种植养殖小项目增收脱贫,免费赠送鸡饲料、蔬菜种子等。也可让其在新建的旅游项目中担任销售人员,增加增收渠道。

(3)针对4户因子女上学而致贫的贫困户。

对于此类贫困户可对其进行文化与卫生知识的教育、种养技术和旅游服务技能的培训与现场指导。樱桃、蓝莓、蜜橘、黄桃采摘基地以及水果卡通园、瓜果超市等旅游项目在建设初期会需要大量的工作人员,可招聘其进入相应的工作岗位,在此基础上达到脱贫的目的。

(4)针对2户因缺少资金和劳动力致贫的贫困户。

在给予政策保障的基础上,最重要的是生产扶持。一是技能培训,切实加强适用技术培训,定期组织专业技术人员上门对其指导;二是就业扶持,尽可能在开设的旅游项目中帮助其找到合适的工作岗位,多方联系;三是资金扶持,对于有脱贫信心和希望却因资金无法启动的贫困户,给予一定的资金扶持;四是提供信息服务,按照市场需求,引导他们选准致富产品和项目,搞好信息、技术、销售服务、确保产品增收,加快脱贫步伐。

五、山地露营地,木兰康居谷——羊角山村

(一)羊角山村旅游扶贫条件分析

1. 村情简介

(1)自然条件。

羊角山村地处武汉北郊,是鄂东北低山丘陵地区,属背斜性断层,北部多低山,为大别山

南麓余脉,主要有木兰山、羊角山、魏家寨等山脉。羊角山村水资源、生物资源丰富,植被覆盖率高,以原生林和经济林为主,植物景观良好。环境空气质量为优77天、良259天,全年空气污染指数为68.6,空气质量优良率为92.1%,优良率在鄂东地区首屈一指。

(2) 区位条件。

羊角山村位于黄陂区长轩岭街道北部,濒临滠水河,南距黄陂区22千米,距武汉市40千米。毗邻王家冲、闵家咀等村湾。有公交车往返村口。交通条件较为优越,通达性高。羊角山村所在的长轩岭街道是武汉市黄陂区北部中心街,是木兰文化生态旅游区的核心街,人文底蕴深厚,山水资源丰富,是武汉市最大的森林氧吧。周边众多的知名景区可以对羊角山村旅游项目发展起到带动作用,旅游区位十分优越。

(3) 经济社会条件。

羊角山村全村总计499户,总人口1756人。村集体经营性的收入达每年10万元,人均可支配年收入1.1万元。羊角山村的用水主要来源于水库。通信状况良好,中国电信、移动、联通、宽带互联网、有线电视等覆盖95%以上的山头地块。目前,羊角山村还存在内部车道路面崎岖不平、缺乏游路及缺乏停车场和交通标志等问题,人行道需根据景点进行规划修建。

(4) 产业发展现状。

羊角山村栀子花果种植项目500亩,但产量少,销量低迷,经济效益差;拥有1座80—100千瓦光伏发电单元,占地面积2亩。胡家田农家乐100亩:主要为水果种植区,但是只完成绿化,未营业。底北湾家庭农庄100亩,以种植业为主,种植水稻、油菜等,未营业。杜家冲水库旁有私人养殖基地,以养鸡为主,未营业。羊角山村在建项目有种蜂基地80亩、武汉国际汽车露营公园及油茶基地200亩。

2. 贫困现状及成因

(1) 贫困现状概述。

羊角山村建档立卡贫困户46户,123人,其中低保户19户,54人,占比43.9%,五保户7户,7人,占比5.7%,一般贫困户20户,62人,占比50.4%。

(2) 致贫原因。

①单一经济来源。羊角山村农民增收渠道少,经济效益低,土地收益是农民赖以生存的单一经济来源。

②可用劳动力少。因家庭中有残疾人、体弱或年老丧失劳动能力的成员,导致家庭长期陷入贫困,难以脱贫。

③因病因子女上学负担重。因家庭成员患病,巨额开销导致贫困,后续长期用药或长期患病无法参加劳动的,在长时间内很难脱贫致富,因子女上学,造成家庭收支不平衡,入不敷出。

④资源分配不均。教育、医疗、就业等资源向城市倾斜,导致农村与城市存在较大差距。

3. 旅游资源分析与评价

根据国家标准《旅游资源的分类、调查与评价》(GB/T18972-2017)的有关规定,通过全面调研,对羊角山村旅游资源按照主类、亚类、基本类型的层次进行分类(见表7-11)。

(1) 旅游资源类型。

表 7-11 羊角山村旅游资源类型

主 类	亚 类	基本类型	主要资源单体
A 地文景观	AA 自然景观综合体	AAA 山丘型景观 AAB 台地型景观	木兰山、矿山、羊角山、石门山、魏家寨等山脉
B 水域景观	BB 湖沼	BBC 湿地	羊角山村湿地
C 生物景观	CA 植被景观	CA 林地 CAB 独树与丛树 CAD 花卉地	松树、红枫、刺梨、杜鹃等落木混交林
	CB 野生动物栖息地	CBC 鸟类栖息地	鸡、蝴蝶、麻雀、乌鸦、喜鹊
E 建筑与设施	EA 人文景观综合体	EAE 文体活动场所 EAF 康体游乐休闲度假地	武汉国际汽车露营公园
	EB 实用建筑与核心设施	EBG 堤坝段落 EBK 景观农田 EBM 景观林场 EBN 景观养殖场	杜家冲水库、油茶基地、茶叶基地、胡家田私人农家乐、底北湾私人家庭农庄、湖北天耕农态农业
G 旅游购品	GA 农业产品	GAA 种植业产品及制品 GAD 水产品及制品 GAE 养殖业产品与制品	水稻、花生、油菜、芝麻、蚕豆、豌豆、鱼、鸡、蜂蜜等

（2）旅游资源空间分布。

羊角山村是鄂东北低山丘陵地区，属背斜性断层，总体地貌起伏平缓，沟壑宽浅，谷底平坦。由表 7-11 中可以看出羊角山村旅游资源数量覆盖了 8 大主类中的 5 个，23 个亚类中的 7 个，110 个基本类型中的 16 个，旅游资源均匀指数较低，旅游资源类型分布不均，自然资源虽然种类多样，但分布比较集中且珍稀奇特程度都较低，人文旅游资源几乎没有。旅游资源空间分布从数量来看，以自然资源为主的西南部分布密集，生物资源丰富，植物种类繁多，植被覆盖率高，以原生林和经济林为主，植物景观良好，西北为大面积的精养鱼池，东南侧为低矮山地，中部有大面积农田、湿地以及植被，土地肥沃；从旅游资源质量来看，缺乏高等级的旅游资源；从空间量化指数来看，羊角山村旅游资源多样化指数较高，但优势度指数和均匀度指数都较低，各种类型的旅游资源的数量和质量差别比较大。

（3）旅游资源特色评价。

羊角山村自然旅游资源丰富，山水错落其间，水库环抱成趣，山水相依，碧水环绕，绿树成荫，气候宜人，观赏游憩使用价值较高。生物种类繁多，松树、红枫等乔木和刺梨、杜鹃等灌木混交，植被景观层次较丰富，乔木郁闭度较高。山脉高度 50—150 米，可在此基础上开展山地运动场，既有安全保障又满足游客探险游玩的乐趣；水质优良，透明度较高，光影交错，水色迷人；村内武汉市汽车露营地、私人农家乐、家庭农庄、私人养殖基地都在紧锣密鼓的建设中，建成后，适游期将进一步提升。

(二)羊角山村旅游扶贫产业规划

1. 旅游发展主题形象

羊角山村雨量充沛,光照充足,热量丰富,四季分明,资源丰富,山水错落其间,水库环抱成趣,山水相依,碧水环绕,气候宜人,可依托长岭国际汽车露营公园项目,以房车营地、户外探险、休闲度假为核心,让游客获得"背山面湖,手摘星辰"的户外营地体验,打造国内知名汽车旅游露营地,同时打造康居谷,建设休闲养老基地。因此羊角山村的旅游发展主题形象定位为"山地露营地,木兰康居谷"。

2. 旅游产业发展定位

近年来羊角山村旅游开发刚刚起步,长岭国际汽车露营公园正在开发,种蜂养殖基地正在建设,旅游资源零散开发,没有形成合力,核心竞争力不强,急需整合与深度挖掘。本规划以"旅游+扶贫"为发展战略,确定以户外露营、生态农业、中药养生的功能定位,构建以旅游产业为引领,生态农业、乡村康养为基础的现代产业发展体系。

3. 旅游产业与产品设计

羊角山村长岭国际汽车露营公园、种蜂养殖基地、油茶基地等旅游资源和产业项目目前正在建设中,在发展现有产业资源的基础上,通过对羊角山村旅游资源禀赋、开发条件、客源市场以及旅游业发展态势进行梳理,重构羊角山村旅游产品,形成"汽车露营游、康疗养生游、乡村风情游"三大产品体系。

(三)羊角山村旅游扶贫项目规划

1. 旅游项目空间布局

综合考虑羊角山村的整体资源状况、区位条件、产业发展方向、布局需求以及未来旅游发展方向等,按照"旅游+农业+养老+养生+运动"的产业融合发展理念,通过旅游业统领全村产业经济发展,构建"一轴一心一地两区"的发展格局(见表7-12)。

表7-12 羊角山村旅游结构功能分区表

总体布局	功能分区	发展思路
一轴	交通发展轴	充分发挥本村位于黄陂北部木兰文化生态旅游区主通道的过境地优势,通过打造道路两岸的精美的形象展示系统和景观营造,吸引过境游客驻足游览、居住,完成羊角山村由"旅游过境地—旅游目的地—养生度假地"的逐步升级
一心	游客集散中心	依托村委会位于长轩岭国际汽车营地主入口的区位优势,鼓励村委会周边村民开展农家乐、民宿等经营活动,为游客提供旅游接待服务,给村民创业致富提供良好的机会,实现旅游扶贫目标
一地	国际汽车露营地	以汽车、房车为主要载体,以营地为活动据点,以度假旅游为主要内容,通过政府引导、市场推动、社会参与,不断完善配套设施、改善管理体系、丰富产品项目。借鉴国内外先进经验,将长岭国际汽车露营公园打造成为湖北首选、全国著名五星级汽车营地

续表

总体布局	功能分区	发展思路
两区	休闲农业发展区	以即将建成的国际汽车露营地为契机,结合露营客群的需求特点,结合现有的农业基础,围绕采摘、有机农产品等游客的偏好,发展休闲农业产业
	生态保育区	在保护的基础上对部分林相进行改造,基本方式是变单一的松林为混交林;将单一色彩的森林变成丰富多彩的森林。其主要功能体现在三个方面,第一个方面是营造周边山清水秀的视觉环境;第二个方面是为羊角山村的发展预留一定空间;第三个方面是方便国际汽车营地进行封闭式的管理

2. 旅游项目策划

(1) 游客集散中心。

依托村委会位于长轩岭国际汽车营地主入口的区位优势,鼓励村委会周边村民开展农家乐、民宿等经营活动,为游客提供旅游接待服务,给村民创业致富提供良好的机会,实现旅游扶贫目标。其一在此区域采用"前店后坊"的模式,设置麻糖坊、豆腐坊、榨油坊、鱼面坊等业态的美食坊和特色农家乐,打造羊角山特色美食村;其二将羊角山村种植的一部分水稻田部分改建泥塘,分为公共泥浴池和私密泥浴池,开设泥浆足球、泥浆摔跤等竞技项目,打造湖北首家泥浆乐园;其三建设有机农贸市场,售卖本村绿色有机农产品,针对家庭旅游住宿市场,将杨家屋湾、房楼湾等村湾进行改造,让父母带城市里的孩子体验传统乡村生活,建设特色亲子民宿。

(2) 国际汽车营地区。

以汽车、房车为主要载体,以营地为活动据点,以度假旅游为主要内容,借鉴国内外先进经验,将长岭国际汽车露营公园打造成为湖北首选、全国著名五星级"生态观光+汽车露营+自驾旅游+生态野营+生活服务+户外探险"汽车营地,这也是羊角山村在建的汽车露营公园。子项目建设有游客中心、生态停车场、房车露营地、帐篷营地、花海景观等露营观赏性项目,同时建设亲子乐园、山地运动场,提供互动式探险和体验项目,满足游客求新求异的旅游需求。

(3) 休闲农业发展区。

以国际汽车露营地为契机,结合露营客群的需求特点,结合现有的农业基础,围绕采摘、有机农产品等游客的偏好,发展休闲农业产业。利用村内已有的养蜂人家,建设成规模的养蜂基地和养蜂人家体验场,同时建设O2O有机农场、有机菜园、水果采摘基地。值得一提的是中草药谷,在现有栀子果基地的基础上,扩大中草药种植规模和品类,打造一处集赏花、科普、健康等功能于一体的综合性中草药种植基地,同时,为后期开发养生养老产品营造环境,并提供产品支撑。

(4) 生态保育区。

在保护的基础上对部分林相进行改造,基本方式是变单一的松林为混交林;将单一色彩的森林变成丰富多彩的森林。其主要功能体现在三个方面,第一个方面是营造周边山清水秀的视觉环境;第二个方面是为羊角山村的发展预留一定空间;第三个方面是方便国际汽车营地进行封闭式的管理。

（四）羊角山村旅游脱贫路径规划

1. 扶贫业态策划

（1）旅游餐饮业态。

结合有机果蔬种植、特色美食村，打造农家特色美食长廊、生态农家乐等特色饮食文化。

（2）旅游购物业态。

根据当地的农业资源、传统手工艺等开设特色农产品交易中心、中药材交易中心、蜂制品加工中心，发展旅游购物。

（3）旅游娱乐业态。

注重游客参与，开展亲子采摘、农产品体验馆、生态健身运动、房车、露营体验等项目，满足游客放松身心、体验当地文化的需求。

（4）探险旅游业态。

依托当地的自然资源，开发蜜蜂生活习性大探险、中医药保健探秘之旅、农业生产大探秘等项目，满足游客求新、求奇、求异的心理。

2. 贫困户参与机制

通过设立政府主导保障机制、旅游决策咨询机制、旅游经营与利益分配机制、地方文化与生态保护机制等，充分发挥武汉市、黄陂区旅游委的主导作用，发挥村民的主人翁地位，广泛听取当地村民的意见和建议，尤其是贫困户村民的意见。建立贫困农户参与保障机制，制定相关的法律、法规，鼓励和引导贫困农户参与旅游业发展，保证贫困户在就业、开发和销售特色旅游商品上具有优先权，引导贫困户居民直接参与旅游生产活动，如开办家庭旅馆、餐馆和旅游商品经营店。在发展的过程中，实行"效益为先，兼顾公平"的利益分配原则，按照贫困户居民的参与意愿和经营能力进行利益分配，鼓励贫困户村民自觉担任文化传播者、环境保护义务宣传员、村域环境卫生监察员、森林草场防护员等。

3. 旅游扶贫精准指导

（1）针对因病致贫的贫困户。

政府要为其缴纳基本的医疗保险，在治疗基础上，可以适当在开展的森林养生、气候养生、中草药养生等生态养生旅游项目中提供可以担任的工作岗位，为其增加收入来源。

（2）针对因残致贫的贫困户居民。

要落实家庭人口门诊、住院就医报销政策及相关救助政策，落实低保政策、残疾补贴等。可以通过鼓励其发展特色种植业增加收入，例如，可以开养殖蜂场，售卖蜂蜜，增加收入来源。

（3）针对因子女升学而致贫的贫困户。

按标准落实教育扶持资金，对于此类贫困户吸纳其作为国际汽车营地的安保人员、特色生态农产品的售卖人员、茶制品的销售人员、特色手工艺品的制作人员，以带动他们脱贫致富。

六、山野运动，生态赵店——赵店村

（一）赵店村旅游扶贫条件分析

1. 村情简介

（1）自然条件。

赵店村为低山丘陵地貌，地势为西北高、东南低，四周群山环抱，中部和东南部形似小盆地。国家级生态公益林10847.19亩,生态植被覆盖率达98%。水资源丰富,有小型水库4座,中间一条赵店河自北向南汇入彭城河,全长3.5千米,河平均宽度25米,大小山塘32个,全村15个自然湾沿河而居。

(2) 区位条件。

赵店村位于蔡店街东北部,北与大悟山场相连,南邻桃花村,西与李文三村连界,东与姚集街山脉连界,距蔡店街政府4.5千米。到蔡店客运站5千米,车程约7分钟;到黄陂区51千米,车程约1小时10分钟;到沪蓉高速76千米,车程约1小时30分钟;到天河机场80千米,车程约1小时40分钟,有公交车往返村口。因此,区位条件及交通条件较为优越,交通通达性高。同时,赵店村所在的蔡店街道有景区4家,其中有清凉寨和锦里沟两家4A级景区。

(3) 经济社会条件。

赵店村共有582户,2085人。全村经济以农业种植和外出务工为主。全村楼房覆盖率达到75%以上(含商品房),电视机、电冰箱、热水器基本全面覆盖,安装空调的农户近50%,代步车辆500多辆(含摩托车)。村内成立了老年活动中心,建成了三个活动广场,安装了健身器材,成立了舞蹈队,丰富了村民的精神文化生活。目前,村内湾湾通水泥路,村民交通出行非常便利。用水主要来源于赵店河和水库,90%农户饮水来自高位引流。现有电力电量主要由市电力网提供,基本能满足当下村民的需求且通信状况良好,中国电信、移动、联通、宽带互联网、有线电视等覆盖95%以上的山头地块。

(4) 产业发展现状。

赵店村以种植业为主,种植有水稻、花生、茶叶、油茶、苗木、花卉等品种,建设有花卉基地、苗木基地、养殖基地等,以及杨树堰农庄、黑木沟农庄等。

2. 贫困现状及成因

(1) 贫困现状概述。

全村建档立卡贫困户117户,267人。其中低保户32户,87人,占比32.6%;五保户37户,38人,占比14.2%;一般贫困户48户,142人,占比53.2%。

(2) 致贫原因。

①单一经济来源。赵店村农民增收渠道少,经济效益低,土地收益是农民赖以生存的单一经济来源。

②因病、因残、因学负担重。因家庭中有残疾人、体弱或年老丧失劳动能力的成员,导致家庭长期陷入贫困,难以脱贫;因家庭成员患病,巨额开销导致贫困,后续长期用药或长期患病无法参加劳动的,在长时间内很难脱贫致富;因子女上学,造成家庭收支不平衡,入不敷出。

3. 旅游资源分析与评价

(1) 旅游资源类型。

根据国家标准《旅游资源的分类、调查与评价》(GB/T18972-2017)的有关规定,通过全面调研,对赵店村旅游资源按照主类、亚类、基本类型的层次进行分类(见表7-13)。

表 7-13　赵店村旅游资源类型

主　类	亚　类	基本类型	主要资源单体
A 地文景观	AA 自然景观综合体	AAA 山丘型景观 AAB 台地型景观	狮子头、各种山脉资源
B 水域景观	BA 河系	BAA 游憩河段	赵家河
C 生物景观	CA 植被景观	CAA 林地 CAB 独树与丛树 CAD 花卉地	松树、花卉、苗木等
	CB 野生动物栖息地	BDA 水生动物栖息地 CBB 陆地动物栖息地 CBC 鸟类栖息地	巴西龟、牛、鸡、蝴蝶、麻雀、乌鸦、喜鹊
F 历史遗迹	FA 物质类文化遗存	FAA 建筑遗迹	老寨沟古城墙、古寨墙
E 建筑与设施	EA 人文景观综合体	EAE 文体活动场所 EAF 康体游乐休闲度假地 EAI 纪念地与纪念活动场所	便民服务大厅、多功能活动室、文化娱乐室、图书阅览室、老年活动中心、活动广场、赵义京烈士纪念馆
	EB 实用建筑与核心设施	EBG 堤坝段落　EBK 景观农田 EBM 景观林场 EBN 景观养殖场	黑木沟水库、永兴庵水库、雷打沟水库、杨树堰水库、苗木基地、花卉基地、水产养殖地、养牛合作社、屋脊山农场等
G 旅游购品	GA 农业产品	GAA 种植业产品及制品 GAD 水产品及制品 GAE 养殖业产品与制品	水稻、花生、茶叶、油茶、苗木、花卉、巴西龟
H 人文活动	HA 人事活动记录	HAA 地方人物	赵义京、赵清高、张启忠、赵义钊

(2) 旅游资源空间分布。

赵店村为低山丘陵地貌,地势为西北高、东南低,四周群山环抱,中部和东南部形似小盆地。由表 7-13 中可以看出,赵店村旅游资源数量覆盖了 8 大主类中的 7 个,23 个亚类中的 9 个,110 个基本类型中的 21 个,旅游资源均匀指数居中,旅游资源类型分布较均匀,自然资源种类多样,但珍稀奇特程度都较低,有少量的人文旅游资源。旅游资源空间分布从数量来看,以自然资源为主的南部分布密集,东北部分布稀疏,以人文资源为主的东南部分布稀疏。赵店村生物资源丰富,植物种类繁多,植被覆盖率高,以原生林和经济林为主,植物景观良好;从旅游资源质量来看,高等级的旅游资源较少,多数为中低级旅游资源;从空间量化指数来看,赵店村旅游资源多样化指数和均匀度指数较高,但优势度指数较低,各种类型的旅游资源的数量和质量差别比较大。

(3) 旅游资源特色评价。

赵店村因山水而美,四面环山,山上山势陡峭,奇石怪石形态各异,具有雄奇险峻的特点。山水环抱,气候宜人,观赏游憩使用价值较高。赵店村人文历史源远流长。明末初期,时至战乱期间,为了躲避战乱,村民自发组织群众在位于海拔400米的赵家大寨,利用山头的碎石修建一条长300米,宽1.8米,高2米的石墙,以防备战,消灭了一些日寇和土匪,后人们称它为古寨墙,是区级文物保护单位。赵店村山林资源、苗木基地、花卉基地成规模建设,可在此基础上开展极限运动项目、山地自行车、越野游等项目,既有安全保障又满足游客探险游玩的乐趣;水质优良,波光粼粼,透明度较高。赵店村旅游资源众多、山水交织、人文为蕴,是不可多得的旅游去处。

(二)赵店村旅游扶贫产业规划

1. 旅游发展主题形象

赵店村拥有山水、林木资源,油茶种植基地、苗木基地等产业基础,可培育运动旅游等新型业态,构筑以乡村旅游为引领,以山野运动、生态休闲农业为基础,以环湖自行车道、水上运动基地、山林越野运动公园、花艺谷、五彩花溪、垂钓乐园、油茶基地等项目为支撑的新型乡村旅游产业体系,打造"山野运动,生态赵店"旅游形象。

2. 旅游产业发展定位

根据赵店村便利的区位条件、优良的自然环境、良好的旅游基础条件,加快推进和完善油茶种植基地、苗木基地等项目建设,启动环湖自行车道、山林越野运动公园、水上运动基地、花卉基地等项目建设,加快第一、第三产业融合。本规划以"旅游+扶贫"为发展战略,确定以"山野运动、生态休闲度假"的功能定位,构建以旅游产业为引领,山野运动、生态休闲农业为基础的现代产业发展体系。

3. 旅游产业与产品设计

赵店村拥有油茶种植基地、苗木种植基地、登山线路等旅游资源和项目,目前正在建设和完善中。但赵店村的旅游产业还缺少整体规划,不能形成完整的旅游产业体系,核心竞争力不强。因此,通过对赵店村旅游资源禀赋、开发条件、客源市场以及旅游业发展态势进行梳理,重构赵店村旅游产品,形成山野运动游、生态休闲农业游、乡村文化体验游三大产品体系。

(三)赵店村旅游扶贫项目规划

1. 旅游项目空间布局

依据赵店村的区位条件、产业发展方向、整体布局需求等,按照"休闲旅游+生态农业+山林越野"的产业融合发展理念,通过旅游业统领全村产业经济发展,构建"一轴两区两片"的发展格局(见表7-14)。

表7-14 赵店村旅游结构功能分区表

总体布局	功能分区	发展思路
一轴	交通发展轴	以桃赵(桃花店—赵店)公路的修建为契机,通过在道路沿线打造山林越野、田园采摘等系列休闲项目,并充分利用滨水景观,将桃赵路打造成黄陂北部著名的乡村旅游公路

续表

总体布局	功能分区	发展思路
两区	旅游综合服务区	以赵店村村委会为依托,作为整个赵店村旅游的集散中心,鼓励村委会周边村民开展农家乐、民宿等经营活动,为游客提供旅游接待服务,给村民创业致富提供良好的机会,实现旅游扶贫目标
两区	野溪谷生态旅游区	依托项目地现有的水库和冲沟,以国家4A级旅游区的建设标准,以溪谷探险、山林游乐为主题,开发一系列溪谷景观、游乐项目,打造成赵店村吸引外来游客的核心吸引物
两片	山野运动休闲片	挖掘现有的驴友市场,以山林资源为依托,针对武汉城市圈探险、越野游市场,开发水上运动、极限运动、骑牛场、山地自行车、森林木屋等项目,将此处打造成探险者的天堂
两片	生态农业种植片	依托已有的古寨、花卉基地、苗木基地、养殖基地等旅游资源和农业项目,针对家庭旅游市场,营造花村、花谷等乡村花卉景观,开发集赏花、休闲、游乐等功能于一体的乡村旅游项目

2. 新建旅游项目

(1) 乡村美食街。

借鉴西安袁家村,采用"前店后坊"的模式,设置麻糖坊、豆腐坊、榨油坊、鱼面坊等业态的美食坊和特色农家乐,让游客既能近距离体验到传统的手工艺美食制作过程,又能品尝到地道的黄陂特色美食。

(2) 赵义京烈士纪念馆。

赵店村是抗日名将赵义京烈士的家乡,在村委会旁边修建赵义京烈士纪念馆,让游客了解赵店村的红色文化、缅怀革命烈士。

(3) 景区游客中心。

在溪谷开口的平地处,建设景区的综合服务中心,建设山野风格的游客中心,建筑面积约2500平方米,为游客提供售票、问讯、集散、休息等服务。

(4) 五彩花溪。

通过筑坝等方式,增加现有的水流量,并在溪边成片种植各类花卉和湿地植物,打造色彩缤纷的花溪景观。

(5) 垂钓乐园。

在黑木沟水库的东侧,修建垂钓平台、垂钓屋等,充分满足垂钓爱好者的需求,打造成垂钓的乐园。

(6) 环湖健身自行车道。

在黑木沟水库的岸边修建环湖健身自行车道,采用沥青、防腐木等不同材料铺设,给游客创造不同的感官效果,两侧铺设草坪,种植有色树种作为行道树,每年定期举办环湖自行车赛。

3. 现有项目改造

(1) 游客中心。

在现有村委会的基础上,扩充功能,未来作为乡村游客的服务中心,游客可以在此实现买票、问讯、购买土特产品等,并在游客中心周围建设停车场。

(2) 冲门岗民宿。

针对驴友探险游、家庭旅游住宿等市场,将冲门岗湾进行改造,引导该区的农民改造自己的屋舍,农户在房前屋后种花种草,并放置石磨、陶罐、旧木水桶、轮胎秋千等反映乡村原真生活形态的器物,以简单易行的手法渲染浓郁的乡土生活氛围。

(3) 金沙滩。

将黑木沟水库的北岸进行平整和人工加固处理,铺上细沙,修建人工沙滩、沙滩排球场、水上茶吧,沙滩中部建设沙雕区可供游客戏耍,并配置遮阳伞、躺椅、吊床等。

(4) 水上运动基地。

以黑木沟水库为依托,以"亲水"为主题,建设与山地越野项目相对应的水上柔性运动,以适应不同的人群,引入水上自行车、水上高尔夫等水上运动项目,将健身、娱乐、亲近自然融为一体。

(5) 极限运动基地。

充分利用赵店村北部山林坡地的地形,针对年轻人旅游市场对刺激性、娱乐性的偏好需求,设置当前最为热门的拓展极限运动项目,打造乡村特色的运动基地。

(6) 骑牛场。

以养牛农村合作社为经营主体,依托养牛基地,开发"骑牛"的特色乡村旅游项目,打造武汉乃至湖北首个"骑牛"项目。

(四) 赵店村旅游脱贫路径规划

1. 扶贫业态策划

(1) 特色餐饮产业。

因地制宜发展农家乐,以果园、良田、牧场展示农村风貌、营造农家的温馨氛围、开展农事体验、农家文化娱乐活动。

(2) 售卖特色产品。

依托农业资源,招商引资,开展茶叶、鲜花、蔬菜、水果、大米、玉米等农副产品加工,增加农民收入。

(3) 开展研学项目。

依托当地的农业资源和休闲运动优势,开发拓展训练,摄影采风,各种夏令营、冬令营,农事采摘体验活动等多样化的研学旅行产品。

2. 贫困户参与机制

(1) "景区+贫困农户"机制。

充分出台优惠政策,引进有资金实力和市场经营能力的企业开发花艺谷、越野运动公园等景区,以景区开发带动村民参与花卉种植、果蔬禽畜种养以及接待服务。

(2) "结对帮扶"机制。

鼓励大景区与小景区建立长效利益合作机制,实行乡村旅游能人引导和带动贫困户、党员干部与带头人精准帮扶建档立卡贫困户的机制。

(3) "合作社+贫困农户"机制。

大力实施"合作社+种植业""合作社+养殖业"运作模式,将贫困户发展为社员,为贫困户提供雏鸡鸭(牛犊)、巴西龟苗以及技术、产品回收、加工销售等服务。

3. 旅游扶贫精准指导

（1）针对因病致贫的贫困户。

重要的是生活救助，对家中突发性事件和生活遇到困难的贫困户要及时上门走访慰问。对有劳动能力的贫困户居民提供可以担任的工作岗位，如在游客中心、生态停车场等不需要大量体力劳动的项目中为游客提供基本服务，为其增加收入来源。

（2）针对因产业致贫和缺乏技术致贫的贫困户。

除了基本的政策保障外，最重要的是对贫困户的生产扶持。加强贫困户技能培训和资金扶持，帮助他们落实一些种植、养殖等投资少、见效快、风险小的产业。提供就业扶持和信息服务，在村内开设旅游项目培训教育，对于培训合格的贫困户村民提供合适的工作岗位，同时对于想从事种植业、养殖业的贫困户村民可按照市场需求，引导他们选准致富产品和项目，搞好信息、技术、销售服务，确保产品增收。

七、怡享三台山景，畅游木兰田园——唐保社村

（一）唐保社村旅游扶贫条件分析

1. 村情简介

（1）自然条件。

唐保社村位于黄陂区中部岗状平原区，地属大别山脉中部分支。全村海拔范围为30—150米，主要包括岗地、低丘等地形。气候温和，严寒酷暑少，水资源主要为面积不一的塘堰，山林面积4129亩，主要包括用材林、经济林和珍贵树种林等，山林中野生动物品种丰富。

（2）区位条件。

唐保社村位于黄陂区中部的王家河街道。村庄北邻胜天农庄，东靠火塔线，南接上熊村，西达三台山景区。距离王家河街道6.2千米，距离黄陂区政府18千米，距离武汉市区54千米，属于武汉市1.5小时自驾圈范围。唐保社村内外部交通条件良好，村内主要通过火塔线与王家河街道联系，通过长塔路旅游通道连接武麻高速；村外拥有便捷的公交线路，连接黄陂前川客运中心、长堰及主要村湾，为游客进入本村提供良好的交通设施。唐保社村所属的王家河街道拥有胜天农庄、木兰草原、木兰竹海、木兰花园、木兰溪、银杏山庄等景点，对唐保社村的乡村旅游发展具有重要的推动作用。

（3）经济社会条件。

唐保社村共有520户，1850人。其中，劳动力人口为1200人，外出务工人员约占劳动力总数的30%。唐保社村山多地少，耕地主要集中在东、北部平原地带，人均耕地面积0.87亩，村民可用耕地面积较少。该村集体收入主要来源于土地流转，通过将土地出租给三台山景区和木兰田园公司，共获得管理费用10.9万元。2016年村内人均纯收入18028元，主要来源为外出打工和土地租赁。

（4）产业发展现状。

唐保社村的传统农业以水稻、花生和油菜种植为主，村内的木兰田园公司租用村内大部分土地开展现代化农业，开发农业体验观光旅游，极大地推动乡村农业产业结构升级。此外，唐保社村发展以土鸡、生猪、山羊为主的养殖业，分散经营，规模小，经济效益有限。唐保社村依托三台山景区和木兰田园旅游区，带动乡村旅游发展，拥有较好的发展前景。

2. 贫困现状及成因

（1）贫困现状概述。

唐保社村建档立卡贫困户54户，113人，2015年全村贫困户实现全部脱贫。

（2）致贫原因。

①产业基础薄弱，技术水平较低。唐保社村产业发展以农业生产为主，养殖业为辅。村内农副产品生产基础薄弱，群众生产技术落后、科技含量低，主要以水稻、花生、油菜种植为主，部分养殖户分散而不成规模，尚未形成覆盖农民稳定收入的产业。

②村民整体文化水平偏低，参与旅游业发展的能力不足，多从事简单重复性强的工作，替代性强。

③可供利用的土地面积少，村内的土地资源多被流转出租，实际耕地面积大量减少，降低社会经济效应，影响土地规模化经营。

3. 旅游资源分析与评价

（1）旅游资源类型。

根据国家标准《旅游资源分类、调查与评价》(GB/T18972-2017)的有关规定，通过全面调研，对唐保社村的旅游资源按照主类、亚类及基本类型的层次进行分类（见表7-15），确定其旅游资源类型覆盖了8大主类中的6个，23个亚类中的8个，110个基本类型中的14个。

表7-15 唐保社村旅游资源类型

主　类	亚　类	基本类型	主要资源单体
B 水域景观	BB 湖沼	BBB 潭地	唐保社门口塘、山彭湾门口塘、大湾田门口塘、杨家楼门口塘
C 生物景观	CA 植被景观	CAA 林地	唐保社山林
		CAB 独树与丛树	马尾松、茶树、唐家田香樟树、陈龙章杨树、窦毛祖椿树、程富冲古树
	CB 野生动物栖息地	CBB 陆地动物栖息地	唐保社山林(狐、雉鸡、猪獾、野猪、野兔、松鼠等)
		CBC 鸟类栖息地	唐保社山林(云雀、猫头鹰、白鹭等)
E 建筑与设施	EA 人文景观综合体	EAA 社会与商贸活动场所	大湾田、唐保社、山彭湾、杨家楼、程富冲
		EAD 建设工程与生产地	大细湾鳝鱼养殖基地
		EAF 康体游乐休闲度假地	三台山景区、木兰田园景区、冯家冲家园、窦毛祖健身广场、村委会前广场
		EAG 宗教与祭祀活动场所	窦氏祠堂
F 历史遗迹	FB 非物质类文化遗存	FBB 地方习俗	打豆腐、喝老米酒、吃粽子、喝雄黄酒、过半年

续表

主 类	亚 类	基本类型	主要资源单体
G 旅游购品	GA 农业产品	GAA 种植业产品及制品	油茶、柿子、仙桃、板栗、野生葛粉、野生天麻
		GAD 水产品及制品	鳝鱼、青鱼、草鱼、鲢鱼、鳙鱼
	GC 手工艺品	GCE 金石雕刻、雕塑制品	泥塑
H 人文活动	HB 岁时节令	HBA 宗教活动与庙会	龙灯会、盂兰节

(2) 旅游资源空间分布。

唐保社村的旅游资源集中分布在北部的山林区、南部的村湾地区和三台山景区、木兰田园景区附近。北部为唐保社山林,区域内丘陵众多、植被茂密,吸引众多野生动物在此栖息,生物景观丰富;村庄的中部和南部密集分布着各种旅游资源,主要为历史文化遗迹、康体休闲景区等人文资源。唐保社村西邻三台山景区,三台寺顺治帝、花木兰等传说众多。此外,拥有大湾田、唐保社、山彭湾、杨家楼、程富冲等特色村湾的传统文化建筑和设施。唐保社村以南湖泊密布、水资源丰富,水域范围内生态景观优美。

(3) 旅游资源特色评价。

唐保社村旅游资源以三台山风景区和木兰田园景区为主。三台山风景区内植被覆盖率高、动植物种类繁多,拥有良好的自然环境;三台寺传说是三台寺发展宗教文化旅游的重要依托。木兰田园景区自然资源组合度较好,区域内涵盖大片森林,河流穿境而过,景观多样、充满生机;景区内土地平整,适宜开发现代农业项目,如花卉种植、田园观赏体验和果蔬采摘等;将极具市场影响力的木兰故事作为主题方向,同时结合黄陂当地的院巷建筑与民俗文化,开展乡村文化民俗旅游。此外,唐保社村较为完整地保留了窦毛祖民居建筑群,拥有大湾田、唐保社、程富冲、杨家楼等特色村湾,完整保存历史村湾的传统巷道格局,当地的原住居民保持生产生活习惯、传统习俗,利用古民居建筑、农事场所及田野,打造可供城市居民回归乡村、了解农耕生活文化、亲近自然生态的乡村旅游目的地,具有较高的人文情感价值、历史价值和景观价值。

(二) 唐保社村旅游扶贫产业规划

1. 旅游发展主题形象

唐保社村以窦毛祖、程富冲、杨家楼、大湾田、唐保社特色村湾为核心旅游资源,借助三台山景区和木兰田园景区的带动作用开发乡村旅游。依托三台山景区公路对接黄陂区旅游干线火塔线的优势,窦毛祖结合木兰文化打造精品度假项目、程富冲结合佛教文化打造禅意体验项目、杨家楼结合地域文化打造民俗特色项目、唐保社结合木兰田园景区规划打造农业体验项目、大湾田结合木兰田园景区打造采摘项目。因此,本规划提出"怡享三台山景,畅游木兰田园"主题形象,将唐保社村打造成依托周边景区、发展以田园体验为主要特色的乡村旅游目的地。

2. 旅游产业发展定位

立足于唐保社村的自然环境和传统农业基础,结合水稻、花卉、蔬果种植,发展以农业观光体验为主导的乡村旅游业,推动唐保社村的农业产业转型升级,同时继承传统农耕方式,发挥村湾农业生产、观光、耕种体验的多元化功能,使农业发展与旅游开发有机结合,形成可持续发展的田园综合体,实现乡村脱贫致富的目标。因此将唐保社村的产业发展定位为以乡村旅游业(农业观光及体验、乡村度假、农家乐)为主导,加强种植业(传统农业和农副产品生产)提质升级。

3. 旅游产业与产品设计

通过对唐保社村的基本村情、贫困情况和致贫原因、产业发展现状、旅游资源分布进行分析,发现唐保社村具有发展休闲农业和文化旅游的优势条件,因此依据唐保社村的旅游资源特征,总体形成2个核心主题产品、1个特色旅游产品(见表7-16)、3个配套产品的产品体系,可开展十余项特色旅游活动。

表7-16 唐保社村旅游产品体系

旅游产品体系	产品类型	主要产品
特色旅游产品	精品度假	窦毛祖村湾结合木兰文化中的归隐田园的传说,示意性地复原木兰归隐田园后的生活,打造富含独特文化的特色度假村
	禅意修行	程富冲村湾结合三台山景区的佛教文化,打造禅意修行社区,让游客体验禅意文化
	地域文化	杨家楼村湾引入黄陂本地的民俗和民间技艺,打造富含本地风情的特色休闲度假村湾
	田园体验	唐保社村湾遵循木兰田园景区的规划内容,设计农业观光与农业游览体验项目
	采摘体验	大湾田村湾结合木兰田园景区,规划果蔬采摘内容,打造独具特色的采摘体验

(三)唐保社村旅游扶贫项目规划

1. 旅游项目空间布局

根据王家河街唐保社村旅游扶贫规划的编制要求,以区域联动发展为前提,结合唐保社村的旅游资源现状、产业情况等,提出将唐保社村乡村旅游空间划分为"一心一带三区"(见表7-17)。

表7-17 唐保社村旅游结构功能分区表

分区	名称	发展思路
一心	社区服务中心	唐保社村核心位置,游客服务和集散中心
一带	田园文化体验带	以杨家楼—大湾田—唐保社为文化景观带,串联各个重要的田园旅游节点
三区	三台山景区及配套服务区	主要是三台山景区入口处的程富冲及窦毛祖村湾,结合三台寺佛教文化和木兰文化打造三台山景区服务配套的民宿及度假区
	田园生活休闲区	以杨家楼、陈垄章、山彭坳、唐保社、冯家冲、刘家独等村湾及周边的田地为依托,打造以现代农业开发展示、田园体验为主题的田园生活示范区
	山林生态保育区	保育唐保社村湾良好的山林环境

2. 新建旅游项目

(1) 果蔬公社。

大湾田村结合木兰田园景区设计桃园、荷园与草莓园等,开展游览与采摘活动。

(2) 田园公社。

唐保社村湾遵循木兰田园景区的规划内容,打造农业观光与农业游览体验项目,结合本村湾的自然环境,开发丰富的旅游项目。

3. 现有项目改造

(1) 清禅民宿。

程富冲打造清禅民宿,主要借助三台寺的宗教文化发展本村的旅游度假,创造出远离尘世的氛围,让游客体会到禅静带来的宁静。

(2) 归隐别院。

窦毛祖打造归隐别院,主要借助木兰归隐传说。利用木兰解甲归田后回家尽孝侍奉双亲的故事,结合村湾的建筑,打造木兰回归田园的系列生活场景。

(3) 民俗公社。

杨家楼引进和借助黄陂本地的民俗和民间技艺,如黄陂泥塑、黄陂高跷故事亭子、黄陂大鼓、楚剧、节庆活动等,发挥本村湾特色,丰富本村的文化体验。

(四) 唐保社村旅游脱贫路径规划

1. 扶贫业态策划

(1) 住宿业。

主要包括特色主题农家乐、度假村、乡村酒店、家庭旅馆等多种形式。依托三台山景区和木兰田园景区,有一定经济条件的农户自主经营住宿项目,政府给予政策和资金支持,并主动传播成功经验,引导帮扶其他农户经营。

(2) 餐饮业。

主要包括绿色餐饮、有机餐饮、养生餐饮、特色餐饮等多种形式。依托唐保社村良好的生态环境和传统农业种植、养殖基础,政府积极招商引资,吸引社会资本入驻餐饮项目,向贫困户提供服务员、传菜员、厨师、清洁员等工作岗位,提高贫困人口的收入。

(3) 休闲农业。

主要包括文化休闲、田园观光体验等项目,村民以土地流转的方式入股。积极引荐种植能人,组建成立种植、养殖专业合作社,打造田园风光,发展乡村生态观光旅游。

2. 贫困户参与机制

(1) 参与决策咨询机制。

动员贫困户参与唐保社村旅游扶贫开发决策,使其成为决策主体,有利于充分调动村民的积极性和能动性,推动唐保社村乡村旅游的发展。

(2) 参与旅游经营机制。

贫困户参与旅游经营主要包括两种方式,一是以服务者的身份参与乡村旅游的经营接待活动,二是以经营者的身份参与食住行游购娱等经营项目。唐保社村鼓励劳动能力强的农户参与旅游接待,政府给予指导和帮扶;鼓励有一定管理经验的农户参与旅游经营项目。

(3) 参与教育培训机制。

唐保社村建立旅游扶贫培训机制,结合三台山景区和木兰田园景区建设发展需要,因地制宜、灵活多变地进行相关主题培训,提高贫困户参与旅游接待的能力;此外,根据唐保社村发展田园观光休闲旅游的需要,对贫困户的种植、养殖技能进行培训,培育优美的田园风光,提供高质量的农副产品。

3. 旅游扶贫精准指导

(1) 创意开发乡村旅游产品。

由于唐保社自然文化环境和旅游资源具有独有的区域特点,它承载着游客对乡土风味的美好感情,能够起到树立当地旅游品牌形象的作用。在旅游产品的研发和创新过程中,依据唐保社村的区域特点,开发田园生态体验、民俗文化体验等旅游产品,实现"一村一品"。

(2) 完善旅游基础设施建设。

积极配合三台山景区与木兰田园景区完成村湾基础设施建设,改善村湾的旅游项目,实现提档升级。

(3) 吸纳贫困户参与乡村旅游发展。

一方面积极争取各级政府对景区的支持政策,另一方面村集体自筹部分发展资金进行统一的开发管理。结合景区及附近的村湾,村集体支持和鼓励身体健康的村民利用自己房屋开办民宿、客栈和农家乐等服务设施。

八、木兰湖畔,滨水姚湾——姚湾村

(一) 姚湾村旅游扶贫条件分析

1. 村情简介

(1) 自然条件。

姚湾村属黄陂区东北部丘陵区,村内主要土地类型为耕地和林地,总体地貌特征可用"三分半山、一分半水、五分田"来概括。姚湾村属亚热带季风气候,夏季气候潮湿,高温多雨;冬季气候寒冷,干燥少雨。村内动植物资源也非常丰富。

(2) 区位条件。

姚湾村地处黄陂区东北部的木兰乡东部,与木兰乡隔湖相望,距离木兰乡21千米,距离黄陂区政府42千米,距离武汉市42千米,属于武汉市1.5小时左右自驾圈范围。姚湾村周围山水生态资源富集,属于木兰生态旅游区,也是国家水利风景区。村庄毗邻木兰湖,西有木兰山风景区、湖北明清古建筑博物馆、大余湾历史文化名村、胜天农庄、木兰玫瑰园等自然和人文景点,南有木兰庙、红岗山茶文化园和木兰草原。总的来看,村庄周围景点丰富,毗邻知名的木兰湖景区,未来可采取景区联动发展模式。

(3) 经济社会条件。

姚湾村共有198户,798人。总耕地面积716亩(其中旱地122.5亩,水田593.5亩),人均耕地面积0.9亩。村庄主要收入来源为种植、养殖和劳务输出。

(4) 产业发展现状。

姚湾村产业发展以第一产业为主,农作物以水稻、花生、油菜、小麦为主,以油茶、青茶、苗木为辅;此外,村内还发展现代农业,在大棚基地内种植绿色蔬菜。姚湾村种植业多采用机械化农业生产,但由于主要劳动力外出,加上缺乏资金、技术和市场等要素,大部分田地仍采用粗放生产模式;现已开始发展的现代农业,有望提升村庄种植产业水平。姚湾村养殖业以农户分散经营为主,主要养殖有生猪、山羊等畜类和淡水鱼类。养殖业多分散经营,规模小,经济价值尚未得到充分挖掘。

2. 贫困现状及成因

(1) 贫困现状概述。

姚湾村建档立卡贫困户29户,70人,占全村总人口8.8%;2014年脱贫1户,5人;2015年脱贫2户,7人;2016年脱贫5户,16人;2017年脱贫21户,42人。

(2) 致贫原因。

①土地资源缺乏。姚湾村地处低山丘陵区,耕地面积有限且分散,以传统水稻种植和家畜、家禽养殖等自给自足的小农经济维持生计,生产结构简单,收入来源单一。

②财政投入强度偏低,基础设施建设不完善,交通条件较差,导致招商引资、发展工业以及接受县城和集镇辐射十分困难。

③产业结构层次偏低,农业结构调整难度大。姚湾村处于传统农业阶段,产业结构层次偏低。加之自然条件的限制,难以大范围使用先进生产工具,农业劳动生产率较低;各户小规模分散化,现代农业发展缓慢。

3. 旅游资源分析与评价

(1) 旅游资源类型。

根据国家标准《旅游资源分类、调查与评价》(GB/T18972-2017)的有关规定,通过全面调研,对姚湾村的旅游资源按照主类、亚类及基本类型的层次进行分类(见表7-18),确定其旅游资源类型覆盖了8大主类中的7个,23个亚类中的11个,110个基本类型中的22个。

表7-18 姚湾村旅游资源类型

主 类	亚 类	基本类型	主要资源单体
A 地文景观	AA 自然景观综合体	AAD 滩地型景观	木兰湖岸滩
B 水域景观	BB 湖沼	BBA 游憩湖区	木兰湖
C 生物景观	CA 植被景观	CAA 林地	绿茶林、油茶林、杨树林、马尾松林
		CAB 独树与丛树	枫杨、竹丛
		CAD 花卉地	野菊花、油菜花
	CB 野生动物栖息地	CBA 水生动物栖息地	木兰湖、姚湾水库
		CBB 陆地动物栖息地	姚湾树林(狐、猪獾、野猪、松鼠)
		CBC 鸟类栖息地	姚湾树林(乌鸦、云雀、猫头鹰、白鹭)
E 建筑与设施	EA 人文景观综合体	EAA 社会与商贸活动场所	季田、陈家冲
		EAD 建设工程与生产地	陈家冲蔬菜大棚
		EAF 康体游乐休闲度假地	季田
		EAI 纪念地与纪念活动场所	陈福初将军故里纪念碑、郭家冲(陈福初将军故里)
	EB 实用建筑和核心设施	EBA 特色街区	季田、陈家冲
		EBD 独立场、所	郭家冲(陈福初将军故里)
	EC 景观与小品建筑	ECK 花草坪	野菊花、油菜花
		ECL 水井	村里自建取水井

续表

主　　类	亚　　类	基 本 类 型	主要资源单体
F 历史遗迹	FA 物质文化遗存	FAA 建筑遗迹	季田、陈家冲
	FB 非物质文化遗存	FBB 地方习俗	春节、元宵节
		FBD 传统演艺	舞龙舞狮、采莲船、湖北大鼓
G 旅游购品	GA 农业产品	GAA 种植业产品及制品	柿子、桃子、油桐、青茶、油茶、核桃、柑橘
		GAD 水产品及制品	大白刁、鳊鱼、白鱼、虾、鳝鱼、鳜鱼、青鱼、草鱼、鲢鱼、鳙鱼
H 人文活动	HA 人事活动记录	HAA 地方人物	陈福初

(2) 旅游资源空间分布。

姚湾村自然资源和人文资源丰富,自然资源主要包括木兰湖、木兰湖岸滩、绿茶及油茶基地、姚湾水库和姚湾山林等,人文资源主要包括陈家村湾、吴家畈村湾、陈福初将军故里纪念碑等。自然景观和资源集中分布在姚湾村西部木兰湖水域和东北部山林地带,围绕木兰湖零星分布着岸滩、杨树林等,姚湾水库也紧邻姚湾山林,且占地面积广、规模大。姚湾村中部核心地区主要分布着陈家冲村湾、陈福初故里等人文景观,绿茶基地、枫杨古树等自然资源也散布其间。

(3) 旅游资源特色评价。

姚湾村的资源本底价值总体来说类型较少、等级普遍较低,但其原生态水域资源在特色、品质和规模等方面具有一定的区域竞争优势。姚湾村的旅游资源组合情况较差,在地理分布上较为分散,不便于进行旅游项目的打包开发。从地形地貌与空间条件来看,规划区除了包括 9 个自然村湾,还涵盖了周围广大的农田和山林,旅游活动的空间充足,可以接纳大量游客;从水资源条件来看,规划区水资源丰富,能够满足近期旅游开发需求。

(二) 姚湾村旅游扶贫产业规划

1. 旅游发展主题形象

利用季田村湾闲置的传统民居,通过建筑立面改造、室内空间设计和院落主题设计,着力打造符合现代休闲品位的、舒适性和文艺范相结合的精品民宿;并在民宿区旁结合木兰湖景区的旅游项目,设计湖边休闲项目,与民宿一起构成木兰湖景区的配套休闲度假区。在陈家冲村湾周边的现代农业种植基础上,结合周围的山林资源,开发农业观光体验项目;同时可依托村内的绿茶基地、油茶基地和大面积农田,发展田园观光产业。因此,本规划提出"木兰湖畔,滨水姚湾"的主题形象。

2. 旅游产业发展定位

充分考虑村湾特色和周边环境,整治水塘、道路和村湾建筑,保留李家湾(前)、李家湾(后)等村湾的传统农业产业形态,利用大片的稻田形成田园景观,设立生态农家乐和生态农庄,打造田园休闲度假区。以种植与提质增效为主,规模化发展特色农业。根据姚湾村的特色土壤和气候条件,在村内现有茶叶、油茶的种植基础上,进行精细化种植,发展成为具有特色的农业产业区域,为开展观光、采摘体验等旅游活动和开发旅游产品提供资源基础。依托姚湾村特色资源及乡村旅游发展的趋势,第二产业主要是发展与生态农业相关的加工业和手工业,将现代加工业与地方传统作坊生产相结合,延长产业链,提高农副产品附加值。充分发挥原生态农产品的品质价值,发展特色美食和旅游商品购物。以姚湾村传统农业种植产品为主要食材,重点发挥其生态品质和价值,农户依照传统做法进行加工,直接面对游客销售特色美食;同样可以利用黄陂区特色产品品牌效应,将农副产品加工成便于携带的旅游商品销售给游客,提升农副产品的价值。

3. 旅游产业与产品设计

通过充分分析姚湾村自然环境、资源空间分布情况、产业基础条件等,依据姚湾村的旅游资源特征,总体形成1个品牌产品、1个特色产品、2个配套产品、2个特色村湾的产品体系,可开展多项特色旅游活动(见表7-19)。

表7-19 姚湾村旅游产品体系

旅游产品体系	主要产品
1个品牌产品	季田滨水休闲民宿区
1个特色产品	农业观光体验
2个配套产品	度假农庄
	田园观光
2个特色村湾	季田精品民宿区
	陈家冲亲子度假区

(三)姚湾村旅游扶贫项目规划

1. 旅游项目空间布局

根据黄陂区木兰乡姚湾村旅游扶贫规划的编制要求,依据姚湾村的现状资源调查与发展定位分析,全方位打造姚湾村乡村旅游,将姚湾村乡村旅游的空间布局划分为"一心两带三区"(见表7-20),以期带动姚湾村的经济发展,实现姚湾村的旅游致富。

表7-20 姚湾村旅游结构功能分布表

片区	名称	发展思路
一心	社区服务中心	利用现有的村委会、卫生所等服务设施,打造成为周围度假区的服务中心,主要提供文化、娱乐、购物等旅游服务
两带	滨水休闲观光带	依托木兰湖,沿湖开发滨水休闲活动
	田园生活体验带	依托环湖公路,组织开展田园体验活动
三区	滨水休闲区	利用季田特色传统村湾,开发精品民宿区
	农业观光区	以陈家冲为中心,结合周围的山水资源和村旁的农夫乐园,开发多种类型的田园种植和体验项目
	田园度假区	依托现有的大面积农田和特色村湾,打造田园休闲度假社区

2. 新建旅游项目

(1)季田精品民宿区。

利用季田特色传统村湾的滨水优势,以木兰文化为主题,在现有传统民居的基础上改造开发成为精品民宿区,保留原有村落肌理、文脉,以独立的乡村院落为单元,修补改造原有建筑成为特色民宿;并整合周边的水塘、藕塘、田间小路、木兰湖等资源,在住宿板块内外配置酒吧、美食坊、户外休闲垂钓庄园、露营地等项目,在乡野自然景观基础上,将传统农耕文化与现代休闲体验相融合。

(2)陈家冲农夫乐园。

以陈家冲为中心,结合周围的山水资源和村旁的蔬菜种植基地,开发多种类型的田园种植体验和观光项目。其中,田园种植采摘体验可结合亲子游活动和青少年课外认知教育活动,以家庭游和团体游为目标市场;田园观光体验主要利用现有的山地景观,开展有氧运动,打造观光环线。

3. 现有项目改造

(1)田园度假农庄。

依托现有的大面积农田和特色村湾,打造田园休闲度假社区。其中,利用木兰湖岸滩丰富的水土资源,实现稻田的精细化耕作,并在绿色生态稻田内融入水产养殖,增加物种种类;利用刘家湾的民居,打造精致的田园度假别苑,充分享受与田园自然的亲近;在老罐冲村湾,利用村旁的青茶种植基地,设计茶道体验作坊,即可体验茶叶制作和泡茶技艺,学习茶文化礼仪,还可以制作茶点心等食品,丰富旅游产品类型,为度假游客提供多样化的选择;在姚家湾开设民间手工艺作坊,宣传继承民间技艺的同时,成为主要交通干线的特色人文景观。

(2)滨水休闲区。

依托季田特色村湾打造以木兰文化为主题的精品民宿;参考木兰乡全域旅游规划,依靠木兰湖湖面景观和岸滩资源,建设游船码头、亲水观景平台和休闲垂钓设施,与精品民宿配套形成项目丰富的休闲体验区。

(四)姚湾村旅游脱贫路径规划

1. 扶贫业态策划

(1)景区接待业态。

旅游发展与景区建设相结合,推动姚湾村与木兰湖景区联动发展,进一步拓展景区接待空间,鼓励当地农户从事景区接待等相关工作。

(2)生态农业业态。

姚湾村发展乡村旅游需打造农田、亲水等景观带,带动有一定劳动技能的贫困户参与到环境整治工程中,通过分区规划,安排农户统一种植青茶、油茶、水稻等。

(3)旅游购物业态。

在发展姚湾村旅游业的过程中,需要配套的旅游产品和品牌商品,重点设计包装传统手工艺品,将其作为旅游纪念品,引导贫困户参与到旅游商品和纪念品的制作和销售中;同时鼓励当地具有一定劳动力的农户进行农副产品的生产和加工工作,并将名优特色农副产品、土特产销售到当地餐馆、宾馆、超市等经营场所,拓展农户的收入渠道。

(4)乡村民宿业态。

姚湾村建设民宿区,需注重完善旅游配套服务功能,对传统建筑内部空间进行创新设计,使其满足现代旅游业态的需求,通过政府引导或招商引资等方式,植入民居住宿业态,引导帮扶农户参与到旅游业的经营,对其进行一定的专业培训,并为贫困户提供相当的接待岗位,提升乡村旅游品质。

2. 贫困户参与机制

(1) "公司+合作社+农户"模式。

在贫困村成立旅游扶贫股份制合作社,政府在基础设施配套、金融担保贷款等方面加强帮扶,贫困户100%入社,以土地、山场、闲置农宅等资产入股,并在合作社务工,获得资本、务工、分红三重收益。

(2) "景区+农户"模式。

搭建旅游资产收益扶持平台,引进资本用于木兰湖景区建设,带动农户参与景区建设和接待工作中。

(3) "政府+农户"帮扶模式。

制定出台补贴、金融等扶持政策,支持贫困户发展旅游民宿、观光农业、采摘体验、家庭手工业等致富产业。对无劳动能力的扶贫对象,实施社会救助兜底脱贫,三措并举,收入叠加,强化旅游产业对贫困农户的精准带动。

3. 旅游扶贫精准指导

(1) 重视科学统一规划,加强配套设施建设。

引导资金的设置与合理投入,在旅游精准扶贫政策研究、总体发展规划制定、整体形象宣传和市场环境优化等方面,充分依靠和发挥政府公共财政投入作用。如围绕姚湾村重大节会活动开展一系列公共营销活动,以提升区域知名度和美誉度。

(2) 积极开拓旅游业态,吸纳贫困人口全员参与。

旅游开发后带来的就业机会增多,可为姚湾村贫困户提供大量就业岗位。贫困户种植当地特色农副产品,如桃子、柿子等绿色有机农产品,可发展成为旅游商品进行销售。

(3) 塑造特色旅游品牌,实施乡村旅游富民工程。

部分有特殊才能的农户可通过发展特色民俗演艺活动,如舞龙舞狮、采莲船等,实现收入增收。部分贫困户可因地制宜开办特色民宿,为游客提供餐饮、住宿等服务实现增收。

九、武汉屋脊黄牯石,滠水冬温源泉村——源泉村

(一) 源泉村旅游扶贫条件分析

1. 村情简介

(1) 自然条件。

源泉村全村以山地为主,属于中纬度湿润性亚热带季风气候区,日照充足,热量丰富。源泉村内水资源比较丰富,包括河流、水库、温泉和塘堰四种类型。源泉村温泉是武汉唯一的天然温泉。水质情况良好,植被丰富,主要种植有薪炭林和次生林。村域内动物资源丰富,有野猪、草兔、昆虫等丰富的生物资源。

(2) 区位条件。

源泉村地处黄陂区北部蔡店街,东与泉水店村交相接,西与姚家山村接壤、北与大富庵林场毗邻、南与孝昌县双峰山交界。距蔡店街道12千米,距黄陂前川城区50千米,距武汉主城区80千米,属于武汉2小时内自驾圈范围。源泉村是孝感进出蔡店街镇的重要门户,往西可到达孝感孝昌县,距京珠高速孝昌县小河镇高速互通口30千米;往东联系黄土线,可到达武汉、大悟等地。源泉村西面毗邻国家4A级景区姚家山风景区,其对源泉村未来的旅游发展具有带动作用。

(3) 经济社会条件。

源泉村共有726户,2800人,劳动力总人口为1060人,有342人外出务工,约占劳动力人数的32.3%。源泉村是典型的农业区,农用地结构较为单一。2016年全村人均可支配收入11000元。

(4) 产业发展现状。

村内产业以自然经济为主,传统农业种植以水稻、花生为主。此外,还发展茶叶、草莓、苗木、花卉等经济作物。由于劳动力外出,无法实现精细化生产模式,缺乏资金、技术和市场等产业链要素及配套服务,全村产业发展水平较低。村内有两处较大的家禽养殖点,其余以农户分散经营为主,规模小。村内利用温泉养殖罗非鱼,面积有120余亩,温泉产业尚未得到有效开发利用,经济价值没有得到充分挖掘。

2. 贫困现状及成因

(1) 贫困现状概述。

源泉村建档立卡贫困户123户,213人。2016年年底,源泉村居民人均可支配收入为11000元,源泉村已于2017年全面完成脱贫任务。

(2) 致贫原因。

①农村劳动力文化素质偏低、缺乏技能技术,外出打工收入与非贫困户存在明显差距。
②部分贫困户致富无门,农村就业和创业条件恶劣,缺少资金和项目投入。
③经济状况处在脱贫的临界线上的农户,自身安于现状,不愿拼搏,脱贫意识不够强烈。

3. 旅游资源分析与评价

(1) 旅游资源类型。

根据国家标准《旅游资源分类、调查与评价》(GB/T18972-2017)的有关规定,通过全面调研,对源泉村的旅游资源按照主类、亚类及基本类型的层次进行分类(见表7-21),确定其旅游资源类型覆盖8大主类中的8个,23个亚类中的13个,110个基本类型中的29个。

表7-21 源泉村旅游资源类型

主类	亚类	基本类型	主要资源单体
A 地文景观	AA 自然景观综合体	AAA 山丘型景观	黄牯山、刀背岭、双峰山、大石佬
		AAC 沟谷型景观	大富庵、情人谷
		AAD 滩地型景观	大富庵岸滩、情人谷岸滩、栗树河岸滩
B 水域景观	BA 河系	BAA 游憩河段	大富庵河段、情人谷河段、栗树河河段
	BC 地下水	BCB 埋藏水体	源泉村温泉
C 生物景观	CA 植被景观	CAA 林地	青茶林、油茶林、板栗林、薪炭林、杉树林
		CAB 独树与丛树	皂角树、桂花树、竹丛、枫树、紫薇树、马尾松
		CAD 花卉地	野菊花、杜鹃花、油茶花
	CB 野生动物栖息地	CBA 水生动物栖息地	大富庵河段、情人谷河段、栗树河(鱼、螃蟹、黄鳝、泥鳅、水蛇等)
		CBB 陆地动物栖息地	源泉村山林(野猪、草兔等)
		CBC 鸟类栖息地	源泉村山林(雉鸡、乌鸦、云雀、麻雀、啄木鸟、杜鹃、斑头雁等)
		CBD 蝶类栖息地	源泉村山林(粉蝶、灰蝶、茧蝶、蜻蜓等)

续表

主 类	亚 类	基本类型	主要资源单体
D 天象与气候景观	DA 天象景观	DAA 天空景象观赏地	黄牯石
	DB 天气与气候现象	DBA 云雾多发区	大富庵
E 建筑与设施	EA 人文景观综合体	EAB 军事遗址和古战场	黄陂县（现为黄陂区）抗日民主联合政府原址、黄陂县（现为黄陂区）抗日民主政府原址、抗日军政大学第10分校原址
		EAD 建设工程与生产地	板栗基地、油茶基地、青茶基地、光伏发电基地、磷锰矿山
		EAF 康体游乐休闲度假地	大富庵、情人谷、栗树河
		EAG 宗教与祭祀活动场所	清泉寺、肖家湾祠堂、千佛寺
		EAH 交通运输场站	蔡店街-源泉村村村通站点
		EAI 纪念地与纪念活动场所	黄陂县（现为黄陂区）抗日民主联合政府原址、黄陂县（现为黄陂区）抗日民主政府原址、抗日军政大学第10分校原址
	EB 实用建筑与核心设施	EBD 独立场、所	大富庵度假山庄
		EBF 渠道、运河段落	肖堰水库、观音岩水库、龙王冲水库、千佛寺水库、新庙水库、桥河水库
F 历史遗迹	FA 物质类文化遗迹	FAA 建筑遗迹	汪家畈、团山沟、桂花树湾、肖家湾、大富庵土家族湾
	FB 非物质类文化遗存	FBB 地方习俗	婚嫁习俗、丧葬习俗、农耕习俗
G 旅游购品	GA 农业产品	GAA 种植业产品及制品	绿茶、板栗
		GAD 水产品及制品	罗非鱼、泥鳅、螃蟹
		GAE 养殖业产品与制品	猪、鸡、鸭、鹅
H 人文活动	HA 人事活动记录	HAA 地方人物	杨啟均、张书元、郭国英
		HAB 地方事件	革命时期豫鄂边区、解放战争时期故事

(2) 旅游资源空间分布。

源泉村的自然资源门类众多,拥有山丘、谷地、峰丛等地文景观资源,河流、温泉等水域资源,以及丰富的野生动植物资源。这些自然资源多分布在源泉村四周山脉地区,主要集中在各大林场和山林地带。此外,有源泉村清泉寺、千佛寺等宗教文化资源、抗日民主联合政府原址等红色资源、肖家湾祠堂为主的传统祭祀文化,有汪家畈、团山沟等特色村湾的传统建筑与设施文化,分布比较集中,多分布于村庄中部村湾聚集地区和河流沿岸地区。

(3) 旅游资源特色评价。

源泉村的旅游资源类型众多、分布不集中,但其自身乡村旅游资源优势比较突出,尤其是山林资源、温泉资源和红色文化资源具有一定的区域竞争优势。源泉村的旅游组合情况较好,自然资源与人文资源相互依存、相互呼应,显著富集的资源门类为人文活动类和生物景观类,山地资源丰富,适合开展形式多样的山林景观游览、温泉养生度假、红色革命文化学习等活动。

(二) 源泉村旅游扶贫产业规划

1. 旅游发展主题形象

一方面,借助源泉村区位优势,全面提升源泉村沿线的旅游服务设施,整修乡村民宿,完善配套服务产品;另一方面,依托大富庵风景区开发,配套新建区入口服务产品,整体提升大富庵风景区的旅游形象和产品竞争力。大富庵内不仅拥有良好的自然景观条件,而且区域内的黄牻石是武汉市最高峰,能够充分满足游客登顶体验;源泉村独有的温泉资源,还含有"溅水冬温"人文典故,让游客在养身度假休闲的同时,体验地方特色文化魅力;源泉村内有天然的情人谷谷地资源,可开展谷地探险、山林觅野等多种户外趣味活动。因此,本规划提出"武汉屋脊黄牻石·溅水冬温源泉村"的主题形象。

2. 旅游产业发展定位

源泉村产业发展定位立足于源泉村的乡村环境、生态山林、温泉资源、传统农业,在以水稻、茶叶、花卉苗木种植为主体的基础上,发展以农林观光与体验为主导的乡村旅游业,推动源泉村的产业转型升级,保持一定的传统农耕方式,调整一定范围内的村湾功能,使农业发展与旅游开发有机结合,形成可持续发展的农业产业体系,实现乡村旅游脱贫致富的目标。

3. 旅游产业与产品设计

本规划利用村内的山林、动植物资源,结合村湾的历史文化背景,依据源泉村的旅游资源特征,总体形成2个核心主题品牌、2个特色旅游产品、3个配套产品的产品体系,可开展二十余项特色旅游活动(见表7-22)。

表7-22 源泉村旅游产品体系

旅游产品体系	产品类型	主要产品
2个核心主题品牌	大富庵森林休闲	依托大富庵资源,形成登山旅游线路,打造登山探险、山林观光、奇石观景、避暑度假产品
	情人谷观光探险	结合情人谷谷地资源,形成谷地旅游线路,结合谷地探险、溯溪探源、山林觅野等户外休闲产品

续表

旅游产品体系	产品类型	主 要 产 品
2个特色旅游产品	养生温泉度假村	结合独特温泉资源及周边村湾、农田、河流等,开展温泉养身、避暑度假,并依托广场开展娱乐活动
	土家族风情村湾	大富庵内的土家族村湾,结合大富庵的景观气候条件,开展特色民族文化体验、风情民宿等避暑度假产品
3个配套产品	特色民宿	包括景区服务民宿、温泉康乐民宿、乡村社区民宿
	休闲农庄	以田园生活为主题的乡村乐园、乡村农家乐、农事体验
	茶园观光	生态茶园观光、休闲与体验、田园农家乐

（三）源泉村旅游扶贫项目规划

1. 旅游项目空间布局

根据蔡店街源泉村旅游扶贫规划的编制要求,深入研究分析本村的自然条件、社会经济条件,旅游资源的类型和数量、质量等,将田园风光、文化体验与旅游相结合,推动源泉村乡村旅游的发展,本规划将源泉村乡村旅游的空间结构划分为"两心四区"(见表7-23)。

表7-23　源泉村旅游结构功能分区表

片 区	名 称	发 展 思 路
两心	景区服务中心	汪家畈和肖家湾连片形成大富庵风景区的入口服务中心,成为大富庵风景区对外的重要形象展示地
	乡村社区中心	整合村湾资源,构建以寨湾为核心的源泉村村民的田园生活及乡村社区文化中心
四区	大富庵风景区	串联大富庵的溪水、山林、奇石、山峰等各个景点,形成武汉市登山探险重要旅游目的地
	旅游综合服务区	沿姚姚线,串联周边的村湾、温泉、田园、山林等各个重要旅游节点,结合乡村旅游和周边景区形成综合服务片区
	田园乡村生活区	整合周边的其他村湾,以寨湾为核心,打造乡村展示、田园体验、农林观光等一系列的美丽乡村生活区
	生态谷地探险区	以情人谷的谷地资源为核心,以原生态体验为依托,注重谷地探险体验

2. 新建旅游项目

(1)景区服务中心。

景区服务中心为大富庵风景区的入口服务区,设有风景区停车场、游客中心,景区入口大门及入口景观,并结合汪家畈和肖家湾两个特色村湾,打造红色革命展示馆、民俗风情商业街以及地方宗祠体验中心等文化休闲项目。

(2)温泉度假村。

以温泉养身为主题,专业打造温泉度假区。源泉村的水资源丰富,能结合周边的村湾、田园、河流等地开展集住宿、餐饮、休闲娱乐、养生度假等功能于一体的综合性度假村,具体项目包括温泉浴池、康乐民俗、生态农庄,还有结合户外活动的渔歌广场等。

(3) 田园乡村生活社区。

寨湾是源泉村村民的核心的乡村居所,原生态的田园体验、原乡景的美丽村湾、周边的山林景致,共同构成了一幅田园乡村生活的美丽画卷。具体项目包括寨湾生活区、范家冲民宿、乡村农家乐、乡村乐园、农耕年华等,同时结合地方茶园开展茶园观光体验。

3. 现有项目改造

(1) 大富庵风景区。

结合大富庵自然景观特征,设置登山台阶和游览步道,串联大富庵的溪水、山林、奇石、山峰等各个景点,形成不同观景主题,并在最顶峰黄牯石设置观景台,一览众山小,为游客提供绝佳的登顶线路。

(2) 大富庵土家族度假村。

结合大富庵优良的避暑条件和村湾内特色民族土家族聚落,项目包括避暑山庄、土家族度假村寨、土家族特色风情民宿、土家族活动与展示的休闲广场等。

(3) 温泉渔业。

温泉水水温恒定,非常适合养殖鱼类,利用村内现有的温泉渔业基础,进一步对温泉渔业进行升级和优化。

(四) 源泉村旅游脱贫路径规划

1. 扶贫业态策划

(1) 家庭式民宿业态。

通过政府扶持、招商引资以及村民自筹自建等方式,充分利用源泉村民居建筑,对其进行内部功能改造和环境美化,开办家庭式民宿旅馆。村民既是民宿的经营者,又是接待方,为游客提供传统古村落的生活环境,传播当地文化,增进游客与村民间的交流。

(2) 乡土餐饮业态。

农户可以利用剩余土地自建源泉村私房菜馆,提供原汁原味的餐饮体验,包括黄陂三鲜、地方茶餐饮等,用餐环境保持传统民居风格,满足游客对土家族特色风味的追求。

(3) 旅游商业业态。

对于有条件的贫困户,加强政府引导和帮扶,积极引导其参与到旅游商业区和文化街的开发中,通过贩卖和销售文化商品增加个人收入,为游客提供旅游服务。

2. 贫困户参与机制

(1) 产业带动。

以发展农业产业化为主要途径,发展以市场为导向,以科技为支撑,以农产品为原料,以加工或销售企业为龙头,打造具有地方特色的支柱产业。通过拳头产品带动基地建设,通过基地建设吸引贫困户参与农业生产。

(2) 资金入股、土地流转。

源泉村以财政专项资金入股,流转贫困户土地及其余剩余土地,发展乡村旅游项目,以年底分红的方式带动贫困户脱贫。

(3) 就业务工。

乡镇还应因地制宜,通过招商引资不断引进新的项目,通过乡村旅游发展吸纳贫困户从事保洁、瓦砖工、电工、农产品零售等工作,为贫困户脱贫致富搭建经济平台。

3. 旅游扶贫精准指导

(1) 组织专题培训及宣讲,增强农户的开放意识与文明意识。引导有能力的居民直接参与源泉村农业生产和接待经营活动,对继续从事传统种植、养殖生产活动的村民,提供技术指导与资金支持,对参与旅游接待的村民实施优先就业的政策。

(2) 对于有能力的贫困户参与旅游发展的方式主要有两种,一是直接参与,鼓励有条件的村民从事旅游接待服务及农特产品的销售。二是间接参与,继续进行农业种植及家禽养殖,保持良好的乡村风貌、提供原材料及产品;基础设施建设时优先考虑当地居民。

(3) 对于引进村庄的旅游企业和项目充分听取当地村民的意愿,保障其话语权,并对乡村旅游规划的制定、决策及执行进行全程监督;建立相关的听证、通报制度等,保障村民对于旅游发展及扶贫的相关政策、制度等的知情权。

十、精品茶文化园——芝麻岭村

(一) 芝麻岭村旅游扶贫条件分析

1. 村情简介

(1) 自然条件。

芝麻岭村地势北高南低,属于典型的半山半丘陵地区。受亚热带大陆性季风气候的影响,该村形成了冬冷夏热、冬干夏湿的气候特征。芝麻岭村水资源比较丰富,村中修有小型水库且分布着大小不等的水塘。村庄内自然生态环境良好,景观四季分明,动植物资源较为丰富。

(2) 区位条件。

芝麻岭村位于黄陂区东部,地处黄陂区和红安县的交界处。距离蔡家榨街镇区9.8千米,距离黄陂区24.5千米,距离武汉市55千米,距离黄冈市红安县37.5千米,黄冈市麻城市60千米。通过省道234直达蔡家榨街和红安县觅儿寺镇,通过武麻高速黄陂北互通连接沪蓉高速,1.5小时到达武汉,1小时到达麻城;连接红岗山村和芝麻岭村的旅游公路,对接黄陂区旅游通道网络,0.5小时可达木兰乡。芝麻岭村属于红界山茶文化旅游度假区未来规划的一部分,周边景区包括花乡茶谷景区、木兰草原景区、木兰湖风景区,距离分别为4千米、15千米和20千米,有利于推动芝麻岭村的旅游发展。

(3) 经济社会条件。

芝麻岭村全村共235户,791人,其中有260人外出务工,约占劳动力人数的45%。作为典型的农业区,该村农用地结构较为单一,耕地被丘陵和水域分割,分布较为零散,第一产业以传统的水稻、茶叶种植和家畜、家禽养殖等为主。由于农业生产粗放的生产模式,加上缺乏资金、技术和市场等产业链要素配套服务,全村产业发展水平较低,农民收入渠道较窄,以出售农产品为主。

(4) 产业发展现状。

村内产业以自给自足的自然经济为主,由于大量劳动力外出务工,难以实现生产模式的精细化。村内养殖业以农户分散经营为主、规模小。目前积极采取散户和大户相结合的模式,发展以土鸡、生猪、山羊为主的养殖业。养殖业以分散经营为主,规模小,价值没有得到充分挖掘,尚未解决污染问题。

2. 贫困现状及成因

（1）贫困现状概述。

芝麻岭村建档立卡贫困户24户，74人，占全村总人口的9.4%。2017年年底，芝麻岭村居民人均可支配收入为18600元，全面完成脱贫任务。

（2）致贫原因。

①因病、因残致贫。家中缺乏劳动力，没有了一定的收入来源，难以维系正常的家庭开销。

②缺乏农业技术致贫。因为信息不够，无法确切地知道市场的需求，农民生产的农产品无法畅销，这样对农民生产积极性有很大的影响。

③自身发展技术不足致贫。贫困地区的大部分务农者文化程度较低，以小学、初中学历为主，并且大部分务农者无特殊技能。很多贫困地区的务农者思想较为保守，观念陈旧，并不愿意外出，所以选择在本地就业。

3. 旅游资源分析与评价

（1）旅游资源类型。

根据国家标准《旅游资源分类、调查与评价》（GB/T18972-2017）的有关规定，通过全面调研，对芝麻岭村的旅游资源按照主类、亚类及基本类型的层次进行分类（见表7-24），确定其旅游资源类型覆盖了8大主类中的6个，23个亚类中的10个，110个基本类型中的19个。

表7-24　芝麻岭村旅游资源类型

主　类	亚　类	基　本　类　型	主　要　资　源　单　体
B 水域景观	BB 湖沼	BBB 潭地	宋杨家田门口塘、陈家岗门口塘
C 生物景观	CA 植被景观	CAA 林地	茶园、杨树林、马尾松林
		CAB 独树与丛树	梧桐、槐树、竹丛
	CB 野生动物栖息地	CBA 水生动物栖息地	吴家寺水库
		CBB 陆地动物栖息地	芝麻岭山林
		CBC 鸟类栖息地	芝麻林山林（乌鸦、云雀、猫头鹰等）
E 建筑与设施	EA 人文景观综合体	EAD 建设工程与生产地	茶园
		EAE 文化活动场所	芝麻岭村委会
		EAF 康体游乐休闲度假地	宋杨家田、独屋岗、陈家岗
	EB 实用建筑与核心设施	EBG 堤坝段落	吴家寺水库堤坝
		EBF 渠道、运河段落	吴家寺水库
	EC 景观与小品建筑	ECL 水井	村民自建取水井
F 历史遗迹	FA 物质类文化遗存	FAA 建筑遗迹	宋杨家田、独屋岗、陈家岗
	FB 非物质类文化遗存	FBB 地方习俗	地方婚俗
		FBD 传统演艺	舞龙舞狮、采莲船、跳竹马

续表

主　类	亚　类	基　本　类　型	主　要　资　源　单　体
G 旅游购品	GA 农业产品	GAB 林业产品与制品	绿茶
		GAD 水产品及制品	大白刁、鳊鱼、白鱼、虾、鳝鱼、鳜鱼、青鱼、草鱼、鲢鱼、鳙鱼
		GAE 养殖业产品与制品	山羊、兔、鸡、鸭、鹅
H 人文活动	HB 岁时节令	HBC 现代节庆	春节、元宵节

(2) 旅游资源空间分布。

芝麻岭村山林资源和水资源丰富,但分布零散,山林资源主要集中在村庄北部和东部地区,村庄西南部毗邻吴家寺水库。整体来看,自然资源以植被景观和水域景观为主。人文资源分布更密集,主要集中分布在村庄西南部宋杨家田民居建筑群附近和中部偏南芝麻岭村村委会附近。

(3) 旅游资源特色评价。

芝麻岭村的资源本底价值总体来说类型单一、等级较低,但其自身乡村旅游资源比较突出,尤其是特色村湾资源、水域景观资源和以茶为特色产业的农业文化资源,具有一定的区域竞争优势。芝麻岭村的旅游资源组合情况较好,自然资源与人文资源相互依存、相互呼应,显著富集的资源门类为生物景观类和人文活动类,山地资源丰富,适合开展形式多样的茶文化展示、科普及体验。此外,规划区的特色村湾和水库景观资源,从空间上主要聚集在两条通村路沿线,便于旅游项目的开发。芝麻岭村的旅游资源区位条件优良,大部分车行道连通,交通的可进入性较强,便于旅游开发利用。

(二) 芝麻岭村旅游扶贫产业规划

1. 旅游发展主题形象

芝麻岭村应牢牢把握红界山茶文化旅游度假区开发的有利时机,结合旅游开发整体布局,配合花乡茶谷景区和茶溪古镇联动发展。深入挖掘茶产业特色,开发茶文化产品,注重茶产品展示、制作等文化体验,定期举办主题旅游节日,打造武汉市茶文化创意旅游体验地。此外,依托村湾特色古民居群,让游客充分享受地方村湾自然山水格局和地方民居形态,结合当地的茶文化生活方式和地方风俗,扩展文化体验。因此,本规划提出"体验古韵茶道·共享生态庄园"主题形象,拟将芝麻岭村打造成以"茶文化体验""共享农庄"为特色的乡村休闲旅游目的地。

2. 旅游产业发展定位

立足芝麻岭村的乡村环境、自然环境和传统农业,在水稻、茶叶种植的基础上,发展以农业观光与体验为主导的乡村旅游业,推动芝麻岭村的产业转型升级,保持一定的传统农耕方式,调整一定范围内的村湾功能,使农业发展与旅游开发有机结合,形成可持续发展的农业综合产业,实现乡村旅游脱贫致富的目标。在农业产业上,以特色村湾为核心,保留以传统农业种植为基调的原乡环境,规模化发展特色农业生产。在加工业方面,提高原生态农产品的品质价值,加大特色美食和旅游商品的销售,深入挖掘民俗技艺,发展以茶文化等为主题的民俗手工艺品。

3. 旅游产业与产品设计

芝麻岭村的自然资源以山林、树林等生物景观为主,生态环境良好。拥有宋杨家田、独屋岗、陈家岗等特色村湾的传统文化建筑与设施。有以茶园为主的生产建设景观资源,有以吴家寺水库为主的水工建设观光资源,有以农副产品为主的特色商品以及传统民间习俗等人文资源。因此,芝麻岭村拥有旅游开发的自然和人文条件,依据芝麻岭村的旅游资源特征,总体形成2个核心主题品牌、2个特色旅游产品、3个配套产品的产品体系,可开展多项特色旅游活动(见表7-25)。

表7-25 芝麻岭村旅游产品体系

旅游产品体系	产品类型	主要产品
2个核心主题品牌	茶风民居	依托宋杨家田等民居建筑群打造精品民宿,开展地方民俗与茶文化结合度假体验
	茶文化街	结合独屋岗、陈家岗,形成茶文化体验街,开展茶业商贸交易、茶工坊加工、茶园观光及茶博会、茶博馆体验学习和展示
2个特色旅游产品	共享农庄	结合芝麻岭、陆家田、匡家田和后陈家湾及村湾周边农田、山地、茶园,引入开放式经营,户外开展农耕乐园、生态茶园,推动原有经济模式的更新
	共享茶园	结合茶园,引入资源共享、技术创新的运营模式
3个配套产品	滨水景观游览	滨水观光、田园观光
	休闲农庄体验	主题民宿、滨湖茶社、茶驿站、茶餐饮
	茶园观光体验	农业稻田观光、休闲与体验、田园农家乐

(三)芝麻岭村旅游扶贫项目规划

1. 旅游项目空间布局

根据蔡家榨街芝麻岭村旅游扶贫规划的编制要求,结合本村的村情、贫困现状及原因分析、旅游资源分析等,融入"农业+旅游""文化+旅游"的发展理念,推动芝麻岭村乡村旅游的发展,本规划将芝麻岭村乡村旅游的空间结构划分为"一心两带两区"(见表7-26)。

表7-26 芝麻岭村旅游结构功能分区表

片区	名称	发展思路
一心	民居休闲度假中心	结合传统民居建筑群、水域景观及茶文化等特色,打造为茶文化主题民宿体验、度假与休闲中心
两带	茶文化体验带	以陈家岗—独屋岗—宋杨家田为文化体验带,串联各个重要文化旅游节点
	滨湖观光带	以吴家寺水库的水域景观为基础开发滨湖观光带,串联特色村湾、自然田园、生态茶园等各个重要生态旅游节点

续表

片区	名称	发展思路
两区	古韵茶道休闲区	以宋杨家田、陈家岗和独屋岗特色村湾为依托,以茶文化为对象,打造茶道展示、茶艺学习、茶品交易等一系列的现代茶文化休闲区,建立集绿茶种植、生产、销售、展示体验为一体的古韵茶道
	共享庄园示范区	以现有农田农地为依托,引入共享农庄模式,打造以现代农业为主题的共享庄园示范区

2. 新建旅游项目

(1) 宋杨家田古民居休闲度假中心。

宋杨家田整体古民居保存与更新,结合地方茶文化、茶饮食、茶活动,打造高品质休闲度假古村落。

(2) 茶文化街。

茶文化街是以茶文化为主题,专业打造的休闲文化商业街区。茶文化街以茶叶、茶具的制作和销售为主要业态,辅以中国书画、古玩玉器、旅游工艺品等文化产品,配套主题休闲项目,提升游客的体验感和参与感。

(3) 茶博馆。

作为展示茶文化主题的博物馆,以茶史、茶粹、茶事、茶缘、茶具五大相对独立又相互联系的方面展开对茶文化系统的诠释,并为参观博物馆的游客提供茶艺展示、茶文化知识宣讲等互动体验活动,展览茶业制作工艺、茶具等。

(4) 茶文化工坊。

通过茶文化学习、茶具制作、剧本创作、表演展示等方式,组织各类主题茶文化活动,从茶技、茶艺、茶文化、茶道四个方面循序渐进地引领人们体验茶文化。

3. 现有项目改造

(1) 茶园体验。

依托生态有机茶园,提供茶艺表演、采茶制茶等活动,逐步建起有机茶生产区、手工制茶体验区、茶文化交流区、游客住宿接待区等,重点建设生态茶园示范区、采摘体验区、百佳摄影区、休闲养生区、道茶品茗区等模块分区。

(2) 共享农庄。

通过木屋认领、托管经营等多种私人定制形式,不仅可以降低经营风险,提升产品的附加值,还能够和以往低频消费的用户建立强联系。

(3) 共享茶园。

通过共享的模式可以让游客直接参与到茶园的体验当中来,省去了中间环节,减少成本,并保证品质。

(四) 芝麻岭村旅游脱贫路径规划

1. 扶贫业态策划

(1) 旅游民宿业态。

以茶文化休闲体验为主题,充分利用自身特色资源优势,对接红界山茶文化旅游度假区,启动茶风民居和茶文化街的建设。在茶风民居建设中,积极争取各级政府和企业对基础设施以及民居改造的资金投入,为贫困户居民提供工作岗位;在茶文化街建设中,村集体自筹部分发展资金进行统一开发管理,政府积极招商引资增加对当地茶文化产业的投入和开发资本。

(2)旅游共享经济业态。

结合山林田园风光资源,引入共享经济模式,规划开发共享农庄和共享茶园等新型业态。整合农村闲置优质土地,实现标准化、规模化开垦田园。一方面引入社会资本,对接红界山茶文化旅游项目开发业主,进行统一规划和专业运营,村委会做统一管理;另一方面带动村民以闲置土地、资金入股,配合经营农庄,带动村民参与建设度假休闲、农业体验等项目,完善农家乐、共享农庄等配套设施。

2. 贫困户参与机制

(1)乡村旅游合作社。

乡村旅游合作社是农旅深度融合发展中成长起来的现代新型经营主体,是促进乡村旅游规模经营和贫困户参与的有效形式。要大力推广"支部+合作社""公司+合作社""土地+合作社""职业经理+合作社"等乡村旅游发展模式。

(2)通过资本要素参与。

扶持有劳动条件和经济条件的贫困户开展乡村旅游经营活动,主要包括民宿接待、开办商店等,同时实施改厨、改厕、改房和院落整理,改善旅游接待条件。

(3)通过劳动要素参与。

一是参与茶园、农庄等农业劳务工作,主要包括育苗、除草、种植等作业,获得劳务收入,同时满足游客观光体验的需求;二是进入景区、宾馆、餐厅和文化街等从事服务工作。

3. 旅游扶贫精准指导

(1)对于技能不足的贫困户,强化乡村旅游从业人员培训、农民工技能培训、旅游经营管理人员培训等。纠正部分贫困户对乡村旅游的片面认识,消除疑虑,切实增强其参与乡村旅游发展的能力。

(2)对于劳动能力不足或身体有残疾的贫困户,村委鼓励从事简单的手工制作或者商店销售等工作,为游客提供丰富的旅游商品。

(3)对于有劳动能力、缺乏资金的贫困户,芝麻岭村通过茶文化主题农业体验和民宿产品、共享农庄等新业态,引导当地贫困户参与旅游发展,并提供财政资金的支持,增强村民参与的积极性和主动性。

十一、渔港船歌、水田花乡——大简湾村

(一)大简湾村旅游扶贫条件分析

1. 村情简介

(1)自然条件。

大简湾村总耕地面积1226亩,耕地资源丰富。属亚热带季风气候,全年四季分明,雨水充沛,规划区林地面积庞大,植被覆盖率高,水资源丰富,孕育了丰富的生物资源。野生观赏植物种类繁多,少数观赏价值突出的乡土树种呈现零星分布,资源储量比较有限。

(2)区位条件。

①地理交通区位。

大简湾村位于李家集街西南部,距离李家集街中心约1.5千米,距木兰云雾山景区178

千米,距木兰天池和木兰花海乐园景区30余千米,距黄陂区不足24千米,距天河机场33千米,距孝感北站(高铁站)92千米,区域外部交通和内部交通通达度较高,多数路段已实现水泥路,路面宽阔,路况良好,出行方便。

②旅游区位。

大简湾村所在的黄陂区是楚文化的重要发祥地,有"无陂不成镇"的深厚文化积淀。素有"千年古郡、木兰故里、滨江花都、孝信之城"的美誉。从黄陂旅游集散中心实现全区各大景区之间"15分钟可达、2小时串联"的旅游线路贯通。

(3)经济社会条件。

全村共245户,879人,常年在外务工人员186人,务工、个人种植、土地流转、村集体分红、小规模养殖是农户收入的主要来源。全村建有4座垃圾分类收集池和党员群众服务中心。

(4)产业发展现状。

大简湾村以水稻传统种植为主导产业,同时,种有花生、芝麻等经济作物。养殖业是规划区的主要产业之一,包括畜牧养殖和水产养殖两大类。虽是零散养殖,但已形成规模,为部分贫困农户提供脱贫渠道。

2. 贫困现状及成因

(1)贫困现状概述。

大简湾村共有245户,879人,五保户2户,2人,低保户29户,38人,劳动力565人,常年在外务工人员186人。

(2)致贫原因。

①基础设施差。

规划区通达、通畅任务仍然艰巨,道路建设投资大、建设难度大,养护和管理任务重,电力设备陈旧落后,变压器大多数已严重老化、能耗高、性能差;集中式供水仍属少数,自来水普及率仍然相对较低。

②空巢化严重。

规划区存在的养老金偏低、养老机构不足、养老服务设施落后、传统养老观念较重等问题,使规划区内社会化养老面临严峻挑战。

③缺乏能人带动。

规划区缺乏带动村民开展脱贫的人才,缺乏有一定的农业知识和技术,在当地能起到带头作用,周围的群众认可的农村专业型的劳动者。

3. 旅游资源分析与评价

(1)旅游资源类型。

根据国家标准《旅游资源分类、调查与评价》(GB/T18972-2017)的有关规定,通过全面调研,对大简湾村的旅游资源按照主类、亚类及基本类型的层次进行分类(见表7-27),确定其旅游资源类型覆盖了8大主类中的6个,23个亚类中的8个,110个基本类型中的12个。

表7-27 大简湾村旅游资源类型

主　类	亚　类	基 本 类 型	主要资源单体
B 水域景观	BA 河系	BAA 游憩河段	彭家河

续表

主　类	亚　类	基 本 类 型	主要资源单体
C 生物景观	CA 植被景观	CAA 林地	乔木、马尾松林、杉木林、白栎林、江南桤木林、檵木＋白鹃梅林、小叶栎＋麻栎林、杜鹃灌丛林、牡荆灌丛林、白棠子灌丛林、毛竹林、箬竹林
		CAB 独树与丛树	杜鹃、牡荆、黄杜鹃等
	CB 野生动物栖息地	CBB 陆生动物栖息地	野猪栖息地、野山羊栖息地、野兔栖息地、刺猬栖息地
		CBC 鸟类栖息地	麻雀栖息地、喜鹊栖息地、乌鸦栖息地、猫头鹰栖息地、野鸭子栖息地、布谷鸟栖息地
D 天象与气候景观	DA 天象景观	DAA 太空景象观赏地	日出、日落
	DB 天气与气候现象	DBC 物候景象	花卉苗木种植四季景观
E 建筑与设施	EA 人文景观综合体	EAD 建筑工程与生产地	大棚蔬菜产业合作园、现代高效生态园示范园、水稻种植基地
		EAF 康体游乐休闲度假地	卓尔生活文化馆、桥湖恋歌文创农园
G 旅游购品	GA 农业产品	GAA 种植业产品及制品	糍粑、豆丝
		GAC 畜牧业产品与制品	牛肉
H 人文活动	HB 岁时节令	HBB 农时节日	春节、清明节、端午节、腊八节

（2）旅游资源空间分布。

规划区整体轮廓呈块状分布，区域内耕地面积占比较大，稻田景观丰富。其中，水面面积占比达 56%，分散布局于村落，村域北部水面面积较小，分散更为广泛，村落南部水面分布较广泛，规模较大。林地资源主要集中于村落边远地区，北部和东部最为集中。居民生活区主要集中在村部附近，位于村落中心地区向四周扩散。031 乡道穿村而过，将规划区划分为西北部和东南部两大板块。

（3）旅游资源特色评价。

大简湾村地势平坦，水资源丰富，空气质量和气候资源良好，生态价值高，培养当地特色水果种植业发展，利用村内现有资源和近期规划适宜开展生态农业示范园，集采摘、观光、养生于一体。大简湾村水稻种植基地、水产养殖基地、在建的大棚蔬菜基地等都为村里带来了不菲的收益，卓尔生活文化馆的建设，利用周边村庄流转土地，坚持可持续发展原则，进行联动发展，有一定的市场价值。大简湾村内有水稻田园风光、山水花木可供观赏，大棚蔬菜基地和生态农业示范园可供采摘(建设后)、游览。

(二)大简湾村旅游扶贫产业规划

1. 旅游发展主题形象

为了紧抓乡村振兴、精准扶贫等国家政策机遇,依托大简湾村两河交汇的水资源优势,瞄准乡村休闲游市场的需求,坚持渔旅融合发展理念,以水产养殖、花卉种植为基础,带动休闲渔业、花乡体验、乡村休闲等服务业项目的开发建设,故塑造"渔港船歌、水田花乡"的旅游发展主题形象,努力将大简湾村打造成渔、花为主题的旅游特色村,力争将其打造成为武汉渔旅融合示范村、武汉旅游扶贫示范村。

2. 旅游产业发展定位

目前,大简湾村的产业基础较为薄弱,以传统的水稻种植为主,经济效益不高。规划按照"乡村旅游＋水产养殖＋花卉种植"的开发思路,大力发展花乡体验、休闲渔业、乡村休闲等项目,实现第一、第二、第三产业融合,产加销一体,构建现代乡村产业发展体系。本规划将大简湾村的旅游业定位为战略性支柱产业。

3. 旅游产业与产品设计

大简湾村的旅游产业还缺少整体规划,不能形成完整的旅游产业体系,尚处于待开发状态。因此,通过对大简湾村旅游资源禀赋、开发条件、客源市场以及旅游业发展态势进行梳理,重构旅游产品,形成花乡体验游、休闲渔业游、乡村休闲游三大产品体系。

(三)大简湾村旅游扶贫项目规划

1. 旅游项目空间布局

依据黄陂区李集街大简湾村的区位条件、现有的资源特色、产业发展基础、环境禀赋等,按照"旅游＋生态农业＋运动休闲"的产业融合发展理念,通过休闲旅游统领全村产业经济发展,构建"一心一轴四区一镇"的发展格局(见表7-28)。

表7-28 大简湾村旅游结构功能分区表

发展格局	具体内容	发展思路
一心	旅游接待服务中心	突出乡野风情、民俗风情,食、住、行、游、购、娱六大要素配套发展
一轴	乡村旅游发展联动轴	改造道路来进一步提升其作为大简湾村村内交通主干道的辐射作用,充分发挥交通过境优势,满足游客在游览过程中的休闲需求
四区	渔乐美食休闲区	以渔业发展为核心,辐射带动周边水库资源发展,树立"旅游＋渔业＋美食"的旅游融合发展模式
	文化运动体验区	将该区域打造成为集运动休闲、康养、趣味体验以及文化创意为一体的功能区
	水田花乡观光区	以湿地、田园、乡村为依托,导入花卉种植产业,形成大地艺术农业景观,实现从花到花产品到花经济的产业链发展壮大
	生态保育区	在保护的基础上对部分林区进行改造,营造周边山清水秀的视觉环境,为大简湾村的后续发展预留一定空间

续表

发展格局	具体内容	发展思路
一镇	桃源野趣风情小镇	邻水而建各类休闲设施，打造自然繁华以及天人合一的露营酒店和别具特色的民宿，让游客尽享城市山林野奢度假的别样风情

2. 新建旅游项目

依据大简湾村旅游资源特色、资源空间分布情况、产业发展现状、地形地貌特点等要素，打造创新型旅游项目。

（1）游客服务中心。

在大简湾村村委会处打造游客服务中心，在一层设置游客咨询台、散客休息厅、综合展示等，配备电子触屏装置供游客查询相关信息；二层设贵宾接待室、保安室、医务室、投诉管理部、信息技术部、行李寄存处等。

（2）生态停车场。

采用草坪砖铺设停车位、行道树隔离车位，树隙停车、树荫遮阳；根据不同车型进行停车位分区。合理设置停车线，摆放明显的停车标识。分设出入口、有专人管理，停车场建设与周边景观相协调。

（3）渔村渡口。

渔村渡口的规划建设既要古朴美观，也要兼顾渡口的实用性。为停泊船只的船家和休憩的路人提供简单的餐饮服务，外观醒目美观，与环境和谐一致。

（4）风情夜长廊。

长廊依滨水而建，顺应自然地形地貌，以"渔乐美食"为主题，设有丰富多样的湖北名小吃及黄陂特色美食，如黄陂三鲜。在夜间霓虹灯光的映衬下，展现其无与伦比的吸引力。

（5）巧渡渔庄。

选址位于风情夜长廊不远处的幽静之处，渔庄提供宴席及酒会举办场所、商务包间，充分挖掘大简湾村当地特色美食，让游客在食物中品味"乡愁"和健康。

（6）宜心运动湾。

以时尚、健康的生活理念为依托，修建临水的休闲运动中心，并且逐步开展建设健康餐饮、健身指导、美容SPA等配套服务。

（7）临渊羡鱼垂钓。

根据池塘大小和位置合理设置钓台形式和钓台间的距离，注意防晒凉棚建设和遮阴树木的种植。定期举办垂钓大赛，提高项目知名度和地区影响力。

（8）滨水休闲街。

滨水休闲街是集滨水旅游观光、文化、休闲为一体的商业街。正常经营之外兼具小型文艺表演功能，河道及两侧夜景亮化工程要同步推进。

（9）花主题馆。

引入"花园旅游"的概念，花主题馆根据不同季节和节事活动进行不同的主题展出，打破花卉花期短、季节性强的限制，为游客带来独特的花艺体验。

（10）星宿营地。

结合乡村环境特征，推出特色化的度假设施，推出浪漫星宿营地，可以加入星宿灯等以星宿为主题的景观元素。

(11) 花灯夜市。

打造管理规范、特色明显的夜市,花灯装点让夜晚更加绚丽多彩。确保主干道交通顺畅,村容形象良好。

(12) 林居树屋。

建设要符合生态性和可持续发展原则,最大化利用有效空间,不破坏自然生态环境。保障住客隐私和安全问题,建设距离合理。

3. 现有项目改造

(1) 卓尔生活文化馆。

在现已建成的卓尔美好生活馆基础上进行品质升级。外部建筑风格与不远处的游客服务中心相统一,内部布局合理有序,通过物品陈设、视频图文资料展示大筒湾村特色乡村风情和民俗文化,在一楼增设特色纪念品商店。

(2) 生态果园。

主要通过对现有果园的适当改造,增添生活和娱乐设施,使果园具有观光休闲、采摘品尝、果品销售功能,最大限度地提高趣味性和游客的参与性。尽量施用生物农药和有机肥料,生产出安全、营养、无污染的有机果品,满足游人对有机果品的需求。

(3) 农家采摘园。

在现有采摘园的基础上进一步规划,游客可以采摘各种不同类型的瓜果蔬菜,采摘园和民宿联合建设,提供菜品制作服务,让游客能够体验到趣味采摘的乐趣。

(四) 大筒湾村旅游脱贫路径规划

1. 扶贫业态策划

(1) 旅游餐饮业态。

充分利用当地特色食材,发掘本土乡野风味,依托巧渡渔庄、花灯夜市、生态果园等项目,打造乡味浓厚、口味地道、品味独特的旅游餐饮体系。

(2) 旅游住宿业态。

依托当地的环境与资源优势,开发星宿营地、林居树屋等多样化的住宿设施,满足游客多样化需求,拓宽村民就业渠道。

(3) 旅游产品业态。

依托当地资源,发挥"旅游+"的理念,打造卓尔生活文化馆、花主题馆等特色产品。

(4) 旅游娱乐业态。

依托丰富的自然资源与完善的旅游配套设施,开发宜心运动湾、滨水休闲街、花主题馆等休闲娱乐产品。

2. 贫困户参与机制

大筒湾村要高度重视贫困户参与,制定旅游扶贫农户参与的机制。

(1) "景区+农户"机制。

制定优惠政策,进一步落实建设生态果园项目和桥湖恋歌文创农庄项目,以及本规划策划的乡村旅游项目,以景区开发带动村民参与旅游开发。

(2) "合作社+农户"机制。

大力实施"合作社+农户"等运作模式,将贫困户发展为社员,为贫困户提供技术、产品加工销售等服务。

(3) "协会+农户"机制。

依托大筒湾村农民旅游协会,由协会带头人为村民开展旅游接待、运营等培训课程,鼓励村民参与到住宿、餐饮等业态中去。

(4) 以大带小。

鼓励大景区与小景区建立长效利益合作机制,实行乡村旅游能人、旅游企业引导和带动贫困户分享旅游运营经验,增强村民可参与性。

(5) 独立经营。

鼓励拥有一定资源以及资金的农户直接从事乡村旅游经营活动,并出台优惠政策帮助其发展壮大,以吸纳其他村民参与就业。

3. 旅游扶贫精准指导

要使旅游扶贫取得最佳的经济效益,重要的一点是要注意与其他产业共同发展。如果就旅游而论旅游,片面地发展旅游业,而忽视与农、林、牧、副、渔及乡镇企业协作,走共同发展之路,则往往是一厢情愿。大筒湾村根据实际情况,以旅游产业为导向,注意旅游业与第一、第二、第三产业的协同发展。在第一产业方面,调整传统农业生产结构,大力发展旅游农业。第二产业方面,以旅游市场为导向,调整工业产品结构,压缩了部分"有尘工业"和"老、大、笨、粗"的工业产品,以种植业与旅游业为依托,构建资源加工工业体系。第三产业方面,创办农工商、贸工农一体化的经营服务组织,积极推广"公司+基地+农户"的生产经营模式,沟通农业生产与旅游市场间的联系。

十二、蔬果天地,农夫乐园——姚老屋村

(一) 姚老屋村旅游扶贫条件分析

1. 村情简介

(1) 自然条件。

姚老屋村土地总面积2.2平方千米,共计3300亩,其中,耕地面积233亩,基本农田占地面积庞大,经济林地占地面积170亩。属低山丘陵区,有绿水青山围绕。属亚热带季风气候,全年四季分明,雨热同季,具有典型的南北过渡气候特征。生态环境良好,森林覆盖率达40%以上,孕育了丰富的生物资源。

(2) 区位条件。

姚老屋村位于蔡店乡东南角7.5千米处,北与马鞍村相连,南部毗邻梅店水库,西至双河村,东接长生村,其周边分布有木兰天池、清凉寨等风景区,距黄陂区53千米,距天河机场75千米,距孝感北站(高铁站)47千米,距蔡甸客运站仅3.3千米,距麻安高速不足30千米,距木兰古门风景区10千米左右,距湖北铁寨旅游风景区不足10千米,区域外部交通和内部交通通达度较高,多数路段已实现水泥路,路面宽阔,路况良好,出行方便。

(3) 经济社会条件。

规划区共142户,468人,依托土地及气候优势,农户收入来源以水稻种植和外出务工为主,2017年村集体年收入达13万元。该村村湾水泥路现在已实现组组通,村民饮用水全覆盖,用电安全率达100%。村庄绿化率达76%以上,卫生厕所使用率较高,污水处理率达85%以上,农民居住区垃圾实行统一收集处理,村湾污水集中处理率和生活用水无害化处理

率均达到90%以上。

(4) 产业发展现状。

规划区以种植业为主导产业,依靠百汇勤农业开发有限公司投资建立的农业园为依托,发展生态种植,农作物以种植水稻为主,经济作物以种植有机蔬菜为主。同时,拥有村集体产业水产养殖100余亩。另外,还建有百汇勤蔬菜基地1500平方米,致力于建设休闲旅游采摘有机蔬菜特色美丽乡村。

2. 贫困现状及成因

(1) 贫困现状概述。

姚老屋村共有贫困户21户,47人。

(2) 致贫原因。

①基础设施相对滞后,生产经营投入不足,自然条件相对劣势,村民增收渠道单一,农业生产效率低下,目前仍没有形成较好的产业链条,村民经济收入较低。

②大部分群众思想观念落后,小农意识根深蒂固,思维方式和行为方式落后,文化素质偏低,发展意识薄弱,对新事物、新思想的接受能力差,导致扶贫、培训效益不够明显。"等、靠、要"的依赖思想突出,家庭经济发展缺乏计划,同时缺乏技术和管理能力,外出打工也缺乏技术,缺乏脱贫致富渠道。

③规划区内因病致贫、因残致贫、缺乏劳动力人数较多,多数家庭中有患慢性病、残疾人、体弱或年老丧失劳动能力的成员,导致家庭长期陷入贫困状态,难以脱贫,需要政府和社会对其进行救助,脱贫难度大。

④因学致贫。由于规划区缺乏优质教育资源,一些村民为了让孩子能接受更好的教育,在县城或乡镇租赁房子,照顾子女上学,导致部分劳动力流失,土地撂荒严重,无形中加重家庭经济负担。

3. 旅游资源分析与评价

(1) 旅游资源类型。

根据国家标准《旅游资源分类、调查与评价》(GB/T18972-2017)的有关规定,通过全面调研,对姚老屋村的旅游资源按照主类、亚类及基本类型的层次进行分类(见表7-29),确定其旅游资源类型覆盖了8大主类中的5个,23个亚类中的8个,110个基本类型中的13个。

表7-29 姚老屋村旅游资源类型

主 类	亚 类	基 本 类 型	主要资源单体
A 地文景观	AC 地表形态	ACE 奇特与象形山石	"系马桩"奇石、雷打石景观
C 生物景观	CA 植被景观	CAB 独树与丛树	松树、四季青、枫树、杉树、橡树、乌桕树、栾树、红叶李、石楠、红枫等
		CAD 花卉地	樱花、紫薇、桂花、玉兰
	CB 野生动物栖息地	CBB 陆生动物栖息地	野猪、野山羊、狍子、狸子、野兔、松鼠、黄鼠狼、刺猬
		CBC 鸟类栖息地	猫头鹰、山鸡、喜鹊、白鹭、乌鸦、斑鸠、八哥、麻雀、田鸡

续表

主　类	亚　类	基本类型	主要资源单体
E 建筑与设施	EA 人文景观综合体	EAD 建筑工程与生产地	光伏发电基地、有机农业园、水稻种植基地、百汇勤蔬菜基地
	EB 实用建筑与核心设施	EBF 渠道、运河段落	梅店水库
		EBN 景观养殖场	精养鱼池
	EC 景观与小品建筑	ECJ 景观步道、甬路	车人观光道路
G 旅游购品	GA 农业产品	GAA 种植业产品及制品	柿子、板栗、鸭梨、枇杷、核桃、苹果、蓝莓、猕猴桃、蜜桃
		GAD 水产品及制品	草鱼、鲢鱼、鲫鱼、鳊鱼、黄鳝、龙虾、牛蛙、泥鳅
H 人文活动	HA 人事活动记录	HAA 地方人物	姚缔虞、伍仁胜
		HAB 地方事件	红色故事

（2）旅游资源空间分布。

规划区有绿水青山围绕，北部坐落笔架山、马鞍山，南部毗邻梅店水库，区域内水面错落分布，河流、水库、水塘、滩涂、坑塘等水面星罗棋布；北部发展特禽养殖产业；中部建有光伏发电基地，占地 4 亩；中东部和中西部有精养鱼池，占地 100 余亩；东南部有水产养殖和百汇勤蔬菜基地；中南位置建有有机农业园，占地 1200 亩；南部发展优质水稻种植基地。

（3）旅游资源特色评价。

姚老屋村旅游资源丰富，三面环水，秀丽无双。姚老屋村道路和环境美化整治取得良好的成效，村内种植有红叶楠、桂花树等，还有 100 亩精养鱼池，建设有 5000 米车人观光道路，观赏体验价值极高。村里有两座海拔 400 米左右的高山，山顶上有一块"系马桩"奇石，一处山涧隐约忽现，是抗日战争期间原孝感地区区委书记工作地之一。姚老屋村是一片红色的土地，留下了革命前辈们的足迹，这里的每一寸土地都为中国革命的胜利作出了不可磨灭的贡献。姚老屋村的红色文化具有重要的教育意义，能促进社会全面进步和青少年的健康发展，促进主流文化的丰富和发展。

（二）姚老屋村旅游扶贫产业规划

1. 旅游发展主题形象

为了紧抓乡村振兴、精准扶贫等国家政策机遇，依托姚老屋村现有的水产养殖基地、蔬菜种植基地、优质水稻基地，瞄准休闲农业游市场的需求，坚持农旅融合发展理念，以优质稻、果蔬种植为基础，带动采摘、电商、文创、渔家乐等服务业项目的开发建设，故而塑造"蔬果天地，农夫乐园"的旅游发展主题形象，努力将姚老屋村打造成集果蔬种植采摘、稻田体验、休闲渔业等功能于一体的旅游特色村，力争将其打造成为武汉农旅融合示范村、湖北省休闲农业与乡村旅游示范点。

2. 旅游产业发展定位

目前，姚老屋村的产业基础较为薄弱，以水稻种植、果蔬种植、水产养殖等项目为主，经济效益不高。规划按照"生态农业＋乡村旅游"的开发思路,大力发展果蔬种植采摘、稻田休闲、休闲渔业等项目,实现第一、第二、第三产业融合,产加销一体,构建现代乡村产业发展体系。本规划将姚老屋村的休闲农业定位为战略性支柱产业。

3. 旅游产业与产品设计

姚老屋村的旅游产业缺少整体规划,不能形成完整的旅游产业体系,尚处于待开发状态。因此,通过对姚老屋村旅游资源禀赋、开发条件、客源市场以及旅游业发展态势进行梳理,重构旅游产品,形成果蔬体验游、稻田休闲游、休闲渔业游三大产品体系。

(三) 姚老屋村旅游扶贫项目规划

1. 旅游项目空间布局

依据姚老屋村的区位条件、产业发展基础、地形地貌等,结合旅游业与其他相关产业融合的产业融合发展理念,通过休闲旅游统领全村产业经济发展,构建"一轴一心三区"的发展格局(见表7-30)。

表7-30 姚老屋村旅游结构功能分区表

发展格局	具体内容	发展思路
一轴	美丽乡村风情轴	沿姚老屋村村内主道路打造美丽乡村风情轴,集生态观光、休闲游憩等功能为一体,同时设置有景观小品、骑行步道等
一心	游客服务中心	打造游客服务中心,提供旅游信息查询、路线安排等服务,建设完善的基础配套设施
三区	百蔬乐活休闲区	依托姚老屋村现有产业资源,以百汇勤蔬菜基地为基础,将该区域打造成为集蔬菜种植、休闲观光、趣味体验以及文化创意为一体的功能区
	农情特色体验区	以姚老屋村现有稻田为基础,结合现代旅游市场的需求,充分彰显生态农业资源特色和美丽乡村优势
	生态保育区	在保护的基础上对部分林相进行改造,营造周边山清水秀的视觉环境,为姚老屋村的发展预留一定空间

2. 新建旅游项目

(1) 游客服务中心。

在村委会处打造游客服务中心,在一层可以设置游客服务台、散客休息厅、综合展示等,配备电子触屏装置供游客查询相关信息;二层设贵宾接待室、保安室、医务室、行李寄存处等。

(2) 生态停车场。

采用草坪砖铺设停车位、行道树隔离车位,树隙停车、树荫遮阳;根据不同车型进行停车位分区。设置停车线,摆放明显的停车标识。分设出入口,有专人指管,停车场建设与周边景观相协调。

(3) 骑行步道。

顺应自然地形,让步道的排水系统达到良好的状态,为骑行爱好者带来愉悦的享受;在沿线设立自行车租赁点。

(4) 休闲驿站。

每隔一定距离设置一处休闲驿站,并搭配设置休息服务点,配套长凳、凉棚、桌椅等。同时可为骑行者提供简单的餐饮服务。

(5) 景观小品。

点缀沿线的景观,丰富游客的观赏体验。倡导天、地、人之和谐理念,还物态于本原,无雕琢之态,无堆砌之繁,兼具科学性和艺术性。

(6) 蔬菜创意秀。

以各种果蔬为材料,展示各种瓜果蔬菜雕塑,也可以根据自己的灵感设计,制作出奇特造型的蔬果造型。

(7) 蔬菜文化馆。

将蔬菜以模型制作的方式收集在一起,展示给游人欣赏。图文并茂,让游人了解蔬菜发展历程,感受蔬菜文化的魅力所在。

(8) 趣味垂钓。

设置垂钓服务点,为游客提供渔具租赁服务,举办垂钓比赛,让游客在休闲垂钓中获得成就感与乐趣。

(9) 淘乐购。

主要分为线下展销中心以及线上销售平台。

(10) 渔情味了。

将游人获得的水产代为加工成美食或者自己亲自烹饪,全部的烹饪过程可以展示给游人观赏。

(11) 稻田竞技。

在稻田观光旅游项目中融入游客体验,在水稻田上架设梅花桩、铁链桥等拓展运动设施,设计稻田拔河、稻田接力等团队合作完成的旅游项目。

(12) 稻草工坊。

稻草工坊是为游客提供稻草产品创作体验与购买的场所,主要分为两个区域,一是创意水稻手工产品展销区,二是游客手工体验区。

3. 现有项目改造

(1) 多彩果蔬。

多彩果蔬主要指的是在蔬菜种植基地内种植各种不同类型的蔬菜,其中包含瓜类蔬菜、茄果类、豆类等,这些蔬菜有的具有美丽多姿的蝶形花冠,有的植株矮生,有的藤缠棚架。

(2) 风情农舍。

保留传统的民居特色,采用木制屋顶的设计,院落里有各种传统农具,室内运用二十世纪八九十年代的老照片、老电视机等进行装饰,处处散发着浓浓的田园气息。

(3) 自耕农田。

在蔬菜农场内开辟自耕农田,专门供游客体验农事劳作,此外,通过一系列的亲手劳动体验,让孩子们在实践中学习知识,并培养吃苦耐劳的精神和节约粮食的习惯。

(4) 采摘园。

在现有采摘园的基础上进一步规划,游客可以进去采摘各种不同类型的水果,让游客能够体验到趣味采摘的乐趣。

(四)姚老屋村旅游脱贫路径规划

1. 扶贫业态策划

(1) 旅游住宿业态。

因地制宜,依托风情农舍,引导村民进行经营活动,发展出姚老屋村个性化、特色化的旅游住宿业态。

(2) 旅游交通业态。

顺应生态环境和地形地势情况,建设生态停车场、骑行步道、休闲驿站、景观小品,打造通达顺畅、可持续发展的旅游交通系统,解决部分村民的工作问题。

(3) 旅游产品业态。

发挥"旅游+"优势,推进农旅产业深度融合,借助蔬菜创意秀、蔬菜文化馆、稻草工坊、自耕农田等产品打造乡村特色旅游产品体系。

2. 贫困户参与机制

(1) "合作社+基地+农户"机制。

合作社通过拥有的种植基地、养殖基地等,吸收贫困户以土地、资金或技术等入股合作社,在村集体增收的基础上获取更多发展红利,并与旅游业融合,增加资源价值。

(2) "企业+农户"机制。

由落户企业牵头,承担社会责任,提供就业岗位或委托服务,吸纳姚老屋村的村民参与其中、统一经营、统一管理,增加贫困户的固定工资收入。

(3) 能人带户。

搭建"大手拉小手"平台,鼓励大景区与小景区建立长效利益合作机制,实行乡村旅游能人引导和带动贫困户、党员干部与带头人精准帮扶建档立卡贫困户的机制。

(4) 独立经营。

鼓励有条件、有能力的贫困户,直接建设农家乐、民宿、农庄等,成为旅游经营的业主,通过增加非农经营收入而脱贫致富。

3. 旅游扶贫精准指导

为了进一步推动姚老屋村高质量发展、巩固脱贫成果,在对村庄进行实地考察之后,根据村情现状和资源禀赋,以村庄建设生态度假村、开发经济果林和发展百汇勤蔬菜基地等项目、有机农业研究中心等项目为重要依托,以旅游扶贫为指导理念,进行旅游规划与开发,并探索发展产业依托型旅游脱贫模式,扩大就业门路和岗位,转移农村富余劳动力,带动村集体增收、贫困群众脱贫致富。

(1) 发掘敢于开拓、甘于奉献、苦干实干的带头人。

(2) 注意因地制宜开发旅游资源,并注意解决和改善可进入性问题。

(3) 注意按照旅游经济规律办事,搞好产销结合,搞好配套开发,努力提高旅游综合接待能力和创收能力。

(4) 注意发挥旅游业的关联带动功能,依托旅游市场,大力发展与旅游业相关的服务产业和旅游农业、旅游工业,带动地方经济的全面发展。

(5) 注意加强横向联合,并积极争取地方政府及有关部门的扶持。

十三、山水之巅,太平古寨——李文三村

(一)李文三村旅游扶贫条件分析

1. 村情简介

(1)自然条件。

李文三村规划区土地总面积 4.938 平方千米,属于低山丘陵区,有绿水青山围绕,拥有水库三座。规划区位于大顶山山麓,山势陡峭,巍峨高耸,层峦叠嶂,山上四季常青,青翠欲滴,动植物众多,林地面积庞大,植被覆盖率高,属典型的自然生态林地。

(2)区位条件。

李文三村位于黄陂区蔡店街东北,距黄陂区 53 千米,距天河机场 75 千米,距孝感北站(高铁站)47 千米,距蔡甸客运站仅 3.3 千米,距麻安高速不足 30 千米,距木兰古门风景区 10 千米左右,距湖北铁寨旅游风景区不足 10 千米,区域外部交通和内部交通通达度较高,多数路段已实现水泥路,路面宽阔,路况良好,出行方便。另外,李文三村所在的黄陂区拥有中南地区最大的城市生态旅游景区群,森林覆盖率约占武汉的一半,是楚文化的重要发祥地。从黄陂旅游集散中心到全区各大景区之间实现"15 分钟可达、2 小时串联"的旅游线路贯通。

(3)经济社会条件。

规划区共 237 户,963 人,常年在外务工人员有 420 人。收入来源主要有经商务工、政策补贴、自主发展。规划区通过进一步推进美丽乡村建设,整治村庄环境,实施村庄绿化,基础设施和人居环境得到很大改善,并计划实施村域村庄布局改造。当前通信网络已实现全部覆盖,电话拥有率达 98%。实现村域通自来水,彻底改善了饮用水水质。

(4)产业发展现状。

水稻种植和花生种植是该村的主导产业,其他产业包括种植茶叶、油茶、苗木、生态林以及光伏产业。现在有两个产业基地项目,65 千瓦的太阳能光伏发电项目,年发电量 93600 千瓦以上,位于规划区东南侧荒山顶部,占地面积约 2200 平方米;600 亩油茶基地项目。

2. 贫困现状及成因

(1)贫困现状概述。

李文三村建档立卡贫困户共 48 户,85 人,其中,五保贫困户 13 户,13 人,低保贫困户 21 户,29 人,一般贫困户 14 户,43 人。

(2)致贫原因。

长期制约规划区经济发展的主要原因有基础设施不完善、地区偏远、长期无产业支撑。一般贫困户的致贫原因主要有重大疾病、家庭劳动力缺乏、缺乏技能、子女上学负担重等。李文三村位于山区,属于深山库区一线,群众居住分散,自然条件恶劣,山地土壤薄而贫瘠,抵御自然灾害能力较弱,基础设施建设存在设点多、线长面广、难度大、成本高等问题,通而不畅,行路难、饮水难、上学难、就医难、居住条件差、人居环境恶劣等问题比较突出。贫困村经济结构单一,土地抛荒现象较为严重,龙头企业、专业合作社或能人大户带动和辐射作用发挥有限,缺乏榜样示范效应,持续增收能力较低。

3. 旅游资源分析与评价

(1)旅游资源类型。

根据《旅游资源的分类、调查与评价》(GB/T18972-2017)中旅游资源的分类标准,结合

规划组对李文三村旅游资源单体的调查统计,共确定李文三村旅游资源数量覆盖了8大主类中的6个,23个亚类中的9个,110个基本类型中的15个(见表7-31)。

表7-31 李文三村旅游资源类型

主 类	亚 类	基本类型	主要资源单体
A 地文景观	AA 自然景观综合体	AAA 山丘型景观	大顶山
	AC 地表形态	ACD 沟壑与洞穴 ACE 奇特与象形山石	怀福洞、仙人洞、大吊洞、小吊洞、麻子沟、飞来石、母猪石、锅盖石、象鼻石、荞麦石、龙灯石、鹰窝石、晒谷石、笔架石、蛤蟆吞天、红石锣、打金鼓、葫芦把、牙齿尖、羊子角、枕头石等
C 生物景观	CA 植被景观	CAA 林地 CAB 独树与丛树 CAD 花卉地	四季青、枫树、杉树、乔木、古银杏树、山楂树、李子树、杜鹃花、桔梗、沙参、金银花、石苇、刺梨
	CB 野生动物栖息地	CBB 陆地动物栖息地 CBC 鸟类栖息地	野猪、野山羊、狍子、狸子、野兔、松鼠、黄鼠狼、刺猬、猫头鹰、山鸡、喜鹊、白鹭、乌鸦、斑鸠、八哥、麻雀、田鸡
E 建筑与设施	EA 人文景观综合体	EAB 军事遗址与古战场	古城堡遗址、石门
	EB 实用建设与核心设施	EBG 堤坝段落 EBL 景观农田	正冲水库、后门冲水库、油茶基地
F 历史遗迹	FB 非物质类文化遗存	FBB 地方习俗 FBD 传统演艺	玩龙灯、划船、舞狮子
G 旅游购品	GA 农业产品	GAA 种植业产品及制品	油茶
H 人文活动	HA 人事活动记录	HAA 地方人物	李水牛、李立新、盛春林、李发贤等

(2)旅游资源空间分布。

李文三村村湾呈南北分布,旅游资源空间分布呈现出两点聚集的特点,一部分旅游资源集中分布于李文三村村委会周围,主要包括百年银杏树、飞来石、水库等。还有一部分旅游资源集中分布于大顶山周围,主要包括大顶寨、金石沟、太平天国古城墙、麻子沟等。

(3)旅游资源特色评价。

李文三村自然资源和历史文化资源丰富,村里有一棵六百多年的古树可以作证,二百多年的古银杏树也可以证明,李文三村拥有国家一级水源——正冲水库,风光秀丽,水质优良,大顶山上繁花茂盛,树木众多。崎岖盘旋的大顶山,更是成为驴友们探险的圣地。李文三村在革命年代,涌现了一批批仁人志士,他们不畏强暴、勇于争先的革命精神影响着李文三村一代又一代的青年,对促进社会全面进步和青少年的健康发展,促进主流文化的丰富和发展,探索"红色文化"有很大的社会意义。

（二）李文三村旅游扶贫产业规划

1. 旅游发展主题形象

为了紧抓乡村振兴、精准扶贫等国家政策机遇，依托蔡甸的旅游发展热度，充分利用李文三村的山林资源、农业基础及太平天国历史，以乡村休闲为主线，坚持差异性、特色性、体验性的原则，开发大顶山旅游景区，并带动本村休闲农业、山林越野等项目，将李文三村打造成集山水旅游、休闲农业体验、山林越野、太平天国文化体验等功能于一体的旅游特色村，故塑造"山水之巅，太平古寨"的旅游发展主题形象，力争将李文三村打造成为黄陂旅游的新兴目的地、武汉市旅游扶贫示范村。

2. 旅游产业发展定位

李文三村目前以油茶基地、传统种植、光伏发电等产业为主，经济基础薄弱，村民收入主要靠外出务工。规划以开发大顶山旅游景区为核心，按照"休闲农业＋乡村旅游＋户外运动"的开发思路，通过景区开发带来的巨大游客量，带动村内的采摘农业、餐饮住宿、运动拓展等项目的建设，实现第一、第二、第三产业融合，构建现代乡村产业发展体系。本规划将李文三村的旅游业定位为战略性支柱产业。

3. 旅游产业与产品设计

李文三村拥有光伏发电、油茶基地等项目，但旅游产业还缺少整体规划，不能形成完整的旅游产业体系，尚处于待开发状态。因此，通过对李文三村旅游资源禀赋、开发条件、客源市场以及旅游业发展态势的梳理，重构旅游产品，形成山水旅游、休闲农业游、山林户外拓展三大产品体系。

（三）李文三村旅游扶贫项目规划

1. 旅游项目空间布局

依据李文三村的区位条件、产业发展基础、地形地貌等，按照"山水旅游＋休闲农业＋户外拓展"的产业融合发展理念，通过休闲旅游统领全村产业经济发展，构建"一心四区"的发展格局（见表7-32）。

表7-32 李文三村旅游结构功能分区表

发展格局	具体内容	发展方向
一心	乡村旅游接待中心	作为大顶山旅游区的配套服务区，利用美丽乡村建设政策，改善村内环境，将为游客提供食、住、购等基础服务
四区	大顶山旅游景区	立足区内资源，精细打造景区的核心卖点——天平古寨和太平洞，并配套打造精彩的游线
四区	农旅融合发展区	在现有的油茶基地、农田的基础上，开发茶花观赏、油茶深加工、垂钓等休闲农业项目，以达到延长游客在村内游览时间的目的
四区	山水户外拓展区	依托森林和水库，面对时下自驾游客群的偏好，开发露营、森林拓展、水上运动等热门的运动项目
四区	生态保育区	在保护的基础上对部分林区进行改造，营造周边山清水秀的视觉环境，为后续发展预留一定空间

2. 重点旅游项目

立足区内的水库、山林、奇石、太平天国历史遗迹等旅游资源,按照国家4A级旅游景区的标准,以太平天国文化为特色,精细打造景区的核心卖点——太平古寨和太平洞,并配套打造精彩的游线,沿途穿过奇石、山洞、水库等自然景点,打造山水观光、水上游乐、奇石欣赏、太平天国历史体验等功能于一体的旅游景区。

(1) 太平古寨。

在现存的古寨墙旁边重修太平天国的古寨,设立兵器府、天王府、商议厅等项目,还原一个真实的古兵寨,游客身穿战衣体验军事生活。

(2) 太平洞。

将现在的怀福洞进行修整,融入太平天国文化,将太平天国的金田起义到最终失败的历史在洞中以壁画、石刻、雕塑等形式表达,让游客深刻了解太平天国的历史。

(3) 奇石岭。

将游线穿过蛤蟆吞天、葫芦把等象形奇石,设置最佳拍摄平台,打造奇石聚集的山岭。

(4) 水上游船。

在正冲水库上设置游船码头,放置乌篷船、电瓶船等清洁船只,既能避免对水体的污染,又能让游客尽情游乐。

(5) 玻璃栈道。

针对区内陡峭的地形,修建悬空玻璃栈道,既缩短游线,避免游线过长,又能让游客体验惊险刺激的感觉。

(6) 飞天瀑。

在正冲水库东岸的绝壁处,采用人工抽水循环的方式,打造瀑布一处,以丰富景区的景观,增强景区的竞争力。

3. 其他项目

(1) 油茶餐厅。

在原有的油茶基地旁边,餐厅采用现摘现榨的方式,为游客时刻提供最新鲜的油茶主题餐食,打造本村独特的特色美食。

(2) 银杏祈福广场。

充分利用李文三村村委会附近的千年银杏树,建设银杏广场,既作为村民的活动广场,又为游客祈福提供了场所。

(3) 农贸产品集市。

兴建农贸产品集市,实现直销,节约成本,为游客提供购买当地土特产的场所。

(4) 榨油坊。

充分利用油茶基地,吸引游客前来体验茶油制作的整个过程,体验完后可将新鲜的茶油购买回家,与家人分享。

(5) 射击场。

在李文三村的林地上建设极速冲锋射击场,引入真人CS、极地求生等时下较热的网络游戏的真人体验游戏。

(6) 露营地。

针对户外游客的需求,露营地内设置露营区、烧烤区、亲子游戏区等区域,打造多功能的露营基地。

(7) 森林拓展基地。

充分利用区内茂密的山林资源,针对年轻户外拓展市场,设置飞跃森林、丛林探险等项目,打造黄陂第一家森林主题的户外拓展基地。

(8) 皮划艇基地。

利用区内的水库,引入时下较受青年人欢迎的水上项目——皮划艇,配备专业的皮划艇教练指导,以吸引研学旅行市场和团队建设市场。

(9) 李文三美丽乡村。

积极申报黄陂区的美丽乡村,利用相关的政策和资金扶持,改善村内环境,精细进行外立面改造,引导村民开展农家乐、特色民宿等经营活动。

(10) 油茶花海。

在现有油茶种植基地的基础上,扩大种植面积,并增添游步道、观赏平台、摄影平台等设施,打造黄陂第一个油茶花海项目。

(四) 李文三村旅游脱贫路径规划

1. 扶贫业态策划

(1) 旅游餐饮业态。

收购当地特色农产品,征集村民对当地餐饮的建议,依托油茶餐厅、下里巴人农家山庄等项目,打造乡村美食体系。

(2) 旅游住宿业态。

依托良好的生态环境,引导村民进行经营活动,打造康养度假区、介丘露营地等适宜康养、户外休闲的住宿体系。

(3) 旅游产品业态。

以"旅游+"理念为指导,深挖资源潜在价值,依托极速冲锋射击场、悯农采摘园、节日广场等项目,促进乡村经济转型升级。

(4) 旅游购物业态。

线上线下相结合提高农产品的销量,依托花筒农贸产品集市、油茶加工基地等项目,打造品牌产品。

2. 贫困户参与机制

(1) "村集体+基地+农户"机制。

村集体通过其拥有的光伏发电、油茶基地等产业基地,使贫困户通过资金、技术、土地等入股,技术员包片全程指导,并按标准收购或代销贫困农户所生产的产品。

(2) "企业+农户"机制。

由公司牵头,吸纳贫困户参与,统一经营,统一管理,统一收益分红,不仅解决了就业问题,带来了工资性收入,还盘活了贫困户的闲置资产,增加了贫困户的固定资产收益。

(3) "景区+农户"机制。

一是从景区门票收入中分红,二是带动贫困户参与到住宿餐饮、农耕体验、旅游运输、农特产品销售等服务业态,在服务旅游者的同时,解决了就业问题,增加了经济收入,建设了美丽乡村。

3. 旅游扶贫精准指导

在实施旅游扶贫时,一方面须加强法制,对损害游客的行为进行严厉打击;另一方面,应使村民在思想上脱胎换骨,树立市场服务观念,认识到旅客是上帝。要注意与其他产业共同发展,如果就旅游而论旅游,片面地发展旅游业,而忽视与农、林、牧、副、渔及乡镇企业协作,走共同发展之路,则往往是一厢情愿。在政府规划指导下,采取各种措施,对旅游开发给予引导和支持,营造旅游环境,有意识地发展旅游业,以带动社会经济全面振兴。建立健全的旅游区保护制度,强化执法监督力度;加强生态环境的综合治理与保护,坚持开发利用与保护环境并重;制定旅游区环境保护规划和绿化规划,以提高景区生态质量。在开发旅游产品时,一定要强调创新,走自己的路,开发具有个性的旅游产品。

十四、研学热土,康养福地——桃园河村

(一)桃园河村旅游扶贫条件分析

1. 村情简介

(1)自然条件。

桃园河村属于亚热带季风气候,具有典型的南北过渡气候特征。整体轮廓呈块状分布,地势起伏较大,多属丘陵地带,土壤以沙质土为主。林地面积庞大,植被覆盖率高,全村森林覆盖率53.5%,孕育了丰富的生物资源。

(2)区位条件。

①交通区位。

桃园河村位于长轩岭街北部,距离长轩岭街中心约7千米,距黄陂区34千米,距天河机场55千米,距孝感北站(高铁站)66千米,被省道108、117、334成三角形状环绕,区域外部交通和内部交通通达度较高。

②旅游区位。

桃园河村所在的黄陂区拥有中南地区最大的城市生态旅游景区群,森林覆盖率约占武汉的一半,是楚文化的重要发祥地,拥有1家5A级景区,5家4A级景区,全国农业旅游示范点4家,已建成休闲特色集镇6个,休闲专业村58个,休闲山庄168家,星级农家乐956家。

(3)经济社会条件。

全村共有482户,1799人,其中劳动力1030人,外出务工劳力762人。经济发展水平较高:2016年农民纯收入为11200元,主要收入来源为务工经济;村集体年收入为3万元。村内配套有健身场地等文化娱乐休闲场所,生活垃圾处理达到国家卫生有关标准的95%,清洁能源普及率达75%以上。桃园河村道路路况平整,路面开阔,交通状况良好。主要道路绿化率达75%以上,绿化覆盖率达85%以上。

(4)产业发展现状。

2009年引进武汉木兰西湖旅游开发有限公司,主要经营旅游开发、农业种植、苗木花卉。2012年引进湖北天耕生态农业发展有限公司,在沿河几个自然湾流转土地1500余亩,种植栀子花。2016年引进翠文居生态农业科技发展有限公司,流转土地500余亩,从事茶叶、油茶、太空棉、蔬菜种植和水产品养殖;2017年又开发了木兰营地,针对武汉市及周边的青少年进行野外拓展及水上训练。

2. 贫困现状及成因

(1) 贫困现状概述。

桃园河村建档立卡贫困户69户,184人。

(2) 致贫原因。

首先,基础设施相对落后,产业结构单一,村集体经济收入薄弱,自身发展能力差。其次,外出务工人员流动性大,难以联系和了解贫困户的生活情况。另外,由于资金缺乏,养殖项目的基础设施不完善,养殖成本高。

3. 旅游资源分析与评价

(1) 旅游资源类型。

根据国家标准《旅游资源的分类、调查与评价》(GB/T18972-2017)的有关规定,通过全面调研,对桃园河村旅游资源按照主类、亚类、基本类型的层次进行分类(见表7-33)。

表7-33 桃园河村旅游资源类型

主 类	亚 类	基 本 类 型	主要资源单体
A 地文景观	AA 自然景观综合体	AAA 山丘型景观 AAB 台地型景观	马鞍山、蛤蟆山、观音崖、斗笠山、祠堂山、石屋咀
	AC 地表形态	ACD 沟壑与洞穴 ACE 奇特与象形山石	小垅溢洪道、黄皮沟、老虎洼、万米渠隧道、棺材石、鹰嘴石、青蛙石
B 水域景观	BA 河系	BAA 游憩河段	梅店河
C 生物景观	CA 植被景观	CAA 林地 CAB 独树与丛树 CAD 花卉地	林场茶园、翠文株茶园、百年椰树、松树、柳树、枫树
	CB 野生动物栖息地	CBB 陆地动物栖息地 CBC 鸟类栖息地	野猪、蝴蝶、麻雀、乌鸦、斑鸠、野鸡、喜鹊、野兔、刺猬
E 建筑与设施	EA 人文景观综合体	EAA 社会与商贸合作场所 EAB 军事遗址与古战场 EAE 文化活动场所 EAF 康体游乐休闲度假地 EAG 宗教与祭祀活动场所	桃园河商店、桃园河村农资店、仙姑寨、村委会门前文化广场、村委会康乐健身广场、缘觉寺、老庙("文化大革命"期间被毁)、土地庙
	EB 实用建设与核心设施	EBE 桥梁 EBG 堤坝段落 EBL 景观农田 EBM 景观牧场 EBN 景观林场	十棵松大桥、溢洪道大桥、梅店水库、桃园河村老林场、栀子花种植园、翠文株休闲农业园、桃源河农庄
	EC 景观与小品建设	ECL 水井	徐家湾老水井、万米渠
F 历史遗迹	FA 物质类文化遗存	FAA 建筑遗迹	黄土咀拱门
	FB 非物质类文化遗存	FBB 地方习俗 FBD 传统演艺	楚剧

续表

主 类	亚 类	基 本 类 型	主要资源单体
G 旅游购品	GA 农业产品	GAA 种植业产品及制品 GAD 水产品及制品 GAE 养殖业产品与制品	老马头、油茶、茶叶、土鸡汤、糍粑、三鲜、草鱼、鲢鱼、鲫鱼、鳊鱼、黄鳝、龙虾等

(2) 旅游资源空间分布。

桃园河村多属丘陵地带,旅游资源的多样化指数值较高,由表7-33中可以看出桃园河村旅游资源数量涵盖了8大主类中的6个,23个亚类中的11个,110个基本类型中的27个,旅游资源类型丰度和复杂程度较高。旅游资源空间分布从数量看,以自然资源为主的西北部和北部分布密集,生物资源丰富,植物种类繁多,植被覆盖率高,植物景观良好,虽然自然资源种类多样,但分布比较集中且珍稀奇特程度都较低;从旅游资源质量来看,旅游资源多以中低等级为主,缺乏高等级的旅游资源,有少量的人文旅游资源,主要以"楚剧"文化为主。

(3) 旅游资源特色评价。

桃园河村旅游资源种类丰富,河流、水库、水塘星罗棋布,具有极高的观赏游憩价值;气候四季分明,雨水充沛,光照充足,林木花卉型生物景观、山脉景观、水域风光型水文景观等多类景观空间共同构成了舒适宜人的自然环境且景象种类丰富,结构合理,组合条件良好,自然资源的丰度和集聚程度较高;桃园河村产业建设也比较红火,木兰营地、苗木基地、油茶基地、茶叶种植、光伏发电、无规模化畜禽养殖场、大红玫瑰种植等,各种类型的产业资源协同发展;村落整体地域空间广阔,自然旅游资源和人文旅游资源众多,可供旅游选择性较多。

(二)桃园河村旅游扶贫产业规划

1. 旅游发展主题形象

桃园河村拥有丰富的自然资源,气候条件优良,村内拥有木兰营地、绿茶基地、栀子花基地等产业旅游资源优势,尤其是木兰营地开展的研学旅行进一步探索青少年益智旅游项目。融入"旅行+研学+康养"的模式开发特色旅游项目。因此,将桃园河村的旅游发展形象定位为"研学热土,康养福地",打造成集研学旅行、养生养老、休闲农业、滨水度假等功能于一体的旅游特色村。

2. 旅游产业发展定位

目前,桃园河村的研学旅行、休闲农业、栀子花种植等产业已经起步,并粗具规模,但还处于开发阶段,全村的产业经济基础相对薄弱。以文旅农康融合为发展理念,按照"休闲农业、新农村建设配套养生养老"的开发思路,大力发展生态农业种植、滨水休闲、研学旅行等项目,作为发展养生养老产业的配套,实现第一、第二、第三产业融合,构建现代乡村产业发展体系。本规划将桃园河村的康养旅游产业定位为战略性支柱产业。

3. 旅游产业与产品设计

桃园河村拥有木兰营地、绿茶基地、栀子花基地等项目。但桃园河村的旅游产业还缺少整体规划,不能形成完整的旅游产业体系,尚处于待开发状态。因此,通过对桃园河村旅游资源禀赋、开发条件、客源市场以及旅游业发展态势进行梳理,重构旅游产品,形成休闲农业游、研学旅行游、养生养老游三大产品体系。

(三) 桃园河村旅游扶贫项目规划

1. 旅游项目空间布局

依据桃园河村的行政区位条件、产业发展现状、地理地形地貌等,按照"旅游+康养+教育"的产业融合发展理念,通过康养旅游统领全村产业经济发展,构建"一轴一地六区"的发展格局(见表7-34)。

表7-34 桃园河村旅游结构功能分区表

总体布局	功能分区	发展思路
一轴	乡村振兴发展轴	该乡村振兴发展轴首先为当地居民提供良好的生活居住条件,其次利用自身优势发展康养中心和教育旅游,吸引内外资金的投入,实现乡村振兴发展
一地	木兰营地	国家研学旅游示范基地、国家级青少年体育营地、全域旅游亲子产业中心、木兰主题体育旅游园区
六区	桃园新社区	该桃园新社区,应在保障居民日常生活之外,给予村民交通、工作、出行上的便利,同时提高民居的安全与卫生条件
六区	养生养老区	该养生养老区,应在满足居民物质需求的基础之上,将重点放在消费者的精神需求上
六区	休闲农业区	该区域交通便利,基础设施较完善,且农产品资源丰富,与木兰营地可形成叠加效应
六区	生态种植区	现代科技种植区、蔬菜加工包装区、特色采摘区、青少年科普体验区、农产品贸易中心
六区	林地休闲度假区	该林地休闲度假区在发展时,应因地制宜,突出特色;生态环保,可持续发展;加强规范管理,提高服务水平
六区	生态保育区	在保护的基础上对部分林相进行改造,基本方式是变单一的林地为混交林;将单一色彩的森林变成丰富多彩的森林

2. 新建旅游项目

(1) 以"桃园"为主题新建项目。

本真自然风貌的桃园新居、一区多用的桃园休闲广场、高端养老社区桃源居以及在桃源居附近建立的老年大学5个项目,与桃源居形成叠加效应,满足游客的精神需求。

(2) 以"产业优势"为依托新建项目。

利用桃园河村的产业优势,新建适合桃园河村旅游形象的产业资源,有机蔬菜基地、草莓基地、黄桃基地、瓜果长廊4个项目,增强生态园片区的区域效应,游览与体验的双重结合,优化游客整体旅游感受。

(3) 以"木兰营地"为中心建设项目。

打造研学旅行系列旅游项目,多功能厅活动中心、高新农业推广中心、香草博物馆以及农家乐集群和生态停车场等配套设施。

3. 现有项目改造

(1) 栀子花基地。

在原有的栀子花基地上进行规模扩张,同时发展系列农副产品,建设文创基地,售卖栀子花香水、明信片等。

(2) 绿茶基地。

在乡道附近建设绿茶基地,因地制宜,顺势而起,依托原有的绿茶种植区域而建,顺带发展茶叶等农副产品的销售。

(3) 农产品购物集市。

建立集桃园河商店、桃园河村农资店等为一体的农副产品贸易集市,为游客和当地农民提供一个农产品交易场所,通过购物来吸收资金。

(4) 翠文株生态园。

在原有的生态园的基础上,完善道路、凉亭等基础设施,最重要的是提高农产品的质量,通过优质的农产品和采摘体验服务,利用体验营销的方式加以宣传。

(5) 木兰营地。

在现有的基础上,增加多功能教学楼、星光野营、春风农场、山地户外运动营地等项目。发展研学旅行、体育营地、亲子产业、体育旅游等。

(6) 周公文化馆。

在桃园河村旧屋的基础上,重新修建,建设一栋 300 平方米左右荆楚风格的建筑,因占据桃园河村制高点,桃园河村景色可尽在眼底,集品茗、观景以及休闲娱乐于一体,在这里可泼墨挥毫以文会友,可共享博弈乐趣,体会生活闲情。

(7) 水产养殖垂钓中心。

选址在陈家湾旁的水域附近,有天然的发展条件,使农业产业化。发展垂钓旅游,水库优质的水体成为天然的宣传名片,吸引垂钓爱好者。

(四) 桃园河村旅游脱贫路径规划

1. 扶贫业态策划

(1) 旅游餐饮业态。

依托翠文株生态园、水产养殖垂钓基地等绿色有机产品,打造乡味浓厚、口味地道、品味独特的旅游餐饮体系。

(2) 旅游住宿业态。

依托桃园河村的自然生态环境,开发多样化的住宿项目,如桃园新居、桃源居、桃园河森林树屋酒店,满足游客多样化需求。

(3) 旅游交通业态。

以木兰营地、翠文株生态园、桃源居等现有生态为基地,根据场地现状与项目特色,在部分策划项目中打造生态、畅通、趣味的旅游交通配套。

(4) 旅游产品业态。

结合老年大学、木兰营地等新增项目,深挖资源价值,创新产品业态,根据市场需求做精康养旅居、科普研学等旅游项目。

(5) 旅游购物业态。

在农产品购物集市、有机蔬菜基地的基础上,依托丰富的农产品及加工制品,融入"文化

＋创意",开发具有当地特色的旅游购物产品。

(6) 旅游娱乐业态。

依托良好的自然生态环境优势,开发参与度高、体验性强的,如绿野仙踪林中乐园、瓜果长廊等休闲项目。

2. 贫困户参与机制

(1) "景区＋贫困农户"机制。

采取多种措施,加大人力、财力、物力投入,进一步开发和完善木兰营地、翠文株生态园以及绿茶基地等,以景区景点的发展来鼓励贫困户村民参与旅游开发。

(2) "景区＋协会＋贫困农户"机制。

由参与旅游经营、服务的贫困农户带头成立桃园河村农民旅游协会,大力引进旅游公司开发各类景区景点。

(3) "协会＋贫困农户"机制。

依托桃园河村农民旅游协会,由协会带头人免费为贫困村民开展乡村旅游项目经营、旅游接待服务培训,可对精准识别出来的建档立卡贫困户、乡村旅游经营户、带头人、能工巧匠传承人和乡村旅游创客这五类主体进行深入指导,并通过课堂教学与现场考察相结合,提升培训影响力。

3. 旅游扶贫精准指导

(1) 针对因病致贫的贫困户。

除了为其缴纳基本的医疗保险,平时还要重点关注,时常慰问,留意情况,对于能够负担简单工作的贫困户,可为其安排简易工作。如为旅游项目策划提供意见,简单的文化创意产品的制作、参与旅游问询工作等。

(2) 针对因残致贫的贫困户。

政府为其缴纳基本医疗保险个人保险金,落实家庭人口门诊,住院就医报销政策及相关救助政策,落实低保政策、残疾补贴等,同时,鼓励其在要建设的旅游项目中发挥自身优势,承包部分种植基地,种植瓜果、蔬菜、茶叶等或者在采摘项目中从事收银工作,提供问讯工作等。

(3) 针对因子女上学而致贫的贫困户。

对于此类贫困户可担任村里的秩序维护员、旅游接待工作者,对于劳动能力突出、有一技之长的贫困户居民可通过培训,吸纳其进入适合的工作岗位,可在多功能厅活动中心、高新农业推广中心担任解说员或展示专员等,或者在旅游服务设施中担任安保人员和维护专员等。

十五、文化古村,原乡赵畈——赵畈村

(一) 赵畈村旅游扶贫条件分析

1. 村情简介

(1) 自然条件。

赵畈村地势起伏较大,多属丘陵地带,植被覆盖率高,全村森林覆盖率55%以上。西北方向邻近梅店水库,西南方向与院基寺水库相近,东南方向靠近夏家寺水库,西侧依靠溾水,环抱于溾水水系。

(2) 区位条件。

①交通区位。

赵畈村位于长岭街东北部,距离长岭街中心约 7.5 千米,距黄陂区 34 千米,距天河机场 55 千米,距孝感北站(高铁站)66 千米,被省道 108、117、334 成三角形状环绕,区域外部交通和内部交通通达度较高,多数路段已实现水泥路。

②旅游区位。

赵畈村所在的长岭街道是武汉市黄陂区北部中心街,也是木兰文化生态旅游区的核心街,区位优越,人文底蕴深厚,山水资源丰富,是武汉市最大的森林氧吧、城区最美的山水背景屏和市民最洁净的蓄水池。东接华中度假胜地木兰湖,相望荆楚宗教名胜木兰山,南连武汉城市之根盘龙城,西邻城市高山之城清凉寨,北枕奇石胜景古门山,群山环抱,绿水长流,千山百岛风光旖旎。

(3) 经济社会条件。

全村共有 520 户,1706 人,劳动力总数共计 967 人,常年在外务工人员 658 人。赵畈村以种植业为主导产业,2018 年村民人均年收入达 11000 元,村集体收入超过 10 万元。赵畈村沿途道路大部分是水泥路或柏油路,路面开阔,路况平整。通自来水和电力供应,通信信号和通话效果良好。目前村中新建中心卫生室一个。

(4) 产业发展现状。

赵畈村现有光伏电站,占地 1500 平方米;油茶基地,占地 300 亩;张家田养殖场,占地 60 余亩;紫山药种植,占地 10 余亩;合作社水稻种植,占地 400 亩。

2. 贫困现状及成因

(1) 贫困现状概述。

赵畈村建档立卡贫困户共 61 户,167 人。其中,低保贫困户 23 户,75 人,一般贫困户 26 户,78 人,五保贫困户 12 户,14 人。

(2) 致贫原因。

①地理位置偏远:典型丘陵地带,贫困人口中多以老、弱、病残者多,自身务工或靠产业脱贫困难多。

②思想意识缺乏:部分贫困户有等、靠、要的思想,对自身脱贫思路不多,进取思想和勤劳致富的意识缺乏,一味追求社保、低保兜底的政策。

3. 旅游资源分析与评价

(1) 旅游资源类型。

根据国家标准《旅游资源的分类、调查与评价》(GB/T18972-2017)的有关规定,通过全面调研,对赵畈村旅游资源按照主类、亚类、基本类型的层次进行分类(见表 7-35)。

表 7-35 赵畈村旅游资源类型

主 类	亚 类	基 本 类 型	主要资源单体
B 水域景观	BA 河系	BAA 游憩河段	滠水河河道、水塘

续表

主　类	亚　类	基本类型	主要资源单体
C 生物景观	CA 植被景观	CAA 林地 CAB 独树与丛树 CAD 花卉地	百年椰树、马尾松林、杉木林、柳树、枫树、黄杜鹃
	CB 野生动物栖息地	CBA 水生动物栖息地 CBB 陆地动物栖息地 CBC 鸟类栖息地 CBD 蝶类栖息地	野猪、蛇、野兔、刺猬、黑山羊、五黑乌骨鸡、贵妃鸡、七彩山鸡、蝴蝶、麻雀、乌鸦、斑鸠、野鸡、喜鹊、大灰雁、鸵鸟、孔雀、草鱼、鲫鱼、鳊鱼、黄鳝、龙虾、牛蛙、泥鳅
E 建筑与设施	EA 人文景观综合体	EAE 文体活动场所	村委会广场
	EB 实用建筑与核心设施	EBK 景观农田 EBM 景观林场 EBN 景观养殖场	油茶基地、张家田养殖场、紫山药种植园、水稻种植、茶叶种植地
F 历史遗迹	FA 物质类文化遗存	FAA 建筑遗迹	乾应山古寺遗址、谢家院子
	FB 非物质类文化遗存	FBA 民间文学艺术 FBB 地方习俗	木板年画、耍狮子、舞龙灯
G 旅游购品	GA 农业产品	GAA 种植业产品及制品 CAC 畜牧业产品与制品 GAD 水产品及制品 GAE 养殖业产品与制品	水稻、紫山药、茶叶、油茶、灰雁、土鸡、七彩山鸡、五黑乌骨鸡、珍珠鸡、贵妃鸡、鸵鸟、孔雀、黑山羊、黄牛、小龙虾、鳝鱼、各种鱼、土家鸡蛋、鲜嫩牛羊肉

(2) 旅游资源空间分布。

赵畈村多属丘陵地带,地势起伏较大,旅游资源的多样化指数值较低,由表 7-35 中可以看出,赵畈村旅游资源数量覆盖了 8 大主类中的 5 个,23 个亚类中的 8 个,110 个基本类型中的 19 个,旅游资源类型的丰度和复杂程度都较低。旅游资源空间分布从数量看,以自然资源为主的南部和乡道 107 以东分布密集,植被覆盖率较高,生物资源丰富,植物种类繁多,景观良好,但分布比较集中且珍稀奇特程度较低;从旅游资源质量来看,旅游资源多以中低等级为主,缺乏高等级的旅游资源,仅有谢家院子和乾应山古寺两项人文旅游资源;从空间量化指数来看,赵畈村旅游资源优势度指数和均匀度指数一般,各种类型的旅游资源的数量和质量差别比较大,但胜在旅游资源和形态完整度高,有一定发展乡村旅游的潜力。

(3) 旅游资源特色评价。

赵畈村旅游资源种类分布较均,气候四季分明,雨水充沛,光照充足,多类景观空间共同构成了舒适宜人的自然环境,林木型生物景观密集且丰富,整体结构合理,组合条件良好,自然资源的丰度和集聚程度较高;赵畈村有油茶基地、紫山药种植基地等,各种类型的产业资源协同发展;村落整体地域空间广阔,自然旅游资源和人文旅游资源交相呼应,可供旅游者选择的项目较多。

(二)赵畈村旅游扶贫产业规划

1. 旅游发展主题形象

赵畈村自然资源和人文资源较丰富,气候条件优良,村内拥有油茶基地、紫山药种植基地等产业旅游资源优势和谢家院子、乾应山古寺遗址人文旅游资源优势。因此,充分挖掘赵畈村的原乡环境、名人文化及生态农业种植基础,以乡情、乡俗、乡史为核心卖点,塑造"文化古村,原乡赵畈"的旅游发展主题形象。

2. 旅游产业发展定位

根据赵畈村的林木资源、产业资源和人文旅游资源的基础条件,充分发挥旅游产业带动效应,推进第一、第三产业融合发展,改变赵畈村以第一产业为主的现状。按照"乡情+乡俗+乡史"的开发思路,大力发展原乡体验、乡村民俗等特色项目,并带动休闲农业的发展,打造赵畈村的旅游核心竞争力,构建现代乡村产业发展体系。将赵畈村的乡村旅游产业定位为战略性支柱产业。

3. 旅游产业与产品设计

赵畈村的产业主要为种植业和光伏发电,旅游产业资源种类较少,缺少整体规划,且不能形成完整的旅游产业体系,旅游产品缺乏设计与创新,尚处于待开发状态。因此,通过对赵畈村旅游资源禀赋、开发条件、客源市场以及旅游业发展态势进行梳理,重构旅游产品,形成"原乡体验游、乡村民俗游、休闲农业游"三大产品体系(见表7-36)。

表7-36 赵畈村三大产品体系

产品类型	重点项目
原乡体验游	谢家院子、原乡民宿、乡土记忆长廊
乡村民俗游	民间学艺坊、乾应山古寺
休闲农业游	绿茶基地、紫淮山采摘园、渔家农庄、油茶坊、互市街、尝古道茶吧

(三)赵畈村旅游扶贫项目规划

1. 旅游项目空间布局

在赵畈村贫困现状及原因、扶贫潜力的基础上,遵循综合整体性原则、地域空间完整性原则和发展方向一致性原则,按照"旅游+乡土记忆"的产业融合发展理念,规划形成"一心一轴三区"的整体发展格局(见表7-37)。

表7-37 赵畈村旅游结构功能分区表

总体布局	功能分区	发展思路
一心	旅游集散中心	依托赵畈村丰富的旅游资源和地方人文特色,借助通村公路的优势,打造游客服务的旅游问讯处,建设包括游客咨询、订票、租车、休憩等服务在内的游客服务中心,同时建造旅游厕所、接待中心、生态停车场等基础配套设施
一轴	乡村振兴发展轴	充分发挥交通过道的优势,利用村落资源打造乡村振兴轴线并形象展示,俗话说"民以食为天",开发湾仔人家美食巷和户外休憩健身广场等项目,打造赵畈村乡村振兴的主轴

续表

总体布局	功能分区	发 展 思 路
三区	原乡文化体验区	利用赵畈村现有的资源和民俗特色,按照"旅游+文化"的文旅融合发展的模式,游客不仅是对古民居的重游,更是研究建筑文化,感受古建筑的魅力,依托"原乡原貌"的特色,打造独具乡村旅游气息的发展区域
	乡野田园休闲区	依托已有的油茶基地、绿茶基地等茶产业基础以及紫山药园建设,以种植业发展为特色,打造集茶叶种植、深加工、茶饮品、互市贸易等功能于一体的乡野田园休闲区
	生态保育区	在保护的基础上对部分林相进行改造,基本方式是变单一的林地为混交林;将单一色彩的森林变成丰富多彩的森林

2. 新建旅游项目

(1) 游客中心。

在省道017道路的西边设立游客中心,主要提供必要的基础设施,如旅游厕所、宣传引导、导游服务、景区门票、景点纪念币、宣传手册栏、餐饮购物等。

(2) 生态停车场。

乔木为主、常绿和落叶乔木相间种植,充分考虑车型,建设利用草本花木、灌木乔木等达到美化周围环境的作用的生态停车场,防止因暴晒而易引发游客不良情绪的状况发生。

(3) 湾仔人家美食巷。

赵畈村不仅有自己独特的产业资源,紫山药、油茶、茶叶等的种植,还有张家田村各种有品质、质量有保证的土特产品,通过适当引入周边小镇的美食,打造美食主题的街巷。

(4) 原乡民宿。

依托当地特色的民居,建设符合乡村风格的民居,其一体现古色古香,其二建筑要充分展现古式建筑风格,可参考谢家院子。

(5) 乡土记忆长廊。

根据赵畈村的历史文化,展示村内历史人物、特色美食、产业基地建设等。

(6) 民间学艺坊。

依托赵畈村的木兰传说、木板年画、耍狮子、舞龙灯等习俗建设互动体验式民间学艺馆。

(7) 渔家农庄。

充分利用当地的水资源,发展水产养殖,挖掘地方特色美食,开展农家乐、喜乐会等制作农家人的美味,体验乡土风情。

3. 现有项目改造

(1) 张家田农庄。

张家田面朝木兰山,背靠滠水,是一家餐饮服务农场,农场内散养了灰雁、土鸡、七彩山鸡、五黑乌骨鸡、珍珠鸡、贵妃鸡、鸵鸟、孔雀、黑山羊、黄牛等,同时利用水域(塘)小龙虾、鳝鱼、各类鱼等水产品,种植了各种蔬菜,各类野味、土家鸡蛋、鲜嫩牛羊肉等,在此基础上,增加养殖种类,进一步形成规模化经营。

(2) 户外休憩健身广场与客家居。

依托赵畈村内的基础健身设备,通过增加项目和器材,开拓出可供旅游者休憩、健身的广场。同时利用当地民房设施,全力打造客家居形象,为游客带来全新的服务体验。

(3) 谢家院子。

谢家院子为"九间半"建筑群,是武汉地区现存建筑最集中、风貌保存最完整的"天井围屋"。赵畈村可以谢家院子为契机,进行修缮,突出其建筑风格,打造古民居建筑,村前视野开阔,蓝天、白云、碧水、黛山、青野、古村,相融共生,以其为中心建造文化发展聚集区。

(4) 乾应山古寺。

深山藏古寺,乾应山古寺修建于明景泰初年,将原来的乾应山古寺遗址进行重新修建,保持特色,修旧如旧,设立诵经堂、上香殿等,让当地居民和游客能够来此上香礼佛,聆听诵经,祈福等。

(5) 绿茶基地。

以现有的绿茶种植基地为基础,以茶园环境为依托,把茶产业与茶旅游紧密结合,打造观光茶园,创新"茶叶生产——生态观光——休闲娱乐"立体观光新路子。

(四) 赵畈村旅游脱贫路径规划

1. 扶贫业态策划

(1) 旅游餐饮业态。

依托当地渔家农庄、油茶坊、湾仔人家美食巷、张家田农庄等特色美食和农庄的建设,吸纳贫困户村民积极发展旅游餐饮业。

(2) 旅游住宿业态。

依托赵畈村的自然生态环境,贫困户村民可利用自家房屋开发本真、乡土的旅游住宿项目,如原乡民宿、客家居等,满足游客多样化需求。

(3) 旅游产品业态。

深挖资源价值,创新产品业态,让贫困户居民参与进来,献计献策,形成合作性经营企业,按股分红。可根据赵畈村的民俗文化和产业资源优势,开设与民俗文化有关的民间学艺坊、乡土记忆长廊、紫淮山采摘园、尝古道茶亭等旅游项目。

(4) 旅游购物业态。

针对各种类型的贫困户村民进行相关培训,为其安排适当的工作岗位。依托丰富的农产品及加工制品建设互市街、油茶坊、紫淮山采摘园等,融入"文化＋创新"的理念,共同开发具有当地特色的旅游购物产品。

2. 贫困户参与机制

(1) "市场主体＋村集体＋贫困户"机制。

通过政府奖补入股分红、资源资产入股分红、土地流转入股分红等形式,推动实现"产业盈利、村集体增收、贫困户脱贫"的三赢局面。

(2) "旅游＋产业＋贫困户"机制。

推动"绿水青山"变"金山银山"的产业融合发展思路,大力发展乡村农业体验、生态游憩的休闲旅游,推动片区开发、连片发展,辐射带动贫困户参与其中、增收致富。

(3) "基地＋农户"机制。

通过"基地＋农户"的合作模式,深入发展油茶基地、水稻种植基地、紫山药基地等农业特色产业。引导贫困户充分利用自然资源潜力,以土地入股、加入合作社等形式,推动建立利益联结机制,获得工资和经营性收入。

3. 旅游扶贫精准指导

(1) 针对因病致贫的贫困户。

除了为其缴纳基本的医疗保险和大病保险之外,对于能够负担简单工作的贫困户,可为其提供技术培训找到工作。如从事谢家院子的安保和维护工作等。

(2) 针对因残致贫的贫困户。

对于有能力能够担任销售的、为旅游产品的设计提供创意的,吸纳其在新建旅游项目中工作或者引导贫困户充分利用自然资源潜力,以土地入股、加入合作社等形式,获得工资和经营性收入。

(3) 针对因子女上学而致贫的贫困户。

坚持深入推广"雨露计划"的同时,对于此类贫困户可担任旅游项目的秩序维护员、旅游接待工作者,对于劳动能力突出、有一技之长的贫困户居民可通过各类培训,重点对其开展电商运营、操作等方面的培训,推出一批优秀的电商创业者,激发当地电子商务发展的内在动力的同时带动贫困户脱贫。

十六、千年银杏,祈福竹园——竹园村

(一) 竹园村旅游扶贫条件分析

1. 村情简介

(1) 自然条件。

竹园村四周有木兰山、云雾山等群山环绕,地势起伏较大,多属丘陵、山地地形。村域整体林地、山场面积较大,植被覆盖率高,全村森林覆盖率85%以上,孕育了丰富的生物资源。村域内有一棵810年的古银杏树,其他主要林型有马尾松林、杉木林、柳树、枫树等。

(2) 区位条件。

①交通区位。

竹园村位于长岭街西北部,距离长轩岭街中心约25千米,距木兰天池仅17千米,距黄陂汽车客运站47千米,距天河机场60千米,距孝感北站(高铁站)81千米,临近石武铁路客运专线,区域外部交通和内部交通通达度较高,多数路段已实现水泥路,路面宽阔,路况良好,出行方便。

②旅游区位。

竹园村所在的黄陂区拥有中南地区最大的城市生态旅游景区群,森林覆盖率约占武汉的一半,是楚文化的重要发祥地,拥有1家5A级景区,5家4A级景区,全国农业旅游示范点4家,已建成休闲特色集镇6个,休闲专业村58个,休闲山庄168家,星级农家乐956家。

(3) 经济社会条件。

全村共271户,831人。常年以种植水稻、油菜等作为为主要经济来源。目前已完成全村自来水改造,实现了村村通道路、村村道路硬化和村村通电话的目标。另拥有活动广场3处、健身器材2套、太阳能路灯92盏。

(4) 产业发展现状。

2017年建成80千伏光伏发电基地,现已并入国家电网,是村集体产业的重要组成部分;村内有一棵810年的一级保护古树——古银杏树,以此为依托,于2017年建成36亩以银杏为主的苗木基地,打造连片银杏培植基地。

2. 贫困现状及成因

(1) 贫困现状概述。

竹园村现有建档立卡贫困户47户,81人,其中五保户30户,38人,低保户9户,22人,一般贫困户8户,21人。

(2) 致贫原因。

①生活条件极其恶劣。

由于村落位于山区,属于深山库区一线,群众居住分散,自然条件恶劣,山地土壤薄而贫瘠,抵御自然灾害能力较弱,基础设施建设存在设点多、线长面广、难度大、成本高等问题。

②交通条件不畅。

道路坡陡弯急,相对落差较大,以山地丘陵为主,通而不畅,行路难、饮水难、上学难、就医难、居住条件差、人居环境恶劣等问题长期累积是造成竹园村贫困的原因。

3. 旅游资源分析与评价

(1) 旅游资源类型。

根据国家标准《旅游资源的分类、调查与评价》(GB/T18972-2017)的有关规定,通过全面调研,对竹园村旅游资源按照主类、亚类、基本类型的层次进行分类(见表7-38)。

表7-38 竹园村旅游资源分类表

主 类	亚 类	基 本 类 型	主要资源单体
B 水域景观	BA 河系	BAA 游憩河段	滠水河河道
C 生物景观	CA 植被景观	CAA 林地 CAB 独树与丛树 CAD 花卉地	古银杏树、马尾松林、杉木林、柳树、枫树、黄杜鹃等
	CB 野生动物栖息地	CBB 陆地动物栖息地 CBC 鸟类栖息地 CBD 蝶类栖息地	野猪、蛇、野兔、刺猬、蝴蝶、麻雀、乌鸦、斑鸠、野鸡、喜鹊
E 建筑与设施	EA 人文景观综合体	EAE 文体活动场所 EAG 宗教与祭祀活动场所 EAI 纪念地与纪念活动场所	活动广场、白庙、红军墓地
	EB 实用建筑与核心设施	EBK 景观农田	苗木基地、水稻种植地
G 旅游购品	GA 农业产品	GAA 种植业产品与制品	水稻、油菜、银杏

(2) 旅游资源空间分布。

竹园村属丘陵、山地地形,旅游资源的多样化指数值较高,由表7-38中可以看出竹园村旅游资源数量涵盖了8大主类中的4个,23个亚类中的6个,110个基本类型中的12个,旅游资源类型丰度和复杂程度较低。旅游资源空间分布从数量看以自然资源为主的中部地区分布密集,生物资源较丰富,植被覆盖率较高,整体景观良好,但珍稀奇特程度都较低;从旅游资源质量来看,旅游资源多以中低等级为主,缺乏高等级的旅游资源,有少量的人文旅游资源和红色旅游资源;从空间量化指数来看,竹园村旅游资源优势度指数和均匀度指数都较低,竞争优势较弱,各种类型的旅游资源的数量和质量差别比较大,但胜在旅游资源和形态完整度高。

(3) 旅游资源特色评价。

竹园村旅游资源种类较丰富,气候四季分明,光照充足,雨热同期,林木型生物景观、水域风光型水文景观等多类景观空间共同构成了舒适宜人的自然环境且景象种类较丰富,结构合理,组合条件良好;竹园不仅自然景观丰富,还可开发红色旅游资源。

(二) 竹园村旅游扶贫产业规划

1. 旅游发展主题形象

竹园村拥有丰富的自然资源,气候条件优良。充分挖掘竹园村的山林资源、云引古寺、千年古银杏等旅游资源优势,瞄准祈福游市场的需求,以禅修祈福类的旅游产品为特色,带动户外拓展运动项目的开发建设,塑造"千年银杏,祈福竹园"的旅游发展主题形象。

2. 旅游产业发展定位

根据竹园村便利的交通条件、优美的自然风光、良好的旅游设施条件,依托村内的千年银杏树和云引古寺,开发祈福、禅修、赏叶等黄陂区尚未开发的旅游产品,形成自身特色,打造黄陂北木兰文化生态旅游区的特色旅游目的地。按照"祈福赏叶+林下经济+森林拓展"的开发思路,大力发展乡村旅游、森林拓展等项目,并带动林下经济产业的发展,实现第一、第二、第三产业融合,构建以农旅融合为引领,以祈福赏叶旅游、林下经济、森林拓展为基础的多产业融合的现代乡村产业发展体系。将竹园村的乡村旅游产业定位为战略性支柱产业。

3. 旅游产业与产品设计

竹园村的旅游产业还缺少整体规划,不能形成完整的旅游产业体系,尚处于待开发状态。因此,通过对竹园村旅游资源禀赋、开发条件、客源市场以及旅游业发展态势进行梳理,重构旅游产品,形成"禅修祈福游、森林拓展游、休闲农业游"三大产品体系(见表7-39)。

表 7-39 竹园村三大产品体系

产品类型	重点项目
禅修祈福游	云引寺、银杏林、千年古杏祈福广场、银杏厢房主题民宿
森林拓展游	森林帐篷营地、森林户外拓展基地、水上拓展基地
休闲农业游	香猪养殖基地、采蜂人家、梅花鹿养殖基地、野味美食特色村、森林木屋酒店

(三) 竹园村旅游扶贫项目规划

1. 旅游项目空间布局

依据竹园村的区位条件、产业发展基础、地形地貌等,按照"旅游+休闲农业+户外拓展"的产业融合发展理念,通过休闲旅游统领规划区产业经济发展,构建"一心一带一园三区"的发展格局(见表7-40)。

表 7-40 竹园村旅游结构功能分区表

总体布局	功能分区	发展思路
一心	乡村旅游接待服务中心	依托村委会临近通村公路的交通优势,鼓励村委会周边村民开展农家乐、民宿等经营活动,为游客提供旅游接待服务,给村民创业致富提供良好的机会,实现旅游扶贫目标

总体布局	功能分区	发展思路
一带	乡村振兴带	充分发挥交通过境优势,通过打造道路两旁的精美的形象展示系统和景观营造,开发抹茶特色村、特色餐厅、稻草人童话世界等项目,打造竹园村乡村振兴的主轴
一园	木兰银杏园	以"慢生活=休闲"为理念,以古银杏树和古庙为依托,充分发挥靠近木兰景区的地缘优势,引流游客,打造连片银杏林,修复古庙并将其搬迁至李家山位置,开展银杏景观观赏体验活动以及古庙祈福、禅修体验,形成集观赏、体验、休闲于一体的银杏园
三区	森林户外拓展区	树立"旅游+森林+拓展"的旅游融合发展模式,充分发挥植被及地形优势,以木兰天池三期工程为契机,吸引部分热爱探险的旅行者,开展徒步、攀登、露营等户外拓展项目
	林下经济发展区	树立"茶产业+旅游+扶贫"的农旅融合发展模式,依托已有的抹茶基地、茶叶基地等茶产业基础,以抹茶为特色,打造集抹茶种植、深加工、甜点制作、体验等功能于一体的抹茶特色产业区
	生态保育区	在保护的基础上对部分林相进行改造,基本方式是变单一的松林为混交林;将单一色彩的森林变成丰富多彩的森林。一来营造周边山清水秀的视觉环境,二来为金墩村的发展预留一定空间

2. 新建旅游项目

(1) 野味美食特色村。

选址于距离乡村旅游服务中心附近的万福湾,客流量大。可充分挖掘竹园村当地特色美食,让游客在食物中品味"乡愁"和健康。

(2) 森林木屋酒店。

以林地资源为基础,以地缘优势为依托,打造生态环保的木屋酒店,作为木兰天池、云雾山等周边景区的配套项目设施。

(3) 银杏厢房主题民宿。

依托银杏历史和银杏林打造银杏主题酒店,外部装修以禅修风格为主,内部装饰结合银杏设计,突出主题,展销银杏系列纪念品,留住游客过夜消费。

(4) 森林帐篷营地。

选取环境优美、生态良好的开阔区域,打造具有自然野性和文化特色的森林营地,开展森林有氧漫步、营地环游骑行等竞技活动,彰显森林文化和探险文化。

(5) 森林户外拓展基地。

打造健康、生态、时尚、休闲的生活理念,适时开展野外露营、森林冷餐会、青少年户外集训营自然教育等活动,集中体现森林星空露营特色、森林探险露营特色、户外拓展体验特色等。

(6) 水上拓展基地。

利用奇、秀、峻、险的自然环境,通过独具匠心的设计,开展划皮艇、水上拔河、水上动力绳等具有刺激、好玩、探险元素特点的项目。

(7) 森林环湖自行车道。

以健康、时尚的生活理念为依托,在林地环湖区修建曲径通幽自行车道,推进开设"骑遇驿站""智慧骑行"等项目,完善沿途配套。

(8) 香猪养殖基地。

在林下放养或圈养,有效利用林下昆虫、小动物及杂草多的资源,发展养殖业,形成动物食草、粪还林、林木利用价值高的生态循环食物链。

(9) 养蜂人家。

依托养蜂投资少、见效快、不争地、不争水肥的绿色环保特性,因势利导,促进养蜂业发展和蜂农增收,提升消费者对蜂蜜产品的信赖度,扩展蜂蜜产品消费市场。

3. 现有项目改造

(1) 乡村旅游服务中心。

将村委会进行修正改造,设立为乡村旅游服务中心,主要为游客提供问讯、行李寄存、游客休憩等服务,包括接待大厅、停车场、医疗救助点。

(2) 云引寺。

以古寺庙依托,重修云引寺并搬迁至李家山,结合古银杏树,面向游客开展禅修、祈福等活动。

(3) 银杏林。

以古银杏树为依托,打造连片银杏林,开展趣味小游戏、植物讲堂等活动,举办摄影节,吸引周末家庭游以及摄影爱好者等群体。

(4) 千年古树祈福广场。

依托银杏林和云引寺建设祈福广场,满足为当地村民休闲娱乐活动的同时,为游客提供休闲、休憩场所。

(四) 竹园村旅游脱贫路径规划

1. 扶贫业态策划

(1) 旅游餐饮业态。

依托竹园村现有的特色农产品和自然环境优势,以"食"入手,发展野味美食特色村、森林帐篷营地等特色餐饮业。

(2) 旅游住宿业态。

随着国内旅游消费升级,游客的选择呈现个性化、多样化的趋势,这也就促使非标准住宿,尤其是民宿受到追捧。依托竹园村的自然生态环境,开发森林木屋酒店、银杏厢房主题民宿等多样化的住宿项目,满足游客多样化需求。

(3) 旅游交通业态。

根据竹园村地形地貌的现状,在部分策划项目中打造森林环湖自行车道、乡村旅游接待中心等生态、健康的旅游交通项目。

(4) 旅游产品业态。

人们越来越享受自助旅游,竹园村可利用山林资源,开展体验性、参与性、时间可持续性强的旅游项目,如森林帐篷营地、森林户外拓展基地等,满足旅游者的兴趣爱好。

2. 贫困户参与机制

(1) "景区+贫困农户"机制。

采取多种措施,加大人力、财力、物力投入,开发建设以"古银杏树"为主的银杏林、云引寺、千年古杏祈福广场、银杏厢房主题民宿等,通过景区景点的发展来鼓励贫困户村民参与旅游开发和建设,增加贫困农户的认同感和参与度。

(2) "协会+贫困农户+投资商"机制。

由参与旅游经营、服务的贫困农户带头成立竹园村农民旅游协会,引进各种投资商注资开发各类景区景点。

(3) "协会+贫困农户"机制。

依托竹园村农民旅游协会,由协会带头人免费为贫困村民开展乡村旅游项目经营、旅游接待服务培训,对精准识别出来的建档立卡贫困户、乡村旅游经营户进行课堂教学与现场考察,提升培训影响力。

(4) "以小带大"机制。

搭建"大手拉小手"平台,鼓励大景区与小景区建立长效利益合作机制,实行乡村旅游能人引导和带动贫困户、党员干部与带头人精准帮扶建档立卡贫困户的机制。

3. 旅游扶贫精准指导

精准指导贫困户结合自身的健康状况、劳动技能等合理选择参与旅游开发的项目与就业岗位。

(1) 针对因病致贫的贫困户。

落实医疗救助相关政策、大病保险报销政策,减轻贫困群众的就医压力。对于能够负担简单工作的贫困户,考虑到其身体,可为其安排景区旅游咨询与检票等简易工作。

(2) 针对因残致贫的贫困户。

按照精准扶贫政策,落实资产性收益扶持措施,确保全部贫困人口每年有稳定的增收。同时进行产业帮扶,鼓励其在要开发的旅游项目中发挥自身优势,如扶持贫困户每年进行养猪和特色种植,鼓励其通过招聘和培训的方式应聘村落的旅游项目工作岗位。

(3) 针对因子女上学而致贫的贫困户。

对于此类贫困户可担任开发的旅游项目的秩序维护员、安保员、旅游接待工作者;对于有一技之长的贫困户村民可通过培训,吸纳其进入适合的工作岗位;对于个别能力突出的贫困户居民可通过调查和培训期,安排其负责某一旅游项目的运营和管理,在此基础上达到脱贫的目的。

十七、茶海天地,户外乐园——驻程岗村

(一) 驻程岗村旅游扶贫条件分析

1. 村情简介

(1) 自然条件。

驻程岗村占地面积7.45平方千米,多为丘陵地势,总耕地面积1620亩,其中,水田1100亩,旱地520亩,可供养殖水面300亩。林地面积庞大,植被覆盖率高,水资源丰富,孕育了丰富的生物资源。规划区内水塘、滩涂、坑塘等水面星罗棋布,四周水库环绕,可用于牲畜饮水、浇田灌溉、调蓄雨水。

(2) 区位条件。

驻程岗村位于黄陂区李集街云雾山旁,距离李集街中心约 8 千米,距木兰云雾山景区 14 千米、双峰山 20 千米,距黄陂区客运站 28 千米,距天河机场 40 千米,距孝感北站(高铁站) 82 千米,区域外部交通和内部交通通达度较高,多数路段已实现水泥路,路面宽阔,路况良好,出行方便。驻程岗村所在的黄陂区拥有中南地区最大的城市生态旅游景区群,森林覆盖率约占武汉的一半,是楚文化的重要发祥地。所在的李家集街道有黄陂木兰八景之一的木兰云雾山。云雾山享有"西陵胜地、楚北名区、陂西屏障、汉地祖山"的美誉。

(3) 经济社会条件。

驻程岗村共有 554 户,1665 人,以水稻种植为主导产业,以传统种植为辅助产业,其收入来源主要包括村集体分红、种植养殖、政策兜底、劳务输出和社会扶持。新建有党员群众服务中心,配有文化室、医疗室、健身场地惠民场所等。但基础设施建设情况仍有待改善。

(4) 产业发展现状。

驻程岗村以水稻种植为主导产业,以传统种植为辅助产业,现今种植有水稻、茶叶、油茶、苗木、果树等。养殖业包括畜牧养殖和水产养殖两大类,畜牧养殖种类主要有生猪、土鸡、鸭子、大鹅等。水产养殖种类有鲫鱼、鲤鱼、草鱼、青鱼等常见鱼类,以及虾类。2012 年,龙王尖生态农业开发有限公司入驻驻程岗村耳门李湾,是一家集茶叶、油茶种植、水产养殖、休闲农业、有机餐饮、农业科普体验于一体的综合型示范企业。另外,古田实业出资 17 万为村集体打造 300 亩油茶种植基地。

2. 贫困现状及成因

(1) 贫困现状概述。

驻程岗村共有建档立卡贫困户 35 户,84 人,其中,贫困户 5 户,低保户 22 户,五保户 8 户,2018 年已实现脱贫。

(2) 致贫原因。

①规划区长期致贫原因。基础设施不完善、地区偏远、长期无产业支撑、制约产业发展要素众多。

②一般贫困户的致贫原因。重大疾病、家庭劳动力缺乏、缺乏技能、子女上学负担重、自我发展能力弱等。

3. 旅游资源分析与评价

(1) 旅游资源类型。

根据国家标准《旅游资源分类、调查与评价》(GB/T18972-2017)的有关规定,通过全面调研对驻程岗村的旅游资源按照主类、亚类及基本类型的层次进行分类(见表 7-41),确定其旅游资源类型覆盖 8 大主类中的 8 个,23 个亚类中的 11 个,110 个基本类型中的 18 个。

表 7-41 驻程岗村旅游资源类型

主 类	亚 类	基 本 类 型	主要资源单体
A 地文景观	AA 自然景观综合体	AAA 山丘型景观	龙王尖
	AC 地表形态	ACF 岩土圈灾变遗迹	龙王尖山石
B 水域景观	BB 湖沼	BBB 潭地	当家塘、矿山水库、巴山水库、泥河水库、基寺水库

续表

主　类	亚　类	基本类型	主要资源单体
C 生物景观	CA 植被景观	CAA 林地	马尾松林、杉木林、柳树林、松树林
		CAB 独树与丛树	茶条槭、黑壳楠
		CAD 花卉地	杜鹃、黄杜鹃
D 天象与气候景观	DA 天象景观	DAA 太空景象观赏地	日出、日落
	DB 天气与气候现象	DBC 物候景象	花卉苗木种植四季景观
E 建筑与设施	EA 人文景观综合体	EAD 建设工程与生产地	龙王尖生态农业开发有限公司、油茶基地、光伏产业
	EB 实用建筑与核心设施	EBK 景观农田	茶园、油茶园、水稻田
		EBM 景观林地	苗木林地、果树林地
		EBN 景观养殖场	养猪场、山羊养殖场、养鸭场、水产养殖基地
F 历史遗迹	FA 物质类文化遗存	FAA 建筑遗迹	龙王尖古寨、龙王庙
G 旅游购品	GA 农业产品	GAA 种植业产品及制品	水稻、茶叶、油茶
		GAC 畜牧业产品与制品	猪、山羊、兔、鸭、鸡
		GAE 养殖业产品与制品	鲫鱼、鲤鱼、草鱼、青鱼、虾
H 人文活动	HB 岁时节令	HBB 农时节日	清明节、端午节、腊八节
		HBC 现代节庆	丰收节

(2) 旅游资源空间分布。

驻程岗村村湾呈东西分布,旅游资源分布呈现西密东疏的空间分布特点,大部分旅游资源,例如油茶基地、茶园、景观农田等,都位于驻程岗村中部,158 乡道两侧,驻程岗、李煜塆、耳门李等村湾周围。规划区内湖泊分布同样呈现西密东疏的特点,小型水域湖泊零散分布在村湾周围,最大的一片水域在驻程岗村东北角,为水产养殖所在地。

(3) 旅游资源特色评价。

驻程岗村旅游资源较为丰富,具有生态价值、社会价值、市场价值和文化价值。驻程岗村多种农业功能齐发展,既有特色种植业,又有可供观赏的苗木,植被覆盖率高,生态价值高。各种产业资源的发展,为其他村落的发展提供了良好的借鉴作用,为村内居民提供了就业机会。龙王尖生态农业开发有限公司在发展自身的同时带动驻程岗村经济的发展,发挥市场价值。驻程岗村是人文旅游资源龙王尖遗址所在地,龙王尖属于明清山寨遗址,文化底蕴深厚,是研究武汉周边地区明清城镇防御体系的重要实物。

(二)驻程岗村旅游扶贫产业规划

1. 旅游发展主题形象

为了紧抓乡村振兴、精准扶贫等国家政策机遇,依托驻程岗村现有的茶叶基地、油茶基地、山林资源,瞄准乡村休闲游市场的需求,坚持茶旅融合发展理念,以油茶、绿茶种植为基础,带动乡村亲子游乐、茶田体验、户外运动等服务业项目的开发建设,故塑造"茶海天地,户外乐园"的旅游发展主题形象。

2. 旅游产业发展定位

目前,驻程岗村的产业基础较为薄弱,以传统的水稻种植、油茶种植为主,经济效益不高。规划按照"油茶种植+乡村旅游+户外运动"的开发思路,大力发展茶园体验、户外运动、休闲农业等项目,实现第一、第二、第三产业融合,产加销一体,构建现代乡村产业发展体系。本规划将驻程岗村的旅游业定位为战略性支柱产业。

3. 旅游产业与产品设计

驻程岗村旅游产业还缺少整体规划,不能形成完整的旅游产业体系,尚处于待开发状态。因此,通过对驻程岗村旅游资源禀赋、开发条件、客源市场以及旅游业发展态势进行梳理,重构旅游产品,形成茶园体验游、户外运动游、休闲农业游三大产品体系(见表7-42)。

表7-42 驻程岗村旅游产品体系表

产品类型	重点项目
茶园体验游	茶海览胜、油茶飘香、采茶体验园、茶来茶往文化园、禅修茶林客栈
户外运动游	水上嘉年华、激情越野基地、星光熠熠露营基地、草地烧烤、湖滨游步道、七彩滑草道、龙王尖登山道
休闲农业游	瓜果长廊、人间至味食堂、欢乐野炊、农舍主题影院、钓钓乐、青青草原儿童乐园

(三)驻程岗村旅游扶贫项目规划

1. 旅游项目空间布局

依据驻程岗村的区位环境、旅游资源条件及产业发展基础等,遵循科学布局、因地制宜、特色突出、市场导向等原则,以"休闲农业"和"特色运动"为基底,植入与田园体验和度假休闲紧密联系的特色经济产业,构建"一轴一心四区"的发展格局(见表7-43)。

表7-43 驻程岗村旅游结构功能分区表

发展格局	具体内容	发展思路
一轴	乡村产业发展轴	充分发挥交通优势,通过打造道路沿岸的优美景观展示乡村产业经济发展特色,构建驻程岗村特色的最美旅游风景廊道
一心	游客接待服务中心	依托村委会临近通村公路的交通优势,打造面向游客的旅游接待服务中心,并提供多种旅游服务设施。中心的建立吸纳周边村民参与旅游服务工作,转移剩余劳动力,实现增收富民的扶贫目标

续表

发展格局	具体内容	发展思路
四区	茶海天地观光区	充分利用现有茶园、油茶基地等资源,深入挖掘茶文化,针对茶爱好人群、乡村旅游市场、文化旅游市场等,打造集茶田景观、茶叶采摘、茶文化主题住宿等为一体的茶乡文化旅游目的地
	户外运动体验区	依托乡村优美的自然生态环境,结合乡村产业和区位优势,拓展户外运动产业链,以户外运动、特色餐饮、户外住宿等为核心业态;同时,依托龙王尖古寨遗迹,打造户外登山项目,迎合登山爱好者的需求,引领驻程岗村旅游产品提质升级
	乡野农乐度假区	旨在发挥北部片区农业资源优势,以田园采摘、农事体验为核心,围绕水产养殖基地,配套相关的餐饮住宿设施,提供丰富多样的亲子娱乐活动、休闲度假项目等,带动周边农业产业经济的发展
	绿林生态保育区	在保护的基础上对部分林相进行改造,营造周边山清水秀的视觉环境,也为驻程岗村的发展预留一定空间

2. 新建旅游项目

(1) 游客接待服务中心。

在村委会处设立游客接待服务中心,主要为游客提供问讯、行李寄存、游客休憩等服务,包括接待大厅、停车、旅游厕所。

(2) 采茶体验园。

在茶园中,开辟出一块景观视野好、位置佳的采摘体验园,向游客出租采茶叶的统一服饰、头巾、斗篷、背篓等,让游客体验到采茶的辛酸与乐趣。

(3) 茶来茶往文化园。

在现有茶园和茶叶景观的基础上,引进茶文化方向人才,定期举办茶艺表演、茶文化讲座;此外,文化园内开发各式茶主题体验项目,比如手工炒茶、茶具制作与创意产品展出等。

(4) 禅修茶林客栈。

修建茶文化主题的客栈,以茶叶景观园、茶文化、幽静的环境为核心,配套齐全完善的住宿设施,满足茶文化爱好者修身养性的需求。

(5) 水上嘉年华。

依托乡村优质的自然山水与浓郁的民俗风情环境,围绕水做游乐拓展项目。

(6) 激情越野基地。

合理规划乡村土地资源,打造专用的小型卡丁车越野场地及训练基地,并带动周边农家乐和旅游业的发展。

(7) 星光熠熠露营基地及草地烧烤。

依托村庄天然的自然生态环境,以运动文化为主题,将木屋别墅、帐篷酒店、房车、户外拓展、亲子游乐等完美融合。

(8) 湖滨游步道。

贯穿河、湖两侧增设景观设计,配以乔木、滑草和水生植物,以灌木组团配置,集自然风光和休闲健身为一体,打造湖滨游步道。

(9)七彩滑草场。

选择具有一定坡度的山坡和草地广场,开发自由滑草、极限滑草、儿童滑板等项目,并提供各种滑草设备,满足游客在草上能体验滑雪的那种愉悦和乐趣。

(10)龙王尖登山道。

依托龙王尖古寨遗址建造登山道,依据生态山道要求,尽量减少对原有生态环境的破坏。

(11)人间至味食堂。

食堂紧邻瓜果长廊,游客可以自由采摘瓜果蔬菜,利用食堂提供的DIY厨房及加工工具,体验现采现做的乐趣;此外,食堂大厨可以根据游客采摘的果蔬制作专属美味佳肴。

(12)欢乐野炊。

在广阔的草地广场上,摆放整齐的桌椅及烤架、炊具等,并准备好野炊的食材,让游客享受一边制作美食一边欣赏美景的快乐。

3. 现有项目改造

(1)茶海览胜。

对现有的茶园进行修正、美化,设立茶亭、观景台、茶水摊、游客步道等配套设施,吸引游客前来观园赏茶、观光休憩、摄影等。

(2)油茶飘香。

对现有油茶基地进行景观设计及美化,供游客观光;此外,建造油茶小馆,提供各色以油茶为原料的美食产品,推动游客消费的增加。

(3)瓜果长廊。

将现有蔬菜大棚进行改造,游客进入由瓜果藤条棚架组成的连廊及蔬菜大棚后,可以一边采摘一边品尝。在长廊的尽头设有驿站,展示各种农耕用具,传播农耕文化。

(4)钓钓乐。

利用水产养殖基地优势推出休闲垂钓项目,移舟把竿、垂钓碧湖,在垂钓中尽情享受把竿垂钓,收获劳动成果的快乐与满足。

(四)驻程岗村旅游脱贫路径规划

1. 扶贫业态策划

(1)旅游餐饮业态。

以品尝农家特色美食为主,依托人间至味食堂、欢乐野炊、瓜果长廊等项目,构建驻程岗村的餐饮体系。

(2)旅游住宿业态。

因地制宜,依托禅修茶林客栈、星光熠熠露营基地等项目,引导村民参与住宿经营,打造驻程岗村多层次、多功能的旅游住宿业态。

(3)旅游产品业态。

依托茶叶资源,打造茶来茶往文化园、茶海览胜园、油茶飘香等项目,构建兼具观光和体验的旅游产品体系。

(4)旅游娱乐业态。

在驻程岗村现有产业设施基础上,增加水上嘉年华、钓钓乐、激情越野基地、七彩滑草场等创新性、参与性强的娱乐项目,扩宽村民就业渠道。

2. 贫困户参与机制

创新贫困户参与机制,增强贫困户参与感和归属感。对有劳动能力、懂技术、自主发展愿望强烈的贫困户,鼓舞引导,按相关程序和标准享受财政性扶贫资金和小额信贷资金支持。通过政府的政策资金支持,组织贫困户在龙头企业、专业合作社、产业能人的带领下,采取"公司＋基地＋农户"的方式,直接参与区域特色产业开发,大力发展"订单农业"。将贫困户的政策扶持资金和信贷以及自己的土地等生产资料折算入股,使资金变股金、资源变资产、农民变股民,实现企业和农民的"双促""双赢"。加大教育扶持,支持贫困户学生放心求学,不走因学致贫的老路,阻断代际贫困。

3. 旅游扶贫精准指导

为了巩固驻程岗村的脱贫成果,防止返贫,融入"旅游＋"的发展模式,发挥村庄位于黄陂木兰文化生态旅游区以及毗邻云雾山、蝴蝶谷景区的区位优势,挖掘生态资源、农业资源等,依托现有的油茶基地、茶园、水产养殖区等深入规划旅游项目,探索景区＋产业带动型旅游脱贫模式,为贫困群众增收致富创造多种途径,实现驻程岗村的整体稳步提升。从贫困户的微观视角出发,建立一个乡村旅游精准扶贫与贫困人口脱贫致富的利益联结机制,拓宽贫困人口的收入渠道,增加贫困户收入,保证贫困户能够稳定、可持续脱贫。

第八章
经济技术开发区贫困村旅游规划

第一节　经济技术开发区：蔡甸区概况

　　蔡甸区位于武汉市西大门,地处汉江与长江汇流的三角地带,江汉平原东部。北傍汉江,与东西湖区唇齿相依。南临通顺河,与汉南区山水相连。东濒长江,与江夏区隔水相望。西与汉川市交错接壤,东北邻汉阳区,西南邻仙桃市。蔡甸区水、陆、空交通便捷,承东启西,联北通南,距武汉中心10千米,距汉口火车站、武汉港各20千米,距天河机场30多千米。蔡甸区下辖12个街道、1个乡,另设有4个管委会,总面积1093.57平方千米。2000年,该区成立了武汉蔡甸省级经济开发区,当前,全区产业集群逐步形成,产业链条不断延伸,初步形成了机械汽配、医药化工、通信电子、轻工纺织、农产品加工、休闲旅游等主导产业和沌口、常福、文岭、姚家山等特色产业园区。已有香港丝宝集团、和记黄埔、冠捷销售总部、冠捷电子集团、中铁武桥重工、银泰科技、中恒集团、泰国华泰植物油、武汉博奇汽车装饰等一大批国内外大型企业相继落户。同时,蔡甸区的自然资源也十分丰富,其拥有116平方千米的沉湖湿地自然保护区、国家级森林公园"蓬莱仙境"九真山和"佛教圣地"嵩阳山。另外还拥有富足农产品资源,是武汉未来的江汉平原农业种植区。

　　蔡甸区除了是武汉市的经济技术开发区、未来江汉平原农业种植区之外,它还是"知音故里",伯牙子期的传说就起源于此。知音文化作为蔡甸区特有的文化资源,该区先后成立了知音文化研究会,建立了"知音文化传承基地",兴建知音传说组雕并举办知音文化艺术节,打造出了"知音文化之乡"的文化品牌。

第二节　经济技术开发区贫困村旅游规划特点

　　蔡甸区作为经济技术开发区、江汉平原农业种植区及知音文化之乡,其贫困村的旅游扶贫规划应该紧跟其区域发展定位。

一、依托园区打造科普基地

蔡甸区作为武汉市经济技术开发区所在地,肩负着为区域经济社会发展提供科技和智力支撑的责任。自成立开发区以来,蔡甸区着力向全区广大市民普及科学知识,传播科学思想和方法,充分发挥科普示范作用。目前,全区已建各类科普示范基地至少35个,世界最大、最先进的以太空科技为主题,集航天科普教育、科技成果转化、体验式旅游及休闲度假于一体的国际航天科普基地也落地蔡甸区。因此,蔡甸区贫困村的旅游扶贫规划将重点把握住这一发展趋势,为部分贫困村打造具有特色的科普基地。

二、打造现代化农业养殖业

蔡甸区一直以来围绕现代都市农业发展,积极推进农业供给侧结构改革,调整农业产业结构,完善农业生产条件,促进第一、第三产业融合发展。目前,莲藕、芦蒿、西甜瓜、小龙虾、河蟹等的种植与养殖已成为特色主导产业,常年种养规模可达59万亩。因此,可设计一些农旅融合项目以推动部分贫困村农业、养殖业的现代化发展。

三、建设知音主题文化小镇

以知音文化为主题来发展旅游业,进行旅游扶贫,既是弘扬知音文化的一种有效途径,也是助力贫困村脱贫转型的重要方式之一。而且,湖北省还非常重视知音文化的开发,为打造"武汉·中国知音城"项目就投资了100亿元。作为该区的一个整体,一些条件适宜的贫困村将依托知音文化来开展旅游项目,进行乡村建设。

第三节 经济技术开发区贫困村旅游规划案例

一、生态湿地,稻虾田园——罗汉村

(一)罗汉村旅游扶贫条件分析

1. 村情简介

(1)自然条件。

罗汉村属北中亚热带大陆性季风气候,春秋暖和,夏热冬冷。年均降水量丰富,雨水充足。村前有运河流经,便于农田灌溉和稻虾养殖。沉湖和张家大湖风光优美,对于其本身就是一大重要水域旅游资源。

(2)区位条件。

①交通区位。

罗汉村地处消泗乡东南部,省二级百曲公路贯穿乡镇全境。北上近接318国道,南倚汉洪高速公路,距武汉市区65千米,距仙桃市区35千米,交通便利。罗汉村与仙桃市西流河客运站相距15千米,与武汉市经济开发区遥遥相对,由041乡道连通外界,毗邻武监高速公路,外部交通条件良好,交通通达性高。

②旅游区位。

消泗乡自然风光秀美,人杰地灵,资源丰富。拥有天然无污染的张家大湖、溜子湖、龙雁湖等自然湖泊和外滩草地近 10 万亩,拥有一马平川的肥沃耕地 5 万余亩。消泗乡位于省级沉湖湿地自然保护区的核心区,这就使其具有无与伦比的区位优势。

(3) 经济社会条件。

罗汉村共有 486 户,2344 人。区内以农业种植为主业,主要种植水稻、油菜、玉米、棉花等。村集体经济收入 12 万元,村民收入来源主要是外出打工,其次是在家务农。基础设施建设上,已完成道路硬化 21.7 千米,已完成沟渠开挖 21000 米,已完成硬化渠开挖 11800 米。截止到 2017 年年底,罗汉村已完成太阳能路灯安装 135 盏。

2. 贫困现状及成因

罗汉村建档立卡贫困户 75 户,233 人,五保户贫困户数 1 户,贫困人数 2 人,占比 0.86%;低保户贫困户数 45 户,贫困人数 133 人,占比 57.08%;一般贫困户数 29 户,贫困人数 98 人,占比 42.06%。

3. 旅游资源分析与评价

根据国家标准《旅游资源分类、调查与评价》(GB/T18972-2017)的有关规定,通过全面调研,对罗汉村的旅游资源按照主类、亚类及基本类型的层次进行分类。

(1) 旅游资源类型。

罗汉村旅游资源类型如表 8-1 所示。

表 8-1　罗汉村旅游资源类型

主 类	亚 类	基 本 类 型	主要资源单体（数量）
A 地文景观	AA 自然景观综合体	AAA 山丘型景观 AAD 滩地型景观	3
	AB 地质与构造形迹	ACA 台丘状地景	1
	AD 自然标记与自然现象	ADB 自然标志地	1
B 水域景观	BA 河系	BAA 游憩河段	1
	BB 湖沼	BBA 游憩湖区 BBC 湿地	4
C 生物景观	CA 植被景观	CAA 林地 CAB 独树与丛树 CAD 花卉地	5
	CB 野生动物栖息地	CBA 水生动物栖息地 CBB 陆地动物栖息地 CBC 鸟类栖息地	4
E 建筑与设施	EA 人文景观综合体	EAB 军事遗址与古战场 EAE 文化活动场所 EAF 康体游乐休闲度假地	7
	EB 实用建筑与核心设施	EBB 特性屋舍 EBJ 陵墓	3
	EC 景观与小品建筑	ECB 观景点 ECL 水井	3
F 历史遗迹	FA 物质类文化遗存	FAA 建筑遗迹	2
G 旅游购品	GA 农业产品	GAB 林业产品与制品 GAC 畜牧业产品与制品	5
H 人文活动	HA 人事活动记录	HAA 地方人物 HAB 地方事件	2
	HB 岁时节令	HBC 现代节庆	3
数量统计			
7 主类	14 亚类	26 基本类型	44 资源单体

(2) 旅游资源特色评价。

旅游资源种类丰富,一年四季都可开展旅游活动,但差异性不显著,资源禀赋不足,与武汉其他发展乡村旅游的地区相比,旅游资源的同质化现象明显,未形成独一无二的旅游特色,很难吸引周边地区及更远地区的游客前来参观游玩。

自然生态环境好,但景区缺乏知名度,成熟景区较少。知名景区是发展乡村旅游的名片,目前规划区内虽然有休闲农业、湿地公园等较为完备的旅游产品体系,但资源组合不足,没能打造成具有足够规模、区域性知名的旅游品牌。

规划区位于武汉都市圈内,区位优势明显,但与周边旅游资源缺乏合作,乡村旅游发展大都千篇一律,可替代性强,单打独斗很容易被市场淘汰。规划区与其他旅游景区区域合作不够,需开展合作,增强区域影响力,提高游客体验,可以达到双方互利共赢的局面。

(二) 罗汉村旅游扶贫产业规划

1. 旅游发展主题形象

罗汉村的稻虾养殖业在精准扶贫中是本村主导产业。引入的科学养殖技术、农业养殖风光,具有参观、体验、科普功能。同时充分发挥罗汉村毗邻沉湖湿地自然保护区的生态优势,合理利用生态湿地的优势旅游资源。

在旅游项目规划中,融入"旅游+"理念,将稻虾养殖旅游产业化,打造具有旅游休闲、旅游体验、旅游度假、旅游餐饮、旅游娱乐等功能为一体的稻虾休闲体验产业园。在不破坏湿地生态的前提下,打造一个能留得住游客的"可游、可赏、可养、可居、可乐、可感"的大型生态旅游湿地景区。因而将罗汉村的主题形象定位为"生态湿地,稻虾田园"。

2. 旅游产业发展定位

罗汉村旅游产业发展立足于武汉市,连接都市、生活、休闲与农业,以现代化的稻虾养殖产业为基础,以紧依沉湖湿地的良好生态环境为优势,拓展现代农业旅游、生态湿地旅游等新业态,以"现代生产、生态旅游、养生宜居、文化娱乐、休闲度假"为核心功能,配套公园开放空间、公共服务、商业服务、会议科普等服务功能,打造"生产、生活、生态"三生共融的蔡甸区稻虾养殖示范村与武汉市生态湿地旅游第一品牌,营造一个"产、城、人、文"四位一体的田园生活理想国。

3. 旅游产业与产品设计

连接武汉市都市、生活与农业,以稻虾养殖业为第一产业,以农产品加工、衍生纪念品和文创产品售卖为第二产业,以生态湿地旅游、休闲度假、培训展览、养生养老等作为衍生第三产业,实现三产融合,生产、生活、生态"三生"共融,产、城、人、文互动。结合目前罗汉村稻虾养殖业的主导产业特点与毗邻沉湖湿地的生态环境优势,提出农业旅游、生态湿地旅游的产业发展战略,在旅游扶贫的契机下,转变思路。以罗汉村自然生态、文化、产业等核心资源为基底,构建稻虾养殖业、农产品加工业,养生养老产业,生态湿地旅游三产联动的产业结构。

(三) 罗汉村旅游扶贫项目规划

1. 旅游项目空间布局

根据罗汉村旅游扶贫规划的编制需求,借助罗汉村的区位,交通条件,综合考虑罗汉村的自然、生态、文化旅游资源特色,以当地稻虾养殖产业为基础,融入"旅游+"理念,注入旅游体验、旅游度假新功能,打造武汉市大型的乡村生态湿地旅游区。结合罗汉村的整体情况和旅游市场需求,遵循综合整体性原则、地域空间完整性原则和发展方向一致性原则,构建"一心一轴两园两区"的功能布局(见表8-2)。

表8-2 罗汉村旅游结构功能分区表

总体布局	功能分区	发展思路
一心	游客集散中心	建设游客集散中心,集旅游信息咨询、旅游景点门票订购、客房安排、外来车辆停放、景区交通换乘等功能为一体,提供散客信息化自助旅游、团队旅游等多项服务的旅游综合服务中心
一轴	乡村景观观光轴	041乡道是罗汉村的主干道,道路两侧乡村自然风光秀美、文化景观独特,本次规划将其加宽、加固,配套景观式的基础设施,规划为一条具有乡村风光游览、稻田观光、观赏荷花、休闲度假等功能的生态景观观光绿道
两园	稻虾休闲农业园	稻虾休闲农业园区域是罗汉村现在的主导产业稻虾养殖区,依托稻虾养殖产业,增加旅游体验、休闲、度假、科普教育、会议等功能,打造成为具有现代科技、体验、科普元素的现代化农业科技体验园
两园	沉湖湿地公园	在该区域确立生态湿地旅游主题,打造生态修复景观带、生态观鸟长廊、滨水栈道供客湿地观光,建立水岸乐园、沉湖节事广场、沉湖文化馆供游客旅游娱乐与举办会展、节事、文化活动,依托沉湖湿地良好的生态环境,建设小体量的湿地滨湖木屋群供游客享受回归大自然的度假体验
两区	田园休闲养生区	田园休闲养生区是对原有乡村稻田的提升改造,在保护的基础上依托原生态的乡村田园环境与沉湖湿地自然保护的生态优势,构建以乡村养生度假、休闲养老为核心功能定位,配套小体量、大特色的旅游休闲、田园娱乐、健康管理、养生餐饮项目的休闲养生、养老社区
两区	农耕文化体验区	农耕文化体验区是罗汉村唯一的一块旱作农业区,主要种植大豆、玉米等作物,发挥该区域的旱作农业文化特色优势,在该区域注入"农业＋旅游"理念,打造集农事体验、社区支持农业、温室采摘、农产品集市、农耕文化展示等功能为一体的农耕文化主题体验园

2. 重点旅游项目设计

(1)游客集散中心。

罗汉村游客集散中心属新建项目,位于沿041乡道进入罗汉村的区域。游客集散中心功能齐全,提供旅游信息咨询、景点门票与交通车票机票预订、智能服务、旅游商品出售等多项综合服务。游客集散中心规划有游客服务台、保安室、医务室、导游管理室、投诉处理中心、行李寄存处、智能服务厅、线路推介中心、旅游商品展示中心、散客休息厅、贵宾接待室、生态停车场、旅游厕所等。

(2) 稻虾休闲农业园。

稻虾休闲农业园是在现有的稻虾养殖产业的基础上扩大养殖规模,提高科学养殖水平、融入旅游新元素,构建具有稻虾捕捞体验、水耕体验、现代农业观光、乡村休闲度假等功能为一体的现代化休闲农业产业园。该区重点项目有现代农业体验区、稻香游憩区和乡村假日区。

(3) 沉湖湿地公园。

沉湖湿地公园依托沉湖湿地自然保护区的生态与区位优势,以沉湖湿地生态修复为前提,营造开放的滨湖景观,为社区居民与游客提供一处集湿地生态景观游览、湿地文化休闲、节事活动体验、湿地科普教育等为一体的生态休闲空间。

(四) 罗汉村旅游脱贫路径规划

1. 扶贫业态策划

(1) 农业、湿地观光业态。

重点发展以稻虾养殖、荷花基地为主的生态旅游农业以及湿地休闲文化的体验式乐园,以生产生态龙虾、优质水稻、莲藕为主的各种园地生态旅游农业以及沿湿地观光游憩带等,向旅游者提供较有观赏价值、体验价值和教育意义的旅游农业及湿地休闲项目。

(2) 乡村体验旅游业态。

将罗汉村居民在稻田养虾、水耕、秋收的场景真实展现出来,划分现代农业体验区、稻香游憩区、乡村假日区,为游客提供丰富的乡村旅游体验,勾起中年群体的童年回忆。重点开发"沉湖节事旅游节",丰富旅游的内容,延长旅游者的逗留时间,增加旅游的经济效益。

(3) 农事体验项目业态。

利用别具一格的田园风光和各种具有特色的服务设施开发农业讲堂、水耕体验、儿童乐园、五谷稻场等多样化农事体验项目,旅游者可以体验原始耕作、养殖等,亲自参与劳作活动,体验田园生活的乐趣。

(4) 特色旅游商品业态。

充分结合乡村背景与当地实际,培育具有地理特色的农、渔产品,挖掘具有文化特色的手工艺品,开发具有地区风味的特色小吃,形成完整的旅游商品生产、加工、包装产业链。

2. 贫困户参与机制

(1) "公司+农户"模式。

旅游开发中要充分取之于民、用之于民,吸纳社区农户参与到乡村旅游的开发、组织与决策中。在开发浓厚的乡村旅游资源时,充分利用社区农户闲置的资产、富余的劳动力、丰富的农事活动,增加农户的收入,丰富旅游活动。同时,通过引进旅游公司的管理,对农户的接待服务进行规范,避免不良竞争损害游客的利益。

(2) 股份制模式。

为合理地开发旅游资源,保护乡村的生态环境,可以根据资源的产权将乡村旅游资源界定为国家产权、乡村集体产权、村民小组产权和农户个人产权4种产权主体。在进行具体的旅游开发时,可采取国家、集体和农户个体合作,把旅游资源、特殊技术、劳动量转化成股本,收益按股分红与按劳分红相结合,进行股份合作制经营。通过"股份制"的乡村旅游开发,把社区居民的责(任)、权(力)、利(益)有机结合起来,引导居民自觉参与他们赖以生存的生态资源的保护,从而保证乡村旅游的良性发展。

(3) 个体农庄模式。

个体农庄模式是以规模农业个体户发展起来的,以"旅游个体户"的形式出现。现阶段以养生民宿为重点,加强旅游项目建设和改造,提高旅游接待和服务质量。通过个体农庄的发展,吸纳附近闲散劳动力,将本地区手工艺、表演、服务、生产等形式加入服务业中,形成以点带面的发展模式。在旅游业发展到一定阶段后,可以有条件地鼓励发展其他个体农庄,发挥规模效应,提高区域农户参与程度。

3. 旅游扶贫精准指导

将旅游业的发展与精准扶贫结合起来,通过旅游业的综合性和行业带动性,针对贫困人口提供多种就业岗位。对建档立卡贫困户进行精准扶贫指导,指导贫困户从事旅游接待、劳动用工和发展特色旅游商品加工等,使贫困户基本实现稳定脱贫;对于彻底丧失劳动能力的贫困户,应考虑让其以房产、田地入股,并多加分红;家中无房产、田地的,应利用旅游收益和其他政府收入保障其基本生活,通过社会福利对这些群体进行帮扶;对于家庭中仍有劳动力的贫困户,应鼓励其积极参与旅游开发与旅游服务,并应重点培训且将其分配到合适岗位;对于因病、因学致贫的贫困户,应支持其恢复健康或完成学业,鼓励其积极投入本地区旅游开发建设;患传染性疾病的居民,应当鼓励其参与旅游基础设施建设和旅游环境维护等,不适合让其参与直接面向游客的旅游服务工作。

二、虾蟹创意产业园——杨庄村

(一) 杨庄村旅游扶贫条件分析

1. 村情简介

(1) 自然条件。

杨庄村面朝通顺河,侧倚沉湖湿地,通顺河支流公三河从村中蜿蜒而过,水域波光潋滟,水岸风光旖旎。整村以水田地为主,周围苗木果林基地环绕,原生态化乡村尚未遭到破坏,自然环境优美。村域内气候属于北、中亚热带过渡性季风气候,具有热丰、水富、光足等气候特征。杨庄村地势由中部向南北部逐步降低,中部均为丘陵岗地,坡度较缓;北部为平坦平原区,土层深厚、土质肥沃;东有通顺河逶迤而来,全村地貌是以垄岗为主体的丘陵性湖沼平原。

(2) 区位条件。

杨庄村位于蔡甸区西南部,消泗乡的东南部,距乡政府所在地约26千米,北邻沉湖湿地,并属于沉湖湿地自然保护区,东南依通顺河,南部隔通顺河与武汉经济开发区接壤。与仙桃西流河客运火车站相距33千米,与武汉市经济开发区隔河相望,距武监高速公路入口23千米,由085乡道和019县道连通外界。杨庄村位于蔡甸区西南部,紧邻沉湖湿地,其属于沉湖湿地自然保护区的一部分,具有良好的自然生态环境。

(3) 经济社会条件。

杨庄村共97户,354人。村内大约90%以上的中青年农村人口均已离乡打工就业,仅剩下老人、儿童以及身患重病、重疾的村民在乡依靠微弱的农业收入和政府补助维持生计。目前,民用水主要为自来水,但是水质较差,供水量有限。

(4) 产业发展现状。

杨庄村是消泗乡的偏远村,由于种植业结构单一,经济发展缓慢,村民增收困难。2016

年杨庄村引进武汉福民洋生态农业科技发展公司,投入资金810万元,并配套建设仓库、冰鱼加工厂等。杨庄村还着力推进集体经济股份制改革,通过引进企业发展特色水产养殖,盘活资源发展经营,让全体村民分享到改革的红利。

2. 贫困现状及成因

(1)贫困现状概述。

全村有低保户5户,11人,一般贫困户13户,35人,截至目前已有18户贫困户脱离贫困。

(2)致贫原因。

①杨庄村地理位置偏僻,受到区位的影响,难以打开对外沟通联系的大门,由此导致经济基础薄弱。

②杨庄村基础设施落后,村庄的主要道路设施落后,村民的理念落后,限制村庄产业的可持续发展。

3. 旅游资源分析与评价

(1)旅游资源类型。

根据国家标准《旅游资源分类、调查与评价》(GB/T18972-2017)的有关规定,通过全面调研,对杨庄村的旅游资源按照主类、亚类及基本类型的层次进行分类(见表8-3),确定其旅游资源类型覆盖8大主类中的4个,23个亚类中的6个,110个基本类型中的6个。

表8-3 杨庄村旅游资源类型

主 类	亚 类	基本类型	旅游资源单体
A 地文景观	AC 地表形态	ACC 垄岗状地景	垄岗
B 水域景观	BA 河系	BAA 游憩河段	通顺河、公三河
	BB 湖沼	BBC 湿地	沉湖湿地
E 建筑与设施	EA 人文景观综合体	EAD 建设工程与生产地	水田、苗木果林基地、虾蟹养殖基地
	EB 实用建筑与核心设施	EBG 堤坝段落	杨庄堤坝
G 旅游购品	GA 农业产品	GAD 水产品及制品	螃蟹

(2)旅游资源空间分布。

从整体的旅游资源空间分布情况来看,杨庄村的旅游资源分布具有显著的不均衡性。全村的旅游资源主要集中分布在东南部通顺河及支流公三河沿岸流域,还有部分资源分布在沉湖湿地周边,资源点分布呈现块状及线状集中分布的特点。

(3)旅游资源特色评价。

杨庄村农业资源丰富、空气清新,丰富的农田和湿地景观展现出自然资源赋存的优势,生态系统保持完好,是人与自然亲近、养生怡心的天然场所,非常适合发展乡村休闲旅游。此外,杨庄村濒临沉湖湿地及通顺河,水域与水田面积辽阔,田园风光秀美,虾蟹养殖的渔业文化浓厚,依托杨庄村良好的生态基底,以创意产业文化与产业资源为基础,可将杨庄村打造成集旅游观光、休闲、度假、养生、摄影等功能为一体的乡村旅游田园综合体。

（二）杨庄村旅游扶贫产业规划

1. 旅游发展主题形象

通过对村情村貌、旅游资源空间分布及特色等分析得知,杨庄村现阶段主要依托固有的湿地及农田景观,形成以虾蟹水产养殖业为主导产业、种植业为辅的产业布局。本规划拟延伸水产养殖产业链,开发水产加工业、冰鱼加工业等第二产业,打造虾蟹创意产业园,从而构建杨庄村"虾蟹水产王国"的市场形象,吸引虾蟹美食"吃货"、水产知识学究、水产垂钓体验迷等目标市场。

2. 旅游产业发展定位

杨庄村现有主导产业为虾蟹水产养殖业,本规划将进一步发挥旅游业的综合性特点,强化旅游业在杨庄村扶贫工作中的带动作用。在原有农业生产基础上,整合当地自然、土地、政策等各项资源,打造水产深加工厂、饲料加工厂等第二产业。同时,大力打造旅游观光、休闲、度假、摄影等多项第三产业项目,将旅游产业培育成杨庄村的经济支柱型产业,最终形成第一、第二、第三产业融合发展的产业布局。

3. 旅游产业与产品设计

第一产业主要发展虾蟹水产养殖业,主要包括虾蟹养殖基地及有机果园;第二产业以水产品加工业为主,建设虾蟹加工厂、有机菌肥厂及冰鱼加工厂等;第三产业主要发展乡村旅游业,拟规划设计钓捕体验区、虾蟹休闲街、摄影采风区和亲水游憩带等园区。

（三）杨庄村旅游扶贫项目规划

1. 旅游项目空间布局

根据杨庄村旅游扶贫规划的编制需求,在充分考虑杨庄村的地理条件、资源特色、产业优势、主题定位的基础上,利用"旅游＋"发展理念,同时注入旅游休闲体验等元素,将杨庄村空间格局划分为"一心两带三区"(见表8-4)。

表8-4 杨庄村旅游结构功能分区表

片区	名称	发展思路
一心	游客综合服务中心	旅游咨询、旅游交通、旅游休闲、智慧旅游、物流配送
两带	亲水游憩带	旅游休闲、泛舟体验、水景观光、运动休闲
两带	花果体验带	鲜花观赏与艺术设计、水果采摘、湿地生态修复、旅游运动休闲
三区	趣味渔乐区	渔乐体验、亲子游戏、养殖观光、科普教育、主题餐饮与民宿
三区	虾蟹创意产业区	科技创意养殖、水产加工、文创产品设计与展示、观光游览
三区	摄影采风区	田园观赏、湿地观光、生态旅游、摄影采风、旅游休闲

2. 新建旅游项目

（1）游客综合服务中心。

杨庄村村委会是村庄的核心场所,由此设置游客综合服务中心,打造集旅游信息咨询、景点订票、集散换乘、餐饮住宿等多功能为一体的服务中心。

（2）亲水游憩带。

结合公三河及其两岸水域,设置游船码头、观景台、生态游步道等游乐设施,为旅游者提供理想的亲水空间及生态场所。

(3) 花果体验带。

注重河流沿岸和湿地空间的合理融合，建设有机果园、湿地生态修复带及鲜花坊等，加强杨庄村绿化环境建设，丰富游客的旅游体验。

(4) 趣味渔游乐区。

围绕虾蟹养殖基地，着力打造钓捕学堂、钓捕池，还有虾蟹主题餐厅、民宿及水族馆等体验空间，共塑人与自然和谐相处的意境。

(5) 虾蟹创意产业区。

为了延长虾蟹基地产业链，对生鲜虾蟹进行进一步的加工，设置虾蟹深加工室、有机菌肥场及虾蟹文创工艺坊、虾蟹文化展馆等，增强游客的体验性和文化性。

3. 现有项目改造

(1) 虾蟹养殖基地。

除了对杨庄村现有的养殖基地进行改建美化外，打造游览观光、参与体验的项目，增加游客参与的趣味性和体验性。同时，通过建立标识系统，运用文字和图片展示等，让游客在参观养殖地的虾蟹品种的过程中，更为直观地了解基地的虾蟹养殖情况，突出休闲农业的科普性和教育性。

(2) 摄影采风区。

主要针对原有养殖基地、田园地区进行美化，增加美观性和生态性，营造动静结合的美丽景观，供摄影爱好者进行取景、采风。在前期宣传活动期间，开设摄影大赛，展示和品鉴参与作品，并通过各路媒体宣传报道，增强当地旅游的影响力，提升当地的经济社会效益。

(3) 沉湖观光栈道。

依托沉湖美景及花果体验带的鲜花水果等美景进行特色景观营造，增强美观性。

(4) 田园风光采风区。

依靠当地田园风光、养殖基地、渔家乐等旅游资源和设施，美化和丰富田园景观，提升当地的美学价值和观赏价值。

(四) 杨庄村旅游脱贫路径规划

1. 扶贫业态策划

(1) 生态农业。

农渔业观光重点发展以睡莲、虾蟹等水生物种养为主，以鲜花、蔬果生产为辅的生态农业旅游，向旅游者提供较有观赏价值、体验价值和教育价值的旅游农业项目。农渔业的开发可以直接吸纳农村剩余劳动力参与到瓜果蔬菜种植和水产养殖中，通过专业化的培训，不断提高村民种植养殖的技能和水平，提高农业生产的效率和质量，为乡村旅游的发展提供高质量的农产品。

(2) 旅游购物业。

特色旅游商品的开发需充分结合乡村背景与当地实际，培育具有地域特色的农、渔产品，挖掘具有文化特色的手工艺品，开发具有地区风味的特色小吃，形成完整的旅游商品生产、加工、包装产业链。年纪大、体力不强的村民可以通过制作手工产品，从事手工产品和特色小吃的销售活动等，增加个人收入，带动贫困群众参与乡村旅游创业就业，共享旅游发展红利，实现增收脱贫。

2. 贫困户参与机制

（1）"公司＋合作社＋贫困户"模式。

当地龙头企业带头，带动杨庄村生态农业和农事体验项目的开发建设，吸纳贫困户利用土地资源、特惠贷资金、劳务收入等入股分红，增加农户的经济收入。新组建由建档立卡贫困户组成的种植养殖专业合作社，政府将扶贫资金拨付给合作社，政府负责扶贫资金监管，督促合作社与企业将扶贫资金用在发展脱贫产业上。

（2）"党社联建"模式。

联结群众，实行"党支部引领、合作社推动、党员带头、群众参与"的党建与经济发展同频共振、互动双赢的良好格局，通过"党社联建"增强基层组织服务群众，达到改善村级管理、发展农村经济、带动农民致富的良好效果。

（3）"能人带动＋合作社＋公司＋贫困户"模式。

联结群众，通过能人创建合作社或公司，带动贫困户一起发展"订单"产业，对贫困户的农产品实行保底收购，既把产业做大做强，又让农户稳定增收。

3. 旅游扶贫精准指导

（1）采取"一户一策"，对建档立卡贫困户进行精准扶贫指导，指导贫困户从事劳动用工、旅游接待和发展特色旅游商品加工等工作，使贫困户基本实现脱贫。

（2）对于彻底丧失劳动能力的贫困户，应考虑让其以房产、田地入股，增加旅游分红收入。而对于家中无房产、无田地的，应利用旅游收益和其他政府收入保障其基本生活。

（3）对于家庭中仍有劳动力的贫困户，应鼓励其积极参与旅游开发与旅游服务，增强业务培训并将其分配到合适岗位。

（4）对于因病、因学致贫的贫困户，应支持其恢复健康或完成学业，鼓励其积极投入本地区旅游开发建设。

（5）对于患传染性疾病的居民，应当鼓励其参与旅游基础设施建设和旅游环境维护等，不适合让其参与直接面向游客的旅游服务工作。

三、汉阳河畔戏垂柳，白马山下采翠莲——白马山村

（一）白马山村旅游扶贫条件分析

1. 村情简介

（1）自然条件。

①地质地貌。

蔡甸区地处汉江与长江汇流的三角地带、江汉平原东部，区内地势由中部向南北逐减降低，白马山村位于蔡甸北部的平坦平原区，地势起伏小，属垄岗为主体的丘陵性湖沼平原。

②气候条件。

白马山村气候属亚热带季风气候，全年平均气温为 16.5 ℃，日照充足，年均日照时数可达 2111.8 小时，年平均无霜期为 253 天，年平均降水量 1100—1450 毫米。

③水文条件。

村内的主要水资源为汉阳河，河流流经村庄西南边界，水质良好。河段西起团山口，东至汉阳闸，共长 12 千米，是西湖水系的排水主河道。

④动植物条件。

村内野生植物种类有竹类、紫藤等灌木,丝茅、蕨类、藓类等草木和马尾松、湿地松等林木;野生动物有喜鹊、白鹳、小天鹅等。水产植物主要为莲藕、香莲和菱角,水产动物主要有螃蟹、鳜鱼和青虾。

(2) 区位条件。

①地理区位。

白马山村位于蔡甸区北部,北邻双林村,东近华英村,南接绕岭村,西靠长岗村。村庄距离张湾街 4.8 千米,距离蔡甸区政府 18 千米,距离武汉市 42 千米。

②交通区位。

白马山村靠近旅游景观大道——蔡城公路,通过与在建汉天高速的连接未来可直达天门;也可通过蔡城公路连接京珠高速和汉蔡高速,方便到达北京和武汉;村庄距离地铁 4 号线终点站 4.5 千米,距离沪汉蓉铁路汉川站和规划的武汉西火车站均约 20 千米。

③旅游区位。

白马山村村庄北部为汉阳河三十里竹海花溪,通过汉阳河与南部索子长河、西湖、金龙湖和北部汉江实现水域景点交通串联;珠海花溪与西湖动植物王国等景点一起组成了嵩阳禅修"心境"体验养生旅游功能区。

(3) 经济社会条件。

白马山村共有 172 户,693 人。白马山村经济以第一产业为主,总耕地面积 1180 亩,占村域总面积 45.2%,人均耕地面积 1.7 亩。村民收入来源主要为种植、养殖和外出务工。村内集体经济主要为光伏发电产业和发电厂厂房出租产业,其中,光伏发电机年产值约为 8 万元;厂房出租年收入约 8.5 万元。

(4) 产业发展现状。

在种植业的发展上,村内主要以香莲的水域种植为主,种植模式为香莲种植与水产养殖轮换模式。白马山村有耕地、丘陵、水域三种类型的地形,三种地形都比较分散,难实现规模机械化生产和产业化经营。在养殖业的发展上,村庄依托大面积水域养殖淡水鱼类。养殖分散经营,规模小。村内养殖未实行全村统筹管理,较难形成产业规模。

2. 贫困现状及成因

(1) 贫困现状概述。

白马山村建档立卡贫困户 17 户(其中有 3 户为五保户),共计 51 人,占全村总人口的 7.4%,2017 年年底已全部实现脱贫。

(2) 致贫原因。

产业结构层次偏低,农业结构调整难度大。加上自然条件的限制,难以大范围使用先进生产工具,农业劳动生产率较低;财政投入强度偏低,基础设施发展滞后,国家扶贫力度有限,改厕、改圈、改浴、改厨等基础设施建设仍未完全覆盖,白马山村招商引资、发展工业等受限;自主脱贫意识不强,缺乏提升收入和脱贫致富的主动性和积极性;青壮年外流,劳动力不足,留村的劳动力老龄化严重,生产方式落后,生产效率不高。

3. 旅游资源分析与评价

根据国家标准《旅游资源分类、调查与评价》(GB/T18972-2017)的有关规定,通过全面调研,对白马山村的旅游资源按照主类、亚类及基本类型的层次进行分类。

(1) 旅游资源类型。

白马山村旅游资源类型如表 8-5 所示，确定其旅游资源类型覆盖了 8 大主类中的 6 个，23 个亚类中的 10 个，110 个基本类型中的 20 个。

表 8-5 白马山村旅游资源类型

主类	亚类	基本类型	主要资源单体
A 地文景观	AA 自然景观综合体	AAD 滩地型景观	汉阳河（竹海花溪）
B 水域景观	BA 河系	BAA 游憩河段	汉阳河（竹海花溪）
C 生物景观	CA 植被景观	CAB 独树与丛树	椿树、竹丛、杨树、香樟
C 生物景观	CB 野生动物栖息地	CBA 水生动物栖息地	汉阳河
C 生物景观	CB 野生动物栖息地	CBB 陆地动物栖息地	白马山山林
C 生物景观	CB 野生动物栖息地	CBC 鸟类栖息地	白马山山林、椿树岭鸟类栖息地（乌鸦、喜鹊、猫头鹰、杜鹃、白鹭等）
C 生物景观	CB 野生动物栖息地	CBD 蝶类栖息地	白马山山林、汉阳河
E 建筑与设施	EA 人文景观综合体	EAD 建设工程与生产地	光伏发电厂、白马山水产地（含椿树岭）
E 建筑与设施	EA 人文景观综合体	EAE 文化活动场所	白马山村村委会
E 建筑与设施	EA 人文景观综合体	EAF 康体游乐休闲度假地	竹海花溪、白马山村村委会广场
E 建筑与设施	EB 实用建筑与核心设施	EBB 特性屋舍	椿树岭
E 建筑与设施	EB 实用建筑与核心设施	EBH 港口、渡口与码头	汉阳河渡口
E 建筑与设施	EB 实用建筑与核心设施	EBJ 陵墓	肖毓福烈士墓、肖尤吉烈士墓
E 建筑与设施	EB 实用建筑与核心设施	EBN 景观养殖场	白马山水产地（含椿树岭）
E 建筑与设施	EC 景观与小品建筑	ECC 亭、台、楼、阁	休闲驿站
G 旅游购品	GA 农业产品	GAD 水产品及制品	螃蟹、青虾、鳡鱼
G 旅游购品	GA 农业产品	GAE 养殖业产品及制品	鸡、鸭、鹅
H 人文活动	HA 人事活动记录	HAA 地方人物	肖毓福、肖尤吉
H 人文活动	HA 人事活动记录	HAB 地方事件	红色革命
H 人文活动	HB 岁时节令	HBC 现代节庆	春节、元宵

(2) 旅游资源空间分布。

汉阳河在白马山村西南处穿行而过，邻近村内白马山，是汉江支流之一；竹海花溪是实施汉阳河改造工程的生态旅游项目；白马驿站位于汉阳河南侧，自驿站向南 170 米即可到达白马山山脚下；白马山水产地，白马山村水域面积占村域总面积的 17.2%；椿树岭鸟类栖息地，椿树岭植被生态环境良好，有成群的候鸟栖息停驻；肖毓福烈士墓和肖尤吉烈士墓，肖毓福烈士墓位于白马山东南坡上，肖尤吉烈士墓位于白马山东北脚下。

(3) 旅游资源特色评价。

汉阳河是村内最主要的河流资源,沿汉阳河打造的竹海花溪是带动村庄旅游业发展的重要引擎项目,也是一处生态良好的观光地;白马驿站是索子长河—西湖—汉阳河竹海花溪一线重要的交通节点,自身建筑风格古朴;白马山水产地是村庄特色产业区和主要田园观光区;椿树岭鸟类栖息地是村内特色观光地带;肖毓福和肖尤吉是抗日战争时期的汉阳县(现汉阳区)的红色人物代表,白马山村是后人对他们的追念地,也是蔡甸地区红色革命的纪念地。

(二) 白马山村旅游扶贫产业规划

1. 旅游发展定位

白马山村两大自然优势为汉阳河与白马山,应充分利用和突出两大旅游资源的亮点,结合乡村旅游的自然风光—垂柳和农村休闲—采翠莲来定位白马山村的旅游主题。同时依托现代水产种养基地开展田园观光和体验活动,村内的大面积水田,引进稻鱼共生等产业模式,以汉阳河为主线开发旅游项目。因而将白马山村主题定位为"汉阳河畔戏垂柳,白马山下采翠莲"。建设成为以"现代水产种养""滨水休闲"为特色的乡村休闲目的地。

2. 旅游产业发展定位

立足白马山村丰富的水资源和大面积农田资源,发展以滨水休闲和农业观光体验为主导的乡村旅游业,推动白马山村的产业转型升级,保持一定的传统农耕方式,引进新型稻鱼共生的产业模式,调整一定范围内的村湾功能,使农业发展与旅游开发有机结合,形成可持续发展的农业综合产业,实现乡村旅游巩固脱贫致富的目标。因此白马山村的产业发展定位是在基础产业即生态农业(种植业、养殖业、林业)的基础上,发展服务产业,例如驿站、民宿、农家乐、乡村客栈等,进行产业延伸。

3. 旅游产业与产品设计

(1) 农业产业设计。

以村湾为核心,保留以传统农业为基调的原乡环境,整治村庄内部的水塘、道路和建筑,保留椿树岭特色村湾的形态和部分传统农业种植项目,开设农家乐和生态农庄,为田园观光休闲体验项目提供支撑服务。

引进新型种植技术,规模发展特色农业,根据白马山村的特色地形和气候条件,在村内现有水产地的种植基础上,引进稻鱼共生等新型的种植模式,发展成为具有特色的农业种植产业区域,为开展观光、采摘体验等旅游活动和开发旅游产品提供场所和物质基础。

(2) 加工产业设计。

依托白马山村特色资源及乡村旅游发展的趋势,挖掘原生态农产品的潜在价值,发展特色美食和旅游商品购物。以白马山村新型农业种植和养殖的产品为主要食材,直接面对游客销售特色美食;同时可以利用蔡甸区和白马山村特色产品的品牌效应,将农副产品加工成便于携带的旅游商品销售给游客,提升农副产品的价值。

(3) 产业联动规划。

立足白马山村的传统农业、新型农业及加工业,将农业和旅游业结合成农旅产业,促进形成以乡村旅游为主导的联动性产业,重新构建白马山村产业发展新格局。

(4) 旅游产品体系。

依据白马山村的旅游资源特征,总体形成1个品牌产品、1个特色产品、3个配套产品的产品体系,具体内容如表 8-6 所示。

表 8-6　白马山村旅游产品体系表

旅游产品体系	主 要 产 品
1 个品牌产品	"竹海花溪"滨水休闲
1 个特色产品	"莲年有鱼"(特色水产研学)游憩体验
3 个配套产品	滨水景观
	休闲农庄
	田园观光

(三) 白马山村旅游扶贫项目规划

1. 旅游项目空间布局

根据资源类型、特征、分布,以及规划目标,白马山村乡村旅游的空间结构规划为"一心两带三区"(见表 8-7)。

表 8-7　白马山村旅游结构功能分区表

结构	名 称	发 展 思 路
一心	社区服务中心	利用村委会、卫生所等服务设施,打造成为度假社区的服务中心,服务内容包括文化、娱乐、购物等社区和旅游服务
两带	滨水休闲观光带	以汉阳河为主线开发滨水休闲活动
	现代水产发展带	依托现代水产种养基地开展田园观光和体验活动
三区	竹海花溪休闲区	利用汉阳河和沿岸农田开发休闲体验项目
	现代水产种养区	依托村内的大面积水田,引进稻鱼共生等产业模式,开发农业观光和体验项目
	农业田园观光区	依托现有的椿树岭特色村湾和周围农田,打造田园观光区

2. 重点项目建设规划

(1) 特色水产种养项目。

依托村内丰富的水资源,吸引能人回乡创建成规模的特色水产种养,推行莲鱼共生并由此衍生出莲虾共生、莲蟹共生、莲鸭共生等复合产业系统,不仅可以生产优质农副产品,提升田地产值为村民增收,为村民和游客提供产品基础,还可以借此开展采莲、放鱼、捉鱼等农田体验活动,也可结合蔡甸区的旅游节庆活动开展乡村旅游。

(2) 汉阳河竹海花溪。

在汉阳河两岸种植各种耐阴花卉和柳树,将河道打造成点缀着五彩鲜花的翡翠长廊,作为竹海花溪的景观主轴;同时利用河道两岸的农田开发果蔬采摘和露营项目,并考虑种植特色花田,与河流两岸的花木相互交错,并结合花溪步道等岸上观光设施,打造"几步花圃几农田"的景观。

(四) 白马山村旅游脱贫路径规划

1. 扶贫业态策划

白马山村旅游业态的功能结构包括住宿、餐饮、休闲、观光四个层面。其中,住宿包括多种特色、不同价位的主题民宿及客栈。餐饮包括绿色有机餐饮、特色风味餐饮等多种形式。休闲主要指休闲度假产业,观光主要指农业田园观光。

(1) 民居住宿业态。

通过政府引导或招商引资,充分利用椿树岭现有的传统民居建筑,对其进行外立面改造和内部空间设计来开发特色民宿。使游客不仅可以体验传统古村落的生活,还可以观赏鸟类栖息地。

(2) 特色餐饮业态。

利用民居及院落空间开发白马山村私房菜馆,发展地方特色餐饮,用餐环境保持传统民居风格。

(3) 农业观光业态。

利用村庄内大面积的水产地资源和较为平坦的旱地资源,发展现代水产农业和种植农业,同时打造特色稻鱼景观等,开展多种形式的农园体验观光项目。

2. 贫困户参与机制

(1) 参与决策咨询机制。

充分尊重扶贫客体的意愿,动员村民积极参与到白马山村旅游扶贫开发各项决策之中,使其成为名副其实的决策主体。在乡村旅游发展中重大决策的制定和具体问题的解决过程中,要广泛吸纳村民的意见和建议,充分调动村民的主观性与能动性。

(2) 参与旅游经营机制。

参与旅游经营主要包括两种方式,一种是以服务者的身份参与乡村旅游的经营接待活动;另一种是以经营者的身份参与经营食、住、行、游、购、娱等乡村旅游项目。白马山村鼓励有开发基础的村民以经营者的身份直接参与旅游经营接待,地方政府及相关行业协会应对开展旅游经营的村民予以积极的指导与帮扶,提升其参与经营能力。

(3) 参与利益分配机制。

在利益分配方面,首先应该明确地方政府的公共服务角色;在引进外部旅游企业投资时,需要严格规定企业应尽的社会责任和义务;在各方利益发生冲突时,起到公共管理的职责,保证村民就利益分配的发言权。

(4) 参与教育培训机制。

建立长效的旅游扶贫培训机制,实现培训主体的全覆盖,形成旅游扶贫培训常态化,持续推进、提升乡村旅游发展水平。

3. 旅游扶贫精准指导

旅游带动贫困人口脱贫的方式和途径主要有以下几种,一是指导当地居民直接从事乡村旅游经营,增加收入来源,实现由传统农业向服务业的转变。二是在乡村旅游经营中,参与接待服务获得报酬,例如在旅游景点从事基础设施维护工作、旅游向导工作等,通过提供服务获取旅游收入。三是通过发展乡村旅游出售自家的农副土特产品获得收益,利用外来的游客带来的消费力,实现产销一体化,增加当地居民收入。四是通过参加乡村旅游合作社和土地流转获取租金,农民可以将自己的土地转租,进行规划整合,开发旅游景点。五是指导村民从事旅游接待,对村民提供旅游培训,使村民成为经营主体或参与者,积极进行乡村旅游建设。

四、候鸟科普基地——七壕村

（一）七壕村旅游扶贫条件分析

1. 村情简介

（1）自然条件。

七壕村总体海拔在20米至26米之间，是汉水与长江漫滩交汇而构成的低洼地段。村域南部被东荆河穿过，北部为沉湖湿地自然保护区核心区范围。属于北亚热带季风气候区，具有南北过渡的特征。水资源比较丰富，主要分为河流、湖泊和堰塘三类。河流主要为村域南边的东荆河。境内植被种类较为丰富，以果树林为主，均分布在村域北部林地。七壕村自然环境以沉湖湿地景观和东荆河河岸景观为主要特征，生态环境良好。

（2）区位条件。

①地理区位。

消泗乡七壕村位于与孝感咸宁、仙桃接壤处的蔡甸境内南部，东与曲口村相邻，西与三合村相邻，北接沉湖湿地，南邻捞子湖村。距消泗乡镇政府9.6千米，距离蔡甸区34千米，距离武汉市53千米，距离仙桃市51千米，距离汉川市40千米。

②交通区位。

七壕村对外通过县道百曲线往北距离318国道匝道17千米，或者往南距离汉洪高速匝道4千米，可快速到达周边城市，1.5小时到达武汉市，1小时到达汉川市，1.5小时到达仙桃市。

③旅游区位。

七壕村所在的区位属于沉湖湿地保护区，是武汉重要的生态湿地保护区。目前七壕村西北部的消泗乡万亩油菜花海已经粗具规模和知名度。七壕村周边较为成熟的景点主要包括万顷芦苇、万亩油菜花海等，距离分别为3.5千米、9.4千米。

（3）经济社会条件。

七壕村全村现共有200户，680人。七壕村境内以耕地为主，耕地上纲面积4084亩，其中农民自有用地2524亩，企业承包用地1560亩，农民人均耕地面积3.7亩。此外，村境内还有渔业面积1000亩。2016年全村经济收入947.5万元，人均纯收入13934元。

（4）产业发展现状。

七壕村目前的传统种植业基本属于自给自足的自然经济，传统工农业种植较为分散，以玉米、黄豆、油菜、棉花、水稻、莲、藕为主。劳动力外出后，不能实现精细化的生产模式，缺乏资金、技术和市场等产业链要素配套服务，全村产业发展水平较低。通过招商引资，随着现代农业企业的入驻，现代农业将第一、第二、第三产业融合，提高了土地的利用价值，但经济果木的种植区域距离湿地较近，会影响湿地环境的生态功能的正常发挥，危及越冬鸟类的存活。

2. 贫困现状及成因

（1）贫困现状概述。

七壕村有贫困户45户，贫困人口数量98人，占全村总人口的11.86%，2017年已实现脱贫。

(2) 致贫原因。

基础设施落后,对外开放程度低,外来投资环境差,尚未形成产业规模,经济基础薄弱;教育、医疗等资源向城市倾斜,分配不均;种植结构单一,过去长期以传统水稻为主要产业,科技含量不足,附加价值低;农民观念落后,科技知识水平低。

3. 旅游资源分析与评价

根据国家标准《旅游资源分类、调查与评价》(GB/T18972-2017)的有关规定,通过全面调研,对七壕村的旅游资源按照主类、亚类及基本类型的层次进行分类。

(1) 旅游资源类型。

七壕村旅游资源类型如表8-8所示,确定了其旅游资源类型覆盖了8大主类中的6个,23个亚类中的10个,110个基本类型中的19个。

表8-8 七壕村旅游资源类型

主 类	亚 类	基 本 类 型	主要资源单体
B 水域景观	BA 河系	BAA 游憩河段	东荆河大湾、东荆河七壕段
	BB 湖沼	BBA 游憩湖区	沉湖
		BBC 湿地	沉湖湿地
C 生物景观	CA 植被景观	CAA 林地	桃树林、枣树林、栾树林、意杨林
		CAD 花卉地	沉湖芦苇荡、荷花
	CB 野生动物栖息地	CBA 水生动物栖息地	沉湖渔场
		CBC 鸟类栖息地	沉湖湿地观鸟基地
D 天象与气候景观	DB 天气与气候现象	DBC 物候景象	桃花、枣花、荷花
E 建筑与设施	EA 人文景观综合体	EAC 教学科研实验场所	沉湖候鸟保护站
		EAD 建设工程与生产地	桃林、枣林、瓜菜大棚、藕塘、鱼塘、农田
		EAE 文化活动场所	七壕村村委会广场
	EB 实用建筑与核心设施	EBE 桥梁	幸福河桥、排水渠桥
		EBH 港口、渡口与码头	东荆河码头
		EBG 堤坝段落	东荆河堤坝、沉湖堤坝
	EC 景观与小品建筑	ECB 观景点	沉湖观鸟长廊、沉湖观鸟站、沉湖景观栈道

主 类	亚 类	基本类型	主要资源单体
G 旅游购品	GA 农业产品	GAA 种植业产品及制品	莲子心、桃、冬枣
		GAD 水产品及制品	鱼、甲鱼、泥鳅等
		GAE 养殖业产品与制品	鸡、鸭、鹅
H 人文活动	HB 岁时节令	HBC 现代节庆	沉湖观鸟节、春节、元宵

(2) 旅游资源空间分布。

沉湖是武汉较为重要的湿地保护区之一,由沉湖、张家大湖和王家涉湖共同组成;东荆河古名旗鼓堤河,是汉水支流芦洑河的一条分支,成河于清康熙五年(1666年);桃林与枣树林位于村域以北,沉湖附近,种植规模较大;七壕村南北渠在南北方向上贯穿了整个村域,南与东荆河贯通,北接沉湖附近的东西向水渠。

(3) 旅游资源特色评价。

沉湖是湿地的核心保护区,七壕村的滨湖区是沉湖湿地观鸟的绝佳之处,未来可作为沉湖湿地最主要的鸟类科普教育基地,是七壕村未来发展旅游的重要组成部分;东荆河河面开阔,两岸种植有大量的意杨;桃林与枣树林面积较大,有一定的实用性和观赏性;七壕村南北渠作为现代农业的重要组成部分,已经成为乡村旅游不可缺少的一部分。

(二) 七壕村旅游扶贫产业规划

1. 旅游发展定位

七壕村的特色旅游资源是沉湖,发展乡村观光旅游,将其作为特色资源进行旅游目的地形象差别营销。同时沉湖湿地核心保护区,也可开展沉湖自然水域风光体验游览活动,依托村域内现有的沉湖大堤和观鸟长廊、候鸟保护站,打造一条领略沉湖湿地水域风光和观赏候鸟活动带沉湖湿地科普教育、鸟类保护观察的中心。结合七壕村田园,东荆河及水渠,展示现代都市田园风光。因而将七壕村主题定位为"沉湖观鸟第一村"。

2. 旅游产业发展定位

立足于七壕村的自然环境、乡村环境、现代农业及民俗文化,在沉湖湿地保育的基础上,发展以沉湖湿地观光与体验、自然水域游览、生态田园风光休闲为主导的乡村旅游业,形成可持续发展的农业综合产业,实现乡村旅游脱贫致富的目标。

3. 旅游产业发展规划

(1) 农业产业规划。

①以特色村湾为核心,保留以传统农业为基调的原乡环境。

充分考虑村湾特色和周边环境,以沉湖湿地、东荆河和土地置换后的桃林、枣林等周边环境为基础,发展特色民宿,树立武汉市传统村湾的现代转型典范;村域内整治堰塘、梳理水渠、整治村域内建筑、保留稻田、菜地等传统农业产业形态,构建原村湾的景观形象。

②在土地置换的同时,规模化发展特色农业。

砍伐意杨,将湿地缓冲区以内的桃树、枣树、栾树等苗木置换至距离缓冲区较远的村域南部,规划种植的柿子树也需避开湿地缓冲区。在七壕村生态旅游园流转的项目基础上,推动高效种植产业,强化特色花卉等高附加值的特色农业体系建设,提高粮棉油以及特种杂粮、特色水产的规模化发展,提升农业产业化。

(2) 加工产业规划。

依托七壕村特色资源、引入的生态农业企业以及乡村旅游发展的趋势,提高农副产品附加值。充分发挥原生态农产品的品质价值,发展特色美食和旅游商品购物。挖掘民俗技艺,发展以茶文化等为主题的民俗手工艺品。通过政府引导发挥个人特长,发展培养以民俗手工艺为特色的小型加工作坊,作为旅游商品的展示地和游客民俗技艺的体验地,增加本地就业的人口。

(3) 产业联动规划。

立足七壕村的沉湖湿地和鸟类科普教育活动、传统农业、特色农业及现代农业,充分挖掘沉湖湿地鸟类科普教育价值与乡村文化内涵,将湿地科普教育、农业、文化产业与旅游业相结合,形成湿地科普教育产业、农旅结合型产业、文旅结合型产业,重新构建七壕村产业发展新格局。

(4) 旅游产品体系。

依据七壕村的旅游资源特征,总体形成2个核心主题品牌、2个特色旅游产品、3个配套产品的产品体系,可开展多项特色旅游活动(见表8-9)。

表8-9 七壕村旅游产品体系

旅游产品体系	产品类型	主要产品
2个核心主题品牌	沉湖湿地	依托沉湖湿地核心保护区,开展沉湖自然水域风光体验游览活动
	候鸟观赏带	以村域内现有的沉湖大堤和观鸟长廊、候鸟保护站为载体,打造一条领略沉湖湿地水域风光和观赏候鸟活动带
2个特色旅游产品	湿地保护、鸟类科普馆	沉湖湿地科普教育、鸟类保护观察的中心,具有科教、服务、解说和游憩功能
	农耕文化馆	结合七壕村田园、东荆河及水渠,展示现代都市田园风光
3个配套产品	沉湖湿地景观游览	沉湖湿地水域风光观光
	候鸟科普主题展	候鸟科普教育、候鸟摄影、亲子活动等体验活动
	田园观光体验	农业稻田观光、休闲与体验、田园农家乐

(三) 七壕村旅游扶贫项目规划

1. 旅游项目空间布局

七壕村内乡村旅游以《消泗乡七壕村村庄旅游规划(2016—2020)》为指导,根据旅游资源分布,进行适当调整,最终形成的旅游规划空间结构为"两带两心三区"(见表8-10)。

表 8-10　七壕村旅游结构功能分区表

结构	名称	发展思路
两带	休闲服务带	以沿着东荆河的通村主路为载体,向西连接百曲公路可至汉洪高速,向东通往周边村域和景区,打造一条服务于现代农业展示区的田园景观休闲服务带
	候鸟观赏带	以村域内现有的沉湖大堤和观鸟长廊、候鸟保护站为载体,打造一条领略沉湖湿地水域风光和观赏候鸟活动带
两心	综合服务中心	综合服务中心是整个七壕村的形象展示和服务中心,具有引导、服务、解说、集散和游憩功能
	鸟类科普中心	鸟类科普中心是七壕村沉湖湿地科普教育、鸟类保护观察的中心,具有科教、服务、解说和游憩功能
三区	田园风光体验区	以七壕村田园印象为主题,打造集生产生活、观光摄影、康体休闲于一体的美丽乡村体验区
	沉湖湿地体验区	以现有沉湖湿地和周边农田资源为依托,以现有桃林、枣林苗木基地和荷塘为对象,打造沉湖湿地附近水域观光、观赏候鸟的科普体验区
	沉湖湿地保育区	保护改善沉湖湿地整体环境,保持其原生态以吸引更多的候鸟来此栖息

2.重点项目建设规划

(1)沉湖湿地保育区。

为了合理地开发和保护沉湖湿地原生态景观,项目应设立沉湖保育区,将村域原有的桃林、枣林等用地置换,退耕还湖,治理污染,为整个村域乃至整个沉湖湿地景观区创造更为原生态的湿地自然环境和候鸟栖息地。

(2)候鸟观赏带。

以村域内现有的沉湖大堤和观鸟长廊、候鸟保护站为载体,在合理保护开发的情况下,打造一条领略沉湖湿地水域风光和观赏候鸟活动带。

(四)七壕村旅游脱贫路径规划

1.扶贫业态策划

(1)科普教育业态。

利用沉湖湿地旅游的区位条件开发旅游购物,通过政府引导七壕村或消泗乡本地手艺人或通过与文旅公司合作,开发沉湖湿地及鸟类科普相关的旅游产品,形成从沉湖湿地体验观光和鸟类科普教育到文化创意产品开发售卖的产业形态。

(2)特色餐饮业态。

利用民居及院落空间开发七壕村私房菜馆,提供原汁原味的七壕本地餐饮服务,包括七壕的甜玉米、湘莲等等,用餐环境具有传统民居风格,餐品性价比高。

(3)民居住宿业态。

通过政府引导或招商引资,充分利用民居建筑进行内部功能改造开发家庭式民宿,游客在此居住,不仅可以体验沉湖湿地的自然景观和生物景观,也能欣赏东荆河周边的田园风光,完善配套沉湖湿地周边的服务住宿设施。

(4) 时尚休闲业态。

利用民居院落,植入精致茶吧、书吧、咖啡吧、清吧、雪茄吧、休闲会所等"小资化"的现代休闲业态,提供现代娱乐休闲消费项目的功能,打造配合沉湖景区与田园风光旅游的现代都市休闲服务业态。

2. 贫困户参与机制

(1) 参与决策咨询机制。

参与决策咨询机制即充分尊重乡村村民的主人地位,让其广泛参与到七壕村旅游扶贫的各项决策之中。充分调动村民的主观性与能动性,广泛吸纳村民的意见和建议,集思广益。

(2) 参与旅游经营机制。

参与旅游经营是农户参与机制的核心,也是实现参与利益分享的前提。鼓励村民成为参与者和经营者。七壕村应鼓励有条件的农户以经营者的身份直接参与旅游经营接待。

(3) 参与利益分配机制。

在利益分配方面,首先应该明确地方政府的公共服务角色;在引进外部旅游企业投资时,需要严格规定企业应尽的社会责任和义务,严禁企业的过度开发行为,明确乡村居民的利益。

(4) 参与教育培训机制。

建立长效的旅游扶贫培训机制,因地制宜、灵活多样地进行旅游扶贫培训,实现培训主体的全覆盖。将旅游扶贫工作作为一种常态,持续推进,提升七壕村的乡村旅游发展水平。

3. 旅游扶贫精准指导

七壕村的贫困原因和大多数农村一样,缺乏劳动力、家庭支出负担重等问题。基于此,结合乡村旅游,以七壕村的沉湖为中心点,辐射周边地区,发展旅游业,促进就业岗位的增多,带动其他产业发展。在扶贫的过程中,旅游扶贫需要动态管理,要加强对旅游精准扶贫的过程管理,做好监督,依托于七壕村乡村旅游业及其他产业,切实保障贫困户的生活确实得到改善。

五、知音创意小镇——土东村

(一) 土东村旅游扶贫条件分析

1. 村情简介

(1) 自然条件。

土东村位于蔡甸区中部偏西的丘陵岗地,坡度较缓,属以垄岗为主体的丘陵性湖沼平原。属亚热带季风气候,具有水富、光足的气候特征。主要河流为长河,为灌溉所用。村内野生植物种类有杜鹃、野蔷薇等灌木,竹类、丝茅、蕨类、藓类等草木和马尾松、湿地松等林木;野生动物有乌鸦、喜鹊、白鹭、小天鹅、野鸭和野雁等。村内水产资源丰富,水产植物主要为莲藕,水产动物主要有甲鱼、河蟹和小龙虾等。

(2) 区位条件。

①地理区位。

土东村位于蔡甸区东部,东邻五公村,西近管岭村,北靠匡岭村,南接铁炉村。村庄距离侏儒山街 3.8 千米,距离蔡甸区政府 38 千米,距离武汉市 57 千米,属于武汉市 1.5 小时自驾圈范围。同时,距离仙桃市 49 千米,距离孝感市 85 千米,距离天门市 98 千米。

②交通区位。

在公路方面,村庄紧邻汉宜高速,通过汉宜高速串联汉蔡高速可快速到达武汉市,串联京珠高速可直达北京和珠海;在铁路方面,汉川市境内设汉川站火车站,距离汉宜高速铁路汉川站约 16 千米,从汉川站车行半小时即可到达土东村。

③旅游区位。

土东村距离南部的武汉市侏儒山战役博物馆 3 千米,南邻洪北农业示范区和沉湖国际重要湿地,北邻嵩阳山国家森林公园和九真山国家森林公园,车行距离分别为 10.4 千米、32 千米、12.9 千米和 16.8 千米,周围旅游资源丰富,旅游区位优势明显。

(3) 经济社会条件。

土东村全村共有 516 户,2323 人。土东村经济以第一产业为主,总耕地面积 3084 亩,人均耕地面积 1.33 亩。村民收入来源主要为种植、养殖和外出务工,其中又以外出务工为主。

(4) 产业发展现状。

①种植业。

农作物主要有水稻、棉花、玉米、油菜等种类。村庄近年来实行产业结构调整,在原有种植基础上,扩大经济林种植面积。土东村大部分田地仍采用粗放式的生产模式;村内耕地具备实现规模机械化生产的条件。产业结构的调整,有望带动提升种植产业的水平。

②旅游业。

村庄建设有崇仁山庄,开展旅游度假活动;在对口单位帮扶下,利用村级闲置校舍及其场地,建设一处休闲农庄。旅游发展刚刚起步,经济价值尚未得到充分挖掘。

③养殖业。

村庄依托大面积水域养殖淡水鱼类。养殖分散经营,规模小,经济价值尚未得到充分挖掘。

2. 贫困现状及成因

(1) 贫困现状概述。

土东村建档立卡贫困户有 17 户(其中有 3 户为五保户),51 人,占全村总人口的 7.4%,已全部脱贫。

(2) 致贫原因。

因病致贫,其中大多数都是长期患病,且是久治不愈的疑难杂症,长期治疗花光家中积蓄;因残致贫,生活起居都需要人照顾,减少了家里的劳动人口,减少了经济来源;因债务、缺乏技能或劳动能力致贫,因经营不善,导致债务缠身,或者孤寡老人和小孩无劳动能力、技术,难以维持生计。

3. 旅游资源分析与评价

根据国家标准《旅游资源分类、调查与评价》(GB/T18972-2017)的有关规定,通过全面调研,对土东村的旅游资源按照主类、亚类及基本类型的层次进行分类。

(1) 旅游资源类型。

土东村旅游资源类型如表 8-11 所示,确定其旅游资源类型覆盖了 8 大主类中的 5 个,23 个亚类中的 8 个,110 个基本类型中的 17 个。

表 8-11　土东村旅游资源类型

主　类	亚　类	基　本　类　型	主要资源单体
B 水域景观	BB 湖沼	BBA 游憩湖区	大众湖
C 生物景观	CA 植被景观	CAA 林地	土茧山山林
		CAB 独树与丛树	椿树、杉树、竹丛、香樟
	CB 野生动物栖息地	CBA 水生动物栖息地	大众湖
		CBB 陆地动物栖息地	土茧山山林
		CBC 鸟类栖息地	土茧山山林
		CBD 蝶类栖息地	土茧山山林
E 建筑与设施	EA 人文景观综合体	EAD 建设工程与生产地	崇仁林场、服装加工坊
		EAE 文化活动场所	土东村村委会
		EAF 康体游乐休闲度假地	崇仁山庄、土东村健身广场
		EAG 宗教与祭祀活动场所	立早章湾祠堂、张氏祠堂
	EB 实用建筑与核心设施	EBB 特性屋舍	大何家门
		EBM 景观林场	崇仁林场
G 旅游购品	GA 农业产品	GAD 水产品及制品	甲鱼、河蟹、黄鳝、泥鳅等
		GAE 养殖业产品与制品	鸡、鸭、鹅等
H 人文活动	HA 人事活动记录	HAB 地方事件	土茧山传说
	HB 岁时节令	HBC 现代节庆	春节、元宵

（2）旅游资源空间分布。

大众湖位于土东村北部，交通较为便利，占地面积 200 余亩，湖区主要用于水产养殖，养殖有甲鱼、河蟹、黄鳝、泥鳅、小龙虾等水产。土茧山位于土东村中部核心区域，山势巍峨，状如蚕茧。其中，大何家门位于村西南方向，毗邻土金村；立早章湾位于村东部，交通可达性稍好，现通村路在此湾南面；祠堂湾位于村东北部；村内有祠堂，祠堂位于祠堂湾西北角处，建筑正面三开间。

（3）旅游资源特色评价。

大众湖水域生态环境保持较好，周围田野风光开阔，具有较高的生态价值和景观价值。土茧山作为村内现存唯一的自然山林，土茧山山林具有重要的生态价值，其中大何家门、立早章湾和祠堂湾，既是传统民居和村落的展示地，又是村庄记忆和传统文化的承载地，具有重要的景观价值和人文价值。

（二）土东村旅游扶贫产业规划

1. 旅游发展定位

知音文化和大何家门村湾是土东村的特色旅游资源。青年艺术家实习和培训基地、书画艺术展示、艺术家培育创作基地为土东村提供了文化基础和场地基础，知音文化、书画写生也使得土东村具有独特的旅游形象,区别于其他的乡村旅游,具有很强的市场竞争力,因为知音书画院的落户,重点打造土东村的知音艺术文化旅游,所以将土东村的主题定位为"知音艺术第一村"。

2. 旅游产业发展定位

在保持原生态农业林业的基础上,结合知音文化,发展文化产业,并形成农文旅结合的乡村旅游业,吸引艺术家及游客群体,以艺术创作、文化体验和田园观光为主导,推动土东村的产业转型升级。保持一定的传统农耕方式,调整一定范围内的村湾功能,使农业发展与文化、旅游开发有机结合,形成可持续发展的农业综合产业,实现乡村旅游巩固脱贫致富的目标。因此,以文化产业和乡村旅游产业为主导产业,在传统农业(种植业、养殖业)的基础上,依托旅游产业,发展手工业和农产品加工,例如特色美食、艺术品加工等。

3. 旅游产业发展规划

(1) 农业产业规划。

以特色村湾为核心,保留以传统农业为基调的原乡环境,充分考虑村湾特色和周边环境,整治水塘、道路和村湾建筑,保留村湾的传统农业产业形态;以种植和提质增效为主,合理优化农业种植结构,根据土东村的自然和气候条件,结合村级产业扶贫任务,在现有农林种植基础上,合理规划种植经济作物;结合大众湖及滨水带,提升景观环境。

(2) 加工产业规划。

依托土东村特色资源及乡村旅游发展的趋势,将现代加工业与地方传统生产相结合,延长产业链,提高农副产品和文化产品的附加值,充分发挥原生态农产品的品质价值,发展特色美食和旅游商品购物。以土东村传统农业种植产品为主要食材,重点发挥其生态品质和价值,结合文化产品加工成特色艺术品,再进一步对艺术作品进行商品化制作,加工成便于携带的旅游商品销售给游客,提升产品的价值,同时能提升文化品牌创新力和影响力。

(3) 产业联动规划。

立足土东村的传统农业和加工业,充分挖掘知音文化和地方文化内涵,将农业、文化产业、旅游业三者结合,形成农旅结合型产业、文旅结合型产业,促进以乡村旅游为主导的联动性产业,重新构建土东村产业发展新格局。

(4) 旅游产品体系。

依据土东村的旅游资源特征,总体形成2个品牌产品、3个特色产品、3个配套产品(见表8-12)。

表8-12 土东村旅游产品体系

旅游产品体系	主要产品
2个品牌产品	艺术家驿站
	写生基地
3个特色产品	书画展览中心
	书画交易平台
	设计制作基地
3个配套产品	特色民宿
	滨湖农庄
	田园观光

(三)土东村旅游扶贫项目规划

1. 旅游项目空间布局

根据土东村的资源类型、特征及其分布和规划目标,土东村乡村旅游的空间结构规划为"一心一带三区"(见表8-13)。

表 8-13　土东村旅游结构功能分区表

结构	名称	发展思路
一心	艺术社区中心	利用大何家门村湾,打造知音书画院,服务对象是以书画家为主的艺术家群体,集艺术创作、艺术展示和交流学习于一体
一带	田园景观带	依托大众湖及村湾河流,结合田园风光,沿水设置文化景观节点,串联形成景观带
三区	知音创意区	以知音书画院开发为主,配套设置服务艺术社区公共活动场所
	艺术孵化区	以环土茧山村湾为核心,设置针对青年艺术家创作实习的基地
	滨湖休闲区	依托大众湖、大面积农田和特色村湾,打造滨湖观光休闲,为艺术家和游客提供良好的景观体验

2. 重点项目建设规划

(1)艺术家原创空间。

充分运用室内外空间来展示当代优秀艺术家的艺术品,为其提供展览、宣传、销售平台。未来将下设艺术授权中心、设计研发中心、艺术品定制中心、零售店面。倡导将艺术融入生活,让艺术更好地服务于生活。其中包含体验馆和经营区,经营区域有艺术书籍、艺术衍生品、高仿真复制画版画等板块。

(2)书画交易街区。

书画交易街区主要包含原创画家作品展示交易、商贸洽谈和交流、青年艺术家创立实体店等,用艺术团队"撬动式"销售,引领书画作品交易进入新时代,打造成为湖北书画艺术交易展示平台。

(四)土东村旅游脱贫路径规划

1. 扶贫业态策划

土东村旅游业态的功能结构包括住宿、餐饮、休闲、观光四个层面。其中,住宿包括多种特色、价位和主题的民宿和客栈;餐饮包括绿色餐饮、有机餐饮、养生餐饮、特色餐饮等多种形式;休闲则包括康体疗养、休闲度假等业态;观光包括各自然及人工景物。

(1)民居住宿业态。

通过政府引导和招商引资,充分利用大众湖景观和许家咀现有的传统民居建筑,对其进行内外部改造来开发精品特色民宿。提高游客过夜量,带动当地经济发展,同时也可以让游客体验传统古村落的生活。

(2)特色餐饮业态。

利用民居及其场院建设土东村私房菜馆。装修风格保持原有民居特色,菜肴主打原汁原味的本地餐饮,包括蔡甸藕汤、蔡甸豆丝、芦蒿、鳊鱼等。为希望体验本地特色风味的大众客群提供服务。

（3）体验式购物业态。

利用环湖路沿线的传统民居和街巷开发体验式购物，通过政府引导土东村本地手艺人，既可以售卖旅游商品，又可以开发成体验式购物场所，将手工艺品和特色食品制作与旅游购物相结合，提升游客的参与度，加深其对商品的了解，从而给游客带来更舒适的购物体验。

2. 贫困户参与机制

（1）参与决策咨询机制。

村民作为乡村旅游扶贫的主体，应让其广泛参与到土东村旅游扶贫事务中，在乡村旅游发展中重大决策的制定和具体问题的解决过程中，广泛吸纳村民的意见和建议，集思广益。

（2）参与旅游经营机制。

提高村民的参与度，是旅游开发经济问题中的重要解决途径。应鼓励村民成为参与者和经营者。土东村应鼓励有条件的农户以经营者的身份直接参与旅游经营接待。地方政府及相关行业协会应对开展旅游经营的农户予以积极的指导与帮扶，提升其参与经营能力。

（3）参与利益分配机制。

在利益分配方面，引进外部旅游企业投资时，需要严格规定企业应尽的社会责任和义务，严禁企业的过度开发行为，明确乡村居民的利益。政府做好协调工作，处理好社区与企业的经济问题。

（4）参与教育培训机制。

建立长效的旅游扶贫培训机制，提高本地居民的旅游开发、环境保护意识和服务接待能力。土东村农户以房屋、宅基地、土地承包使用权、技术等投入旅游开发，并且以"协会＋农户""以大带小"、独立经营等方式参与旅游经营。

3. 旅游扶贫精准指导

（1）政策帮扶。

乡村旅游扶贫成功的关键不仅在于明确帮扶对象，更重要的是要推动贫困农户的切实参与，并提高农户有效参与的水平和效果。制定优惠政策进一步落实各项重点旅游建设项目，以景区开发带动村民参与旅游开发。

（2）发展新模式。

大力实施"合作社＋种植业"等运作模式，将贫困户发展为社员，为贫困户提供技术、产品加工销售等服务。依托当地旅游协会，由协会带头人为村民开展旅游接待、运营等培训课程，鼓励村民参与到住宿餐饮等业态中去。

（3）鼓励参与机制。

鼓励大景区与小景区建立长效利益合作机制，实行乡村旅游能人、旅游企业引导和带动贫困户分享旅游运营经验，增强村民的可参与性。鼓励拥有一定资源以及资金的农户直接从事乡村旅游经营活动，并出台优惠政策帮助其发展壮大，以吸纳其他村民参与就业。

六、油菜赏花基地——渔樵村

（一）渔樵村旅游扶贫条件分析

1. 村情简介

（1）自然条件。

渔樵村总体海拔在20米至22米之间，是汉水与长江漫滩交汇而构成的低洼地段。村域东部纳河穿境穿过,纳河以东为沉湖湿地自然保护区核心区范围。村域内地质为冲积、湖积、湖冲积层,水土肥沃。属于北亚热带季风气候区,光、热资源丰富,雨量充沛,光照充足,气候较为温和。渔樵村水资源比较丰富,主要分为河流、湖泊和堰塘三类。地势平坦,是典型的冲积平原,野生动植物品种较少,村域内大部分动植物为人工种植或养殖。主要鸟类包括东方白鹳、黑鹳、中华秋沙鸭等国家一级保护动物以及卷羽鹈鹕、白琵鹭、白额雁、鸳鸯等国家二级保护动物。

(2)区位条件。

①地理区位。

消泗乡渔樵村位于武汉市蔡甸区西南部,与武汉市汉南区、仙桃市、孝感市接壤。渔樵村是消泗乡政府所在地,南邻汉洪村,西接洪南村,北邻罗汉村,东侧与七壕村隔沉湖相望,县道百曲公路穿境而过。渔樵村距离蔡甸城区53.8千米,距离武汉市主城区67.3千米,距离仙桃市城区34.2千米,距离汉南城区42.3千米。

②交通区位。

公路方面,渔樵村对外交通通过县道百曲公路向西联系318国道,可实现0.5小时到达仙桃市,1小时达到武汉经济技术开发区,1小时达到蔡甸区;向东联系武监高速,通过湘口互通可快速进入高速公路网络,实现1.5小时到达武汉,1小时达到蔡甸区。

③旅游区位。

渔樵村位于沉湖湿地景区内,其旅游地位将从单一的赏花地转向赏花与湿地体验并驾齐驱的阶段。目前渔樵村周边的景点主要包括万顷芦苇、七壕候鸟观赏、博茂生态农业园,距离分别为18千米、9.4千米、16千米,周边景区开发对渔樵村的旅游发展具有重要的推动作用。

(3)经济社会条件。

渔樵村全村共有841户,3670人。劳动力总人数为2400人左右,其中有700人外出务工,约占劳动力人数比重29%。境内以耕地和水域为主,其中耕地面积6489亩,水域面积12000亩,林地面积21亩,人均耕地面积1.73亩。目前村民的收入来源主要为外出务工、本地务工和传统种植养殖。

(4)产业发展现状。

①种植业。

村内产业以自给自足的自然经济为主,传统农业以水稻、油菜、萝卜等传统作物为主。渔樵村的种植业由于技术和观念因素,目前没有进行精细化耕作,且缺乏资金、技术和市场等产业链要素配套服务,因此全村的产业发展水平较低。

②旅游业。

以万亩油菜花为载体,每年吸引前来赏花的游客成倍增长,2017年来此赏花的游客达40万人,带动了渔樵村及消泗社区的餐饮业和零售业。渔樵村内目前有一定的旅游基础,但是旅游配套的服务设施和服务水平有待进一步提升。

③养殖业。

村内养殖业以农户分散经营为主,规模较小,以养鱼业和养鸡业为主,价值没有得到充分挖掘,尚未解决污染问题。

2. 贫困现状及成因

(1)贫困现状概述。

渔樵村建档立卡贫困户111户,414人,占全村总人口的11.2%;低保贫困户85户,138

人,于 2016 年成功脱贫。

(2) 致贫原因。

经济结构单一,土地抛荒现象较为严重,龙头企业、专业合作社或能人大户带动和辐射作用发挥有限,缺乏榜样示范效应,持续增收能力较低。思想观念陈旧,科技意识不强,生产经营能力较弱,缺乏致富能力和发展门路。市场、信息、技术等制约要素作用明显,农业技术人员缺乏,普及农业技术不到位,市场信息不灵通,运输成本高,难以推动产业发展。一些养殖业项目属于短期效应,难以形成支柱产业。

3. 旅游资源分析与评价

根据国家标准《旅游资源分类、调查与评价》(GB/T18972-2017)的有关规定,通过全面调研,对渔樵村的旅游资源按照主类、亚类及基本类型的层次进行分类。

(1) 旅游资源类型。

渔樵村的旅游资源类型如表 8-14 所示,确定其旅游资源类型覆盖了 8 大主类中的 6 个,23 个亚类中的 10 个,110 个基本类型中的 19 个。

表 8-14 渔樵村旅游资源类型

主　类	亚　类	基本类型	主要资源单体
B 水域景观	BA 河系	BAA 游憩河段	纳河(渔樵段)
	BB 湖沼	BBA 游憩湖区	张家大湖
		BBC 湿地	沉湖湿地
C 生物景观	CA 植被景观	CAB 独树丛树	意杨树丛
		CAD 花卉地	纳河南湾护坡荷塘
	CB 野生动物栖息地	CBA 水生动物栖息地	纳河、藕塘、鱼塘、张家大湖
		CBC 鸟类栖息地	沉湖湿地
		CBD 蝶类栖息地	油菜花地
D 天象与气候景观	DB 天气与气候现象	DBC 物候景观	油菜花开
E 建筑与设施	EA 人文景观综合体	EAC 教学科研实验场所	消泗中学
		EAD 建设工程与生产地	消泗收储站、养鸡场、荷塘、油菜地
	EB 实用建筑与核心设施	EBB 特性屋舍	渔樵村传统民居、消泗沟
		EBK 景观农田	油菜花地
		EBN 景观养殖场	村养殖场
G 旅游购品	GA 农业产品	GAA 种植业产品及制品	莲子、菜籽油、茼蒿、笋
		GAD 水产品及制品	鱼、甲鱼、泥鳅
		GAE 养殖业产品与制品	鸡、鸭、鹅
H 人文活动	HA 人事活动记录	HAA 地方人物	陈正玉、陈柱天
	HB 岁时节令	HBC 现代节庆	油菜花节、春节、元宵节

(2) 旅游资源空间分布。

张家大湖位于村内东南部,是沉湖国际重要湿地的重要组成部分。沉湖湿地是江汉平原最大的典型的淡水湖泊沼泽湿地。渔樵村目前种植有1000余亩油菜花,是消泗乡万亩油菜花海的核心景区,处于渔樵村的西北部。纳河本是东荆河北支,纳河源起仙桃,流经蔡甸,在沌口汇入东荆河,之后注入长江。

(3) 旅游资源特色评价。

张家大湖,是沉湖湿地的重要组成部分,临近渔樵村广袤的耕地,沿湖地势平坦,湖面开阔,为渔樵村提供了优良的水资源和景观资源。油菜花海已经成为渔樵村的名片,是渔樵村发展乡村旅游的基础。沿河布局的聚落形态是渔樵村的典型特征,传统的民居建筑保留了渔樵村传统建筑文化的基因。新开辟的南北纳河河湾延续了传统的聚落格局。

(二) 渔樵村旅游扶贫产业规划

1. 旅游发展定位

渔樵村位于消泗乡"油菜花节"中心区域,以此树立独特的旅游形象吸引国内外游客,成为渔樵村的品牌象征,同时以油菜花为主要的旅游特色资源,开展油菜花节,发展油菜花观光旅游。在张家大湖湿地保护区的基础上,以三河四岸为载体,以传统民居建筑为主题,发展具有蔡甸本地特色的休闲度假民宿。所以主题定位为"华中油菜赏花第一胜地",发展为以"万亩油菜花海""三河四岸景观"为特色的乡村休闲旅游目的地。

2. 旅游产业发展定位

立足于渔樵村的乡村环境、自然环境和旅游品牌,在油菜种植、水稻种植为主体的基础上,进一步发展以农业观光体验为主导、旅游服务为核心的乡村旅游业,推动渔樵村的产业转型升级,保持一定的传统农村环境,调整一定范围内的村湾功能,使农业发展与旅游开发有机结合,形成可持续发展的农业综合产业,实现农村旅游脱贫致富的目标。

3. 旅游产业发展规划

(1) 农业产业规划。

以油菜花观赏为核心,全产业链发展特色农业,根据已经形成的消泗乡油菜花品牌,进一步拓展并提升旅游品牌的影响力,融入游客体验、可互动的项目;以特色村湾为核心,打造以三河四岸为特点的水乡休闲度假环境;充分利用纳河及两岸建成景观,打造具有华中地区水乡特色的村落;综合旅游拓展农业功能,推动农旅产业深度融合以田园农业、湿地休闲为核心,开发欣赏现代田园风光,融入户外活动的田园体验、田园采摘等。

(2) 加工产业规划。

依托渔樵村特色资源及乡村旅游发展的趋势,引入生态农业企业和地方传统作坊相结合,延长产业链,提高农副产品附加值。以渔樵村传统农业种植物为主要食材,重点发挥其生态品质价值,农户依照传统做法进行加工,直接面对游客销售特色美食;同时可以依据蔡甸区特色产品品牌效应,将农副产品加工成便于携带的旅游商品销售给游客,通过发展乡村旅游提高农副产品的价值。

(3) 产业联动规划。

立足渔樵村的传统农业、特色农业及旅游业,充分挖掘乡村文化内涵,将农业、文化产业、旅游业三者相结合,形成农旅结合型产业、文旅结合型产业,促进以乡村旅游为主导的联动性产业,重新构建渔樵村产业发展新格局。

（4）旅游产品体系。

依据渔樵村的旅游资源特征,总体形成2个核心主题品牌、3个特色旅游产品、4个配套产品的产品体系,可开展多项特色旅游活动(见表8-15)。

表8-15 渔樵村旅游产品体系

旅游产品体系	产品类型	主要产品
2个核心主题品牌	万亩油菜花	依托油菜花种植基地进一步打造消泗乡油菜花海的品牌价值,以油菜花观赏为基础,开展多元化的旅游休闲活动
	休闲水乡	依托纳河及两岸景观,整治两岸居民建筑,打造精品休闲度假特色民宿,开展地方民俗与休闲生活相结合的旅游度假体验
3个特色旅游产品	湿地科普及休闲	依托张家大湖,开展沉湖湿地自然水域风光体验游览活动
	三河四岸度假	以三河四岸为载体,以传统民居建筑为主题,开展具有蔡甸本地特色的休闲度假民宿
	休闲农庄体验	结合渔樵村土地及田园,以传统种植及现代种植为依托,展示特色农庄风光
4个配套产品	湿地景观体验	湿地观光、湿地体验、湿地科普
	油菜花海体验	油菜花观赏、亲子活动、团队建设
	田园休闲度假	特色民宿、滨水农庄、田园农庄、特色餐饮
	田园景观体验	农业稻田观光、休闲与体验、田园欢乐谷

（三）渔樵村旅游扶贫项目规划

1. 旅游项目空间布局

根据渔樵村的资源类型、特征及其分布和规划目标,渔樵村乡村旅游的空间结构规划为"一轴一心一带三区"(见表8-16)。

表8-16 渔樵村旅游结构功能分区表

结构	名称	发展思路
一轴	旅游发展轴	以消泗正街、泗通路为载体,通过整治道路两侧的城市建筑提升消泗社区及渔樵村的城市景观,同时也通过旅游发展轴向南连接汉洪村、港洲村,向北联系罗汉村,实现消泗乡区域旅游综合发展
一心	泛沉湖旅游区综合服务中心	综合服务中心以服务万亩油菜赏花游客为短期目标,以服务泛沉湖旅游区为最终目标,使其具有引导、解说、集散、游憩等功能
一带	水乡小镇风情带	以纳河为核心,以两岸自然景观和人文景观为重点,突出渔樵村独特的聚落形态,同时也以此为基础,开发建设休闲度假、自然田园、滨水景观等多方位的度假体验区

续表

结构	名称	发展思路
三区	赏花游览品鉴区	以油菜花种植基地为依托,以油菜花为主题,打造以油菜花为核心竞争力的综合赏花游览品鉴区
	现代农业体验区	以渔樵村以东的现有农田为载体,打造以现代农业为核心的集生产、生活、观光、游览、摄影等于一体的农业休闲度假体验区
	湿地景观体验区	以张家大湖为依托,着力保护和改善沉湖湿地整体环境,适当增加湿地游览设施,打造以张家大湖为主题的湿地水域观光、湿地科普及湿地游览体验区

2. 重点项目建设规划

(1) 湿地景观体验与科普中心。

展示包括张家大湖在内的沉湖国际重要湿地为主题的科普教育馆,游客通过图片、文字、视频和动画等多媒体参与项目,了解湿地价值,提高对湿地这一特殊生态系统的保护意识。同时开辟部分区域作为感受湿地生态系统的体验区,展示湿地生态系统的循环模式。

(2) 油菜花科普及博物馆。

作为以展示油菜花为主题的科普馆和博物馆,从油菜花史、油菜花事、油菜花特征、油菜花用途、油菜花工具等相对独立而又相互联系的方面对油菜花的文化内涵进行诠释。为参观科普馆和博物馆的游客提供油菜花知识和互动体验,公益性地展览油菜花、油菜花工具、油菜花史等。宣传消泗乡油菜花文化,为到访的游客提供各种涉及油菜花的交流。

(四) 渔樵村旅游脱贫路径规划

1. 扶贫业态策划

渔樵村旅游业态的功能结构分为住宿、餐饮、休闲、观光四个层面。注重完善旅游配套服务功能,对传统建筑内部空间进行创新设计,通过政府引导、招商引资以及村民自筹等方式,植入民居住宿业态、特色餐饮业态、传统文化和时尚文化休闲业态等,完善旅游配套服务体系,提升乡村旅游品质。居民住宿业态发展民宿、度假村等;特色餐饮业态发展农家乐、度假酒店等;传统文化和时尚文化休闲业态可以发展文创园、农业种植基地等。

2. 贫困户参与机制

(1) "村集体+基地+农户"机制。

村集体通过其拥有的光伏发电、油茶基地等产业基地,使贫困户通过资金、技术、土地等入股,技术员包片全程指导,并按标准收购或代销贫困农户所生产的产品。

(2) "企业+农户"机制。

由公司牵头,吸纳贫困户参与,统一经营,统一管理,统一收益分红,不仅解决了就业问题,带来了工资性收入,还盘活了贫困户的闲置资产,增加了贫困户的固定资产收益。

(3) "景区+农户"机制。

一是从景区门票收入中分红,二是带动贫困户参与到住宿餐饮、农耕体验、旅游运输、农特产品销售等服务业态,在服务旅游者的同时,解决了就业问题,增加了经济收入,建设了美丽乡村。

3. 旅游扶贫精准指导

在渔樵村的旅游扶贫工作过程中,借助油菜花系列旅游项目的规划发展,指导贫困户从事旅游接待、劳动用工、特色旅游商品加工等工作,使村民资金来源多元化,政府组织当地居民加入景区的建设中,并成立景区工作人员工会,为当地居民提供就业岗位,切实保障当地居民的利益。同时也帮助与指导贫困户在乡村旅游发展过程中成为经营主体或者成为参与者,依托服务中心、风情带等旅游规划区域,鼓励个体户发展住宿、餐饮业。

七、亲子研学游,乡趣三屋台——三屋台村

(一)三屋台村旅游扶贫条件分析

1. 村情简介

(1)自然条件。

三屋台村地理位置优越,位于武汉市蔡甸区西南部。地处中亚热带过渡的大陆性季风气候,年平均气温为17℃;年平均降雨量为1200毫米左右,且主要集中在4—8月;年平均日照总时数为1980—2150小时,日照充足,有利于农作物的生长。

(2)区位条件。

三屋台村距蔡甸城区约50千米,距武汉城区约70千米,距天门南站约38千米。东临沪渝高速,西临002乡道,318国道穿西部与北部而过。可见,三屋台村内外部交通较为便利,为乡村旅游的发展提供较高的可达性和可进入性。三屋台村毗邻六海赛生态小镇,依托于侏儒街通航小镇及蔡甸区全域旅游规划,有利于开拓三屋台村旅游市场,带动乡村基础设施和旅游设施的完善,进一步打造成城郊乡村休闲度假旅游目的地。

(3)经济社会条件。

三屋台村共有354户,1715人。其中,劳动力约860人,但常年外出务工劳动力320人。三屋台村通过土地流转及产业发展,盘活集体土地资源,村集体经济收入达到10万元以上,为全村的发展奠定了经济基础。三屋台村通过各种技能培训,确保贫困户至少掌握一门及以上就业创业技能;通过"合作社+农户"等形式,带动贫困户参与农产品生产经营,增加农民收入,确保贫困户都有一项及以上产业致富的门道。由此,有效激励贫困户参与到产业生产和就业中,支持乡村经济和社会事业可持续发展。

(4)产业发展现状。

目前,三屋台村以传统的种植和养殖业为主,其中,有机蔬菜种植为三屋台村的主导产业,选择引进西瓜、小白瓜、秋葵、快生蔬菜等经济作物,通过修建钢架连栋温室大棚,优化蔬菜种植的模式,增加农民的经济收入,实现农业生产的提质升级和农民生活的增收脱贫。三屋台村大力支持水产特色养殖,通过引进流道循环养殖新技术,重点养殖河蟹、鱼、小龙虾等名特品种,同时创立水产养殖协会、钓鱼协会等民间组织,多项举措推进水产养殖特色化规模化。

2. 贫困现状及成因

(1)贫困现状概述。

三屋台村贫困户共有44户,170人。三屋台村村民2016年人均纯收入18035元,其中贫困户人均纯收入4040元;2017年农民人均纯收入19800元,其中贫困户人均纯收入4812元;2018年农民人均纯收入20800元,其中贫困户人均纯收入5293元。从中可看出近年来

三屋台村仍有一定数量的贫困户,这部分贫困户的人均纯收入低于本地平均水平。

(2) 致贫原因。

①农业基础设施相对落后,农业生产效益低下,导致全村贫困。

②农民增收渠道单一,致富门路少,农民主要依靠传统种植业,水田种植稻谷,旱田种植棉花和玉米,农业收入偏低。

③人口较多,资源较少,人均耕地面积仅为2.2亩,无法形成规模化生产。

3. 旅游资源分析与评价

(1) 旅游资源类型。

根据国家标准《旅游资源分类、调查与评价》(GB/T18972-2017)的有关规定,通过全面调研,对三屋台村的旅游资源按照主类、亚类及基本类型的层次进行分类(见表8-17)。

表8-17 三屋台村旅游资源类型

主 类	亚 类	基 本 类 型	主要资源单体（数量）
B 水域景观	BB 湖沼	BAA 游憩河段 BBB 潭地	3
C 生物景观	CA 植被景观	CAB 独树与丛树 CAC 草地 CAD 花卉地	10
E 建筑与设施	EA 人文景观综合体	EAD 建设工程与生产地 EAE 文化活动场所	4
	EB 实用建筑与核心设施	EBB 特性屋舍 EBD 独立场、所	2
	EC 景观与小品建筑	ECK 花草坪	1
G 旅游购品	GA 农业产品	GAA 种植业产品及制品 GAD 水产品及制品	8
	GC 手工工艺品	GCC 家具	3
H 人文活动	HB 岁时节令	HBB 农时节日 HBC 现代节庆	4
数量统计			
5 主类	8 亚类	15 基本类型	35 资源单体

(2) 旅游资源空间分布。

三屋台村旅游资源比较丰富,生物景观和旅游购品是全村分布较广泛的资源类型。其中,多样的植被、草地主要分布于三屋台村东部及李家台区域,田园风光优美、生态保护良好;而农业产品和手工艺品类分布也比较广泛,主要集中于三屋台村中南部的棉花、玉米、水稻等种植区域,丰富的农业生态资源提供发展休闲农业的场所和产业基础;还有部分湖沼河段分布于村庄东南部,其他类型的资源总量不多,分布呈现分散化。

(3) 旅游资源特色评价。

三屋台村耕地面积广阔,占村域面积的59%,且地势平坦开阔,有利于有机蔬菜的种植和生长,适宜发展农业采摘、农事体验类旅游项目;村内水产养殖发达,通过采用新型养殖技术,发展名特品种,为水域观光、滨水游憩、亲水娱乐活动提供了良好的基础;乡村田园风光优美,在此基础上可以发展休闲观光、度假养生类旅游项目。总体而言,三屋台村旅游发展具有良好的资源依托。

(二) 三屋台村旅游扶贫产业规划

1. 旅游发展主题形象

三屋台村生态环境良好,乡村风光秀美,村内有丰富的瓜果蔬菜园和荷花鱼塘,依托村庄特色的旅游资源,设计瓜果采摘活动、农事体验活动、生态田园观光等项目,给乡村研学提供了丰富的资源素材。基于此,可在村内开发旅游观光、旅游参与体验、旅游住宿餐饮、旅游养生度假、旅游节事活动等旅游项目,打造一个"食住行游购娱闲养"等旅游元素齐全的乡村休闲度假体验乐园,尽享乡村乐趣。本规划基于村内资源、产业等优势,充分调查市场需求,塑造三屋台村"亲子研学游,乡趣三屋台"特色主题品牌形象,以吸引众多游客,实现旅游业带动全村脱贫致富和可持续发展。

2. 旅游产业发展定位

三屋台村内生态环境良好,瓜果蔬菜有机无污染,荷花鱼塘广布,第一产业结构多样完善。依托三屋台村坚实的产业基础及丰富的农业资源优势,引入"旅游+"发展理念,融入旅游要素,将三屋台村产业定位在亲子研学、生态观光、休闲度假等业态;开发特色旅游商品,带动农副产品加工、餐饮服务等相关产业发展,达到延伸第一产业、联动第二产业、服务第三产业,最终实现农业与旅游业的协同发展。

3. 旅游产业与产品设计

第一,依托果蔬园打造有机科普馆、果蔬采摘等项目,可开展花果蔬菜种植的教育型活动;依托水稻、小麦大豆等农作物,开展农事体验,增强对它们生长过程和环境的了解,丰富自身的知识。第二,以三屋台村内丰富的生态农业资源为依托,修建三屋风情小品、艺术观光田园,可使游客畅享绿色田野的纯净自然,亦观赏现代化的农业种植技术,感受科技与农业融合的魅力。第三,游客可在有机果蔬园里乐享鲜果,在五味食府、三屋台鱼庄畅享特色化农家美味,可与当地村民在乡村大舞台上唱歌跳舞,亦可篝火露营,尽享乡村的宁静与美好。

(三) 三屋台村旅游扶贫项目规划

1. 旅游项目空间布局

根据三屋台村旅游扶贫规划的编制需求,结合自然地形地貌、旅游资源特征、产业发展现状、旅游规划开发方向及与周边环境的相互关系,以乡村旅游扶贫为目的,以突出乡村特色为核心,遵循综合整体性原则、地域空间完整性原则和发展方向一致性原则,将功能分区划分为"一心一园三区"(见表8-18)。

表8-18 三屋台村旅游结构功能分区表

片区	名称	发展思路
一心	游客集散中心	旅游咨询、游客接待、基础配套、信息发布、旅游交通、住宿餐饮
一园	有机果蔬园	生态康养、趣味采摘、乡村研学、休闲游憩
三区	乡野生活度假区	休闲养生养老、特色民宿、乡村度假、民俗体验
	休闲农业观光区	田园观光、乡村度假、农事体验、文创产品制作
	亲水休闲区	旅游观光、亲水体验、休闲娱乐、文化科普

2. 新建旅游项目

(1) 游客集散中心。

集游客接待、旅游信息查询、旅游景点订票、住宿入住登记、旅游交通等服务为一体,配套满足游客旅游咨询、车辆停泊、游客休息、景观展示、餐饮购物、娱乐休闲、商务会议等综合需求的项目,为游客提供全面、便捷、贴心的服务,充分展现三屋台村乡村旅游的魅力。

(2) 有机果蔬园。

通过将有机果蔬种植与休闲、娱乐、科普等功能相融合,致力于打造成有机绿色花园式果蔬种植基地。为游客提供蔬菜种植采摘体验、有机绿色科普教育,让游客近距离接触绿色蔬菜的生长成熟过程,使游客深入体验乡村生活,感受田园生活的乐趣。

(3) 乡野生活度假区。

开辟供游客与当地村民养生养老的社区,较好地满足游客的住宿、餐饮、休闲娱乐等需求;同时,度假区距离有机果蔬园较近,游客可以自选自摘,满足游客餐饮需求、个性化自主烹饪的需求;区域内自然环境优美,生态保护良好,距离休闲农业观光区较近,方便游客集中。游客通过住农宿、食农味、做农活深度体验乡村生活,感受真实、鲜活、独具特色的乡村生活。

(4) 休闲农业观光区。

依托农业生态资源,打造休闲农业观光区,融合创意农业、文化体验、休闲农业等功能为一体,打造农田大地艺术景观;结合美丽乡村发展定位,开展观光游乐、农事体验、亲子宿营等项目。

(5) 亲水休闲区。

打造为集水域观光、休闲娱乐为一体的亲水休闲区,将水产养殖产业优势与旅游活动进行融合,依托丰富的鱼类养殖开展亲子捕钓、篝火烧烤等互动项目。

3. 现有项目改造

(1) 蔬菜园。

青葱蔬菜园以种植绿色蔬菜为主,绿色蔬菜的种类和品种十分丰富;"绚丽多菜"蔬菜园以种植瓜类、茄果类、豆类蔬菜为主,整个园内果实形状各异、色彩丰富,具有极好的观赏和实用价值;"暗香蔬影"蔬菜园以种植芳香蔬菜为主,园内气味丰富,种植的芳香蔬菜大多是人们日常生活中较频繁使用的调味蔬菜。

(2) 乡趣垂钓园。

把沟里的幼虾引放到稻田里让其继续生长,开辟出一处供亲子游客垂钓休闲、下水捕捞体验的亲子钓捕池,增加水产养殖产业链和附加值。

(3) 莲田鱼跃。

以现有荷花鱼塘为基础,将其打造为花园式渔场,为游客观光游览、休闲垂钓、放松身心的理想场所。

(4) 林荫香径。

将荷塘之畔的林荫小径加以修饰,供游人漫步林间,静静享受一段静谧时光。

(5) 篝火烧烤区。

临水而建,餐厅整体布局追求淳朴渔民风,游客在白天可摸鱼钓虾做烧烤,傍晚可伴随篝火听音乐。

（四）三屋台村旅游脱贫路径规划

1. 扶贫业态策划

（1）旅游餐饮业。

政府鼓励拥有一定资金、旅游经营管理经验的农户成立农家小馆、炊烟小厨DIY等项目，并给予一定的政策和财政支持，吸引当地贫困户就地工作，主要从事一些简单服务及卫生清洁工作。

（2）旅游住宿业。

政府加强对旅游住宿业的支持度，加强对资金的引入，建设乡风精品民宿、亲子宿营地等项目，降低贫困户进入门槛；另外，促进金融行业对其支持度，为有意愿从事民宿经营的贫困户提供贴息贷款。

（3）现代农业。

政府鼓励有劳动能力的贫困户加入农产品种植及加工的队伍中，合力建设绿蔬采摘园、共享果蔬田等，通过蔬菜水果的种植销售给当地贫困户带来可观的收入，并扶持农旅融合发展。

2. 贫困户参与机制

（1）"企业＋贫困户"机制。

将三屋台村部分旅游区委托给第三方公司运营，为旅游企业提供劳动力、土地等，旅游公司定期付给村民"承包费"或入股红利，吸引无业村民就业。旅游公司直接管理，便于提高服务水平，提升盈利水平，降低贫困户的收入风险。

（2）"支部＋贫困户"机制。

村党支部积极引导农户、村集体挖掘土地、房屋、设施等资源潜力，特别是既没有旅游经营开发能力，又没有旅游文化服务能力的贫困群众。

（3）"协会＋支部＋企业＋贫困户"机制。

街道办事处牵头，成立扶贫开发协会，并得到在外务工成功人士、乡村干部、乡贤的爱心支持，吸纳企业家和社会热心人士成为会员。筹集各类资金，积极对接挂钩帮扶单位。协会可以促进三屋台村乡村旅游的规范和管理，提高乡村旅游的品牌竞争力和影响力。

3. 旅游扶贫精准指导

（1）推进三屋台村旅游基础设施建设，实施乡村旅游"后备箱"工程、旅游基础设施提升工程等一批旅游扶贫工程，安排本村贫困人口旅游服务能力培训和就业。

（2）依托三屋台村丰富的绿色农产品、农事景观，引导和支持社会资本开发农民参与度高、受益面广的休闲农业项目，比如"绿蔬采摘园、共享果蔬田、四季长廊"等，指导贫困户从事旅游接待、劳动用工和发展特色旅游商品加工等，实现稳定脱贫。

（3）三屋台村引导建档立卡的贫困户创建农家乐并给予奖补，主动指导培训，对于家庭中仍有劳动力和土地、房屋的贫困户开办农家乐、民宿客栈。

（4）三屋台村积极引进社会资本投资乡村旅游项目，如"观光农业区、休闲农园、鱼虾庄、莲花游憩园"等，引导贫困户以房产、田地入股，给予优惠或利用旅游收益和其他政府收入保障贫困户的基本生活，助力扶贫。

参 考 文 献

一、国内文献

[1]　王铁.基于Pro-Poor Tourism(PPT)的小尺度旅游扶贫模式研究[D].兰州:兰州大学,2008.

[2]　李会琴,侯林春,杨树旺,等.国外旅游扶贫研究进展[J].人文地理,2015(1).

[3]　王超,王志章.我国包容性旅游发展模式研究——基于印度旅游扶贫的启示[J].四川师范大学学报(社会科学版),2013(5).

[4]　于长存.国外扶贫经验对我国精准扶贫的启示——以美国、印度、泰国为例[J].对外经贸,2017(8).

[5]　吴忠军.论旅游扶贫[J].广西师范大学学报(哲学社会科学版),1996(4).

[6]　高舜礼.对旅游扶贫的初步探讨[J].中国行政管理,1997(7).

[7]　蔡雄,连漪,程道品,等.旅游扶贫的乘数效应与对策研究[J].社会科学家,1997(3).

[8]　郭清霞.旅游扶贫开发中存在的问题及对策[J].经济地理,2003(4).

[9]　刘向明,杨智敏.对我国"旅游扶贫"的几点思考[J].经济地理,2002(2).

[10]　毛焱,梁滨.PPT战略:基于人口发展的旅游扶贫观[J].求索,2009(6).

[11]　张小利.西部旅游扶贫的乘数效应分析[J].商业时代,2007(7).

[12]　金希萍,李映兰.旅游扶贫应注意的问题[J].四川财政,2001(3).

[13]　师振亚,刘改芳,焦凯夫.碛口旅游扶贫得失探讨[J].经济师,2008(5).

[14]　蔡雄,连漪.穷乡僻壤奔小康——黄山汤口村发展旅游的调查[J].旅游研究与实践,1997(1).

[15]　徐玮.浅析我国现阶段旅游扶贫效益的影响因子[J].商业文化(上半月),2012(1).

[16]　黄渊基,匡立波.旅游扶贫的作用机理及减贫效应探析[J].南华大学学报(社会科学版),2018(1).

[17]　范俊,汪璐,周蓓蓓.旅游扶贫长效机制的系统分析框架构建[J].中国商贸,2011(18).

[18]　梁明珠.生态旅游与"三农"利益保障机制探讨[J].旅游学刊,2004(6).

[19]　陈国生.重庆市黔江民族地区的旅游资源开发与旅游扶贫对策研究[J].贵州民族研究,1998(3).

[20]　韦荣锋.推进旅游扶贫应注意三个问题[N].广西日报,2014-12-30.

[21] 谢诗晓.坚持问题导向,做好旅游扶贫[N].中国旅游报,2016-11-30.

[22] 曾瑜皙,杨晓霞.渝东南民族地区旅游扶贫的战略路径选择[J].重庆文理学院学报(社会科学版),2014(3).

[23] 陈友莲,向延平.旅游扶贫绩效评价概念、类型、流程与重要性分析[J].湖南商学院学报,2012(4).

[24] 何红,王淑新.集中连片特困区域旅游扶贫绩效评价体系的构建[J].湖北文理学院学报,2014(8).

[25] 包军军,严江平.基于村民感知的旅游扶贫效应研究——以龙湾村为例[J].中国农学通报,2015(6).

[26] 杨建春,王佳联.民族地区旅游扶贫研究回顾与展望——基于文献计量分析[J].贵州民族研究,2019(8).

[27] 赵灏璇.政府主导型开发模式下内蒙古杭锦旗乡村旅游扶贫发展问题研究[D].呼和浩特:内蒙古大学,2019.

[28] 操婷.政府主导型扶贫模式对乡村旅游发展的影响研究[D].昆明:昆明理工大学,2017.

[29] 王铁梅.企业主导下的村庄再造[D].太原:山西大学,2017.

[30] 林萍萍,陈秋华,王慧.产权视角下乡村旅游经营模式比较[J].台湾农业探索,2016(6).

[31] 漆明亮,李春艳.旅游扶贫中的社区参与及其意义[J].中国水运(学术版),2007(6).

[32] 童洪志.渝东北贫困地区深度扶贫"四方联动"模式研究[J].中国农业资源与区划,2019(8).

[33] 李欢,黄光胜.基于PPT战略的乡村生态旅游扶贫研究——以汨罗市玉池山村为例[J].岳阳职业技术学院学报,2018(6).

[34] 刘培森.台湾桃园长庚养生文化村实践与展示[J].城市住宅,2014(9).

[35] 程龙."文化+旅游"扶贫模式的实施成效与对策研究——基于文家坝村的案例分析[J].现代交际,2019(2).

[36] 周燕,燕巧,彤轩,等.俄达门巴村的嬗变之路——省委统战部、省社会主义学院牵头联系贫困村开展旅游精准扶贫[J].四川统一战线,2016(9).

[37] 杨帅.将旅游商品开发有效融入旅游扶贫示范区创建[N].中国旅游报,2018-03-29.

[38] 原群.旅游扶贫三要素:规划、人才、市场[N].中国旅游报,2013-06-28.

[39] 王建成.乡村旅游扶贫规划编制要点与思路初探[J].城市建设理论研究(电子版),2017(30).

[40] 邢丽涛.旅游扶贫规划先行[N].中国旅游报,2015-12-07.

[41] 汪茂.旅游扶贫规划要算好"加减乘除账"[N].中国旅游报,2015-04-22.

[42] 黄兴旺,权武,轩玉鑫,等.对贵州民族地区旅游扶贫规划编制的几点思考[J].山西建筑,2017(21).

[43] 孙奎利,杨德进,吕扬.四川省烟峰彝家新寨乡村旅游扶贫规划与设计探析[J].规划师,2017(11).

[44] 张光英,李美秀,沈德福,等.基于精准扶贫背景下的红色乡村旅游规划研究——以宁德市桃花溪村为例[J].湖南农业科学,2016(6).

[45] 范军勇,宋莉,田椿椿.地区脱贫规划试验——贵州省贞丰民族文化旅游扶贫试验区的规划实践[J].中国名城,2017(5).

[46] 魏来,廖源,朱悦,等.贵州民族特色村寨山地旅游扶贫模式探析——以六盘水市海坪村旅游扶贫规划为例[J].怀化学院学报,2017(3).

[47] 王秀明,石峰.基于精准扶贫视角的乡村旅游规划完善研究[J].河北旅游职业学院学报,2017(1).

[48] 马耀峰,刘军胜,白凯,等.我国旅游扶贫对象、主体、规划、指向和效益的审视[J].陕西师范大学学报(自然科学版),2016(6).

[49] 杨正光,王智勇,张毅.旅游精准扶贫背景下的村庄"内涵式"再生规划策略[J].规划师,2018(12).

[50] 王铁.规划而非开发——对旅游扶贫规划中的几个问题的探讨[J].旅游学刊,2008(9).

二、国外文献

[1] Airey D. Education and training for tourism[J]. SourceOECD Industry, Services & Trade, 2011(20).

[2] Badar Alam IQBAL. Indian tourism in global perspective [J]. Journal of Tourism, 2016(21).

[3] Clancy M J. Tourism and development: evidence from Mexico [J]. Annals of Tourism Research, 1999(1).

[4] Duim V R V D, Caalders J. Tourism chains and pro-poor tourism development: an actor-network analysis of a pilot project in Costa Rica[J]. Current Issues in Tourism, 2008(2).

[5] Harrison D, Schipani S. Lao tourism and poverty alleviation: community-based tourism and the private sector[J]. Current Issues in Tourism, 2007(2-3).

[6] Knowles T, Macmillan S, Palmer J, et al. The development of environmental initiatives in tourism: responses from the London hotel sector[J]. International Journal of Tourism Research, 1999(4).

[7] Isaac Sindiga. Unplanned tourism development in sub-Saharan Africa with special reference to Kenya[J]. Journal of Tourism Studies, 1999(1).

[8] Organization W T. Tourism and poverty alleviation: recommendations for action[J]. Tourism & Poverty Alleviation Recommendations for Action, 2004(3).

[9] Palmer C A. Tourism and colonialism: the experience of the Bahamas[J]. Annals of Tourism Research, 1994(4).

[10] Regina Scheyvens. Exploring the tourism-poverty nexus[J]. Current Issues in Tourism, 2007(2-3).

[11] Sofield T,De Lacy T,Lipman G,et al. Sustainable tourism-eliminating poverty: an overview[J]. Cooperative Research Centre for Sustainable Tourism,2004(2).

[12] Winters P,Corral L,Mora A M. Assessing the role of tourism in poverty alleviation: a research agenda[J]. Development Policy Review,2013(2).

后　　记

　　旅游是一个与贫困群体息息相关的产业。过去，人们总说旅游是富人消费的产业，只有不愁温饱的人才热衷于旅游，旅游资源开发都是为富人服务的，这种现象正好证明了旅游确实能够给旅游目的地带来可观的收益，是实现贫困人口增收的一种重要方式。在我国大力实施"精准扶贫"战略的背景下，旅游发挥其强大带动能力，带领着越来越多的贫困地区、贫困人口实现脱贫致富的愿望，旅游正在积极为贫困群体而服务。贫困作为我国一个重要的社会问题，它将会在不同阶段以不同形式长期存在。旅游管理专业作为旅游扶贫的"智库"，应当主动承担起为贫困乡村服务的社会责任，创新乡村旅游发展模式与机制，为解决我国乡村贫困问题，实现乡村振兴提供长期的理论、技术与实践支持。中南财经政法大学工商管理学院旅游管理系党支部正是以此为己任，不断深入武汉市各贫困乡村，将学问扎根基层，为武汉市旅游扶贫献计献策，才能有如今这本关于城市旅游扶贫经验总结的书籍。

　　本书能够得以形成并正式出版，离不开校院两级党委对旅游管理系党支部建设的理论研究与实践探索的高度重视，离不开武汉市文化和旅游局的大力支持，离不开新洲区、江夏区、黄陂区及蔡甸区各区文化和旅游局，各区贫困村村委，扶贫驻村工作队及村民们的信任与配合。同时，本书是在我校旅游管理系党支部与中信建筑设计研究总院有限公司近年所编制的武汉市旅游扶贫规划的基础上编写的，因此本书也与旅游管理系党支部规划编制团队、中信建筑设计研究总院有限公司前期所付出的努力密不可分，在此由衷感谢中信建筑设计研究总院有限公司所提供的部分规划资料，感谢各区项目编制小组组长博士李成群、杨洋、彭力、周婵在调研过程中的统筹协调，感谢明丹、赵伟和李杰制作所有规划的图件，感谢程丛喜副教授、吴卫东副教授、邹蓉副教授，博士李鹏、孙琳、邱海莲、姚小玲、黄丽、钟华、屈小爽、沈玮、任斐、潘冬南、卢俊阳、薛红、徐刚、王俊平、鲍洪杰、刘青青、毛焱、张金霞，硕士董志成、武王英、韦银艳、柏文慧、韩笑、涂精华、许娟、王宁、詹秀秀、殷德香、张若琳、喻春艳、许雅晗、李洁、田水莲、刘苏衡、鄢向荣、周丹敏、包雪、费显政、纪道禹、郑春雨、邓传峰等人对规划编制的贡献。同时，本书在文献综述和经验总结部分中参考了许多国内外学界的相关研究，在此一并致谢！

　　本书不同于以往针对老少边穷地区的研究，这是一本关于省会城市贫困村旅游扶贫经验的总结，以期能够为我国其他省会城市的贫困村旅游扶贫规划提供可借鉴的模板，解决城市贫困问题，巩固城市脱贫成效。本书虽已反复检查并修改，但书中可能仍存在一些错误与缺陷，还希望读者、学者及专家批评指正，共同促进学术进步，为我国旅游扶贫事业的开展提供更多新思路！

旅游扶贫,道阻且长,行则将至。未来我们依旧会"不忘初心",将旅游同攻克乡村问题相结合,继续探索我国旅游扶贫的可持续发展之路。

邓爱民
2019 年 10 月 16 日